内部監査のプロが書く
監査報告書の指摘事項と改善提案

第2版

公認内部監査人(CIA)・公認会計士
藤井範彰——著
Fujii Noriaki

監査意見から
海外監査・
経営監査・
不正対応まで

INTERNAL AUDITING

同文舘出版

改訂版に向けて

　本書では，経営から見た内部監査の価値は監査報告書の指摘と改善提案の出来映えで決まるとしてこの課題をまず第 1 部のテーマとしました。ところが大企業の内部監査意見の書き方や監査手続の設計を見ると，監査の根幹とも言えるアシュアランス（保証）機能を十分に実務対応できていない場合が少なくありません。そこでこの改訂版では全体の構成を見直して，第 2 部「これでわかる内部監査のアシュアランス」を新設し，会計士監査の亜流としての内部監査ではなく，コンサルティング機能も視野に入れた「経営に資する監査」という内部監査独自の観点からアシュアランスの業務を解説しました。

　この他，最近の IIA（内部監査人協会）や ACFE（不正検査士協会）等の指針や文献および世の中の出来事なども踏まえて若干の論点を追加しました。

　この改訂版では，こうした監査人の技術や知識面と併せて，IIA の文献でも引用されるビジネスアドバイザーとしての姿勢を随所で強調しています。

　本書の初版は 2017 年度青木賞（日本内部監査協会）を受賞しました。その授賞式のスピーチで触れたのは，日本の監査風土の弱さでした。監査の学術論文と実務家の論文がかみ合わず，理論と実務が泣き別れ状態に見える日本の状況に比べて，同じ論点を色々な立場からオープンに議論する米国の文献には，日本にはない監査風土の強さが感じられます。

　会計不正事件が起こると，監査をした監査法人に対しメディアや有識者からの批判がよく見られますが，内部統制報告制度やリスクアプローチの問題など背景にある，解決のための根本的な議論にはつながりません。現状への批判や欠点の指摘があって初めて改善や発展の道が開かれるものです。

　一方，欧米ではすでに企業風土やガバナンスの監査の気運が高まり，IIA の文献でも戦略的パートナーとして経営層に自由に意見する内部監査の姿勢が推奨されています。まさに日本人が苦手とする上司や目上の人に進言するビジネスパートナーとしての役割です。本書では，日本の組織を発展に導く開拓者としての使命をも担う内部監査のあり方をお伝えできれば幸いです。

2019 年 8 月

藤井　範彰

はじめに

　本書は内部監査の実務家向けに実施したセミナーの中から，参加者の関心が高いと思われたテーマを中心に解説書にまとめたものです。その結果，他の解説書ではあまり扱っていないテーマを整理して深掘りした内容となりました。

　とりわけ書名にも挙げた，監査報告書の指摘事項や改善提案は，内部監査の価値を決定づける極めて重要な領域ですが，世の中に体系的な実務指針や解説が少なく，また社外秘の文書であることなどからベストプラクティスが一般に知られていません。また他社の事例を聞いたとしても，経営環境の違いからそのまま適用できないことも多いでしょう。そこで本書は，事例方式で実務の勘どころがわかるように解説しています。他社の事例は知るだけでは不十分で，それを自社の実務に適用するには共通の基盤となるロジックが必要です。そうした理論的な納得感も得られるように実務解説と併せて考え方の説明を織り込んでいます。

　また内部監査報告書の書式や記載内容，特に監査意見の書き方など重要であるにもかかわらず世の中に指針や解説が少ない領域を解説しています。

　このほかに，監査の進め方や実務上の課題対応について指針のニーズが高い領域として，海外監査，経営監査，内部監査の不正対応，内部監査におけるアシュアランスとコンサルティングの実務上の扱いなども取り上げました。

　中でもガバナンスに対する内部監査の対応は，内部監査人協会（IIA）の文献などでは内部監査人がその領域の監査の第一のプレーヤーとして当たり前のように取り上げられています。ところが日本では，ガバナンスに関わる内部監査の役割について一般の認識が乏しく，またその実務も進んでいません。欧米の法制度を追随しがちな日本の制度も，法の要請のない内部監査はまともに議論されてこなかった面もあるのかもしれません。しかし，それだけに，きちんと取り組めば得られる効果も大きいということです。ガバナンスやリスクマネジメントは不正対応とも関連して，最近重要性が高まっている分野です。

また，理論の参考として，各テーマごとに関連する IIA の指針があれば，日本企業に役立つと考えられる内容のものを解説に取り入れています。

　内部監査で難しいのは，手続が定型化された内部統制報告制度における内部統制の評価や公認会計士の法定監査とは違って，企業の業種・業態や経営層の意向などの企業環境でベストの方法が相当異なることです。そのため企業のスタンダード（標準）は自ら考えて決定することが求められます。しかし最適の内部監査の実効性を維持するには，社内の閉じられた環境で監査経験を積むだけでは不十分で，常にベンチマークとなる他社の情報や IIA の指針などの新しい考え方に触れて，役立つものを取捨選択して自社のスタンダードの継続的改善を図るというオープンで前向きな姿勢が重要となります。

　この本はそのような実務の参考にしてもらうために書きました。私はこれまでに監査法人で国内と国外の各々数十社以上の企業の内部監査の支援やコンサル，外部評価などに従事し，その後，企業において内部監査や監査役監査に従事していますが，こうした経験から得られた実践知を体系的にわかりやすく整理して日本企業に望ましい実務として伝えたいと考えています。

　振り返ってみると，内部監査に出会ったのはアンダーセンでリスク・アプローチを探究していた 90 年代です。当時，監査法人でフルタイムで外部監査をしながら，米国アンダーセンの会計監査アプローチを日本に導入する専門委員を務め，公認会計士協会でもちょうど日本で制度化されたリスク・アプローチの監査の指針の作成や研修に関与していましたが，リスク関連の方法論や情報は当時のアンダーセンでは内部監査サービスに集積していました。そこで会計監査を究めるつもりでリスクの勉強や関連業務に関わっていたら，ついには会計士監査を突き抜けて内部監査の世界に行き着き，これを本職と感じるようになったのです。

　そういう経験からも残念に思うのは，会計士とは異なる内部監査プロフェッショナルの価値が欧米に比べても十分に認識されていないと感じることです。日本でも「経営に貢献する内部監査」とか「内部監査の付加価値の向上」などと言われます。しかしそう言うのは簡単ですが，難しいのはその実務への落とし込みです。そしてこれを実務に展開できて初めてプロと言え

るわけです。ところがその実務のための指針や体系だった議論があまりにも乏しいのも現状です。

　そういう中で，内部監査のプロとして活躍している方やプロになるためにがんばっておられる方には，ぜひ内部監査が本来の機能を発揮できるように，日本の内部監査実務を開拓し，発展させていただきたいと思います。また，そのような取り組みにこの本を通して協力できるとすれば，これ以上にうれしいことはありません。

　本書はまた，数多くの事例や実務解説を通して実務感覚とともに実践知を伝えるものです。そのため実務家でない方にとっても，本書を通して間接的に実務に触れることができます。内部監査の本質やその手法を理解し修得するための参考としても役立てていただければと考えています。

　　2016年10月

　　　　　　　　　　　　　　　　　　　　　　　　　　　藤井　範彰

目次

改訂版に向けて　*i*

はじめに　*ii*

第1部　監査のプロが書く改善提案

第1章　監査報告書で何を伝えるか

1. 内部監査のミッションを考える *3*
　（1）内部監査の発展パターン　*3*
　（2）自社の内部監査の立ち位置と方向性　*6*

2. 内部監査体制をデザインする検討項目 *8*
　（1）検討のポイント　*8*
　（2）方向性の問題　*13*
　（3）組織のリスクアペタイトの考慮　*13*

3. IIAによる内部監査報告書の捉え方 *15*

4. 監査報告書の全体構成と各記載項目の留意点 *18*
　（1）監査報告書に何を記載するか　*18*
　（2）内部監査報告書の記載項目の検討ポイント　*20*
　付録1　内部監査報告書（例示）　*27*

第2章　コントロール・ベースの業務監査の指摘・提案

1. 内部監査のプロにふさわしい指摘・提案のスタイル *35*
　（1）指摘事項・改善提案を書くための一般的心得　*35*
　（2）背景にある考え方　*36*

2. コントロールの不全を探す〜3つの改善提案 *39*
　（1）業務監査における3つの改善提案のパターン　*39*

（2）個別リスク事象か,組織全体の問題か　42
　　　（3）IIA-PG における改善提案との対比　47
　3．指摘事項,リスクおよび改善提案に何をどう書くか ……………… 48
　　　（1）指摘事項,リスクおよび改善提案の記載　48
　　　（2）コントロール不全を表す 4 つの徴候　54
　　　（3）指摘事項における分析数値の引用　58
　　　（4）指摘・提案におけるテスト結果の利用　63
　　　付録2　内部統制のサンプルテストの進め方　65
　4．指摘事項と改善提案のパターンと留意点 ……………………………… 68
　　　（1）指摘事項の書き方——2 つのパターン　68
　　　（2）指摘事項のレビューのポイント　70
　　　（3）改善提案はどんな場合に,何をどんな文章表現で書くか　72
　　　（4）改善提案のパターン別留意点と注意したい言い回し　79
　5．ケーススタディによる指摘・改善提案の実践演習 ………………… 83
　　　（1）サンプルテストの個別リスク事象　83
　　　（2）超過残業に関する改善提案　86
　6．業務監査の指摘事項と改善提案のまとめ …………………………… 89
　　　（1）経営層にインパクトのある書き方　89
　　　（2）レビューポイントのまとめ　90

第 2 部　これでわかる内部監査のアシュアランス

第 3 章　実務から理解するアシュアランスの本質

　1．サンプリングを知らなかった内部監査部長 ………………………… 95
　　　（1）優秀な新任部長の思わぬ失敗談　95
　　　（2）アシュアランス監査の重さ　96
　2．IIA によるアシュアランスの意見表明 ………………………………… 97

（1）積極的アシュアランス重視の指針　*98*
　　　（2）内部監査の意見差し控えの留意点　*99*
　　　（3）経営層とのコミュニケーションの重要性　*101*
　3．監査意見の2つの報告形式 ································· *102*
　　　（1）文例で理解する監査意見の種類　*102*
　　　（2）積極的アシュアランスの考え方　*104*
　　　（3）事例から感じ取るアシュアランスの本質　*104*
　　　（4）リスクベースが教える監査人の責任　*105*
　　　（5）賢明な内部監査人の不祥事への備え　*106*
　4．アシュアランスを成立させる試査の考え方 ················· *107*
　　　（1）積極的アシュアランスに根拠を与える試査の仕組みづくり　*107*
　　　（2）アシュアランスに使えるサンプルテストを監査意見につなぐ　*108*
　　　（3）リスク選好が教える内部監査の視点　*109*
　　　（4）監査報告書に多く見られる記載漏れ　*110*
　5．格付け方式の監査意見と成熟度モデルの利用 ··············· *111*
　　　（1）積極的アシュアランスとしての格付け方式の監査意見　*111*
　　　（2）格付け方式の監査意見の難しさ　*112*
　　　（3）内部監査に使える成熟度モデル　*113*
　　　（4）ゼロベースで考える内部監査のダイナミズム　*117*
　6．内部監査において合理的保証をどう考えるか ··············· *118*
　　　（1）アシュアランス方式の価値を決めるのは誰か　*118*
　　　（2）外部監査の合理的保証の考え方　*119*
　　　（3）消極的保証でも合理的な内部監査　*120*
　　　（4）内部監査の品質概念との整合性　*121*

第4章　経営に資する内部監査を目指して

　1．経営に資する合理的な監査意見の落としどころ ············· *123*
　　　（1）舌足らずな報告書は監査人の責任を重くする　*126*
　2．法定監査にない内部監査の難しさ ························· *127*

（1）日本のガバナンス制度　127
　　（2）内部監査に求められる「考える力」　127
　3. **企業の経営戦略としての内部監査** ……………………………… 129
　　（1）内部監査のミッション・ポートフォリオというリスク　129
　　（2）アシュアランスとコンサルティングの内部監査　132
　　（3）改善提案型のコンサルティング監査　133

第3部　内部監査体制と監査計画グランドデザイン

第5章　コンサル重視のアシュアランス内部監査

　1. **アシュアランスとコンサルティングの実務への落とし込み** ……… 139
　　（1）IIAによるアシュアランスとコンサルティングの基本的な考え方　139
　2. **経営ニーズに合わせた監査のデザイン** ……………………… 144
　　（1）監査ジョブの見直しとコンサル的作業の検討　144
　　（2）コンサル志向の内部監査アプローチの例　149
　　（3）アシュアランスとコンサルティングの監査手続の違い　151
　3. **まとめ――内部監査におけるAとCの位置づけと監査のモデル化** ……… 153
　　付録3　発見事項サマリー（様式例）　155

第6章　監査体制の構築から年次計画のグランドデザイン

　1. **経営者志向の内部監査の管理プロセスの構築** ……………… 157
　　（1）経営に貢献する内部監査体制とは　157
　　（2）内部監査活動のPDCAを作る　160
　　（3）内部監査戦略計画の作り方　164
　2. **年次リスク評価の対応** …………………………………………… 173
　　（1）リスクベースの意味するところ　173
　　（2）リスク評価の手順　176

- （3）リスク・ヒート・マップの活用方法　*180*
- （4）社内のリスクマネジメントの内部監査における利用　*180*

3. 年次の監査計画の策定 ……………………………………………………… *182*
- （1）監査対応のパターン　*182*
- （2）監査アプローチのグランドデザイン　*184*

4. まとめ
　——監査の管理プロセス，リスク評価から年次監査計画まで ……………… *187*

第4部　失敗しない海外監査の進め方

第7章　海外監査の成熟度に合わせた体制構築

1. 海外監査の成熟度ごとの課題の整理 ……………………………………… *191*
- （1）海外監査の難しさ　*191*
- （2）監査体制の検討　*192*

2. （第1ステージ）海外監査の試行段階の課題 …………………………… *193*
- （1）組織の問題　*193*
- （2）手法・プロセスの問題　*194*
- （3）現地社員とのコミュニケーション　*194*
- （4）現地日本人管理者への対応　*195*
- （5）指摘事項の確認　*196*
- （6）人材の問題　*197*

3. （第2ステージ）海外監査チーム主導段階の課題 ……………………… *198*
- （1）海外監査チームの組成　*198*
- （2）言語・ナレッジ対応　*199*
- （3）重要となるプロジェクト管理　*199*
- （4）作業ステップと日程を固める　*200*

4. 海外監査の成熟度モデル …………………………………………………… *205*

（1）海外展開,チームの組成,現地化からグローバル監査へ　205
　（2）経営環境を踏まえた立ち位置が望ましい　207
5．（第3ステージ）海外監査現地化推進段階の課題 …………………… 207
　（1）組織・ガバナンス上の課題　207
　（2）共同監査の方向　208
　（3）人材の問題　209
6．（第4ステージ）グローバル監査推進段階の課題 …………………… 209
　（1）組織上の課題　210
　（2）ナレッジの課題　211
　（3）手法の課題　212
　（4）人材の課題　213
7．海外監査発展段階のまとめ ………………………………………………… 214
　（1）段階ごとの問題　214
　（2）監査の一元化・標準化　216
　（3）最後に──日本企業の課題　216

第8章　海外監査チームによる海外監査の課題と対応策

1．グローバル経営を支援する内部監査の在り方 ………………………… 217
　（1）海外で内部監査は何を監査したらよいか　217
　（2）ビジネスモデルで考える現地のビジネス展開の問題点　219
　（3）海外子会社のガバナンスに対する監査対応　219
　（4）海外コンプライアンスへの対応　221
　（5）グローバル人材の不足　224
2．個々の内部監査のデザインの全体像
　　──出張型の海外監査の検討ポイントと留意点 ……………………… 225
3．海外監査成功のポイント──事前アレンジと準備 …………………… 227
　（1）事前準備としての情報収集　227
　（2）事前アレンジ　230
4．海外監査チームの編成と外部人材の活用 ……………………………… 232

（1）海外監査チームを作る際に留意すべきこと　*232*
　　（2）3つの人員動員モデルとは　*233*
　5．失敗のない監査報告の進め方 ……………………………………………… *235*
　　（1）英文監査報告書の作成　*236*
　　（2）監査報告会——監査結果と改善提案への合意形成　*236*
　　（3）監査報告会から報告書発行までの手順の説明と日程の確約　*238*
　6．職務分離に関する指摘・提案 ……………………………………………… *239*
　7．利益相反への対応 …………………………………………………………… *246*
　　（1）海外監査のケーススタディ　*246*
　　（2）海外監査の利益相反取引　*248*

第5部　企業の不正対策——制度設計と不正対応活動

第9章　企業の不正対策の制度設計

　1．企業不正のパターンと日本企業に見られる特徴 ………………………… *253*
　　（1）米国に見られる不正理論　*253*
　　（2）日本に見られるポテトチップ型不正　*254*
　　（3）偽装という名のフルーツ型不正　*255*
　　（4）コンプライアンス型不正　*257*
　　（5）企業風土型不正　*258*
　　（6）不祥事の背景　*262*
　2．不正リスクとガバナンスおよびコントロールとの関係 ………………… *263*
　　（1）組織レベルで考える不正のトライアングル　*263*
　　（2）「経営者の姿勢」(Tone at the Top) が意味するもの　*265*
　　（3）不正リスクとコーポレート・ガバナンス　*268*
　　（4）企業風土（カルチャー）をめぐる問題　*270*
　　（5）日本企業のガバナンスの構造をめぐる問題　*272*

（6）不正はコントロールを突破して起こる
　　　　——不正とコントロールとのインターフェイスを探す　*275*
　　（7）法定監査制度をめぐる問題　*280*
3. 企業の不正対策の考え方と実務展開 ……………………………… *282*
　　（1）不正対策として考えられる3つの方策　*282*
　　（2）不正に対する経営層の見方　*284*
　　（3）全社レベルの不正防止プログラム，めざすは協調的アプローチ　*289*
　　（4）不正対応の主管部署について　*294*
　　（5）不正対策を担う専門職の適材適所，めざすは協調的アプローチ　*296*

第10章　企業の不正対応活動

1. 不正リスクの評価の意味と進め方 ……………………………… *299*
　　（1）不正リスク評価の必要性　*299*
　　（2）不正リスク評価の仕組み導入時の留意点　*301*
2. 内部監査における不正対応 ……………………………………… *312*
　　（1）内部監査人がすべきこと　*312*
　　（2）不正監査の進め方　*314*
　　（3）不正監査と不正調査——両者は似て非なるもの　*316*
　　（4）データ分析の活用　*318*
　　（5）贈収賄への対応　*321*
　　（6）内部監査としての不正リスク管理体制の点検　*323*
3. 不正調査の体制と実施活動 ……………………………………… *325*
　　（1）不正調査の体制の整備　*325*
　　（2）不正調査の計画と実施　*326*
　　（3）調査の終了と後処理　*329*
　　（4）内部通報への対応　*330*
　　（5）不正調査後の内部統制のレビュー　*333*
4. 企業の不正リスク対策のまとめ ………………………………… *339*
　　（1）不正防止方針　*339*

（2）企業の不正リスク対策の検討課題　*340*

第6部　内部監査の高度化と経営監査

第11章　経営インフラに着目する経営監査の指摘・提案

1．業務監査とは違う経営監査の指摘・提案の捉え方 …………………… *345*
（1）企業活動レベルから見た3つの内部監査アプローチ　*345*
（2）経営に支持される経営監査の位置づけ　*350*

2．経営監査の指摘・改善提案のケーススタディ ……………………… *357*
（1）マーケット情報の収集と活用　*357*
（2）中期経営計画の策定プロセス　*358*
（3）子会社から親会社への報告事項　*359*
（4）販売グループ会社の経営監査　*360*

第12章　ガバナンスとリスクマネジメントの監査

1．コンプライアンスからビジネス志向に向かう内部監査 …………… *367*
（1）ガバナンス,リスク,戦略に向かう内部監査　*367*
（2）拠点別監査からプロセス監査への高度化の視点　*368*
（3）プロセス監査の視点　*370*
（4）ガバナンス監査の視点　*371*
（5）リスクマネジメント監査の視点　*372*
（6）いざというときに経営者を守る経営監査　*373*

2．リスクマネジメントの内部監査 ………………………………………… *376*
（1）内部監査とリスクマネジメントとの関わり方　*376*
（2）リスクマネジメントの監査（アシュアランス）　*379*

3．ガバナンスへの監査対応 ………………………………………………… *382*
（1）ガバナンスの要素の検討　*382*

（2）ガバナンスに関するIIAの指針　*384*

　　（3）親会社による子会社のモニタリングに対する監査　*387*

　　（4）全社統制の領域の内部監査　*391*

第13章　ビジネスモデル型経営監査

1. 経営監査の捉え方 ……………………………………………………… *399*

　　（1）業務監査とは異なる経営監査の捉え方　*399*

　　（2）経営監査の3つの実施形態　*400*

2. 経営監査の進め方 ……………………………………………………… *403*

　　（1）ビジネスアプローチの経営監査　*404*

　　（2）有用な経営情報を提供するための監査報告とは　*409*

3. 経営監査のケーススタディ …………………………………………… *409*

　　（1）想定リスクの検討事例　*409*

　　（2）経営監査の事例検討　*413*

4. まとめ──経営監査の成功のポイント …………………………… *416*

索引　*419*

談話室

	1	コース・メニューの会計士監査とアラカルト・メニューの内部監査……7
	2	上空30メートルから俯瞰する内部監査プロの視点……38
	3	内部統制という芸術品に取り組む内部監査……91
	4	成熟度モデルの監査で被監査組織を賞賛する……116
	5	内部監査プロフェッショナルの知性……134
	6	内部監査プロフェッショナルの心……135
	7	監査のプレッシャーに言葉を失う海外監査の現場……231
	8	日本の減価償却方法に納得のいかない米国の内部監査人……233
	9	海外監査では不正ぐらいは見てきてほしいという社長……313
	10	内部監査シンドロームの徴候がありませんか……349
	11	内部監査を進化させる経営監査の視点……397

知っておきたいポイント

① スリー・ライン・オブ・ディフェンス・モデル（3つの防衛ライン・モデル）……11
② IIAの研究によるInsight（知見）の捉え方……14
③ 日産自動車の無資格検査報道が教えるリスク管理の問題……24
④ リスクアペタイトとリスクトレランスとは？……50
⑤ 認識バイアス……62
⑥ 内部監査のミッションに適した成熟度モデルの監査報告……115
⑦ IIAにおける品質の考え方……122
⑧ 会計士の監査にはない内部監査だけの難しさ……128
⑨ アシュアランスとコンサルティングの違いとは？……141
⑩ IIAが規定するガバナンス文書……163
⑪ 戦略計画の策定のためのヒント……170
⑫ リスクベースの監査とは？……175
⑬ データ分析活用のメリット……203
⑭ 海外事業に多く見られるコンプライアンス・不正関連リスク……221
⑮ オーストラリアの法制度等……229
⑯ 海外で見られる利益相反（conflict of interest）の問題……249
⑰ 東芝の不正問題の検討……261
⑱ 不正によってコントロールが突破される場合
　　——コントロールがきいていないところで不正が起こる……278

事 例

① 3つの改善提案パターンを意識した指摘・改善提案の見直し……40
② 監査目的で異なるリスク事象の見方……43
③ 個別リスク事象から組織の問題への展開……46
④ 長時間労働への保健指導……51〔改訂版……53〕
⑤ 海外子会社の給与水準の改善提案……56
⑥ 説得力のある数値の引用の仕方……58
⑦ 監査人が無意識に既存のルール軽減を提案している場合……74
⑧ 改善の具体的方法に検討を要する場合の提案……78
⑨ サンプルテストの個別リスク事象……83
⑩ 超過残業に関する改善提案……86
⑪ 現預金の出納,記帳および銀行勘定調整業務の職務分離……242
⑫ 人事マスター・ファイルに関する職務分離とアクセス制限……244
⑬ 職務分離の現実的な解決例……245
⑭ 海外子会社の業者選定の指摘例……246
　〔改訂版／東南アジアにある子会社の内部監査報告書における指摘の例——要旨……247〕
⑮ ある不正調査の結果報告会……278
⑯ 銀行預金横領の事例……336
⑰ 経営監査部の改善提案……347
⑱ マーケット情報の収集と活用……357
⑲ 中期経営計画の策定プロセス……358
⑳ 子会社から親会社への報告事項……359
㉑ 販売グループ会社の経営監査……361
㉒ 正式な社内方針・手続書(社内規程・マニュアル)の作成……392
㉓ A社の経営監査アプローチ……410
㉔ B社の新規事業……413
㉕ 経営監査の失敗例——残念な経営監査報告書……415

第1部

監査のプロが書く改善提案

第1章 監査報告書で何を伝えるか
- 内部監査のミッションを考える
- 内部監査体制をデザインする検討項目
- IIAによる内部監査報告書の捉え方
- 監査報告書の全体構成と各記載項目の留意点

第2章 コントロール・ベースの業務監査の指摘・提案
- 内部監査のプロにふさわしい指摘・提案のスタイル
- コントロールの不全を探す～3つの改善提案
- 指摘事項，リスクおよび改善提案に何をどう書くか
- 指摘事項と改善提案のパターンと留意点
- ケーススタディによる指摘・改善提案の実践演習
- 業務監査の指摘事項と改善提案のまとめ

◎指摘事項と改善提案への攻略法

　経営から見た内部監査の価値は，まず第一に監査報告書がどれほど経営に価値のある指摘と提案を提示できるかで決まります。とりわけ企業活動の合理化が進み，内部監査でさえ，その存在理由が問われる今日の内部監査人にとって，これは最重要課題の1つと言えるでしょう。そのため監査人には，監査の結論を書くだけでなく，指摘事項や改善提案を形式的にも理論的にもきちんと整理して，わかりやすく説得力のある内容をぜい肉をそぎ落とした簡潔な文章にまとめる能力が求められます。

　これは実践的でありながら理論的なアプローチを要する優れて専門的な作業です。ですから長年の実務経験だけで身につくとは限りません。第1部は，こうした監査報告，特に指摘事項と改善提案の書き方という重要課題にフォーカスします。これはおそらくIIA（内部監査人協会）基準や内部監査の解説書や一般の研修でもあまり深掘りできていない，またそのため共通の実務も確立していない領域であって，内部監査に残された最も重要な実務課題の1つです。

　こうした決定的に重要なテーマが一般の解説書や研修であまり扱われないのは，IIAなどの実務指針が少ないことのほか，企業によって指摘・提案の形式や内容が千差万別で一般化・標準化しにくいという事情によると思われます。そこで，ここではケーススタディ方式で指摘や改善提案の記載例を見ながらどこに問題があるかを実感していただき，その上で，それをどのような考え方で体系的に整理して改善したらよいかという実践的な視点やロジックおよび作成上の留意点を紹介します。こうした方法によって内部監査の経験の深い浅いを問わず，また関連管理部署の方にもそれぞれのニーズに応じて内部監査報告の本質に迫る知見や専門性を共有できればと思います。

　なお，この改訂版では，2016年10月に監査報告書に関するIIAプラクティスガイドが公表されたことも踏まえて，IIAの指針における内部監査報告書および指摘・改善提案の扱いについても第1章および第2章において一部追加して解説しています。

第1章 監査報告書で何を伝えるか

　指摘事項や改善提案という本題に入る前に，企業のガバナンスにおける内部監査の位置づけや目指す方向について簡単に見ておきましょう。
　これは自分の会社にふさわしい監査報告の在り方を考えるために，監査活動の目的や自社固有の内部監査の立ち位置や方向性を含めた内部監査のミッションを認識して，これにベクトルを合わせた監査報告の在り方を意識してもらうためです。

1. 内部監査のミッションを考える

(1) 内部監査の発展パターン

　まず世の中の内部監査の発展段階を振り返ってみます。といっても内部監査に何を求めるかは企業によって，また，それが属する産業やビジネス環境，特に規制産業かどうか，あるいは国や法制度などによっても違ってきます。

1) 内部統制チェック型

　それでも一般的に考えると，図表1-1に示したように「内部統制チェック型」が多くの企業が伝統的にやってきた監査であったと言えると思います。この中に日本で昔から見られた準拠性監査という方法も入ってきます。そこではルール通りに業務が実施されているかの確認が監査の主要目的です。こ

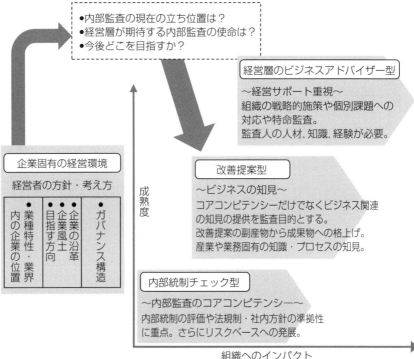

図表1-1 ◆ 内部監査の発展のパターン

れが世界的に見ても内部監査人の専門性の中核的なところで、その意味で伝統的コアコンピテンシーと考えられます。

2) 改善提案型

内部監査の進んだところでは、このコアコンピテンシーに加えて、改善提案を通して経営や業務に付加価値を与えることが目的として重視されてきます。もともと内部監査は公認会計士の会計監査からその方法論を受け継いでいるところが多く見られ、監査意見についてもIIAの指針では会計士と同じような意見表明を原則としている面もあります。しかし実務は、もっと先に

進んで経営のニーズに対応して，いかに価値のある改善提案を出すかに関心が移ってきています。これは，アシュアランス一本やりの会計士監査には見られない内部監査のコンサルティング機能の現れと見ることもできます。

そのため監査人の能力として精緻なアシュアランス能力よりも，いかに経営や業務に貢献する業務やプロセス上の知見を発揮できるかが重視されてきます。

こういう流れの中で，内部監査の成果物として，監査結果の意見表明と並んで，あるいはそれ以上に指摘や改善提案が重視され，その意味で，改善提案は副産物から主要な成果物の1つとして格上げされ，かたやもう一方の成果物である監査意見は監査報告における扱いがむしろ軽くなる傾向もうかがえます。

世界的に見ても内部監査の主要分野は業務監査ないしオペレーショナル・オーディットと言われるところにあって，この改善提案型が世の中の主流だと考えられます。おそらく日本企業の内部監査部門も多くは，同様のステージにあるか，あるいは内部統制チェック型から改善提案型への高度化を模索している場合が多いのではないでしょうか。

3) 経営層のビジネスアドバイザー型

その次のビジネスアドバイザー型というのは欧米的な発想ですが，経営管理や戦略面で経営に貢献するために特定分野の専門性に磨きをかけて，その専門性を生かして，監査の立場から経営をサポートするというパターンです。例えばグループ企業の中で経理機能のシェアードサービスをする部署を新たに設けるという施策を進める場合を考えてみましょう。その部署が完成した後で監査をするのは当然としても，そのような施策を進める段階でシェアードサービスを担う組織がどのような機能要件を満たす必要があるか，また，どのような実務上に留意点があるか等についてアドバイスをするということです。同様な支援はERM（全社的リスクマネジメント，p.379参照）や不正対応やその他さまざまな分野で可能性があるでしょう。

■**日本の特命監査**

　また，日本的な呼び方で特命監査というのがありますね。その内容は企業によって様々でしょうが，経営トップの指示で経営が懸念する領域を調査して報告することで経営のサポート機能を果たしていることがあります。こういう形で経営の片腕として働くというのも日本流のビジネスアドバイザー型と言えると思います。

■**監査の実施以外のアドバイザリー**

　このアドバイザーという視点は，内部監査の仕事は単に事業部や子会社の監査だけをやっていればよいというのではなく，監査の実施以外の貢献の仕方もあることを教えてくれます。リスク委員会などの会議に出て監査の立場からアドバイスをするとか，経営管理層向けに不正対応や内部統制の在り方について説明会や研修をするということも考えられるかもしれません。

（2）自社の内部監査の立ち位置と方向性

　以上，内部監査の発展段階を世の中の動きに沿って3段階で紹介しましたが，それぞれの企業がこの3つのどこに位置してどこを目指すかは企業自身が決めることです。図の左側にもあるように「企業固有の経営環境」をその組織やガバナンス構造，業種業態，組織としての沿革や風土，さらには経営の方針や考え方などから認識します。そして，それにふさわしい内部監査の在り方を考え，その方向性を意識して次の具体的な改善のステップを考えることになります。3つの類型はそのためのたたき台とかヒントです。すべての企業がこの図表のより上位を目指すべきということではありません。

　最適の解は企業の状況によって異なりますから，自分で考えるしかなく，そこが内部監査の難しいところです。それを考える視点を次に見ていきます。

談話室 1　コース・メニューの会計士監査とアラカルト・メニューの内部監査

　会計監査を監査法人で20年近くやり，同時に内部監査もその後の事業会社の経験も含めて20年くらいやりましたが，それでやっと内部監査と外部監査の違いについて実感するところがあります。それは喩えて言えばコース・メニューとアラカルト・メニューの違いですね。中華料理やフランス料理には，レストランに入って一品一品頼むアラカルト・メニューのほかに，セットになったコースメニューがありますよね。私は選ぶのが面倒なのと料理をよく知らないので，たいていコースを頼みます。公認会計士監査もそれに似ていてすべてのメニューは細かく決まっていて選ぶところはほとんどないんです。一方，内部監査は経営者とか企業のステークホルダーの意向に合わせて監査の重点や方向性あるいはやり方を決めるんですね。やり方を決める方法は決まっていても何を選ぶかは経営層の決裁で企業によって違ってきます。

　監査の重要性などは，会計士はプラニング・マテリアリティと言って一般に税前利益などから監査の重要性を金額で決めて，個々の監査につかうトレラブルエラー（許容誤謬）などに展開していくんですね。すべては経営者などに聞かずに会計士が決めればよいわけです。内部監査は反対に，監査の精度は経営層がどれくらいのリスクを取るかという<u>リスクアペタイト</u>があって，またその下の概念で<u>リスクトレランス</u>（p.50参照）というのがあって，その範囲内で監査をするのが，実務でどこまでやるかは別として，理論的なわけです。だから本来，内部監査では監査人が勝手に決めることになっておらず，経営者にいちいち，おうかがいを立てる大変さがあるんですね。

　しかし経営者は経営のプロであっても普通は監査のプロではないので，どういう監査をしたら企業にどういう結果をもたらすかは内部監査人が考えて説明する責任があります。企業に最適の内部監査の形を考案して，説得力をもって経営者に提示し賛同を得るのが監査のプロのやり方になるでしょう。

　こういうところからも，ビジネスアドバイザーとしての内部監査人の力量が，経営に資する内部監査の出来栄えを大きく左右することがわかります。

2. 内部監査体制をデザインする検討項目

(1) 検討のポイント

　内部監査は，企業による企業のための監査ですから，そこにIIAなどの参考になる指針があるとしても，何がベストの監査かというのは企業の固有の状況を踏まえて企業が判断して決めるものです。こうして監査の体制は各社の状況に合わせて作られ，それに合わせて監査報告の在り方も決定されます。

図表1-2 ◆ 内部監査体制をデザインする検討項目

内部監査には外部監査に見られない以下のような難しさがある：
- 内部監査の方向性・重点や品質基準などが外部基準でなく（社長等の）ステークホルダーの意向で決まる。
- 企業組織のガバナンス構造や産業特性で内部監査部門の位置づけ・役割が異なる。
- 守備範囲の業務領域が多岐にわたり，かつ組織の経営層から現場実務まで広くカバー。

検討のポイント
> だから内部監査の監査体制は各社の状況に合わせた手作りとなる。
> 各社の監査ミッションに整合する監査報告書のあり方を決定する必要がある。

ガバナンス 監査が向かう筋道（ミッション）の明確化

a. **誰のために**：ステークホルダー（社長や監査役他）とのコミュニケーション取り込んだ監査のPDCAプロセスの制度化
b. **目指す方向**：経営者のビジネスアドバイザーとしての役割
c. **立ち位置**：企業ガバナンスにおけるIAの立ち位置の明確化・第3の防衛ラインとしての位置づけ

どの方向にベクトルを向けるか
a. ガバナンス志向か，経営志向か
b. アドバイザーか，警察官か
c. 第3の位置か，単なる本社機能か

人材 ミッションに合った人材モデル・戦略

監査手法 ミッションに合った監査モデルの設計

d. アシュアランスとコンサルのウエイトづけと監査モデル
e. 積極的アシュアランスよりも消極的アシュアランスによる監査報告方式，改善提案の重点対応
f. 経営領域への取組み（ガバナンスとリスクマネジメント）
g. その他，個別領域の監査のモデル化

d. 監査の結果か，改善提案か
e. 合否判定か，事実検出型か
f. 業務か，ガバナンス／RMか
※組織のリスクアペタイトの考慮

ツール ツールによる監査アプローチの補強の可能性

監査体制や計画の詳細は第2部以降で改めて扱いますが，ここでは監査体制をデザインするときにどのような項目を検討する必要があるかという点を図表1-2に沿って簡単に見ておきます。

1）ガバナンス

内部監査の体制は本来，経営層でその組織のガバナンスの一貫として決まり，内部監査の在り方や監査モデルの骨子が明らかになります。とりわけ以下の3つの点でその方向性が特徴づけられます。

■誰のために ⇒ ガバナンス志向か経営志向か

誰のためにというのは，第一義的には報告ラインとして内部監査部門の直接の上司は誰かで決まります。これは最近の監査白書によると[1]，約8割の日本企業は社長直属です。なぜ報告ラインが大事かというと従来より海外などの多くの調査結果として，ガバナンス志向の強い監査委員会や監査役は，不祥事や不正による評判・社会的信用の失墜その他の事故・トラブルの回避，さらには上場廃止といった真性のリスクへの関心が高くそれだけ内部監査にも，その方面のリスク対応の期待が高いと言われます。一方，経営管理志向の社長や経営者は意思決定・ガバナンス構造の改善，ビジネスプロセスの改善およびコントロールの最適化などビジネスの改善に内部監査への期待が集中しやすいと言われます。もちろん社長も事故・トラブルは避けたいでしょうが，同時に業績に責任を持つ立場として経営の妨げになるリスク対応という面から内部監査への期待が高いということです。

こうしてステークホルダーによって内部監査への期待が異なる傾向があるため，どのステークホルダーにベクトルを合わせて監査活動を進めるか，ということが重要になります。また社長直属といっても社長だけに耳を傾ければよいというわけでもなく，特に大会社ほど企業活動の社会的影響などを考

---

(1) 日本内部監査協会『監査白書2017年』「解説編」，p.12によると日本の内部監査部門の組織上の所属形態としてはトップ直属形態（91.0%）が最も多く，そのうち81.5%が社長（総裁・会長・理事長等）直属であった。

えて監査役の視点や業種によっては規制当局の見方もバランスよく取り入れていくことが重要です。そこで進んだ企業は，事故・トラブルなどのリスク事象の軽減とビジネスの改善という2大目標に向けてバランスの取れたリスクへのアプローチを達成しているわけです。

■**目指す方向 ⇒ アドバイザーか警察官か，準拠性か経営監査か**

昔から結果をチェックするだけのチェックマン的な内部監査の業務は付加価値を生まない後ろ向きの仕事と見られがちでした。なぜそれがあの合理主義と思われる米国などで脚光を浴びるようになったのでしょうか。それは内部監査のリスク対応などに付加価値があると考えられるようになったからです。特に米国では経営者へのビジネスアドバイザーという言葉で内部監査への期待が表されます。日本も文化的背景が違うとはいえ，同じ方向に向かっているように感じます。

この議論の背景には内部監査がもたらす価値としてアシュアランスとコンサルティングという2つの方向があります。そのそれぞれにどれくらいの比重で内部監査を設計するのがその会社にふさわしいか，そういう検討領域があるわけです。またさらに経営に対する貢献を重視するならば準拠性監査から経営監査的な取り組みにどれくらい比重を置くかという方向もあり，これもIIA世界調査の報告などでも強調されてきた方向です。

■**立ち位置 ⇒ 第3の位置か，単なる本社機能か**

これは企業のガバナンスにおいてどのような立ち位置に内部監査が据えられるかということです。とりわけスリー・ライン・オブ・ディフェンス・モデル（**知っておきたいポイント①参照**）のような3番目の防衛ラインの働きが社内で内部監査に想定されているか，または第2の防衛ラインにある本社機能あるいはリスク管理機能と同列に扱われているのではないか，などが確認したいところです。また他のリスク管理機能との協調的な関係が相互の守備範囲や責任の明確化などで担保されているかも大事なところです。

最近，日本でよく話題になる不祥事は法令違反として報道され，経営陣か

ら独立した第三者委員会の設置が推奨されがちです。しかし，一方で「お役所は第三者委員会の客観性を強調するが，実際には中々実効性が上がらない」といったベテランの弁護士の声もあります。それは公認会計士等による不正調査も同じで，外部の専門家が証拠として求めるのは主に外部証拠です。しかし昨今の不祥事は第9章で解説したような企業風土型不正に特徴があり，そこでは社内の人間関係や上層部からの圧力など，外部証拠として残らないソフト・コントロールに根本原因があります。それはむしろ，社内の事情を肌感覚で理解している内部監査の方が適切に対応できる面があるのです。そういう観点からも，次の図にあるように経営陣から距離を置いて直接に取締役会等の報告する内部監査の位置づけというのも検討すべきでしょう。

知っておきたいポイント①

スリー・ライン・オブ・ディフェンス・モデル（3つの防衛ライン・モデル）

　IIAはそのポジションペーパー「The Three Lines of Defense in Effective Risk Management and Control, January 2013」において，スリー・ライン・オブ・ディフェンス・モデルは，組織内の各層の役割や責任を明確にすることによってリスクマネジメントおよびコントロールに関するコミュニケーションを高める簡単で効果的な方法を提供すると説明しています。企業活動が複雑化し様々なリスク対応が求められる現代の企業では，リスクやコントロールの活動が組織内で統合されないことにより，リスク管理の不備や管理機能の重複などの弊害が見られます。そこで，このようなモデルを使って，リスクやコントロールの活動や機能を整理し各機能の連携や調和を図って全体最適を目指そうとするものです。

　企業活動を妨げるリスクに直面し，その防御を担うのは第一に日常業務を行う現場です。そこで図表にある第1の防衛ライン（第1線）は，リスクに責任を持ち管理する現業部門のコントロールを指しています。ここでの「マネジメント」を「経営者」と翻訳しては話がわかりにくくなります。次に現場の管理を支援しモニターするのがリスクの監視を担う，リスクマネジメントやコンプライアンスなどの間接部門からなる第2の防衛ライン（第2線）です。さらに第3の防衛ライン（第3線）として内部監査は独立的アシュアランスを提供します。この活動全体を経営者や取締役が監視します。

　また外部監査や規制当局は，この組織構造の外にありますが，規制産業などでは当局がコントロールの強化を要請したり，その評価を実施するなど組織のガバ

ナンスに重要な役割を果たすこともあり，追加の防衛ラインとも考えられます。

図中の矢印が示すように，これら3つのラインのうち内部監査だけが，上級経営者とガバナンス機構の両方に報告ラインがあるのは，IIA国際基準2060が内部監査部門長に最高経営者および取締役会に定期的な報告を求めていることと整合しています。一方，多くの日本企業の内部監査部門が取締役会に直接の報告ラインがないのは，このモデルが想定する内部監査によるガバナンスの支援が整備されていないと見ることもできます。

◆ スリー・ライン・オブ・ディフェンス・モデル

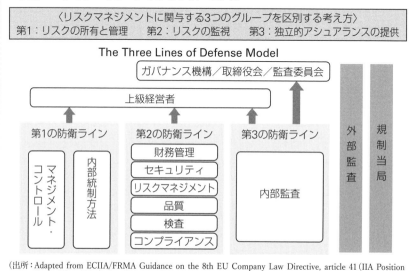

（出所：Adapted from ECIIA/FRMA Guidance on the 8th EU Company Law Directive, article 41（IIA Position Paper: Three Lines of Defense in Effective Risk Management and Control, January 2013, p.2 より訳出））

2) 人材

ここでは詳細は省きますが，図表1-2のガバナンスで設定した内部監査のミッションにふさわしい人材戦略がとられているかがポイントです。

3) 監査手法・ツール

ガバナンスで決めた監査のミッションを遂行するために監査人材が監査業務を実施する上で道具となる，監査手法やツールなどの監査のインフラがミッションの達成に適しているかというのが検討のポイントです。

(2) 方向性の問題

1) 監査の結果か, 改善提案か

アシュアランス監査に重点を置いてその結果や監査意見の表明の目的にウエイトを置くか, むしろ改善提案による経営への貢献の目的を重視するかという判断です。参考としてこのテーマに関連する「IIAの研究によるInsight（知見）の捉え方」**知っておきたいポイント②参照**）を見ると内部監査には知見と改善提案がまだ足らないというメッセージが伝わってきます。

2) 合否判定か, 事実検出型か

これはアシュアランスの方法として, J-SOXの内部統制評価のように内部統制が有効かどうかという二者択一の結果を求める積極的アシュアランス（p.102参照）か, 検出事項だけを報告するのに適した消極的アシュアランスによるかという選択です。この2つの方法の違いはIIAの指針でも強調されていないためか, ベテランの内部監査人でもよく知らないで監査意見を書いている場合もありますが, 根本的なアプローチや作業時間の使い方に大きな差異があります。詳しくは第2部で扱います。

3) 業務か, ガバナンス／リスクマネジメント (RM) か

IIAの内部監査の定義では, 監査の対象としてコントロール, ガバナンスおよびリスクマネジメントの3つの領域があります。実務的には, コントロールを主目的とする業務監査と, ガバナンスやリスクマネジメントをカバーする日本でいう経営監査という分け方の方が現実的かもしれません。監査範囲の設定においては, 業務監査に比べて経営監査にどれくらい比重を置くかというのがここでの検討ポイントです。

(3) 組織のリスクアペタイトの考慮

それから, 監査体制のデザインを考える1つの前提として, 経営者がどれくらいまでのリスクを進んで受け入れるかというリスクアペタイト（p.50参

照）を念頭に置く必要があります。これは，組織が許容するリスクの限度として内部監査が想定するリスクの許容範囲と本来整合するもので，監査は組織活動がリスクアペタイトの許容する範囲内に収まるように行います。リスクアペタイトは理論的には内部監査が重点を置くリスク領域の選択や監査手続の細かさやサンプルサイズなどの精度を決めるベースになります。

> **知っておきたいポイント②**
>
> ### IIAの研究による Insight（知見）の捉え方
>
> 　内部監査が提供する価値について IIA のタスクフォースによって実施された研究成果が「知見：ステークホルダーへの価値の提供」（IIARF, 2011 年）という文書で公表されています。それによると内部監査は，保証（assurance）と知見（insight）と客観性（objectivity）をもたらすもので，以下のように3つの円でシンボルで化されました。
>
> INTERNAL AUDITING（内部監査）＝
> ASSURANCE（保証），INSIGHT（知見），
> AND OBJECTIBITY（客観性）
>
> 統治機構と上級経営者は，ガバナンス，リスクマネジメントおよび内部統制プロセスの有効性と効率性に関する内部監査の客観的アシュアランスと知見に依拠する。
>
> 価値命題は知見（insight）を以下のように定義する。
> **Insight（知見）＝ Catalyst（触媒），Analyses（分析）and Assessments（評価）．**
> 内部監査は，データやビジネスプロセスの分析および評価に基づいた知見と改善提案を提供することによって組織の有効性と効率性を向上させる触媒である。
>
> (出所：IIARF, Insight：Delivering Value to Stakeholders, 2011, p.4, p.8 などより訳出)
>
> 　タスクフォースはこの中で，知見についてあまり知られていなかったということでさらに調査を進め，その結論をこの文書で述べています。そのポイントは，知見に関する内部監査の貢献は自分たちの期待にもステークホルダーの期待にも達していないというもので，客観的評価も大事だが，ビジネス上の改善活動にもっと取り組むべきだという内容になっています。やっと IIA も改善提案の重要性に目を向けるようになったかと感じますが，具体的な指針は今後に期待されるところです。

3. IIA による内部監査報告書の捉え方

　ここで内部監査報告書について IIA の取扱いを見ておきましょう。以下に掲載した IIA の国際基準 2410．A1 では「業務結果の最終伝達には，該当する結論並びに該当する提案および / またはアクション・プランを含めなければならない」（下記原文より筆者訳出）とされており，つまり内部監査報告書には，(A)「該当する結論」とともに，(B)「該当する改善提案ないしアクション・プランまたはその両方」の記載が必要とされています。

> 2410 – Criteria for Communicating
> Communications must include the engagement's objectives, scope, and results.
> 2410.A1 – Final communication of engagement results must include applicable conclusions, as well as applicable recommendations and/or action plans. Where appropriate, the internal auditors' opinion should be provided. An opinion must take into account the expectations of senior management, the board, and other stakeholders and must be supported by sufficient, reliable, relevant, and useful information.
> （Revised：October 2016 Page 17-18 of 25 Effective：January 2017 © 2016 The Institute of Internal Auditors）

　この点，上記原文に対する以下の日本内部監査協会の訳を見ると，結論の記載（A）は必ず必要だが，改善提案・アクション・プランの記載（B）は適切でないと判断したら不要であると言っているように読めます。内部監査では改善提案は任意だと思っている人もあるようですが，この原文は上記の通り「AもBも同等に必要である」という趣旨で規定されていることに留意すべきでしょう。

> 2410 — 伝達の規準
> 伝達には，内部監査（アシュアランスおよびコンサルティング）の個々の業務の目標，範囲および結果を含めなければならない。

> 2410.A1 — 個々のアシュアランス業務の結果の最終的伝達には，適切な結論を含めなければならず，適切な場合には，改善のための提言および改善措置の計画，またはそのいずれかをも含めなければならない。また，適切な場合には，内部監査人の意見が提供されるべきである。意見を表明する場合には，最高経営者，取締役会およびその他の利害関係者が何を期待しているかを考慮に入れなければならず，また十分な，信頼できる，関連する，かつ有用な情報に基づかなければならない。
>
> （出所：「内部監査の専門職的実施の国際基準」2017年，日本内部監査協会訳より）

　続けて，「適切な場合には，内部監査人の意見が提供されるべきである。」という訳文は，会計士監査の文献に出てくるような文章ですが，会計士監査はアシュアランスでもレビューのようにその結論に監査意見を伴わないケースがあるので，アシュアランスにも意見表明が適切な場合と適切でない場合があるのは当然です。しかし内部監査ではIIAにおいてアシュアランスは積極的か消極的かに関わらず監査意見を表明しますので，この訳文から想定される，意見表明が適切でないアシュアランスとはどういう場合かという疑問が生じます。あえて事例を言えば個々の発見事項や改善提案だけを報告して全体のアシュアランス的な評価をしないという内部監査も考えられます。しかしこうした疑問は2410.A1の出だしに「個々のアシュアランスの業務の」と言う原文にはない文章を訳に追加して，アシュアランスに限定した話にしたことから起こっています。一方，原文を読めば，特にアシュアランスに限定していないので，意見表明が適切でない内部監査とはコンサルティングの場合を想定していると素直に納得できます。そこには訳から感じられるような矛盾はないのです。

　上記の基準は最近のIIAプラクティスガイド「監査報告書：アシュアランス業務の結果の伝達」でも触れていますが，このガイドでは監査報告書の一般的なガイドラインとして以下のような報告書の構成要素を提示しています。

　これは私の訳なので協会の訳とは違うところもあります。特に8の所見という箇所は，協会の訳では発見事項とだけ記して，observations（所見）に対する訳語は出てきません。下記の私の訳では原文通りにobservations（所

見）という用語を先に出して findings（発見事項）とは区別しています。欧米の内部監査の実務では監査所見を意味する observations が同様の意味の findings と共に一般に使われていることから，本書でも監査所見という用語を使った箇所もあります。そこで以下の訳では，原文の趣旨のとおりに observations は所見として，findings 発見事項とは区別して訳出しています。さらにこのガイドとは別に実務的な構成例については次のセクションで例示しています。

報告書の構造は，多くの場合，つぎのような構成要素を含んでいる。
1. 監査報告書のタイトル
2. 目的（業務の目的）
3. 範囲（実施された監査活動，業務の性質及び程度，範囲の限定）
4. 背景（監査された活動の簡単な概要あるいはプロセスの説明）
5. 認識（監査された領域や活動のプラスの局面あるいは協力に対する感謝の意）
6. 業務の評定（格付け，結果（すなわち，優（satisfactory），可（marginal），不可（unsatisfactory），合格（pass），不合格（fail）））
7. 結論（要約意見ないし業務の評価，多くの場合は重大な所見をハイライトする）
8. 所見 observations（発見事項 findings とも呼ばれる）―各所見は重要度の順番に（該当する場合には活動ごとにグループ化されて）リストされ，多くの場合以下を含んでいる：
   a. タイトルおよび参照文
   b. 重要度の格付け（リスク重要性の評価基準（すなわち，高，中，低，重大，重要））
   c. 事実の陳述（状態，基準，原因，影響／リスク），これは関連した例，データ，分析，表や図によって実証されることがある
   d. 監査の提案（所見において特定されたリスクを軽減する是正措置）
   e. マネジメントのアクション・プラン（是正措置，活動のオーナー，完了の目標期日）
9. 配布先リスト

（出所：IPPF-PG, "Audit Reports", Oct. 2016, pp.7-8 より訳出）

4. 監査報告書の全体構成と各記載項目の留意点

(1) 監査報告書に何を記載するか

1) 内部監査報告書に記載する2つの主要項目

■アシュアランス的価値とコンサルティング的価値

　次に内部監査報告書の全体構成とその記載項目を検討します。まず内部監査報告書には何を記載するかを見てみましょう。監査報告書に記載する主要項目は、第一に監査の結果としての意見ないし結論、第二に監査による指摘事項および改善提案です。前者は評価結果を示すことでアシュアランス的価値を提供し、後者はプロセスやリスク対応の知見を提供することによってコンサルティング的価値を提供すると見ることができます。

●報告書に記載する2つの主要項目
①監査の結果
　⇒アシュアランスの報告（アシュアランス的価値）
②指摘事項・改善提案
　⇒プロセスやリスク対応への知見の提示・提案（コンサル的価値）

　例1 の内部監査報告書の例示では、最初に「監査結果の要旨」として1ページ程度で結果を要約する形式にしています。忙しいマネジメントは最初の要約しか見ないこともあるという想定でなるべくこのページに監査結果の全体像とポイントを簡潔にまとめて見せるという考え方です。

　この中で書き出しの最初のパラグラフに「……監査を実施した結果、同支店の業務および内部統制について重大な問題点は発見されなかった。」という文章に下線が引いてあります。この文章がまさに監査意見です。この文章によってアシュアランスの結果を意見として表明しますから、これがないと一般にアシュアランスの監査報告になりません。ここでは消極的アシュアランス方式をとっており、監査意見よりもそれに続く指摘事項・改善提案の要旨の説明にスペースを多くとっています。監査意見はこの文章で終わりです。

この文章に続けて,「ただし,内部統制上,改善すべき事項として主に以下の点につき改善提案を行った。」とあります。この文章が指摘・改善提案の導入部分でこの文章表現は適当で構いませんが,ここからはすでに指摘・改善提案のテーマに移ります。この報告書では指摘・改善提案事項の要旨を数行で簡潔に記しています。また各事項のタイトルに中リスクなどと付記して,項目ごとのリスクの程度を3段階で示しています。

　この後,指摘事項の要約と題した指摘・改善提案の一覧表が続きます。ここにマネジメントによる改善提案への回答の期限を設定して記入する形になっています。詳しくは 付録1 「内部監査報告書(例示)」(p.27)を参照してください。

● 例1 【監査報告書の書き出し部分──概要報告の例】
● 監査結果の要旨
　内部監査部は,当年度の内部監査計画に従ってX月X日から5日間,B支店に往査し,事業運営および業務プロセスに対する内部監査を行った。あらかじめ設定した監査項目について標準監査プログラムを適用して<u>監査を実施した結果,同支店の業務および内部統制について重大な問題点は発見されなかった</u>。ただし,内部統制上,改善すべき事項として主に以下の点につき改善提案を行った。

1. 現金預金残高の日次点検 (中リスク)
　支店における現金預金残高の日次点検について,上位者によるシステム帳簿残高と上記残高結果表との照合が,マニュアル通りに日々行われておらず月末の処理にとどまっている。マニュアルに従った書面による確認・承認を実施すべきである。

2. 売上金の処理手続の見直し (中リスク)
　売上入金処理について入金業務と会計上の入金計上を同一の担当者が行っており職務分離ができていない。また売上金の銀行入金が週単位のため多額の現金が金庫に滞留している。人員体制の見直しおよび職務の明確化と共に入金要員の補充の検討が必要である。

　・・・・以下省略・・・・

2）アシュアランス型の監査報告書

また，アシュアランス型の監査報告書の構成例 例2 を以下に掲載しますので 付録1 と合わせて参考にしてください。

● 例2 【アシュアランス型監査報告書の構成例】

表紙──タイトル，報告書配布者，日付等

1. 監査結果の要旨
   注）● アシュアランス監査では通常，意見・結論の記載が求められる。
       ● 併せて改善提案について要約の紹介，他。

2. 指摘事項の項目概要
   注）指摘事項の項目のリスト（各リスクレベル，改善期限を記載）
       ● 指摘事項をリスクなどで優先順位をつける場合には基準の内容を記載。
       ● 基準は各社の状況に応じて決める。

3. 監査の背景およびリスク評価──1）監査目的　2）監査範囲　3）監査方法
   注）● 当監査実施の経緯，監査の趣旨，監査の方法・往査予定などを記載。
       ● 監査の内容はケースごとに異なるため，本件監査の前提を説明することで監査結果および指摘・提案の内容を正しく理解してもらうとともに監査人の責任を限定する意味もある。

4. 指摘事項および改善提案の詳細
   注）指摘事項ごとに，「発見事項」，「リスク」および「改善提案」を記述する。その次に，経営管理者からのコメント（予定された対応の内容，期日等）を表に記載。

　　　　　　　　　　　　　　　　　　（参考例： 付録1 「内部監査報告書（例示）」）

---

(2) 内部監査報告書の記載項目の検討ポイント

付録1 の監査報告書の記載項目について作成上の検討ポイントを図表1-3にまとめました。これについて以下に若干解説をしておきます。

1）表紙 ⇒ 誰の名前で誰宛てに報告するか

すべての監査報告を監査部長名で社長宛てにする会社もあります。これは会社の判断ですが，監査実施の責任者クラスが何人かいる場合には，監査ご

図表1-3 ◆ 監査報告書の記載項目の検討ポイント

監査報告書の記載内容	様式・内容の検討すべきポイント
1) 表紙──タイトル，報告書配布者，日付	● 誰の名前で発行するか ● 配布先は誰宛てにするか。コピーの配布先は？
2) 監査結果の要旨 ● 監査で意見または結論の記載 ● 主な指摘事項・改善提案の要約紹介 ● フォローアップ予定 ● その他（適当な場合） 　○ 報告書開示制限，面談者 　○ 指摘事項の分野別分析表	● アシュアランスの文言があるか ● 積極的でなく，消極的アシュアランスでよいか ● 監査対象・目的・範囲との整合性に注意（部門監査か，プロセス監査か？　他） ● フォローアップ手続・開始予定の説明 ● 必要に応じて，秘匿性が高い場合の報告書の利用・開示の制限や詳細テストの省略の旨など
3) 指摘事項の要約 　指摘事項をリスクなどで優先順位をつける場合には基準の内容を記載	● 指摘事項のリスト ● 各指摘事項のリスクの評価（高，中，低） ● 各指摘事項に対するマネジメントの改善期限
4) 監査の背景およびリスク評価 ● 監査の経緯とリスクの記載 　1) 監査目的 　2) 監査範囲 　3) 監査方法	例）取締役会等に承認された年次監査計画に基づいた監査である旨の記載 ● 監査領域において想定されるリスクの記載 ● 目的──ｘｘｘ業務プロセスの有効性と効率性を評価する ● 範囲──往査部門・事業所，対象業務範囲等 ● 方法──往査日程，手続概要，監査人，レビューアー
5) 指摘事項および改善提案 　表形式で指摘事項ごとに記載	● 指摘事項に，経営管理者からのコメント（指摘・提案に対して予定された対応の内容，期日等）を追記して完成

とに担当した監査実施責任者がその個別の監査については一番のプロであるはずですからその名前で被監査部署の責任者宛てに提出して，コピーを社長や監査役その他の経営層および監査部の責任者宛てにすることをお薦めします。内部監査部門をプロフェッショナル集団として考える役割分担です。

2) 監査結果の要旨 ⇒ 積極的アシュアランスか，消極的アシュアランスか

　これはすでに触れましたが，英語でエグゼクティブ・サマリー（Executive Summary）と言われる要約のページです。

　この中で実施した監査の内容や対象（部門やプロセスなど）を述べて監査意見を表明するのが原則的なやり方と考えられます。前述した積極的アシュ

アランスか，または消極的アシュアランスかを意識して書き分ける必要があります。2つの区別の詳細は第2部を参照してください。上場企業はJ-SOXの経験で，だいぶ積極的アシュアランスの理解が進んだと思いますが，積極的アシュアランスをサポートするだけの品質管理のルールを整備していないのに，監査意見だけはそれをサポートする根拠があるかのように積極的アシュアランスで書かれている報告書は昔から見かけることがありました。監査のプロにふさわしくない誤りです。

■部門監査か，プロセス監査か

また，監査対象として事業部門など組織単位で監査の対象を決めている企業が多いと思われますが，監査上の問題の性質によっては複数の部門にまたがることもあります。例えば，固定資産管理部門の監査で出てきた指摘事項が同部門ではなく，購買部門が担当する資産の取得時の承認などに集中することがあります。この指摘も予定した監査のスコープ内にあるというのであれば，この監査は固定資産管理部門という「部門の監査」ではなくて，固定資産の調達から保管までのプロセスという「プロセスの監査」として定義すべきだったと言えるかもしれません。要するに監査でやっていることと，計画書や報告書で書いた監査対象とに矛盾がないように留意が必要です。

3) 指摘事項の要約

指摘事項および改善提案に高中低の3段階の重みづけをしてそれぞれの重要性や緊急性を伝えるために 付録1 に示したような表にするのがよいでしょう。ここで高中低などランクづけをする場合，それぞれが意味する定義を表に続けて明記することが大事です。

またこれ以外の表現形式として，指摘事項の数が多いときなど全体をわかりやすく概観させるために監査テーマの分野別に高中低の指摘事項の分布状況をグラフにして見せることもよい方法です（**図表1-4**）。このとき指摘事項をリスク水準で高中低などと分類する場合にはそれぞれの定義づけが必要ですから，その定義を決めて明記するとよいでしょう。ここでは，影響の重要

図表1-4 ◆ 発見事項要約の見せ方の事例（1/2）
　　　　　（発見事項の分野別要約表とリスク分類）

発見事項の要約：35件の発見事項の分野別件数の内訳は以下の通りである。

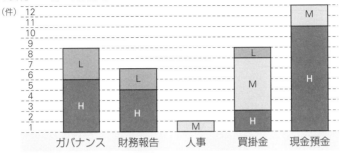

リスク評定の定義：発見事項は以下の定義によって高中低の分類がなされている。

高 H	内部統制，会計ないし業務に多大な影響を及ぼし，組織にとって緊急の課題である。所管部門と担当役員の早急な対応が求められる。その解決のため最優先事項として実施計画を策定すべきである。
中 M	組織にとって，中程度の重要性をもつ指摘事項である。所管部門の経営管理者は，これらの指摘事項に合理的な期間内（一般的には12か月以内）に対応すべきである。短期的な解決に向けて改善計画が合意されるべきである。
低 L	相対的に重要性が低い指摘事項である。緊急の対応が要求されるものではないが，最終的な解決に向けて改善計画が合意されるべきである。

性，担当者および緊急性という3つの要素から3段階に分類しています。

また個々の発見事項のビジネスへの影響度合（3段階）と実施の難易度（2段階）を一覧表にして読者の理解を促す方法（**図表1-5**）もあります。この事例では表における発見事項の分類が専門的・客観的な測定の結果ではなくて監査人の主観的判断による分類であることから，これが参考情報であることを注書きで断わっています。

ところで，**図表1-5**について，右下の項目17と18はいずれも内容が法令違反であるのに，ビジネスへの影響度を小に分類するのはおかしくないですかと質問されたことがあります。確かに過重労働や長時間労働がよく報道される最近の日本では，労基法違反は企業が注意すべき重要リスクの一つでしょう。ここで注意したいのは，日本では不祥事と言えば法令違反，だから

コンプライアンスの問題と見られがちですが，企業にとってのリスクは経済環境や企業の状況に大きく左右されるという認識が重要です。実は，この図表の情報はある日本企業の海外子会社の監査結果をベースにしています。海外ではこの種の労働法違反はよく見られますが，直ちに罰金を課されたり，日本のように労基署の訪問を受けて指導されるという話も聞かないため直接の影響はほとんどなく，むしろ経営者が違法状態に気づいてないことが懸念されます。そこで，今は低リスクでも将来のリスク変動に備える意味で，法令違反という火種の存在を第3線の内部監査が経営層に報告して第2線のリスクマネジメントに管理してもらうというわけです。

知っておきたいポイント③

日産自動車の無資格検査報道が教えるリスク管理の問題

　こうした事例に関連して思い出すのは，数年前に大きく報道された日産自動車の無資格者による検査という法令違反です。当時の報道からは，日産は品質管理上も業務効率上も自社の検査の方法で十分だと考え，特に法令違反の罰則やお役所からの改善指導などもない中で，あえて時代遅れと言われた法律に従う必要性はないと合理的に判断したと推察されます。これは20年も前から続いた実務のようですが，ここで足らないと推測されるのはリスクマネジメントの視点です。20年前には低リスクでも，法令違反という火種がある以上は環境変化を見ながら定期的にモニターする，つまりリスク管理が必要だったわけです。この20年間の経済環境の変化といえば，第一にインターネットの発達で情報化社会が進み不祥事情報が瞬時に社会に知れ渡るようになったこと，さらにそれによって新聞が売れなくなったことと関連してか，有名企業のちょっとした不祥事報道にマスコミが一段と攻勢をかけているように見えることです。

　日産にとっては法令を遵守しないことによる品質管理上の問題はすでに20年前に対応済であっても，その後のリスク環境の変化によって業務上は喫緊の問題ではなかった法令違反が企業のブランドリスクという形で大きな火種になったわけです。ここでは法令違反そのものが問題というよりは，法令違反を内容とするブランドリスクの増大をタイムリーに認識して対処するリスク管理の実務が日産のようなブランド企業には必要だったということでしょう。またそういった第2線の対応を促すのも第3線としての内部監査の仕事に含まれているわけです。

図表1-5 ◆ 発見事項要約の見せ方の事例（2/2）
（発見事項一覧表：影響度と実施難易度の例）

以下の表は，各改善提案をビジネスへの影響と改善提案の実施の難易度という視点から発見事項の番号とタイトルを分類表示した参考情報です。

〈ビジネスへの影響度〉

大

ビジネスへの影響大，実施：容易	ビジネスへの影響大，実施：難易
11：関係会社残高調整	27：システム統合

中

ビジネスへの影響中，実施：容易	ビジネスへの影響中，実施：難易
7：顧客の与信限度額の管理	1：倫理規則の遵守
12：関係会社からの入金の処理の遅れ	2：コンプライアンス体制の整備
21：人事ローテーション	19：人事評価およびキャリア・デベロップメントの方針
25：ソフトウェアの変更	28：情報管理セキュリティ
26：ディーラー管理システム	

小

ビジネスへの影響小，実施：容易	ビジネスへの影響小，実施：難易
4：法務・税務等の外部コンサルタントへの相談	3：不正事例および法令・倫理規則違反の記録
9：連結報告用財務諸表の会計監査の検討	5：危機管理マニュアルの整備
10：貸倒引当金の計算方法の透明化	6：文書保存管理の不備
14：小口現金管理	8：一般購買手続
15：固定資産実査および減価償却計算	13：決算の計画および手続
16：雇用終了時のチェックリスト管理	17：法定限度を超える残業時間
22：下請け契約社員および契約社員の管理	18：法定限度を超過する有給休暇残日数
23：旅費交通費の処理	20：給与および退職金制度のレビュー
29：経理システムの履歴簿のレビュー	24：マネジメント用車両関連費用
30：給与システムへのアクセス管理	

容易　　　　　〈改善提案実施の難易度〉　　　　　難易

※上図17，18は法令違反でも影響度が小さいと評価したケース

4）監査の背景およびリスク評価

　なぜ監査の背景やリスク評価を書いた方がよいかというと内部監査はテーマや範囲が多岐にわたり，どれくらい精緻な監査をし，深掘りしたかもまちまちです。ですから，その輪郭を説明して読者に誤解を与えないようすると同時に，監査人として責任を限定するためにも必要なのです。

　これらは監査計画書ですでに書かれているかもしれませんが，監査の目的や対象部門や往査日程に加えて，想定されるリスクを書くのは，どのあたりに監査の重点を置くかという監査戦略を読者に伝える意味があります。

　ここでは，正式な評価結果でなくても，計画時に予想されたリスク領域を

書くことでよいと思います。

5) 指摘事項および改善提案

　これは指摘事項・改善提案の本文に当たる記述です。その記載様式としては，項目ごとに発見事項，リスク，および改善提案を記述し，提案に対する被監査部署のマネジメントからの回答を書くという形式をお薦めします。それぞれの詳細は第2章で扱います。

付録1

内部監査報告書（例示）

AA 株式会社 B 支店
支店業務

発　行　者	内部監査部
発　効　日	2019 年 x 月 x 日

内 部 監 査 人	xxxx, xxxx
管　理　番　号	AA-000
文　書　分　類	Confidential
配　布　先	B 支店 支店長　xxx
	B 支店 業務部長　xxx
コピー配布先	事業部長　xxx
	社長 xxx
	監査役 xxx
	内部監査部門長 xxx

目　次

1. 監査結果の要旨 …………………………………… 29
2. 指摘事項の要約 …………………………………… 30
3. 背景およびリスク評価 …………………………… 31
    3.1　監査目的 ……………………………………… 31
    3.2　監査範囲 ……………………………………… 31
    3.3　監査方法 ……………………………………… 32
4. 指摘事項および改善提案 ………………………… 33
    4.1　現金・預金残高の日次点検 ………………… 33
    4.2　売上入金の処理手続の見直し ……………… 34
    （以下，省略）

1. 監査結果の要旨

　内部監査部は，当年度の内部監査計画に従って9月1日から5日にかけてB支店の事業運営および業務プロセスに対する内部監査を行った。あらかじめ設定した監査項目について標準監査プログラムを適用して<u>監査を実施した結果，同支店の業務および内部統制について重大な問題点は発見されなかった</u>。ただし，内部統制上，改善すべき事項として7件の改善提案を行った。

1.1　現金預金残高の日次点検　（中リスク）

　支店における現金預金残高の日次点検について，上位者によるシステム帳簿残高と上記残高結果表との照合が，マニュアル通りに日々行われておらず，月末の処理にとどまっている。マニュアルに定められた書面による所定の確認・承認を実施すべきである。

1.2　売上入金の処理手続の見直し（中リスク）

　売上入金処理について入金業務と会計上の入金計上を同一の担当者が行っており，職務分離ができていない。また売上金の銀行入金が週単位のため，多額の現金が金庫に滞留している。人員体制の見直しおよび職務の明確化と共に入金要員の補充の検討が必要である。

・・・・・以下省略・・・・・

　☞　**留意点**　意見の表明ないし結論を記載する（上記下線部）。これでアシュアランス型の監査報告書になる。上記では重大な問題点がないことを明記し，消極的なアシュアランスの形式としている。その後に改善提案について触れる。

2. 指摘事項の要約

指摘事項	リスク評価			マネジメントによる対策改善期限
	高	中	低	
4.1 現金・預金残高の日次点検		✓		
4.2 売上入金の処理手続の見直し		✓		
4.3・・・・・・・		✓		
4.4・・・・・・・		✓		
4.5・・・・・・・		✓		
4.6・・・・・・・			✓	
4.7・・・・・・・			✓	

　監査報告書のなかの指摘事項は，以下のリスク分類に従って評価されている。

　リスクの程度は，監査対象部署に与える影響に応じて定められている。

高	内部統制，会計ないし業務に多大な影響を及ぼし，組織にとって急を要する指摘事項である。所管部門と担当役員はその解決のため早急に実施計画を策定すべきである。
中	組織にとって，中程度の重要性をもつ指摘事項である。所管部門の経営管理者は，これらの指摘事項に合理的な期間内（一般的には12カ月以内）に対応すべきである。短期的な解決に向けて改善計画が合意されるべきである。
低	相対的に重要性が低い指摘事項である。早急な対応が要求されるものではないが，最終的な解決に向けて改善計画が合意されるべきである。

3. 背景およびリスク評価

　本監査は，企業全体のリスク評価に基づいた2016年度の監査計画に従って実施した。B支店の組織および事業の概要は以下の通りである。
- 組 織 構 成　──　xxx, xxx, xxx,
- 人　員　数　──　2019年8月1日現在　xxx名
- 2018年度 売上高 ──　xxx, 全支店中 xx位

　なお，当支店に対する前回の監査（20xx年x月に実施）による指摘事項はその後，適時に改善されている。
　本監査においては主に以下のリスクを想定している。
- 現金預金および重要な資産保全のための手続が適切に整備され運用されていない。
- 現金預金および在庫管理業務において職務分離が確立されていない。
- 支店業務に関連する法令等の規則への遵守が十分管理されていない。

3.1　監査目的
- 支店における業務処理プロセスの有効性の評価
- 支店固有の問題に対する防止体制の評価
- 支店と本部の連携体制の評価

3.2　監査範囲
- 現金・預金および入出金の管理体制
- 部品在庫管理体制
- 支店における法令遵守および社内規則への遵守体制

3.3 監査方法

> ☞ **留意点** 監査方法の欄には，例えば以下のような事項を記載する。
> - 監査分野ごとの所定の標準監査プログラムを適用して監査を実施した旨
> - 事前質問書（支店業務用）への回答依頼および回答の分析の結果（該当する場合のみ）
> - 往査期間（9月1日より9月5日）および往査した組織・場所
> - 監査チームメンバー（実施責任者，監査メンバー，レビュアーなど）
> - オープニング会議（計画した監査範囲および手続の概要説明のため）開催の記載
> - 主な監査手続きの内容（組織責任者および担当者との面談，関連書類の閲覧などによって，xxx（監査目的）xx を評価した（または確認した）などの表現）
> - 講評会（往査最終日。監査の所見の説明と支店管理者との指摘事項の協議）を実施した旨および出席者の記載

4. 指摘事項および改善提案

4.1 現金・預金残高の日次点検

リスク評価

高	中	低
	✓	

指摘事項：

　支店業務マニュアルによると，売上入金を扱う入金担当者は毎日の終業時に，現金および銀行預金残高を現預金収支残高表と突合し，システム上の帳簿残高と一致していることを確認した上で業務部長に調整表を提出し，業務部長は内容をチェックした上で承認しなければならないと規定されている。しかし，上位者によるシステム帳簿残高と上記残高結果表との照合は，時間的制約から月末を除き，システムの画面上での確認にとどまっており，書面による確認・承認が行われていない。

リスク：

　不正行為や事務ミスが発生した場合，その発見が遅れる原因となる。

改善提案：

　業務部長は，支店業務マニュアルの定めに従って，毎日，入金担当者が作成した調整表を入手し，自らもシステム上の残高との照合など書面による確認を実施の上，調整表に捺印し証憑として保管しなければならない。

マネジメントからの回答：

　指摘のあった通りの状況であり，改善提案に従った対応を直ちに実施することとする。

回答責任者：

　XXXX

改善期限：

　2019年11月30日

4.2 売上入金の処理手続の見直し

リスク評価

指摘事項:

売上入金の処理に関して,業務基準に反すると考えられる以下の不備が発見された。これは関係者による内部統制の理解不足と運用の不徹底が原因と考えられる。

(1) 回収された売上金の入金業務と会計システム上の入金計上を同一の担当者が行っており,入金に関する職務分離が確立されていない。
(2) 売上金の入金処理を毎日行わず,週単位で行っていることから,まとまった現金が一週間程度金庫に滞留している。

リスク:

支店業務基準に準じた業務処理を怠ることにより,不正行為が誘発される危険がある。

改善提案:

(1) 入金業務に求められる職務分離が達成されるように,現在の人員体制および役割分担を見直し,関係者の職務を明確に定めるべきである。
(2) 適切な業務運営体制を構築するために,毎日の入金処理を担当する要員の補充の検討が必要であると考えられる。

マネジメントからの回答:

(1) 入金担当者の職務分離は,かねてより問題と考えて,改善を模索しているが,当面は人員の増加が難しいため,担当者による入金処理と会計記帳を支店財務部長が毎日レビューすることにより監督の強化を図り代替することとしたい。
(2) 要員の補充は難しいため,週単位の入金処理を一定額たまった段階で週2回をめどに行うこととしたい。

回答責任者:

改善期限:

(以下,省略)

第2章 コントロール・ベースの業務監査の指摘・提案

　内部監査で最も一般的な業務レベルの監査について，どのような視点から改善提案を洗い出すか，その際の切り口と報告書に記載すべき項目および個々の記載項目は何のためか等を解説します。この構造をしっかりと身につけることで，メタボな文章をスリム化したり，説明不足を補うために必要な目的意識と方向感覚が生まれます。

1. 内部監査のプロにふさわしい指摘・提案のスタイル

(1) 指摘事項・改善提案を書くための一般的心得

　内部監査報告書において指摘事項や改善提案を記載するときには専門家にふさわしい取り上げ方や文章表現があります。それを以下にまとめました。

●指摘事項・改善提案を書くための一般的心得
1) 題材：プロセスや仕組みについての問題提起をする。
　⇒誰が何をしたという人の行為よりも，現在のプロセスや内部統制について，組織に共通した体制・仕組みに関する問題を事実を中心に客観的に説明する。
　⇒なるべく人の名前は出さない。ただしxx事業部長などポストの説明は必要。
　⇒特にネガティブ情報（事故・不祥事の関与者），センシティブ情報（秘匿性の高い個人情報）については名前は伏せる。また，報告書の配布先が情報共有者として適当かどうかに注意。

2) 読み手：被監査部署だけでなく読者の誰にとってもわかりやすい説明の仕方や言葉使いする。
   - ⇒監査部門のステークホルダー（社長など）を主な読者として想定する。また親会社の役員や社外役員などもわかる内容にする。経営層がざっと目を通してぱっと理解できる内容や表現にする。
   - ⇒読み手の読解力に甘えず，その分，書き手が頭を使って誤解のない論旨明快な文章を書く。
   - ⇒内部の関係者にしかわからない特殊な用語はなるべく避け，略語は正式名称を示した上で略す。
3) 立ち位置：上から目線でなく，中立的なアドバイザーとして書く。
   - ⇒権威を笠に着た態度でなく，中立的なアドバイザーというスタンスをとる。
   - ⇒上から目線で教壇の上から生徒に話すような態度ではなく，教壇から降りて対等に議論をする。ただ対等といっても生徒になるのではなく内部監査の立場（第三の防波堤）を失わずに指導的役割を果たす。
   - ⇒そのためには，対等に議論しても説得力を持ち得るインサイト（見識，知見）が必要。
4) 提案姿勢：改善の取り組みは要請しても，具体的な方法はなるべく任せる。
   - ⇒改善自体は必須としても，具体的な方法や進め方の詳細までは押し付けずに，具体案があれば例示として提案する。実務は現場の方が詳しく，生きたアイデアも多い。詳細は任せた方がよい結果となる。

(2) 背景にある考え方

上記のような作法をお薦めする背景には次のような考え方があります。

1) 内部監査のミッションに合った題材を取り上げる

内部監査の指摘事項として取り上げるテーマは組織のプロセスや仕組みに関するものが原則です。その説明の中で個人の行為を例に挙げることはありますが，誰がどうしたという個人の問題は通常，問題には取り上げませんし報告書にも書きません。一方，不正調査などではむしろ関係者の行為に軸足を置いた調査・報告をします。監査とは実施の目的が違うからです。

2) 内部監査の役割から監査報告書の読み手を意識する

監査の現場では，まさに被監査部署の人達のために問題を指摘し改善を提案していると意識されますが，正式な監査報告書で問題を伝えるべき相手は経営者や事業本部長など，被監査部署以外にもあり，場合によってはこちらの経営層に伝える方が問題解決のために重要となることもあります。

また被監査部署の人とは会議や面談など直接に話をする機会がいろいろあって監査報告書の内容はすでに了解済みということも多いでしょう。しかし，監査報告書を読むことでしか問題を知りえない管理者もいるわけです。そのため被監査部署と監査人との間の内輪の報告にとどまることなく，それ以上の役割が監査報告にあることを意識することが重要です。

3) 中立的なアドバイザーの立ち位置

プロとして問題の真相を正しく把握して，客観的で意味のあるアドバイスをしようとすれば，本音ベースで語り合えるような雰囲気をつくり，相手をリスペクトして耳を傾け，またこちらの言い分もまともに聞いてもらえるような関係を築くことが大きいと思います。これもプロとしてのコミュニケーション能力，いわゆる一種のソフト・スキルです。

4) 改善の方向を示してあとは現場に考えさせる提案姿勢

内部監査部門に集まる人は，それぞれに業務経験があって監査人としても一家言がある人もたくさんいます。そのため，自分の出身部署を監査するときなど，つい言い過ぎてしまうこともあるようです。実はその監査人がこうあるべきと主張するのは，すでに何年も前の状況のことで，ビジネス環境から事業部長まで様変わりしていることもあります。そのため改善の必要性や方向性は提案するとしても，その具体的方法は今現在の状況をよく知っている現場に任せるという冷静さも必要となります。

これはまた，改善提案に関して内部監査部門と被監査部門のそれぞれの守備範囲および互いの責任分担という点から整理が必要な側面でもあります。

談話室 2 上空30メートルから俯瞰する内部監査プロの視点

【内部監査のプロとして】
被監査部署の現場との付き合い方

　内部監査の仕事には，ヘリコプターで上空30メートルくらいから現場を眺めて問題を発見し，地上に降りてアドバイスし，それが済んだらすぐに次の現場に向かうといったイメージがあります。上空が高すぎても現場が見えないし，地べたに降りると周りが見えないので30メートルくらいが適当でしょう。

【内部監査の守備範囲】
監査は改善提案を出すのが仕事，それを実施するのは現場

　ヘリコプターから地上に降りてきて改善を手伝ってほしいと言われることもありますが，それでは時間が足りず，1年で守備範囲の全社を計画通り回り切れないですね。

　それにそもそも現場の仕事は彼らの責任であって，それを手伝うのが監査の仕事ではありません。だから現場ですぐ使えるやり方を提案してほしいと言われても，それは本来，監査の改善提案を実施に移す作業（インプリメンテーション）の中で地上でしかわからない事情を考慮して現場が自ら考えることなのです。

　そうすると内部監査人の方の責任は，改善策の具体例はもちろんあってもよいですが，本質は事例よりも，組織の内部統制や仕組みについての不全を指摘し，組織としての改善の方法や方向または道筋を示すことです。事例に頼り過ぎず，本質を端的に説明するのはこれはこれで難しい作業です。

【監査人は現場にかなわない】
でもそこで引くことはない。勝負どころはそこじゃない

　また，たまにやって来る内部監査人と違って，現場の人はその課題を年中考えて最新の情報や方法を使って対応策を試行錯誤しています。ですから，現場の人の方が実務能力は高くて当たり前で，ここで勝負してもなかなか勝てません。

【ではなぜ内部監査は現場を指導できるか】
それは上空30メートルから見ているから

　ではなぜ内部監査人は現場を指導できるかというと，それは30メートルの上空から見ているからです。例えば隣の部署や組織全体の平均と比べてどうだとか，会社全体の方針や経営層の考え方から見てどうだとか，同業他社や世の中のベストプラクティスから見て改善の余地があるとか，地べたにいる状況からはわから

ないような視点や角度からアイデアを出してくるからです。

　そういった意味で内部監査人は現場の問題を上空から俯瞰して，地上から見えてこないような視点や全体感から発想される洞察力をもってアドバイスします。しかし組織全体にわたって責任があり，リソースの限界もあるので，一か所に深入りし過ぎずに全社をバランスよくカバーするわけです。

【でも上から目線では監査にならない】
みこしを担ぐのもその上で旗を振るのも目的は同じ

　ところで，上空から現場を見下ろすのは内部監査人が現場の人よりもえらいからではないですね。この辺は経営層と同じで，そのような役回りを果たすのが内部監査の仕事だからです。だから上から目線で現場の人を見下すことがないよう注意します。でないと監査がうまくいきません。これもプロの心がけです。

2. コントロールの不全を探す～3つの改善提案

(1) 業務監査における3つの改善提案のパターン

　最初に業務監査において一般に提案される3つの改善提案について説明しましょう。内部監査の改善提案は**図表2-1**にまとめたように内部統制の状態から通常以下の3つの提案に分類することができます。

　①A提案：あるべき内部統制がない場合，**統制の整備**を提案する。
　②B提案：統制のデザインに問題がある場合，**統制の見直し**を提案する。
　③C提案：整備された統制が運用されていない場合，**確実な運用**を提案する。

　こうした提案は，統制の不備を示す何らかの事象（「個別リスク事象」と言います）をきっかけに発見されます。その事象から統制上の問題を分析して，その内容によって，統制自体が存在しなければA提案，統制はあるが整備状況が有効でなければB提案，それから運用に問題があればC提案という形で改善提案をします。

　では早速，以下の事例①から始めましょう。まずこの事例を読んで修正すべき点はないか考えてみましょう。

図表2-1 ◆ 統制がきいていない3つのパターンと改善提案

内部統制と改善提案の関係
- あるべき統制がないとき⇒統制の整備を提案（A提案）
- 統制はあるがデザインに問題があるとき⇒統制の見直しを提案（B提案）
- 統制は整備されているが運用されていないとき⇒確実な運用を提案（C提案）

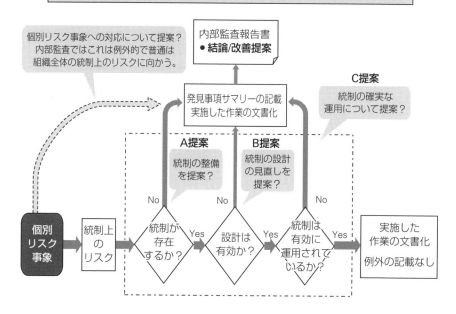

事例❶

3つの改善提案パターンを意識した指摘・改善提案の見直し

製造販売会社の営業支店を対象として，現金預金回りを中心に監査し，以下の改善提案をドラフトしました。この書き方に何か修正すべき点がありますか。

指摘事項

営業支店では，売上金の入金担当者は毎日の終業時に，現金および銀行預金残高を現預金収支残高表と突合し，システム上の帳簿残高と一致していることを確認した上で業務部長に調整表を提出し，業務部長は内容をチェックした上で**承認しなければならない**。しかし，上位者によるシステム帳簿残高と上記残高結果表との照合は，システムの画面上での確認にとどまっており，書面による確認・承認が**行われていない**。

> **リスク**
>
> 不正行為や事務ミスが発生した場合，その発見が遅れる原因となる。
>
> **改善提案**
>
> 業務部長は，毎日，入金担当者が作成した調整表を入手し，自らもシステム上の残高との照合など書面による確認を実施の上，調整表に捺印し証憑として保管しなければならない。

先ほどの3つの改善提案を参考にすると，指摘事項の4行目で「……承認しなければならない。しかし……」とあるのは，純粋な理論から，あるべき統制として承認すべきだと言っているようにも見えますし，組織のルールがあるので，それに従って承認すべきだと言っていることも考えられ，論旨がはっきりしません。そのいずれかによって，改善提案で言っていることも，「統制がないので整備しなさい」というA提案の場合と「統制がすでにあるので，きちんと運用しなさい」というC提案に分かれるわけです。

そこでこれを書いた監査人に聞くと，何でそんな当たり前のことを聞くんだという顔をして支店業務のことなので当然，業務マニュアルがあって，そこに承認ルールが書いてあるということでした。

■指摘・改善提案の見直しの方向

a）そうであれば，監査人には当たり前のことであっても，書いてないと状況がわかりませんから，この指摘事項の出だしの文章は，そのルールの存在を記した方が状況をはっきり伝えられます。

b）すると改善提案の方も，これに合わせて，そのルール通りに……しなければならないという内容になります。

c）それともう1つ，指摘事項の最後に「……書面による確認・承認が行われていない。」とありますが，その理由は何でしょうか。状況次第では確認・承認が行われていないことに，もっともな理由があるとしたら，それを求める統制の方に問題がある可能性もあります。そのときは統制の見直しを求めるB提案がふさわしいことも考えられます。

図表2-2 ◆ 事例❶ 3つの改善パターンを意識した支店業務の内部監査

```
                ┌─ 理由・状況を簡潔に記し，B提案につながる特別な事情がないことを示す。
                │   ┌─ 規程があればそれを明記しA提案ではないことを示す。
                ↓   ↓
指摘事項：支店業務マニュアルによると，売上金の入金担当者は毎日の終業  ┐ 統
時に，現金及び銀行預金残高を現預金収支残高表と突合し，システム上       │ 制
の帳簿残高と一致していることを確認したうえで業務部長に調整表を提       │ ル
出し，業務部長は内容をチェックした上で承認しなければならないと規       │ ー
定されている。しかし，上位者によるシステム帳簿残高と上記残高結果表     │ ル
との照合は，時間的制約のため，システムの画面上での確認にとどまって     ┘ の
おり，書面による確認・承認が行われていない。                            説
                                                                        明
                                                                        ┐ 例
                                                                        │ 外
                                                                        │ の
                                                                        │ 説
                                                                        ┘ 明

リスク：不正行為や事務ミスが発生した場合，その発見が遅れる原因となる。

改善提案：業務部長は，支店業務マニュアルの定めに従って，毎日，入金担
当者が作成した調整表を入手し，自らもシステム上の残高との照合など
書面による確認を実施の上，調整表に捺印し証憑として保管しなければ
ならない。
                        ↑
                        └─ 規程を明記し準拠性の問題
                           （C提案）と性格づける。
```

それで監査人に理由を聞いてみると，特別な事情はなく単に忙しくできなかったようです。それならその理由にも触れた方が正確ですね。そこで以上a)，b)，c)の3点の修正を加えたのが**図表2-2**です。

a) については文章の頭に「支店業務マニュアルによると」と加え，文末に「……と規定されている」と明記して，これが既存のルールの説明であることを明らかにしました。b) についてもa) の内容に整合させて「支店業務マニュアルの定めに従って」という言葉を補いC提案であることを明らかにしました。c) は「時間的制約のため」という理由を付記しました。そもそも忙しくてできなかったというのは通常，承認行為を省略したことの正当な理由とはなりません。

（2）個別リスク事象か，組織全体の問題か

では次に，もう少し難しい事例に進みます。以下の事例②を見てください。この改善提案を見てどう感じますか。これは内部統制の話よりも滞留債

権残高の対応に話が集中していますね。そのため内部監査というよりも,残高監査をしている公認会計士のコメントのようにも見えます。それで,この事例を使って会計士と内部監査人の視点の違いを図表 2-3 にまとめました。

事例 ❷

監査目的で異なるリスク事象の見方

販売会社の営業管理を対象として内部監査を行い,以下の改善提案を草案しました。この改善提案の取り扱いで何が問題と考えられますか。

指摘事項

本社営業管理部の管理データによると 3 か月超の滞留債権額は B 支店が最も多く,全体の 3 割を占めている。また B 支店への往査により,このうち約半分は顧客 X 社向けであって,B 支店の重要顧客であることから回収が滞留してから後も引き続き X 社への売上を継続していることがわかった。

リスク

売上債権の回収が遅延し,さらには回収されないリスクがある。

改善提案

滞留債権の中でも金額の最も大きい X 社への売上取引は早急に中止すべきである。また支店の中でも滞留債権の多くを占める B 支店は回収努力を強化すべきである。

【ポイント】
1. この監査の目的は何か。財務諸表監査(情報監査)か,業務監査(実態監査)か。
2. 業務監査だとすると,どのようなリスクを問題とするか。
3. 問題指摘と内部統制との関係はどのようになっているか。
4. X 社滞留債権を中心とする問題と監査目的との関係はどうなっているか。

1) 個別リスク事象の認識

図表 2-1 の左下を見ると「個別リスク事象」から検討が始まるのがわかります。これに相当する事柄を事例②で見ると,「3 か月超の滞留債権は B 支店が全体の 3 割を占めており,このうち約半分を占める X 社は B 支店の重要顧客であるため回収滞留後も売上を継続している」という事象です。

2) 会計士監査と内部監査の視点の違い

これに対して**図表2-3**にあるように，会計士監査的な残高監査の視点からは，重要な滞留債権の回収可能性に重点を置いて残高全体を検討し，その中で内部統制も考慮しますが，統制にどれほど重点を置くかはケースバイケースです。改善提案も個別債権の話と内部統制と両方カバーしています。

一方，内部監査的な業務監査の視点からは，何よりも内部統制の確認に主眼が置かれ，個別事象に適用される統制ルールがなかったか，あるとすれば，なぜルールが適用されなかったかなどを検討し，その観点を監査対象となる組織全体に広げて検討します。その結果，改善提案も組織全体の内部統制の視点から提起されます。個別事象のリスクについて事例②では個別滞留債権への対応について提案することもありますが，業務監査の目的からすると中心は内部統制に関する提案になります。

図表2-3 ◆ 事例❷ 監査目的で異なるリスク事象の見方

| 個別リスク事象 | ⇒個別事象に目を奪われて内部監査の視点を忘れていないか。 |

3か月超の滞留債権額はB支店が全体の3割を占めており，このうち約半分を占めるX社はB支店の重要顧客であるため回収滞留後も売上を継続している。

⇒監査目的によって問題を見る視点が異なる

〈会計士監査的〉	〈内部監査的〉
残高に集中する会計士の視点	内部監査に欠かせない内部統制の視点
＜個別事象の検討＞ ● X社を中心としたB支店の滞留債権の回収可能性 ＜残高全体への検討の拡大＞ ● その他の債権の回収可能性 ● 滞留債権管理の整備・運用の概要と状況によってはその統制テストを実施しこれに依拠した回収可能性の検討を選択	＜個別事象の検討＞ ● X社の事象に対応した所定の統制ルールがあるか ● ある場合，なぜルールが適用されなかったか ● 不適用の状況も含めてルールは十分か ＜統制全体への検討の拡大＞ ● 統制の有効性のテスト ● 上記の検討結果は統制全体に推定できるか ● 全体の所見に必要であれば監査手続の追加
改善提案の可能性	改善提案の可能性
● 問題となった個別滞留債権の対応措置 ● 残高全体の視点から内部統制の強化	● 統制ルールがない場合のルール化の提案 ● ルール遵守の徹底・モニタリングの提案 ● ルール自体の改善の提案

3) ベテランの監査人もあやうく見落とすポイント

しかし事例②のような場合，監査人は往々にして目の前の滞留債権の処理の問題で頭がいっぱいになり，内部統制という本題からの検討を忘れて個別リスク事象である滞留債権の改善提案だけで済ましてしまうこともあるのです。これは内部監査がその目的や使命を十分に果たしているかという問題です。

これを技術面から見ると，個別リスク事象はこの事象だけの問題として終わらせるのではなく，これを利用して組織レベルの統制の問題に格上げした改善提案につなげるというアプローチが本来とられるべきです。

これを図表2-4に事例②について例示しています。すなわちX社の多額の滞留債権という個別リスク事象だけに対応した改善提案では不十分で，これを組織全体から見た改善提案にすることが大事だという視点です。これはベ

図表2-4 ◆ 改善提案はどこにベクトルを合わせるか
　　　　　――ベテランの監査人もあやうく陥る落とし穴

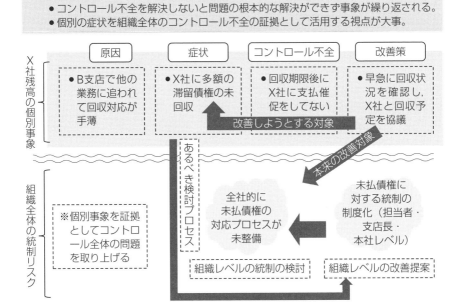

テランの監査人も見落とすことがある注意を要するポイントです。

それでは上記の個別リスク事象から組織の内部統制の問題へと展開するというポイントを新たな事例③を使っておさらいしておきます。このポイントを考慮する前（ビフォー）と後（アフター）の両方を書いています。発見事項・改善提案がどのように変わったか比べてみてください。

事例 ③

個別リスク事象から組織の問題への展開

○ビフォー：個別リスク事象としての指摘と提案

発見事項

会計システムにアクセス権を与えられている者のリストには、以前会計システムの開発に関与した開発部門の社員や、すでに経理から他部門に異動した社員がそのまま残されており、アクセスできる状態となっている。

リスク

アクセス権限のない者のアクセスや不適切なデータの利用の原因となる。

改善提案

開発部門や他部門に異動した社員のアクセス権は直ちに抹消すべきである。

注）開発関与者や他部門異動者という個別のケースにとどまり、会計システムのアクセス権限の管理の問題として一般化して検討していない。組織としての根本的な解決まで視野に入っていない。

○アフター（改善案）：組織の統制上のリスクとしての指摘と提案

発見事項

Ⓐ会計システムにアクセス権を与えられている者のリストが定期的にレビューされておらず、Ⓒ以前会計システムの開発に関与した開発部門の社員や、すでに経理から他部門に異動した社員がそのまま残されており、アクセスできる状態となっている。
また、Ⓑアクセス権の消去の手続が確立されていない。
（注：上記ⒶとⒷの下線部分は「コントロール不全の文言」を表しており、Ⓒの点線部分は「コントロール不全を裏付ける症状」を表している。）

> **リスク**
> アクセス権限のない者のアクセスや不適切なデータの利用の原因となる。
>
> **改善提案**
> 会計システムのアクセス権が適切な人員に与えられているか定期的にレビューする必要がある。一時的にアクセス権が与えられた業務が終了した場合や，他部門への異動によりアクセスを伴う業務から離れた場合には速やかにアクセス権を抹消する手続を確立しなければならない。

(3) IIA-PG における改善提案との対比

2016年のIIA-PG「監査報告書」は改善提案についても規定しているので，念のためにこれまで述べた改善提案の考え方と比較してみましょう。

上記PGは改善提案を次のように2つに分類して整理しています。

> 改善提案は次の2つのカテゴリーに分かれる。個々の所見によっては，状況ベースの提案と原因ベースの提案の組み合わせが適当であることもある。
> ● 状況ベースの改善提案（Condition-based recommendations）：
>   現在の状況を是正するための当座の解決を図る（例えば，不適切なアクセスを取り除く）
> ● 原因ベースの改善提案（Cause-based recommendations）：
>   その状況や所見が再発することを予防するために必要とされるアクション。根本原因ベースの提案は一般に長期にわたる解決策であって，より多くの時間を要することもある（例えば，アクセス・レビュー方針の考案および導入）
>
> （出所：IPPF-PG,"Audit Reports（監査報告書）", Oct.2016, pp.19-20 より訳出）

本書で解説している改善提案の考え方は，こうしたIIA-PGとは無関係に独自に検討して整理した結果ですが，上記IIA-PGの定義に当てはめれば，事例③で見たような「ビフォー：個別リスク事象としての指摘と提案」は，一般論として，状況ベースの改善提案に当たり，一方，「アフター：統制上のリスクとしての指摘と提案」は「原因ベースの改善提案」に該当することがわかります。

こうした技術面の整理も参考にはなりますが，事例③などを通して特に伝

えたいのは技術論というよりも，より本質的な課題としての，技術とミッションとの整合性です。つまり，業務監査における内部監査のミッションは業務プロセス・レベルの内部統制の改善にあるという前提を置くと，状況ベースの対応だけでは表面的なダメ出しの監査に終わりがちで内部統制の本質的な解決までは手が届かず，内部監査としての役割を十分に果たしたことになりません。そういった問題意識を持ち，コントロールの不全に着目するアプローチによって統制上のリスクに正面から立ち向かえば，内部監査は本来の使命つまりミッションを果たすことができます。そういう意味でこの方法を推奨しているわけです。

3. 指摘事項，リスクおよび改善提案に何をどう書くか

内部監査報告書上で改善を提起するときは，指摘事項，リスクおよび改善提案の3つの記載項目を書きます。いかに説得力のある提案ができるかどうかは，これら3つの項目をどのように関連づけるか，また，それぞれに何をどう書くかで，かなりの部分が決まってきます。

(1) 指摘事項，リスクおよび改善提案の記載

1) 3つの区分記載で筋が通っていて，わかりやすい内容に

内部監査報告書において指摘や改善提案をする上で大事なことは，その内容の筋が通っていて，わかりやすいことです。そのため指摘事項，リスクおよび改善提案という3つの区分に分けて記載することをお薦めします。その3つの内容と相互の関係は**図表2-5**にまとめてありますが，要するに3つをうまくつなげて話の起承転結をはっきりさせ説得力をもたせるわけです。

2) 指摘事項とリスクに書くことは

指摘事項には，以下に書いたようにコントロール不全（p.54参照），つまりコントロールがきいていない状態を簡潔に書きます。余計なことをいろいろ

図表2-5 ◆「指摘事項」と「改善提案」を「リスク」でつなぐ

```
指摘事項：              リスク：                改善提案：
リスクが十分に管理  →  指摘事項の主な原因  →  リスクを十分に管理する
されていない状況を書く  となったリスクを書く    方策を提案する
```

	指摘事項	リスク	改善提案
基本形	問題提起の文章，例えば：誰が（本来やるべき）何をやっていないか。（本来なされるべき）何がなされていないか。	（このまま放置すれば）何が起こりうる。あるいは誰が何をすることがある。	誰が何をすべきであるか。
サンプル例	業務部長が現金預金の残高調整表の書面による確認・承認を行っていない。	不正やミスの発見が遅れる。	業務部長はマニュアルに従って調整表の確認・承認を行うべき。

書くと焦点がぼやけてわかりづらくなり読み手に負担がかかります。

●指摘事項――何をどのように書くか

（指摘事項または監査所見，発見事項としても同じ）

○指摘すべき事項とは何を表しているか。
- ●「コントロールの不全」であり，コントロールがきいていない状態を表す。

○指摘事項は，コントロール不全がどのようなものかを読者に説明する。
- ●つまり業務において，ビジネスリスクが有効に管理されていない状況を書く。
- ●不全がもたらす症状や徴候ではなくコントロールの問題をストレートに書く。
- ●経営陣が楽に読んで理解できるスタイルや内容で書く。

○コントロール不全の書き方：
- ●誰（ないしどこの部署）がどのようなこと（業務）ができていないかを具体的に書く。
- ●誰かを合理的に特定できない場合には受け身形で，～がなされていないと書く。

○コントロール不全の指摘は最も重要な情報なので，原則としてコメントの最初に書く。それを根拠づける徴候（p.54参照）をその後に記載する。

○コントロールの不全は，組織，被監査部署ないし両方に受け入れられないリスクを生じさせるため指摘事項として書く価値がある。

リスクの記載には以下にもあるように，今現在起こっていなくても，このままだとどんな困ったことになるかを書きます。これは指摘事項の内容から読み取れる様々な考えられるリスクの中で特に重要で，その次の改善提案につなげるリスクを書きます。他のリスクはまぎらわしいので原則書きません。

●**リスクの記載**

○納得感のあるリスクの記述：

- リスクの記載は指摘事項のポイントとなるものであり，指摘事項に述べられたコントロールがない，あるいは正しく機能しない結果としてどんなことになるかを記述する（すなわち，ビジネスリスクを軽減するためのアクション・プランを実行しないことによる結果）
- リスクの記載は，指摘事項に書かれたことが改善に値するものだと納得させるものでなければならない。リスクの記載は監査人のアイデアを読者に売り込む文書となる。
- リスクの記載では，その状況で認識されるリスクをすべて書くのではなく，リスク・エクスポージャー（リスクに曝されている度合）が高く，改善提案につながるものを書く。

知っておきたいポイント④

リスクアペタイトとリスクトレランスとは？

リスクアペタイト（risk appetite）（リスク選好とも訳される）は，IPPF（専門職的実施の国際フレームワーク）の用語集で，「組織が進んで受け入れるリスクのレベル」と定義される。これは，組織がその事業目的の達成のために進んで受け入れるリスクの量や種類のことで，これを各リスク領域（例えば，戦略，業務，財務，コンプライアンス等のリスク分類）に展開したのがリスクトレランス（risk tolerance）（リスク許容度とも訳される）である。これは，それぞれの関連するリスクについて組織が進んで取ることのできるリスクの最大値のことである。

3）リスクの記載で指摘事項の意味がわかる

　一般に，指摘事項と改善提案はともかく，リスクの記載は区分して書いていない場合も多いと思いますが，リスクの記載によって指摘事項で何を問題としているか，どのように改善提案につながるかが端的にわかります。指摘の文章だけだと趣旨が十分に伝わらないことがあります。この趣旨をきちんとつかまないと改善提案の実施の際にどのあたりにどのくらい力を入れたらよいかはっきりしません。これに指針を与えるのがリスクの記載です。

　それではこれまでの話を踏まえて次の事例④の問題を検討しましょう。

事例 ④

長時間労働への保健指導

　A事業部の内部監査の結果，以下の指摘・提案を草案しました。手直しすることはありますか。

監査所見

　「長時間労働を行う労働者」への健康配慮に関する企業の努力義務については，2002年に厚生労働省労働基準局より出された「過重労働による健康障害を防止するため事業者が講ずべき措置等」で以下のように決められているが，A事業部は対象者が多数いるにもかかわらず，手続が煩雑との理由で産業医による面談を一人も受診させていない。

①「月45時間を超える時間外労働をさせた場合」については，事業者は，当該労働をした労働者に関する作業環境，労働時間，深夜業の回数および時間数，過去の健康診断の結果等に関する情報を，産業医等に提供し，事業場における健康管理について産業医等による助言指導を受けるものとする。

②「月100時間を超える時間外労働を行わせた場合又は2か月間ないし6か月間の1か月平均の時間外労働を80時間を超えて行わせた場合」については，事業者は，①の措置に加えて，作業環境，労働時間，深夜業の回数および時間数，過去の健康診断の結果等の当該労働をした労働者に関する情報を産業医等に提供し，当該労働を行った労働者に産業医等の面接による保健指導を受けさせるものとする。

リスク

　従業員が心身の健康を損ねる可能性が高い。また，重大な健康被害等が発生した

場合に親族などから企業が訴えられて，社会的信頼を失墜するリスクが高い。

改善提案

速やかに厚生労働省労働基準局より示されている基準に合わせて産業医による面談を実施することが求められる。また，事業統括部としても，各事業部の実施状況をモニタリングして，不十分な事業部には指導することが求められる。

■監査所見で問題になるところ

この事例の監査所見には，労務関係の難しそうなことが長々と書いてあります。読み返してみると労働基準局から詳細なルールが出されていますが，A事業部では産業医の面談のルールについてこれに準拠していないことを問題としているようです。であれば，それがコントロールの不全の中身ですから，そのポイントをストレートに最初に書いて，併せてなぜそうなったかという理由を簡単に説明するのがよいと考えます。

また所見にある①，②は基準局によるルールの内容だとわかります。この規定にたどり着くのに監査人は苦労して調べたかもしれませんし，被監査事業部に対しては監査人として，ここまでの説明が必要です。しかし，監査報告書に全文を引用して社長にまで読ませる必要は必ずしもないでしょう。そのため，ここは簡略化ないし省略するか，例えば参考情報という括りにして詳細を読みたければ読んでもらうという位置づけにしてもよいと思います。

■リスクの記載内容のどこがおかしいか

次にリスクの記載ですが，従業員の健康被害という面からリスクの説明がされています。確かに長時間労働が増えると，そういう懸念が高まります。しかし，それがここでの本当の問題でしょうか。会社として健康管理ができていないというのが重点であれば産業医の面談以外にも管理が不足している面があるとか，健康被害のリスクが高いことを示すような具体的な徴候があることが書いてあれば，より説得力を感じます。しかしここでは，産業医の面談の未実施だけを問題としているところをみると，監査人が問題としているのは単に国が定める労働法規に準拠していないことのようでもあります。

少なくとも監査所見と次の改善提案の文脈からすると，明らかにコンプライアンスの問題として取り上げており，内容は当然ながら健康被害にも通じることなので，リスクの記載にコンプライアンス違反という内容を加えて，健康被害と両方を書くように直したらどうかと思います。
　改善提案はすでにコンプライアンスを問題としていますので，このままです。
　以上，レビューした結果を反映した一部改訂版を以下に掲載しました。

事例❹ の【改訂版】

- コントロール不全を最初に書いて読者に何の話かを知らせる。被監査部署より読者向けの文章にする。
- 下記の四角で囲んだ（参考）部分は読者層（経営層）のレベルを考えて，適宜，省略・縮小を検討する。

監査所見

　A事業部は，長時間労働者に対して労働基準局の措置等が求める産業医の面談を実施していない。
　A事業部には該当する長時間労働者が多数いるが，手続が煩雑との理由でこれまで産業医による面談を受信させていない。

（参考）「長時間労働を行う労働者」への健康配慮に関する企業の努力義務については，2002年に厚生労働省労働基準局より出された「過重労働による健康障害を防止するため事業者が講ずべき措置等」で以下のように決められている。

① 「月45時間を超える時間外労働をさせた場合」については，事業者は，当該労働をした労働者に関する作業環境，労働時間，深夜業の回数および時間数，過去の健康診断の結果等に関する情報を，産業医等に提供し，事業場における健康管理について産業医等による助言指導を受けるものとする。

② 「月100時間を超える時間外労働を行わせた場合又は2か月間ないし6か月間の1か月平均の時間外労働を80時間を超えて行わせた場合」については，事業者は，①の措置に加えて，作業環境，労働時間，深夜業の回数および時間数，過去の健康診断の結果等の当該労働をした労働者に関する情報を産業医等に提供し，当該労働を行った労働者に産業医等の面接による保健指導を受けさせるものとする。

> リスク
>
> 労働法規に反するとして労働基準監督署の指導を受ける可能性がある。従業員が心身の健康を損ねる可能性が高い。また，重大な健康被害等が発生した場合に親族などから企業が訴えられて，社会的信頼を失墜するリスクが高い。

> 改善提案
>
> 速やかに厚生労働省労働基準局より示されている基準に合わせて産業医による面談を実施することが求められる。また，事業統括部としても，各事業部の実施状況をモニタリングして，不十分な事業部には指導することが求められる。

(2) コントロール不全を表す4つの徴候

1) コントロール不全の徴候とは

指摘事項には最初にコントロール不全について簡潔に記載することが大事だと述べました。ではそれ以外に指摘事項にはどんなことを書けばよいでしょうか。前の事例④では，健康被害のリスクが高いと書いてある割には，それを裏づける説明が乏しいことを指摘しましたが，そのような裏づけとしてはリスクの高まりを表す状況とか具体的な出来事とか，もしかしたら同業他社や産業ごとの統計データなどもあるかもしれません。このようにコントロール不全を根拠づける説明をつけることが重要であって，こうした情報を総称して徴候と呼んでおきます。これを説明したのが**図表2-6**です。

2) 徴候の4つの種類の例

ここでいう徴候の種類としては，一般に1) 具体的な事象の発生，2) 被監査部署からの説明，3) 分析数値，KPI（p.61参照）等の異常値および4) 監査人によるテスト結果が挙げられます。これを風邪をひいたという患者に対する医者の診断に例えて**図表2-6**に表現しました。図表中の1) から4) に相当するそれぞれの情報を得て，それを証拠にして医者は「風邪ですね」という診断を下し，薬の処方をするでしょう。内部監査人の方は，風邪ですねと言う代わりに，コントロールの不全を指摘し，それに対する改善提案を提出するわけです。また先ほどの債権管理の事例を使って1) から4) までの情報

図表 2-6 ◆ コントロール不全を根拠づける徴候の認識

コントロール不全の徴候		
・不全を裏づける証拠 ・不全の存在を教えてくれる ・しかし不全そのものではない	風邪の患者に対する 医者の診断に例えると	債権管理の事例では

徴候の種類		
1) 具体的な事象の発生 2) 被監査部署からの説明 3) 分析数値，KPI等の異常値 4) 監査人によるテストの結果	1) 昨晩，寝冷えした 2) 咳が出る，喉が痛い 3) 熱が38度の高熱 4) 脈診の結果異常なし	1) X社債権残高が滞留 2) 回収可能性は不確か 3) 3か月超の滞留が多額 4) 過去の回収状況の確認

徴候から不全の判断

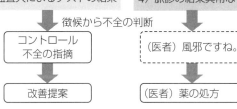
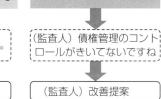

コントロール 不全の指摘	（医者）風邪ですね。	（監査人）債権管理のコント ロールがきいてないですね
改善提案	（医者）薬の処方	（監査人）改善提案

の例を表の右側に書いていますので参考にしてください。

このように徴候には4つの種類があるとしても，すべての情報が入手可能とは限りません。それぞれの状況に応じて入手できる情報を使って不全を証拠づけて，指摘内容に説得力を与えてください。

3) コントロールの不全の代わりに徴候を書いてはいけない

コントロール不全は，コントロールがきいていない状態を表し，その状態を裏づける証拠が徴候や症状ですから，不全そのものではありません。また徴候や症状だけに注目するとそれだけの解決にとどまり，本質的な不全が解決されないことも考えられます。例えば風邪を治すにはおそらく風邪のウイルスを除去することが大事ですが，咳止めや熱さましだけでは対症療法にすぎないというのと同じです。これは事例②や③で問題とした個別リスク事象だけを見てはいけないという話に通じるところです。

では次に4つの徴候について事例で見ていきましょう。

事例⑤の改善提案は日本でも最近話題となる同一労働同一賃金の観点から，給与水準のあまりに大きな格差やバラツキに改善を求めるものです。その根拠としてデータ分析によりランクごとの平均給与に部門間で相当の差異があるということでした。

事例⑤
海外子会社の給与水準の改善提案

【徴候の種類 2）：被監査部署からの説明】（図表 2-6 参照）

日本の製造販売会社の海外子会社 D 社に親会社の内部監査部が出張して，業務全般の監査を行いました。事前に入手したデータの分析および現地での調査より以下の提案が挙がっています。これについて内部監査人としてアドバイスがありますか。

発見事項

D 社の従業員（約 200 名）の給与についてデータ分析をしたところ，現場リーダー，マネジャー，ディレクターなど各ランクごとの平均給与が部門によってかなり差異があり，また個人間のバラツキも相当大きいことが判明した。事業部門によると採用は通年採用のみで，採用する従業員の給与水準は各事業部門の責任者に一任されており，会社として決められた基準やルールはないということであった。

改善提案

会社として人事・労務面での安定的な組織運営のためには，社内で同ランクの従業員は同程度の処遇を受けられるように，統一的な基準の設置をすることが望ましい。また，その内容については親会社本社の人事部に相談してアドバイスを受けることが望ましい。

【視点】
1. 業務監査の枠内の問題として扱うかどうか。
2. D 社の人事の方針および人材戦略について責任者からのコメントがない。提案内容について責任者はどのように受け止めているか。
3. 給与額の比較情報だけで処遇に問題ありと言えるか，人事考課などのプロセスは検討したか。
4. 事業部門の特性から他部門とは異なる処遇が必要となることもあり，現地のビジネスや人事マーケットの状況など日本とは異なる要素を検討する必要がある。

■**数値の解釈の合理性**

　まず数値分析による傾向は，何らかの異常値を示すように見えても異常と判断するには業務担当者の話を聞いて，異常性につき同意を得るのが原則です。この点は国内と状況の異なる海外監査では特に重要です。

　例えば，現地では特定のビジネスや製品需要の高まりで，特別な専門職に求人が殺到している等の日本からは知りえない固有の事情はないでしょうか。状況次第では日本の常識や標準値がここでも常識なのか，ゼロベースで確かめることが必要です。また，人事・労務は国によるルールの違いが結構ある分野です。現地の労働法の観点からどうかという考慮も場合によっては必要です。とにかく数字だけで結論づけない慎重な姿勢が大事です。

■**人事の方針・戦略**

　これは業務レベルの給与の管理の問題というよりも，それ以上にどのような考え方で人事・給与制度を決めるかという経営判断に関わるテーマです。ですから，その考え方を現地の人事役員や経営者に聞いた上で監査上の問題となるかを判断すべきです。これは，どこまで海外子会社の経営的な問題に関わるかという内部監査のミッションや守備範囲の問題にもつながります。

　また，改善提案で親会社の人事部に相談してアドバイスを受けるとありますが，国内関係会社について親会社の人事が一定の方針を決めている場合には現実的な対応にもなるでしょう。しかし，法制度の異なる海外の人事・労務については，現地のルールを尊重して親会社としてはあまり関与していない企業も多く，その場合には，相談されてもきちんとした対応方針を持っていない可能性もあります。そうした状況を踏まえた提案が必要です。

　まとめると上記の監査人の数値解釈の正当性を裏づけるためと，経営戦略上，提案が相当であるかという点から，現地の人事関連の責任者に話を聞くことがぜひ必要です。その結果，そのような提案が現地の経営からも管理上望ましいと賛同があれば，これを残す方向もあるでしょう。しかし，逆に提案の内容が経営層の考えに合わないとすれば，人権問題とか労働法規違反など明らかにコンプライアンス上の問題として，経営方針にかかわらず，是正

すべしと言えない限りは，提案の根拠が乏しいということになりそうです。

(3) 指摘事項における分析数値の引用

1) 指摘事項の書き方──数字によるサポート

　指摘や提案の中にはKPIや実績数値の異常値や異常な傾向を根拠として業務の問題点を指摘するケースもあります。多くは業務プロセスの実績が数値に直結するような業務の場合です。事例⑥の循環棚卸の差異もその1つで，一定期間にわたって部品の現物を品目ごとに点数を数えて，帳簿の正確性を確認する業務です。当然，差異は少ない方がよく，差異率が大きいと日頃の在庫管理の精度が疑われます。

事例 ⑥

説得力のある数値の引用の仕方

【徴候の種類3）：分析数値，KPI等の異常値】（図表2-6参照）
○部品棚卸の差異
指摘事項
　A支店で実施された今年の循環棚卸の実施日ごとの結果を表す在庫差異集計表を見ると，部品品目数のうち差異があった品目数の比率および品目別部品数に対する差異数の比率は，いずれもかなり高い数値を示しており，棚卸日によってはその割合が50％を超えるケースも散見された。
○指摘事項の改善のポイント
　問題を指摘しようとする対象の全体像をなるべく客観的に表す工夫をする。
　⇒全体情報と比較情報をつけて，読み手の客観的判断を助ける情報を提供する。
○望ましい指摘の例
　A支店在庫集計表の今年の日別差異割合の平均は35％で全支店の平均12％を大幅に上回っており，これはまた同支店の昨年の差異率8％と比べても著しい増加を示している。
○その情報が取れないときの次善の策の例
　A支店在庫集計表の日別差異割合は過去3か月を見ても，半分以上が30％－40％を示しており，多い場合は50％超も数件あり，かなり高い数値と考えられる。

○良くない指摘の例
　　日別差異割合は差異のある品目数割合で見ても，品目別部品数の差異率で見てもかなり高い数値を示していた。
　　⇒「かなり」の程度が実感できず，改善提案の根拠として弱い。

　この監査人は棚卸の実施結果を表す集計表から差異の大きさを問題として指摘しています。しかし，かなり高い数値と形容されても，引用された数値は一部に50％以上の差異があったというくらいで，標準値や一般的傾向値も示されない中で，指摘の根拠としてはあまり説得力や客観性を感じません。このように数字の結果から指摘事項を根拠づけるときは，まずは数値による比較情報を引用して，客観的に異常性を納得させることが常道と考えられます。例えば，一般的な標準値や過去の実績値と比べて，現状がいかに高すぎるかを説明するわけです。こういった数値が事例⑥の指摘事項に書いてないのは，おそらく数字がすぐに利用できる状況になかったとも想像されます。その場合は次善の策として，与えられた集計表の情報を使って一部計算してみて多少なりとも客観情報を示すことが考えられます。

　いずれにせよ，数字が教える業務結果の普通でない状況や異常性を伝えるのがテーマですから，その数字抜きに言葉だけで抽象的に表現しても問題の深刻さを正確に伝えるには限界があります。その結果，それが裏づける改善提案も説得力の乏しい漠然とした印象を与えるものになりがちです。

2）分析数値を扱うときの内部監査プロフェッショナルの規律

　このような分析数値を指摘の根拠とする際の留意点を以下に挙げました。

●分析数値の利用についての留意点
1. 内部監査においては財務数値よりも，むしろ非財務の数値から経営効率に関する指摘・提案の材料やヒントが得られることがある
　　例）事業部門が設定した業務の効率性・達成度を表すKPIや業績評価の指標など。
2. 財務・非財務の数値分析だけでなく，データ分析も内部監査の手法として有益
3. 数値の異常な変動から問題を指摘する場合の注意

- 異常性の判断根拠となる基準値が比較対象と共通していることが前提となる。
  例）月平均残業時間数が10時間の日本の会社では40時間は異常値。残業をしない欧州の会社の標準では20時間でもすでに普通ではない。それぞれの標準となるベースを合わせた上でないと正当な比較にならない。

  ※そのことを無視したり気づかないと，認識バイアス（**知っておきたいポイント⑤**，p.62参照）に陥る。
  ⇒これは内部監査人の倫理綱要のうち「客観性」に抵触する問題
- 数値の異常性を指摘の根拠とする場合には，指摘をサポートする他の根拠となる証拠も合わせて入手することを原則と考える。

4. 分析数値の監査における信頼性

以下の要素はデータの信頼性を評価するにあたって，考慮されるべきである：
- データは独立したソースから入手されたか？
- 事業体におけるソースは，監査対象であるプロセスの責任者から独立しているか？
- データは適切な統制のある，信頼できるシステムから生成されたか？
- 期待値は多様なソースからの確実なデータより生成されているか？

その他の実施されるテスト—分析テストの結果は，監査結果や監査人の判断の前に，その他のテストの結果を熟考され，評価されなければならない。

（参考）公認会計士が会計監査で分析的手続を使うときは例えば次のように，その証拠力の程度に応じていくつかのカテゴリーに分けて使い分けることがある。

A. 参考情報の提供（Minimal）
  例）月次変動，前年比較等の増減分析の結果など
- これだけでは証拠として不十分だが，他の監査結果との整合性を検討する参考として利用する。

B. 裏づけとなる証拠（Convincing evidence）
- ひとつの裏づけとなる証拠，ただしこれだけで十分とせず，他の証拠と合わせて結論につなげる。
  ⇒ **事例⑥**「部品棚卸の差異」の例も含めて通常はこのパターン

C. 有力な証拠（Persuasive evidence）
- 減価償却計算のオーバーオール・テストなど，これだけで単独に結論づける説得力のある証拠力がある。ただし，内部監査では一般に適用する機会がない。

■内部監査では部門のKPIを見て経営状況を把握する

　各部門や企業には事業や業務の特性を反映した様々なKPI（Key performance indicator）などの業績指標が設定されていることがあります。これらの数値は部門自ら組織目標の達成度合，業務効率や経営品質などをモニターするための指標ですから，その時系列的な推移を見ることは，まさに経営者目線で経営状況を把握することにつながります。ですから，事業部門や間接部門あるいは子会社の内部監査においては，まずそのような組織固有のKPIや業績指標がないかを確認し，あればその情報を分析することを第一に考えます。内部監査では，一般的な財務指標に比べて，経営状況をより近いところで測定するKPIなどの方が役に立つことが多いでしょう。

■監査のプロとしての規律を持つ

　数値分析で使う数字そのものは言わば無色透明ですから，それに色をつけて意味を持たせるのは人間の仕業ですね。監査では分析数値にどんな色をつけてどのような見せ方をするかにプロとしての力量が現れます。例えば事例⑤の海外監査のデータ分析結果や事例⑥の棚卸差異にどんな色をつけたかです。

　ちなみに公認会計士の会計監査では，詳細に決めた監査手続をかなり厳密に実施するのが当たり前ですが，内部監査ではそのような規律や厳密な品質管理はそれほどうるさくないですね。それは外部と内部のミッションの違いに由来するところでもありますが，そのような細かいルールをはっきり決めない内部監査の実務では，その分，歯止めがきかない可能性があります。

　そのため，客観性や中立性を尊重するプロの仕事とは思えないようなアプローチを目にすることもあります。例えば，大した根拠も挙げないで数値をおおげさに解釈して改善を求めたり，先入観にとらわれて被監査部門の話もろくに聞かずに一方的に数字を都合よく解釈して改善を求めるといったことです。これは前述の「分析数値利用についての留意点」の3にある「認識バイアス」といって，IIAの指針でも監査の客観性に抵触する問題として扱われていますが，監査のプロとしては特に注意すべきことなのです。

　そこで，専門家が自らを律する規律として同4の（参考）Bでも紹介した

方法を分析数値を根拠に指摘をするときの一般的ルールとしたらどうでしょうか。つまり，慎重を期するために，その数値に関する監査人の解釈だけに頼らずに，それ以外の別の証拠も入手して，その合わせ技で１つの結論に導くことをお薦めします。別の証拠とは，必ずしも本格的なテスト作業でなくても，担当者に質問したら数値の傾向値が示唆するのと同じ内容の回答が得られたなど，その程度でも十分と判断されることは多いと思います。

> **知っておきたいポイント⑤**
>
> ### 認識バイアス
>
> IIA-IPPF-PG, "Independence and Objectivity", Octber 2011, p.8 は，監査の客観性が脅かされる例として「認識バイアス（Cognitive Biases）」を挙げています。これは監査人が先入観をもって証拠を見ると無意識にそれを確認するように証拠を見てしまう傾向があることなどを指しています。例えば，海外監査などで文化や制度の違いに気づかずに思い込みで誤った判断をしてしまうような場合です。
>
> 例を挙げると，残業がほとんどない欧州から来日した内部監査人が日本で残業が多いとか有給休暇を使い切らない慣行を見て，これは上司が不当な圧力をかけているとか個人の権利を侵害していると思い込み，日本の慣行や個々の事情も聴かずに決めつけてしまうことがあります。自分は間違っていると思っていないので，たちが悪いのです。監査人は監査技術の１つや２つ知らなくても監査人たりえますが，監査の客観性を失ったら監査のプロフェッショナルとは言えないし，それは専門家でなくても感じとれることです。そういう意味では監査技術よりも重要な話なのです。
>
> IIAの倫理綱要に監査人として持つべき誠実性，客観性，秘密の保持および専門性について定めがあります。これを読んでも当たり前のことばかりで参考にならないと感じてしまうのは，概念的な知識としてしか考えていないからかもしれません。プロフェッショナルとして倫理観を身につけるには知識よりも実務において実感することが必要です。だから経験がものを言うのですが，監査部門として部員の倫理意識を醸成する方法としては，年に一度くらい倫理綱要の反省会を全員で開くのも一案です。各人が客観性や秘密の保持などの原則を監査において守れたかどうか，そこに不安があるとしたらどんな出来事があったか，その経験を共有して互いに疑似体験して対応を話し合います。倫理的な規律にうるさい監査法人と違って，一般企業であればこのような工夫もプロの養成には重要です。

(4) 指摘・提案におけるテスト結果の利用

　内部監査においては監査人が実施したテストの結果から判明した問題点を材料とし，てコントロール不全を根拠づける徴候・症状として指摘事項に記載することがあります。例えば，内部統制の運用テストをサンプルを選んで行い，そこから出てきたエラーによって内部統制の不備を発見した場合に，このテスト結果に基づいて，その不備を指摘するとともに改善を提案する場合です。この方法は J-SOX の内部統制の運用テストでも基本的に同じです。

　監査におけるサンプリングの考え方は 付録2 「内部統制のサンプルテストの進め方」(p.65 参照) に具体例と併せてまとめています。

　ここでは内部統制のテストなどに利用される属性サンプリングの考え方を前提にしています。属性というのは，サンプル自体に備わっている，承認があるとか，金額が正確だとか，内部統制が有効であることを表す性質や特徴であって，テストの対象とされるものです。このような属性がサンプルにあるかないかの二者択一でテストするためのサンプリングなので，属性サンプリングというわけです。

　ここで気をつけたいのは，監査におけるテストには，それぞれにアシュアランス上の目的があることです。例えば，経費に計上された金額や項目の正確性を検証する目的でサンプルをテストして確認します。そうした目的で行うテストの過程で，たまたま不備が見つかり，それを指摘・改善提案にするというのはテストの目的からすると副産物ということになります。

　付録2 の図表にもあるように，サンプルテストから指摘事項・改善提案につながるのは一般的にはテストの結果，例外事項（サンプルが備えておくはずの属性の存在が確認できなかったサンプル）が出てきた場合です。

　その際，この例外事項の内容を吟味・判定して内部統制上のエラーだということになると，**図表2-7** に示したように，これをシステマティックエラーと例外的エラーとに分けて，監査アプローチ上，異なる取り扱いをします。

　システマティックエラーはコントロールがきいていないことの正式な証拠ですから，これを根拠にした指摘・改善提案は一般に見られるところです。

図表 2-7 ◆ サンプルテストによる例外事項の扱い
　　　　　【徴候の種類 4）：監査人によるテストの結果】（図表 2-6 参照）

基本的考え方：
- サンプリングは，母集団から選んだサンプルに対するテストの結果を母集団全体に対する監査手続の結論につなげるための手法。
- 指摘事項・改善提案の提示は，監査の意見や結論の表明を目的とはしていないが，個別事象から組織全体の問題を導くアプローチにおいて，サンプルテストに準じたサンプルと母集団の関係を前提とすることになる。
- ただし，監査の結論におけるような厳密な精度は通常，求められない。

システマティックエラー⇒統制が有効でないという結論に導く
　　　　　　　　　　　　●これに関連する統制の整備・運用の不備の改善提案をする
例外的エラー　　　　⇒統制の評価には使われない
　　　　　　　　　　　　●ただし，例外事項の発生や対応について改善提案の必要性を検討する

付録2
内部統制のサンプルテストの進め方（2/2）②のケース：
　例えば，支店長が経費の事前承認をすることが標準の統制になっている場合，長期出張で事前に承認できなかったとき例外的エラーと認定される可能性がある。ただし出張が少なくない状況では上記の統制だけで現実的に十分かという問題があり**統制のデザインの改善提案**になることが考えられる。

⇒ だから長期出張の理由・状況を明らかにする必要がある

　一方，例外的エラーは，テストのサンプルとして不適格だったということで，テストの目的であった統制の判断からは度外視されることになるため，テスト作業としてはそこで終わりです。

　しかし，内部統制の改善という内部監査の目的からはさらに検討が必要になります。それはテストで想定したコントロールからは例外的エラーと認定されても，そもそもそのような状況が起こったのはコントロールの整備の方に原因があることもあるからです。**図表2-7**でも説明していますが，その場合，例外的エラーと認定された理由やその背景を調べることにより，コントロールのデザインの不備が明らかとなり，それを指摘し改善を提案する（いわゆるＢ提案となる）可能性があります。このような改善提案をする場合には，一般に指摘事項において，例外的エラーの理由・状況も含めて記載することが適当です。それがないと，提案の根拠がはっきりしないからです。

内部統制のサンプルテストの進め方　（1/2）

付録2

（属性サンプリングの場合）

手順と考え方	具体例
1. 監査対象と母集団を設定する ● 主に日常的・循環的に多数の件数（母集団数百件以上）が発生する項目が監査対象の場合に利用する。全件を検証する手間を省いて、一部を抽出してテストする。 ● 売上サイクル（受注から入金）、購買サイクル（購買依頼から支払）、給与サイクル等	● 例えば、過去1年間の経費の承認を監査対象とするとき、期間内の発生にあまり偏りや金額のばらつきがないことから、経費の支払伝票いから最低サンプルサイズ25件をランダム（無作為）抽出することとした。 ● もし一定金額以上は特別の承認手続がある場合などは、これを個別項目として別な監査手続をすることとし、全体の母集団から分けることもある。
2. サンプリングの考え方 ● サンプルが母集団全体を代表すると仮定する。⇒サンプルのテスト結果から母集団を推定する。（サンプリングによるときは結果の良否にかかわらず推定しなければならない。推定「できる」ではない）	
3. テストする属性を決める 　母集団を構成する各項目に共通する属性を想定し、それが在ることをサンプルに選ばれた項目をテストして有無を確かめる。あれば有効、なければ例外として扱う。	例えば、経費のテストについて次の属性をテストする場合がある。 ● 経費の振替伝票にはすべて所属長の承認印があるという属性

4. サンプリング（抽出）方法

一般には，無作為に選んでサンプリングリスクを低く抑えるために，以下のいずれかを使う。

- ランダム・サンプリング（無作為抽出）
  乱数表やランダム・ゼネレーターを利用
- システマティック・サンプリング（系統的抽出法）

一定間隔（件数）ごとに均等に抽出する。なお任意抽出法（ハップハザードサンプリング：法則性なく適当に選ぶ方法）も精度は劣るが状況により認められることもある。

5. テスト結果の判断

サンプルテストの結果，各項目に例外なく属性があることが確認されたら，その属性は母集団全体に有効と判断される。

もし，例外が出たら，その例外事項の原因を探り，特殊な事情による例外か判断し，そうでない内部統制上のシステマティックな例外であれば，その状況に応じて，サンプル数を増やしたり，代替手続で補うことにより結論づけることができる。

- 伝票にはすべて領収書等の所定の証拠資料が添付されているという属性
- 伝票の記入日で会計帳簿に費用が計上されるという属性

例えば，25件のサンプル中にエラーは1個以内に収まるという前提でテストしたら2個エラーが出た場合，想定した「母集団にエラーはない」という結論は出すことができない。その場合，サンプル追加か代替手続で補うことを検討する。

内部統制のサンプルテストの進め方 （2/2）

（属性サンプリングで例外事項が出た場合の判断）

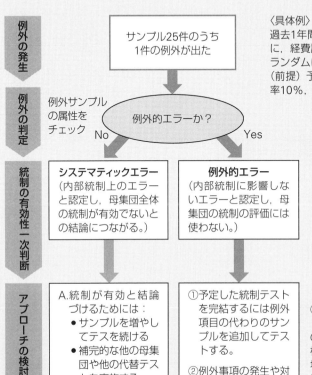

〈具体例〉
過去1年間の経費のテストのために，経費計上のための振替伝票をランダムに25件抽出する。
（前提）予想逸脱ゼロ，許容逸脱率10％，信頼度90％

- この例外が母集団の属性に関係するかどうかで判断。
- 例えばコンピュータがダウンしてタイムリーに処理ができなかったなど，通常の統制の枠外で起こる事象に起因する場合が例外的エラーに該当する。
- この判断は内部統制の評価の判断に影響するため重要。

②のケース：
　例えば，支店長が経費の事前承認をすることが標準の統制になっている場合，長期出張で事前に承認できなかったとき，例外的エラーと認定される可能性がある。ただし出張が少なくない状況では上記の統制だけで現実的かという問題があり，統制のデザインの改善提案になることが考えられる。

4. 指摘事項と改善提案のパターンと留意点

(1) 指摘事項の書き方――2つのパターン

次に指摘事項を書く場合，状況によって記載内容に以下に示した2つのパターン（事実断定型と前提説明型）があるという話をします。

1) 事実断定型と前提説明型

- **● Aパターン：事実断定型――確認できた事実として問題を指摘する**
- 責任者との面談や関連資料から問題点の所在につき，確信がある場合
- 個別のリスク事象から組織全体に共通の問題を合理的に推定して指摘する場合
  ⇒これらの場合，前置きなしに単刀直入に問題点を事実として指摘する。
    例）物流システムのアクセス権限の付与が担当者の業務内容に応じた形で制限されていない。また，アクセス権限者の適否の定期的レビューがなされていない。

- **● Bパターン：前提説明型――前提をつけて事実として問題を指摘する**
- ケース1：あえて指摘の前提を根拠として説明して説得力をつける場合
- 現場では普段あまり深く考えていない，あるいは気づいてない事柄など
  ⇒問題として取り上げた経緯や事実確認の方法や根拠など状況により説明。
    例）他部署や他社に比べ残業が多いなど，比較情報を示した上で指摘する。
    ※偏った事実確認や思い込みから事実認識を誤らないように注意。
- ケース2：Aパターンを取れないときの次善策：問題があると考えられるが，断定しにくい以下のような事情がある場合
- 監査人が話を聞いていない上位者や別の部署が補完的な統制をしている可能性がある。（本来，事実確認をすべきだが，時間的制約等でできない場合など）
- 多くの部署の処理方法が統一されておらず，一般化して指摘しにくい。
- ごく1，2件の問題を発見しただけなので，全体の問題として指摘しにくい。

Aパターンは指摘事項について裏づけが一通り取れている場合で，きちんと監査ができていれば普通は，このパターンが標準になります。この場合，指摘内容となるコントロール不全を事実として断定的に記載します。

一方，Bパターンは，Aパターンによってストレートに断定しにくい事情がある場合に，次善の策として若干の説明や条件をつける場合です。Bパターンには指摘の背景などを補足説明として追加して記載しないと被監査部門から十分な理解が得にくい場合（ケース1）や指摘の根拠となる証拠の入手状況から指摘内容に若干の条件をつける場合（ケース2）などです。

2）前提説明型の対応例

　このケース2の例としては以下の①に挙げたように，被監査組織の全体にわたってコントロール不全があることを断定できるだけの情報が必ずしも十分でない場合に，その不全を指摘したベースとなる情報源をあえて記載する（"xxxによると，"などの表現を使う）ことによって，指摘に関する監査人の責任を間接的に限定しようとするものです。もちろん指摘の根拠には十分な証拠を入手することが，本来は必要ですから，これは監査日数の制約などから完全に証拠収集ができなかったときなどに次善の策として考えられます。

　もう1つのケース2の例の②は，組織全体についてコントロールの不全を断定するには，テスト手続から十分な証拠が得られなかった場合に，別の手続を追加して両者の結果を総合して不全があると結論づける場合です。

● **Bパターン（前提説明型）——次善の対応策の例**

①情報源をあえて記載する

例）A支店の営業担当によると，上記のアクセスコントロールの不備は各支店に共通した問題であるが，適切な統制はいまだ整備されていない。

　　注）A支店の営業担当以外には別の認識がある可能性を否定しない。

　※ただし，指摘の根拠は監査人が収集し提示する責任があるので，うわさ話的な根拠の薄い事実だけで指摘するのは，監査人が情報収集の責任を果たしたかどうかが問題となる。

悪い例）

　（指摘事項）改訂後の購買規程では承認手続が従来より煩雑となっており，担当者の中には購買が滞ったり，タイムリーな購買に支障があるという声もある。

　（改善提案）購買規程が実務に即して改訂されているかの検討が望ましい。

　　注）上記の声が組織の状況を代表しているかどうか監査人は確認すべきだが，

できていない。さらに根拠としてはトラブルの発生状況の説明や責任者からの問題意識の確認が望ましい。

②指摘事項の属性を補強して説明する
例）一部検証した伝票には承認印のない伝票が数件含まれていた。担当マネジャーによると緊急の場合には承認印なしで処理することが一般に行われていた。
　　注）一部検証の証拠の不足を管理者への質問による別の証拠で補った例。

（2）指摘事項のレビューのポイント

これまでの指摘事項に関する検討のまとめとして，自分の書いた指摘事項を客観的に見直したり，監査チームの仲間や部下の書いた草案をレビューする際のチェックポイントを挙げておきます。

1）事実断定型のレビューのポイント

● A：事実断定型——確認できた事実として問題を指摘する
例）物流システムのアクセス権限の付与が担当者の業務内容に応じた形で制限されていない。また，アクセス権限者の適否の定期的レビューがなされていない。

※**レビューのポイント**
1. 確認できた事実を中心に書いているか。
- 指摘の内容は事実ではないと上層部に後で反論される心配はないか。
- 「であれば」式の仮定法だけで現実から離れた仮定の議論を展開していないか。
- 先入観や偏見で判断したり（認識バイアス），一部だけを見て全体を決めつけていないか。
- 個別問題だけに終始して，監査対象全体の観点から問題提起する視点が欠落していないか→ 事例❸
2. 指摘事項とこれに対して挙げられたリスクとの整合性。
- 指摘事項は，リスクとして挙げた事象を正面から問題とするために説得力のある根拠を与えているか。
3. 正当な指摘か。
- 指摘に対するマネジメントからの反論，弁解等を考慮し，また適当であればそれを記載した上で，それを踏まえてもなお正当な主張になっているか。

●指摘を根拠づける以下のような徴候は十分に収集し記載できているか。
①具体的な事象の発生　②被監査部署からの説明
③分析数値，KPI等の異常値　④監査人によるテストの結果

大事なのは，確認できた事実に基づいて書いているかです。一番避けたいのは，報告した指摘事項が事実に反すると言われてしまうことです。

1の「であれば」式の議論とは，事実関係を確認したい管理職などとの面談の都合がつかない場合など，時間切れのまま報告書にまとめると，本来なら確認した上で事実として指摘したいところ，未確認であるためそうも書けずに……であるとすればなどと仮定法の表現で報告書に書いている場合です。

それから「3. 正当な指摘か」という点については，例えば，親会社の社長からすると，何でそんな問題が起こるんだと日本の常識からは疑問に思うような指摘に接することがあります。これに対して，日本から赴任した在外子会社の社長からすれば，日本との状況の違いを説明して指摘に反論したり，弁解したりすることが十分ありそうです。そうした現地の考え方を紹介して，親会社の社長の疑問に応え，かつ指摘の正当性を納得してもらえるように指摘事項の中で説明する，そのような配慮も必要です。

それと指摘を裏づける徴候の種類の4つの例（図表2-6，p.55参照）にあるような証拠をなるべく意識して収集することが大事です。

2）前提説明型のレビューの追加ポイント

また，以下には前提説明型のBパターンになる場合に追加して留意すべき点を挙げています。これもすでに述べたサンプリングに関する注意事項です。

●B：前提説明型──前提をつけて事実として問題を指摘する
※レビューのポイント（Aのポイントに追加）
1. 確認した項目はサンプリングによるテストとして，テスト結果を全体に推定することが予定されているか。または，そのテストを他のテストで補った結果として，テスト結果の所見が母集団全体を代表するものとみなしてよいか。
2. 一部の検証の結果を1.のように全体を代表するものと合理的に説明できないに

もかかわらず，十分な根拠もなく代表するかのように言い過ぎていないか。
3. 一部の例外項目に基づいて改善提案をしようとする場合には，その項目が監査対象となった母集団全体に共通したシステマティックな性質のもの（システマティックエラー）か，特別な事情による単発的なもの（例外的エラー）かを明確に判断しているか。また，その判断がわかるように記載しているか。

（参考：付録2「内部統制のサンプルテストの進め方」）

（良くない例）
〈指摘事項〉△△テストした購買申請に責任者の承認のないものが1件含まれていた。
〈改善提案〉購買担当者は所定の承認手続を徹底させなければならない。
　注）1件の例外の発生理由や状況の説明がないため，これだけで所定の手続の運用に問題があるとは断定できない。母集団全体としての検討ないし説明が不足。

（3）改善提案はどんな場合に，何をどんな文章表現で書くか

1）改善提案を書く場合と文章表現

　改善提案とはそもそもどのような状況の場合に書くべきか，また書くときの文章表現はどのようなものか，およびどのような内容が含まれるかなど，これらの点については，方針としてある程度明確にしておくことが望まれます。そのためのガイドとして以下に考え方を紹介します。

●**どのような場合に改善提案を書くか**
1. 監査目的に関連して，内部統制，プロセス，組織・人員体制について，無視できない不備があって，健全な業務の実施のために改善が必要とされる場合
2. 同様に無視できない不備があるが，改善が必須ではないが望ましい場合

●**どのような文章で改善提案に書くか**
1. 必ず改善すべき指摘事項は，はっきりと指摘して監査人の責任として明確に改善を要求する。
　　例）〜しなければならない。〜すべきである。〜が求められる。
　　● 先方の改善の意思にかかわらず重要な不備を指摘し，改善を求めるのが内部監査人の責任（後日，大きな問題になったとき，指摘しなかったことへの責

任を監査人は問われる可能性もある）。
- 控えめすぎる表現では監査人が責任を果たしたかどうかが問題となったり，先方に誤った言質を与える可能性もある。
- 曖昧な提案は誤解や混乱の原因ともなり，マネジメントに対しても失礼。
- ポイントのはっきりしない漠然とした提案は，先方からも漠然とした回答が寄せられやすい。

2. 改善が必須でない場合
　例）（効率性の観点から）～が望ましい。
- 改善を求める理由や視点も含めるとよい。

2) 改善提案に書く内容

　特に留意することとして，書く内容の注意点1：監査人が無意識に既存のルールを緩和したと見られるケースおよび注意点2：改善すべき課題があるが仕組みやプロセスの導入決定にはさらに調査・検討を要する場合があります。これらはそれぞれ次の事例⑦および事例⑧で取り上げます。

●どのような内容を改善提案に書くか

1. 指摘事項の問題提起を受けて，かつ，関連して記載されたリスクを正面から軽減する措置として，改善すべき事項および改善が望ましい事項を簡潔に書く。
2. 改善措置としてのアクションを簡潔明瞭に記載することが望ましい。
　（注意点1）改善のために監査人が無意識に既存のルールを不当に緩和してはいけない。現場の権限では勝手に改善策を決められないことがある。報告先の責任権限に合わせて立場上できることを提案する→ 事例⑦
　（注意点2）改善すべき課題があるが，仕組みやプロセスの導入の決定にはさらに調査・検討を要する場合⇒検討を求めるが，導入までは求めず，展開時の例示にとどめる。→ 事例⑧
※改善の方向は明確であっても，それを具体化した改善措置や制度化につなげるにはさらに調査や検討を要するため，監査時に具体的な措置を特定できなかったり，選択に幅がある場合もある。
　⇒無理に具体的な措置を特定して改善活動に制約を与えるべきではない。むしろ，改善の方向性や考え方など示して，具体的な措置はその後の検討などに待つ。その際，調査や検討の課題やそれを行う手順・達成の目安となるマイ

> ルストーンなどを示唆することもある。
> ⇒また，検討後にたどり着く改善措置として具体案があれば参考例として例示するのもよいが，検討前に先走って採用を求めることはしないようにする。

　一般に内部監査人は被監査部門の規定やルールに手を加えて変更する立場になく，その権限もありませんから，そのようなルールの要請を内部監査人が軽減することも普通はないはずです。しかし，内部監査人にそのような意図がなくても，内部監査人が報告した改善提案を組織としての指示ないし承認事項と被監査部門が受け止めることはありうることです。

　事例⑦では，内部監査人が被監査部署である配送センターと協議して合意した，緊急時の例外的扱いに基づいて改善提案を提出したものです。

事例 ❼

監査人が無意識に既存のルール軽減を提案している場合

○監査人が独断で，または無意識にルールを緩和したと見られる場合

発見事項

　配送センターは，販売部が承認した注文請書に基づいて出荷することが定められているが，緊急の場合には販売部担当者からの電話注文だけで出荷している。

リスク

　会社として承認されない不適切な出荷がなされたり，その発見が遅れる。

改善提案

　緊急の場合で注文請書に承認が得られない場合であっても，少なくとも販売部承認者の事後承認を得ることが望ましい。

　　注）被監査部署と対応策を議論するうちに，監査人が無意識に例外を認めることになってはいけない。ルール上，承認が求められる理由および例外措置の可否の検討が必要となる。例外措置が適当と認められていても所定の手続を踏む必要がある。ルールの承認権限者と被監査部署との関係により提案の言い方が変わる。

○（改善案）ルール遵守を原則とするが，例外措置の検討を促す場合

発見事項
配送センターは，販売部が承認した注文請書に基づいて出荷することが定められているが，緊急の場合には販売部担当者からの電話注文だけで出荷している。

リスク
会社として承認されない不適切な出荷がなされたり，その発見が遅れる。

改善提案
緊急の場合でも配送センターは，所定のルールに従って販売部が承認した注文請書に対してのみ出荷しなければならない。しかし，緊急出荷の依頼が頻繁に起こり，注文請書の事前承認を待って出荷することが現実的でないと判断される場合には，緊急時の例外的対応策（例えば電話・FAXによる出荷依頼と事後の承認済注文請書送付など）を検討し，承認部署である本部営業管理部と協議の上，その決裁を受けて適用することが考えられる。

おそらく，そこで合意された内容は例外的処理に伴うリスクを現場感覚でよく検討した上でたどり着いた，現実的にベストの内容だったとも考えられます。しかし，これは次の点で問題となります。

- そのような例外処理の承認権限のある上層部の関与がないままに，配送センターは改善提案を組織の正式な決定と受け止めたということと，
- 内部監査が結果として改善提案によって，正規の承認ルートの枠外で未承認の例外処理の採用を推奨する形になったということです。

もちろんこのように見られるのは内部監査人の本意ではないでしょう。

おそらく内部監査人の対応として足りなかったのは，問題となった例外処理の採用には誰の承認が必要か，あるいは配送センターが独自の判断で導入できるかということの確認です。また，そのような承認ルートを確認した上で，監査人は，現場レベルで内部監査部門と合意したとしても，その採用にはさらに正規の承認が必要となることをはっきりと伝えるべきだったでしょう。

このように考えると，改善提案の書き方が変わってきます。

ここではそのような検討後（アフター）の改善案を書いてみました。

ここでのポイントは，改善提案で以下の点を示したことです。

a）原則的処理はこの配送センターの状況には適合しないので，ここでは

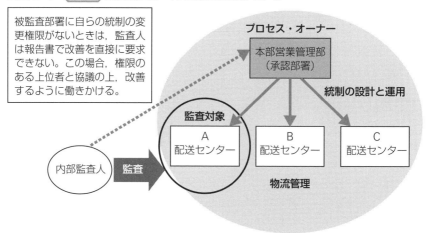

図表2-8 ◆ 事例❼ 無意識にルール軽減を提案している

※被監査部署のA配送センターの内部統制の改善の決定権がA配送センターにない場合には、A配送センターに対する監査報告書において、改善の権限を持つ本部営業管理部（承認部署）に改善を働きかけるようにA配送センターに促すことが考えられる。

統制の例外処理が認められる場合があることを示したこと

ｂ）例外処理の導入には承認部署との協議および決裁が必要となること

このうちｂ）については例外処理の採用を明確に推奨する場合には、承認部署に対して承認伺いのための働きかけをすることを配送センターに提案する形となります。これは、採用のための権限を持たない配送センターに対しては、「採用するように」とは直接提案できないので、「採用のために承認部署に働きかけるように」という形をとっているわけです。この関係を図表2-8で図解しています。

■改善提案を誰に向けて提出するか

この書き方の背景には、内部監査報告書を誰に向けて報告するかという前提があります。ここでは内部監査人が被監査部署の責任者宛てに報告書を提出し、その中で改善を提案するという様式を前提として経営層や承認部署である本部営業管理部には報告書の控えが送られるという想定です。

本部営業管理部は，報告書の控えを見て自ら必要な措置を取ることも考えられます。また，内部監査は，別途，この本部を監査する際に，この事案への対応を踏まえて本部に対する改善提案につなげる可能性もあります。

　上記配送センターのように，被監査部署が自分の業務の問題なのに業務方法を変える権限がないというのは内部監査でときおり経験するケースです。

　特に海外子会社の監査では，現地の問題のいくつかは本社の担当部署によるルール設定の不備に起因することがあります。この場合，内部監査は本社に直接掛け合わないと対応が完結しないと考えて，そのようにする内部監査部門もあります。ただ，本社との話をつけてから現地子会社の監査報告を完成させるとなると，その提出がかなり遅れる可能性もあります。

　こうした監査報告の様式や提出方法は企業ごとに流儀があって，一概にこうすべきだとは言い切れません。しかし，私が上記の方法を前提としているのは，内部監査では何よりも被監査部署と内部監査チームの責任者同士が現場で改善提案について合意するのが大事だと考えるからです。すなわち，往査最終日の監査報告会で直接，面談して改善も含めた報告内容について一通りの説明をして大筋の合意を得ておくわけです。もし本社の決定待ちで往査時に監査の決着がつかず，終わってしばらくたって現地子会社に事務的に報告書が届くというのは何か監査の醍醐味が失われるように感じます。

■リスクアペタイトの枠内での内部監査活動を意識する

　前述の事例⑦のように，不本意とはいえ内部監査の改善提案によって経営層が支持しないところで，内部統制の変更がなされてしまうというのは，リスク管理という面では内部監査が関与すべきでないリスク管理プロセスの設定に関わったという外観を作り出しかねません。**図表2-9**は内部監査とERMの関係を表すIIAポジション・ペーパーの図ですが，この左側に書かれた役割が内部監査の本来の役割で，真ん中が予防措置といわれる独立性に関する措置を取った上で内部監査の関与が認められる役割です。さらに，この右側が経営管理の専属の役割で内部監査ではやってはいけない領域であり，内部監査の誰もこれをやろうとは普通思いません。しかし，事例⑦では内部監査

図表 2-9 ◆ IIA のポジション・ペーパー（Position Paper）：ERM における内部監査の役割

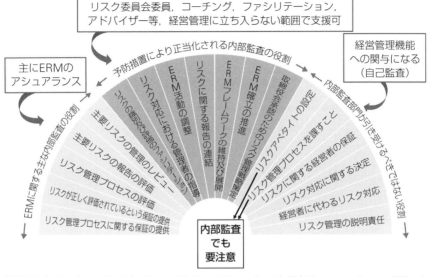

出所：IIA Position Paper, *The Role of Internal Auditing in Enterprise-wide Risk Management,* January, 2009, p.4, Figure 1-Internal audit role in ERM を訳出し、一部コメント等追加

が意識しないところで、経営の役割であるリスク管理プロセスの設定に関与した形となる可能性があり、注意をしておきたいところです。

事例⑧は「2) 改善提案に書く内容」（p.73）で注意点2に書いたケースです。

事例 ⑧

改善の具体的方法に検討を要する場合の提案

○海外子会社のリスクマネジメントの導入

〔発見事項〕

　C社は隔週の経営会議を通してリスク管理を行っている。各マネジャーが経営会議で提起した個別のリスクは、検討・分析され、問題解決のための対応策と責任者が決定される。しかし、C社には当社が直面する全社的なリスクを積極的に特定・評価および管理する専任部署がない。

> **リスク**
>
> リスク管理を積極的に行わないことにより，いまだ表面化していないが，事業活動に重大な影響を与えるリスクが適時に対処されないおそれがある。結果として，リスクが効率的・効果的に軽減できない。リスク管理専任部署がないために，同じリスク対応に部署によってバラツキが生じ，リスクを見落とす部署もある。
>
> **改善提案**
>
> 当社が直面する全社的なリスクおよび各部署に共通したリスクを積極的に特定・評価および管理するための手法の<u>採用を検討すべきである。</u>
>
> 対策として効率的かつ効果的にリスクを管理するためのリスク管理専任部門の<u>設置も考えられる。</u>
>
> **【ポイント】**
>
> 監査日程の制約の中で全社的なリスク管理の必要性までは賛同を得られたが，具体的な進め方までは要検討となったため，方向性についての改善提案とし，具体的取り組みは「検討すべき」とした。また，リスク管理専任部門の設置も検討結果次第となるため，一例として，「設置も考えられる」とした。マネジメントによる取り組みは求めるが，結果には柔軟性をもたせた。

（4）改善提案のパターン別留意点と注意したい言い回し

1）A,B,C 提案をするときの留意点

改善提案には A，B および C のパターンがあることはすでに紹介しました（p.39 参照）。それぞれの提案をする際の留意点を以下にまとめました。

> ● **【A 提案】あるべき統制がないとき⇒統制の整備を提案**
> 〈留意点〉
> - 提案する相手の組織（通常は被監査部署）が統制の整備の権限があるか。
> - ない場合には，ルールを逸脱せずに権限のある上位者ないし，組織への提言・相談を被監査部署に提案する（改善提案は被監査部署宛てに提出することを前提とした場合）。
>
> ● **【B 提案】統制はあるがデザインに問題があるとき⇒統制の見直しを提案**
> 〈留意点〉
> - 統制の内容はよいとしても，統制の及ぶ範囲に含まれる被監査部署に統制の例外的扱いを正当化すべき特別な事情がないかを考慮する。例外的処理が適当で

あればその事情を理由として特別な扱いを提案する。
- C提案の中に本来，B提案とすべきものが気づかずに埋もれていないか注意する。⇒このパターンがかなり多い。

● **【C提案】統制は整備されているが運用されていないとき⇒確実な運用を提案**
〈留意点〉
- ただし，確実な運用を提案するだけで，問題が繰り返されないかを慎重に検討。
- 100%の運用は難しいが，一部でも運用されないと重要なリスクを招くおそれがある場合は，
  - a）さらに上位者によるモニタリング（運用状況の確認）や，
  - b）追加的なバックアップ統制の設置で運用を担保する必要性を検討し，適当であれば提案する。
- なぜ運用されていなかったかの本当の理由を解明する。また，その理由を簡潔に記載する。
  - 例）担当者に他の任務があって平行して運用することに無理があるなどの事情はないか。場合によってはその状況に沿って現実的な対応を提案。B提案になる可能性。

● **【C提案に多い残念な「マネジメントからの回答」】**
⇒ 「マネジメントからの回答」は内部監査の良し悪しを判断するバロメーター
〈留意点〉
- C提案に多い現象として，「マネジメントからの回答」では，一見提案に肯定的に書いてあるが，内容を見ると提案に同意していないことがうかがえる場合，実は，内部監査からの指摘に対する異論や隠された反論が潜んでいることがある。
  例えば「マネジメントからの回答」が提案された既存の統制そのままの運用を避けて，統制の見直しを想定する回答になっていたり，別の解決策を提案している場合。（事実上C提案に反対の意）⇒ 付録1 の4.2のケースを参照。
- これは内部監査人が正しい改善提案に導くことに失敗した表れとも考えられる。
  ○ 特にC提案ではなく，被監査部署のアイデアも取り込んで統制の内容を改善するB提案にすべきところを十分深く議論しないまま，C提案にしている場合が考えられる。
  ○ また，そのような不適当な提案を問題とせずに被監査部署が提案をそのまま出させてしまったことは，内部監査チームと被監査部署との間で，本来あるべき改善提案に向けた開かれたコミュニケーションができていなかった結果とみることもできる。

2）マネジメントからの回答の意味するところ

　ここで，マネジメントからの回答とは監査報告書の中で改善提案に対する被監査部署のマネジメントからの正式な回答として記載してもらうものです。「マネジメント・コメント」という言い方もします。この記載を入れた後に，内部監査報告書を完成させて正式に発行するという前提です。

　そのようなコメントは求めずに経営トップの指示の形で改善提案を織り込んだ監査報告書を一方的に事実上の改善命令として発行する企業もあります。しかし，このマネジメントからの回答は先方からの同意の趣旨，改善提案の実施に向けた計画，実施期限などを含んだ内部監査への数少ない正式な反応です。改善提案に反論があって，内部監査と意見が不一致のときには，むしろ反論を書いてもらって監査報告書に残しておくことも重要です。

　また，内部監査の改善提案がどれくらい出来栄えがよくて先方に受け入れられ，できれば感謝されているか，そうでないかという内部監査の良し悪しを感知するバロメーターとしても機能するものです。

　そういった機能も踏まえて，ぜひ「マネジメントからの回答」欄を監査報告書の中で作って，上記のような活用に役立てていただきたいと思います。

3）舌足らずにならないよう注意したい言い回し

　日本語でよく使われる慣用句だと，つい読み流してしまいますが，監査の指摘や提案文として読み返すと，ちょっと足らないとか，おかしいことに気づくことがあります。そういう例をいくつか紹介します。

● ～規程やルールを強化する，徹底する

　課題1）何をやったらよいか不明。
　　⇒解決策：それを実現するための具体的なアクションを書く。
　改善例1）上長による定期的な実施状況の確認手続（モニタリング）の導入等によって～を徹底させる。
　課題2）どこまでやったらよいか不明。
　　⇒解決策：フォローアップ監査で客観的に確認可能となるマイルストー

ンをなるべく提案したい。

改善例2）統括部署による定期検査でレベル3（有効）以上の評価が得られるように〜の管理を強化する。

※既存の統制手続をただしっかりやれという提案の場合，問題の解決になっているかを要検討（これまではなぜできなかったか，根本原因は解決したか）。

- **〜を周知徹底させる**

課題）具体的なアクションおよび関係者が不明確。

⇒解決策：誰がどんな情報あるいは作業を誰に対して，どういう形で知らしめて，あるいは確実に実行されるように指導するのか，作業としてわかるように書き直す。

- **〜（売上入金処理において）職務分離ができていない**

課題）具体的にどのような職務と，どのような職務が兼務によりバッティングしているかを言わないとリスクがわからない。

⇒解決策：両立しない職務（incompatible duties）のそれぞれを明記する。

改善例）売上金の銀行預け入れと会計帳簿への入金の記帳の担当者を分ける。これらの職務分離を行う。

※一般に，現金預金の処理（財務）と会計記帳（会計）と在庫管理（現物）の分離が内部統制上，改善を要する重要な分離となる。

- **（リスクの記載において）〜はブランドリスクにつながることがある**

課題）具体的に組織や被監査部署にとって，どのような不都合が起こるかが書かれていない。リスク名だけでは意味がわからない。

⇒解決策：リスクのカテゴリー名だけで説明を済ませない。

- **A事業部では購買規程に従った処理が適切に行われていないことが判明した**

課題）一番重要なコントロール不全の記載が欠落している。

⇒解決策：「適切に」あるいは「十分に」は，その意味する内容が読み手に不確かな状況で使うべきではない。書き手の自己満足，読み手の疎外感を招くため，前提となる説明なしに使うのは避

ける。規程やルールの話ばかりでなく，問題の本質（コントロールの不全）を説明すること。

改善例）A事業部では購買に際して，購買規程に定める上長による承認がなされていない。（規程だけでなく，中身を説明する）

【考え方】話の核心はコントロールの不全の内容であって，規程やルールは，それをもたらした原因に過ぎない。規程・ルールの話だけでは問題の本質を説明したことにならない。その先にあるコントロールの問題を解き明かすのがプロの監査人の仕事となる。

5. ケーススタディによる指摘・改善提案の実践演習

ここまでの復習として，ケーススタディを通していろいろな角度から実践的な問題を検討します。とりわけ，指摘事項，リスクおよび改善提案の書き方に過不足がないか，指摘と改善の内容と監査結果との整合性および監査のサンプリングとの関係，特にテスト結果の例外事項の扱い，指摘・提案におけるリスクアペタイトの考慮，部門監査とプロセス監査の視点，不正のレッド・フラグ（危険信号）などを事例を使って見ていきます。

それでは次の事例を読んで，まず内容を検討してみてください。その後でレビューポイントと解説を読んで考え方の参考にしてください。

(1) サンプルテストの個別リスク事象

事例 ❾

サンプルテストの個別リスク事象

次の改善提案において，このままでは監査報告に含めるには不十分と考えられる箇所がありますか。また，どのようなフォローが必要でしょうか。

発見事項

各事業部の支払経費に関して，業者から受領した請求書は，権限規程に定められ

た部門管理者の承認を受けて，支払いのため経理に回さなければならないことが購買規程に定められている。しかし，A事業部で経費をサンプルチェックしたところ，経費担当者は請求書と発注書との照合はすべて行っていたが，10件のうち2件については部門管理者が休暇中であったため，承認印がないままに経理に送付され，支払われていることが判明した。

リスク
会社として適切でない経費が支払われる可能性があり，不正の原因にもつながる。

改善提案
事業部の経費担当者は，購買規程を遵守して，経理に回す前に，すべての請求書について責任者の押印を受けるように処理を徹底すべきである。

【ヒント】
1. サンプリングの意味を考える。
2. 発見事項で指摘する対象を考える。
3. 事業部と経理部との関係を考える。

《事例⑨のレビューポイントと解説》

1) サンプルの性質は？　サンプル件数の考え方は？

事例⑨では，サンプル数が10件になっていますが，そもそも10件のサンプルは，どのような前提や方法で選ばれているのか疑問です。件数が少なく，また抽出方法からランダム・サンプリングと言えなければ，適切な承認の有無を確認するというテスト目的からすると，サンプリングの理論に従って，追加手続の検討が必要とも考えられます。なお，サンプルという用語は，サンプリング理論における用語なので，その理論を適用しない抽出であれば，サンプルと呼ぶのは本来，適当ではありません。

2) サンプルテスト結果の監査上の扱い方

もし，サンプルに準じて扱うとすれば，この2件は例外的なエラーかどうかの検討と説明が必要です。なお，サンプルに対するテスト結果は，母集団全体に推定するのがルールなので，監査人にとって芳しくない結果であっても，この推定結果を受け入れなければなりません。そして，この支払経費の

テスト結果から，その内部統制が有効でないという結論が導かれるとしたら，監査報告書の冒頭に表明される全体としての監査意見ないし結論と，この指摘事項が間接的に表現している，統制が有効でないという個別のテスト結果が互いに整合しているかどうかを一応確認しておいた方がよいです。

その際，意見表明が消極的アシュアランスの場合には，積極的アシュアランスに比べると，個々のテスト結果と総合意見との直接的関連性は薄くなりますが，その場合でも，統制上，重要な問題は認められなかったなどと監査意見で明言している場合には，上記テストの有効でないという結果が重要な問題はないという監査意見と矛盾しないかどうか再度確認が必要です。

3) カギとなる未承認経費の処理の状況の説明が不足

改善提案はルールの遵守だけを問題としていますが，なぜ未承認の2件の支払いがなされたかという状況の説明が足りません。その内容次第では，承認ルールの改善も必要となる可能性があり，また事業部と経理部とで支払経費の承認についてどこまで統制をかけるかという役割分担が適切かという視点からの検討も考えられます。

4) 経理サイドからの不適切な支払が深掘りできていない

事業部内の手続に重点を置いたせいか，なぜ経理部が承認印のない請求書に支払いをしたかという重大な点が検討から抜け落ちています。この面からのB提案（統制の不備の改善提案）の必要性が高いと考えられます。

普通，経理部は堅いところなので承認のない経費を簡単に払ったりなんかしませんね。そうすると，例えば部門管理者が休暇中に支払依頼に上がる予定の経費は内容もわかっているので特に自分の承認印なしでも処理するように担当者や経理に話をしていたりしませんか？　だとすると，内部統制のオーバーライド（無効化）という不適切な行為とも考えられます。オーバーライドは不正の典型的なレッド・フラグ（危険信号）ですから，そのような風土があれば指摘の対象として慎重な検討が必要です。

5）これは部門監査か，プロセス監査か整理がついていますか

　これは監査の範囲が事業部門という組織か，調達から支払（procure to pay）に至るプロセスを対象とするかにより，支払関連の問題の扱いが異なってくる可能性があります。購買・支払プロセス監査として経理部の支払も監査範囲に入るなら，監査報告書上，監査の目的・範囲において，それに整合する記載があるか確認をしておく必要があります。

(2) 超過残業に関する改善提案

事例⑩

超過残業に関する改善提案

　内部監査部が事業部の給与関連の内部監査をしています。当部署の残業時間が平均してかなり高いことが判明したので，以下の指摘を草案しました。この指摘・改善提案を完成させるためにさらにどのような点を検討しますか。

指摘事項

　事業部では従業員の平均残業時間が相当高い水準に達している。すでに事業部の人事担当もこの問題を認識して対応策を講じているが，監査期間中に確認した過去1年のデータからは残業時間が低減する傾向はみられなかった。関連する前1年の事業部の情報は以下の通りである。

- 残業を申告する従業員数は毎月 270 – 300 名で高止まりしている。
- 残業代により毎月平均 3 千万円の追加コストが発生している。
- 毎月の平均残業時間（1 万 2 千時間）は 75 名の正社員の労働時間に相当する。
- 残業を申請した従業員の約 20％は 36 協定に定めた月 45 時間を超過していた。

リスク

- 割高となる残業代によって事業部の収益性が害される。
- 長時間労働の常態化により企業のイメージが損なわれ，採用活動に影響が出る。
- 過重労働が従業員の健康被害や退職の原因となることがある。
- 36 協定による残業時間の限度超過は労使関係を悪化させたり，労基署の立ち入り調査につながることがある。

改善提案

　上記の通り，すでに対応策がとられているとはいえ，状況が改善されていないことから，今後，事業部として予定されている改善策を「マネジメントの回答」欄に

書かれたい。内部監査はフォローアップ監査においてこれらの実施状況を確認する。

《事例⑩のレビューポイントと解説》

1) 監査の目的と守備範囲——この提案は給与の監査のテーマですか

　一般に給与関連の内部監査では，給与や残業代の計上や支払いに関する処理の妥当性や給与計算に関する法規への準拠性などが対象に含まれます。しかし，残業の発生自体は給与というより，事業のオペレーションや現場での仕事の割り振りや回し方に関わるマネジメントの問題ですから，本来はそういった事業部の管理をテーマとした監査で取り上げるのが適当です。その意味で残業が多いという問題をこの監査の中で取り上げるべきテーマかどうかについては疑義があります。この監査の講評会は誰と行うのでしょうか。もし事業部でなく給与科や人事部だとしたら，残業時間を直接管理する立場にないので，改善を提案する相手ではないことになりそうです。とりあえず以下ではこの監査の中で取り上げるという前提でコメントしています。

2) 何をコントロールの不全と考えているか，またその根拠は？

　a) 時間外労働についてはいわゆる36（サブロク）協定（労働基準法36条に基づく労使協定）のルールがあります。この36協定の制度を遵守していないということなら，その根拠としてどのような点で統制ができていなかったかを指摘事項に書いてほしいです（例えば，協定の作成・届け出や労働時間の管理について事業部の人事担当や本社人事部でどのような統制・管理が欠けていたかなど）。

　b) 残業の異常性を問題にするには，被監査部署内の数字だけでなく他事業部や他社との比較やその性質を表す具体的な出来事などを根拠として書いたらどうでしょうか。客観性・説得力が高まります。

　c) 事業部の収益性を問題とするには情報が足りず，内容が給与関連を超えた問題となりそうです。残業の時間単価が高いからといって，マネジメントはそれを前提に増員でなく，残業を選択して収益を上げて結果と

しての収益性を維持している可能性があり，単価だけで収益性の悪化を断定するのは言い過ぎのきらいがあります。

d）また，承認された収益予想はある程度の残業を見込んでいて，これに従った残業であるなら，残業にかかるリスクを想定したマネジメントのリスクアペタイトや収益に関する経営判断にチャレンジすることにならないかという問題もあります。つまり一定の残業量と予定した残業の実施に伴って発生すると予想されるリスクは経営陣にとって想定内のこととも考えられ，そうであれば，リスク管理に関する経営判断に内部監査として不当に立ち入ってしまう懸念がありそうです。

　例えば同業他社がある程度の残業をしているという前提で同程度の残業を予定したとすれば，残業時間を減らすことによる売上や操業水準の低下といったビジネスへの影響をどのように説明するのでしょうか。これは一般に業務監査の守備範囲外の問題ですね。

3) リスクの記載について——思いつくリスクを全部書いてはいけない

a）健康被害や採用への影響も可能性としてはあるとしても，現実的かどうか最近の実績として，そのようなケースや現場からの懸念が報告されたかなど，さらに根拠となる情報を入手して現実のリスクとしての裏づけが期待されます。つまり，リスクの種類や概念だけでなく，それがどの程度顕在化しているかというリスク・エクスポージャーという面からも見てほしいところです。

b）可能性のあるリスクをすべて書くのではなく，指摘事項を改善提案につなげるリスクをだけを原則として書くことをお薦めします。思いつくだけのリスクを書いたら，指摘事項から改善提案への道筋が見えなくなり，何を問題としているか全体の論旨が曖昧になります。

4) 改善提案——提案するアクションがないのに，それでも提案しますか？

監査人が問題とする超過残業の懸念は残存しているとはいえ，特に内部監査から提案している新たなアクションは見当たらず，改善提案の本来の趣旨

からは，これは改善提案の要件を満たしていないことになります。

　一方，内部監査にとっての管理のしやすさからは，認識した継続中の問題について，その進捗状況を見るためにフォローアップ監査という形で，再度レビューすることを前提に改善提案に記載したとも考えられます。

　また，改善の目安となるマイルストーンの設定もないので，どこまで改善すべきかを説明できてないし，これを受ける事業部も何をどこまでやればよいかイメージがわかないでしょう。フォローアップ監査においても適切に改善されたかを客観的に判断するための基準が示されておらず，監査人自身もフォローアップ時に判断に困ることにならないでしょうか。

　この問題について内部監査として何らかのモニタリングを続けることはよいとしても，事業部としてすでに改善に取り組んでいる中で，これ以上問題を掘り下げて提案を具体化できない本件のような場合は，事業部の負担も考えて，正式な改善提案という形ではボツにするのが相当とも考えられます。

6. 業務監査の指摘事項と改善提案のまとめ

(1) 経営層にインパクトのある書き方

　業務監査に関する指摘事項と改善提案のまとめとして，経営層にインパクトのある書き方としてお薦めしたい点を以下にまとめてみました。

●経営層にインパクトのある指摘事項・改善提案の工夫
1. 内部監査報告書の1ページ目に要約を入れて，指摘・改善提案項目を一目でわかるようにする。
2. その際，指摘・改善提案をそれぞれ高中低の3段階などで格付けし，重要性がわかるようにする。また，内容は3，4行で簡潔に説明する。
3. 内部監査報告書に正式に挙げる内容は経営層がざっと読んですぐわかるレベルにする。
   - コントロールの不全などの要点をなるべく冒頭で単刀直入に説明する。
   - 被監査部署へは別途，詳しく説明・報告の機会があることも考慮する。

> 4. 2の指摘・改善項目をリスクの程度などで3段階などに格付けする際には，その3段階が意味する定義を簡潔に報告書の中に書くこと。
>   また積極的アシュアランスを段階的評定形式で行う場合は評定の定義も記載。
> 5. 海外子会社の監査報告も日本語で経営層にわかりやすく書くのが一般的。
>   - ただし，現地スタッフへの説明・普及用に，できれば英文の詳細版を別途作成するのが望ましい。現地に翻訳を任せず監査チームが作る。
>   - 日本の常識から離れた内容は，日本サイドに誤解を与えないように留意。

(2) レビューポイントのまとめ

これまでの検討を踏まえて指摘事項と改善提案の内容について確認しておきたいのは以下の事項です。レビューポイントとして利用してください。

> ●**指摘事項のチェックポイント**
> 1. 客観的事実として確認した指摘になっているか。
> 2. 監査対象全体の視点から，十分な情報収集と検討をした組織全体に妥当な指摘となっているか。
> 3. 上位者等から予想される反論も考慮した上で，正当な指摘になっているか。
> 4. 個別事象の問題を組織全体の内部統制の観点から合理的に取り上げているか。
> 5. ルールの逸脱が統制の不備につながるシステマティックエラーか単発の例外的エラーかの性格づけを検討し，発生理由など，状況がわかる書き方をしているか。
> 6. 指摘を根拠づける以下のような徴候は十分に収集し，記載できているか。
>   ①具体的な事象の発生　②被監査部署からの説明
>   ③分析数値，KPI等の異常値　④監査人によるテストの結果
> 7. 分析数値を根拠に指摘をするときは，慎重を期するために，その数値の解釈だけでなく，別の証拠も入手して結論を導いているか。
>
> ●**改善提案のチェックポイント**
> 8. 指摘事項について記載したリスクの所在を正面から裏づける指摘となっており，指摘事項⇒リスク⇒改善提案の流れが論旨明快に書かれているか。
> 9. 改善提案が統制の整備（A提案），統制の見直し（B提案）または統制の確実な運用（C提案）のいずれを問題としているか明瞭か。

10. 改善提案が報告書を宛てた被監査部署の権限外の事項に及ぶ場合，報告先の管理者の権限・責任を踏まえた書き方になっているか。
11. 結果として，権限逸脱行為や所定の手続を経ないルールの緩和を認めたり，推奨したりしていないか。
12. 改善に向けた調査や検討を待つべきところ，先走って制度の導入を求めていないか。
13. 改善提案を実施する具体的方法の一例を例示とせずに，実施を要求することにより改善に向けた実務を制約していないか。
14. 内部統制上，改善すべきことはその旨はっきりと書いているか。曖昧な表現で改善が任意であるような誤った言質を与えていないか。

談話室 3　内部統制という芸術品に取り組む内部監査

外部監査を彷彿させるなんでも鑑定団

　テレビ番組の「なんでも鑑定団」では，会場に持ち込まれた古美術品や骨董品をずばりいくらの価値があると鑑定します。個々に独自の芸術的価値がある美術品などを一定の価値基準で一刀両断に鑑定するのは外部監査に似ています。
　鑑定は値付けをしたら終わりですが，内部監査では監査結果の報告だけでは済まされず，さらに統制やガバナンスの仕組みの改善に向けた改善提案までが期待されます。統制活動の手直しを提案するには統制を作る側に立った視点が必要です。これで初めて現実的な改善提案が可能になるからです。ですからルール違反の指摘だけでは内部監査のプロとしては道半ばで，むしろそこから統制の不全をどう料理するかに監査の専門家の知見と力量が発揮されます。

統制という名の芸術品に取組む内部監査

　こうした内部監査の仕事は外部の基準で一律に判断する会計士や弁護士の業務に比べて決して簡単ではないのです。なにしろ作る側の視点とは，いわば鑑定品のそれぞれの芸術的価値を理解してそれを高める視点です。
　経営者や先人が思いを込めて作った組織の仕組みや経営が目指す企業価値に思いを致し，その所与の目的が達成できるようにと，組織の風土や業務慣行，人間関係などを総合的に考え合わせて最適の結果が出るように指摘や改善提案をする

わけです。それも客観的に合理的な根拠も示しながらの専門的作業です。
　外からは見えにくい社内業務ですが，客観的な保証と知見の提供によって内部統制を望ましい方向に導き，経営とガバナンスを支えて企業価値に貢献する内部監査プロフェッショナルの姿がそこにはあるのです。その守備範囲と経営への貢献からも経営監査というわけです。そうした組織の営みを支える内部監査のプロの仕事を今日の企業は必要としています。

第 2 部

これでわかる内部監査の
アシュアランス

> **第 3 章　実務から理解するアシュアランスの本質**
> - サンプリングを知らなかった内部監査部長
> - IIA によるアシュアランスの意見表明
> - 監査意見の 2 つの報告形式
> - アシュアランスを成立させる試査の考え方
> - 格付け方式の監査意見と成熟度モデルの利用
> - 内部監査において合理的保証をどう考えるか
>
> **第 4 章　経営に資する内部監査を目指して**
> - 経営に資する合理的な監査意見の落としどころ
> - 法定監査にない内部監査の難しさ
> - 企業の経営戦略としての内部監査

◎監査の根幹をなすアシュアランスへの対応

　一般に監査とは，企業の財務諸表の適正性や内部統制の有効性などを客観的に保証するために監査人が監査手続を行い，その結果について意見を述べることと考えられます。ですから，その手続は保証，つまりアシュアランスの目的に照らして十分な証拠を与えるものでなければならず，合理的保証（IIAの文献では合理的アシュアランス）という言葉も使われます。また結論として述べられる監査意見は実施した監査手続を踏まえたものでなければならないのも当然です。

　ところが企業の内部監査の実務を見ていると，これらの基本ができていないことが少なくないのです。例えば，保証の目的と実施した監査の内容との整合性がとれていない，また実施した監査の手続が，それにより表明された監査意見を裏づけるための十分な証拠を提供するようデザインされていないといったケースが多く見られます。それも大企業でIIAの基準にある外部の品質評価を受けた企業でもそんな状況です。

　外部評価で問題にならないのは，IIAの規定がアシュアランスについては会計士の監査のように厳密に詳細に規定していないことや，外部評価者が本格的な監査経験に乏しいいわゆるアドバイザリー系の専門家で，アシュアランスの基本的な問題に気づかないということがあるのかもしれません。一方で内部監査は社内監査なので，社内で問題とされなければそれでよいという見方もあるかもしれません。しかしこれは監査の根幹にかかわる基本的なところですから，監査部が監査の基本を知らないというのはあまりに恥ずかしいことですし，監査の専門職としてはぜひクリアしておきたいところです。

　そうした監査の基本ができていないのは監査人の専門能力が低いからだと言われそうですし，公認会計士だったらそんなことはないと思われるかもしれませんが，そうでもないのです。というのは，監査人個人の能力とは別に，内部監査のアシュアランスには会計士の監査にはない固有の難しさがあります。会計士の監査をそのまま学ぶ必要もなく，またそれで十分でもないのです。

　こうした面も含めて，第2部では内部監査におけるアシュアランスの在り方を検討し，実務における対応策を検討します。

第3章 実務から理解するアシュアランスの本質

監査のアプローチや考え方はもともと会計士の監査に由来するところが多く，会計士監査のような保証業務としてのアシュアランスが模範的な内部監査であるように考えられがちです。しかし外部監査と内部監査ではその目的が違うだけでなく，業務内容も内部監査はIIAに規定されるようにアシュアランスとコンサルティングを含むもので基本的な違いがあります。

そこで組織における立ち位置や目的の違いに由来する会計士監査と内部監査との違いを踏まえつつ，教科書的な監査論や制度の説明ではなく，監査をどう進めるかという実務に照らして，一般に理解が乏しい内部監査におけるアシュアランスの本質に迫ります。

言葉の定義やテキストを読んだだけではわかりにくい監査で行うアシュアランス（保証）というものを，実務に照らしてその本質を解き明かし，理解していただくのがここでの狙いです。

1. サンプリングを知らなかった内部監査部長

（1）優秀な新任部長の思わぬ失敗談

一昔前のことですが，ある外資系の大手企業が内部監査部を正式に立ち上げました。新任の内部監査部長にとって，監査は初めての経験のようでしたが，日本内部監査協会から出ている『内部監査実務全書』や，親会社の資料などを参考に監査を始めました。特に監査計画書とか監査報告書など経営層

に提出する資料は，参考文献からの見よう見まねとはいえ念入りに準備していました。その内部監査報告書に記載される監査意見のひな型も，「……は，おおむね有効である」といった断定的表現で，見るからに積極的アシュアランスの立派な文言でした。そうこうするうちに親会社の内部監査部が来日して状況を見に来ることになりました。

内部監査部長は，来訪に備えて自信作ともいえる監査計画書や監査報告書を英訳し，来日した親会社の内部監査人にも丁寧に説明しました。一通りの説明をしたところで，先方から一言，質問がありました。「ところで，監査のサンプリングはどういうやり方をしていますか？」

内部監査部長は優秀な方でしたが，最近，監査を始めたばかりでサンプリングのことをよく知りません。そこで，まだそこまでやっていませんと正直に答えました。すると，来日した親会社の監査人は，急に興味を失ったように「そうですか，それならもういいです。」と言って，それ以上，資料を見ようともせず帰ってしまいました。先方の思わぬ態度に内部監査部長は，どうしてそのような反応になったのか真意を測りかねるようでした。

この話を聞いて思ったことですが，ベテランの親会社の内部監査人は報告書の文言から，それが積極的アシュアランスであることを確認したはずです。しかし，文言がいくら立派でも監査の信頼度は，その背後にあるはずの品質管理のレベルによって決まります。そこでどの程度の監査の水準かを確認するために，その中核にあると思われるサンプリング方法について試しに聞いてみたら，何の仕組みもないことがわかった，つまり，その監査報告書は，監査の専門家として十分な証拠による裏づけがあるとは言えない，単なる作文に過ぎないと感じたのでしょう。それで，それ以上の検討は必要ないと判断したのではないかと察せられます。

(2) アシュアランス監査の重さ

これはアシュアランス監査の重さを改めて感じさせる出来事です。アシュアランスの重さとその仕組みをまだ十分に認識していなかった内部監査部長は，つい監査計画書や監査報告書などの正式文書の読み応えとか見栄えに注

意が向いていたのではないかと思います。それも大事なのですが，その「計画」と「報告」の2つの間にある，監査手続がきちんとできていないとアシュアランス自体が成り立たず，監査報告書は単なる紙切れと変わらなくなります。親会社から来たベテランの内部監査人はその辺の危うさを察知したのでしょう。

　これは1つの例ですが，昔から大手企業の内部監査部門でも同様の懸念を感じることがありました。例えば，監査領域ごとに詳細な監査マニュアルを設けている企業では，その中に監査意見の標準文言も作成して書いてありました。ところがどういう条件が満たされればその意見を表明できるかという品質管理上，肝心なルールはどこにも見当たりません。そうした実態を知って驚くこともあったわけです。

2. IIAによるアシュアランスの意見表明

　アシュアランスの意見表明については，IIA-IPPFのプラクティスガイド「内部監査意見の形成と表明」（IPPF-Practice Guide, "Formulating and Expressing Internal Audit Opinions", March 2009）に，監査意見の表明の計画上の留意点が示されているので，以下にその要点を紹介します。

【「意見表明のために監査計画に際して考慮すべき事項」のポイント】
1) 監査意見には，マクロ・レベルとミクロ・レベルとがあること。
   - 個別の監査はミクロ・レベルの意見表明になる。
   - マクロ・レベルの報告書は，いくつかの個別監査のグループないし一定期間の個別監査をまとめた総合意見。
2) 提供される意見の性質，特に，積極的アシュアランスか消極的アシュアランスか。
   - 積極的アシュアランス意見の方がより多くの証拠，より広い作業を必要とすること。
3) 特別な要請により意見を表明する場合の目的や使用理由。
4) 意見表明に必要となる監査証拠の種類と範囲。

特に，複数の監査プロジェクトの完成を必要とするマクロ・レベルの意見表明には重要。
5) 提供される意見の決定に利用される基準についてステークホルダー（上級経営者，取締役等）との協議および合意。
6) 意見を支える十分で合理的な証拠を内部監査活動に提供する監査計画とアプローチの綿密な企画開発が必要であること。
7) 関係するすべての予定プロジェクト（他の業務や自己評価への依拠を含む）および最終評価に許される時間を考慮すること。例えばグローバル組織（30の国際拠点など）の在庫管理の意見表明など。
8) 意見に十分な基礎を与えるために必要なすべての作業を実施するのに必要な十分なリソースとスキルがあるかどうか。それがなければ意見を差し控えるべきかどうか，あるいは（意見の範囲から特定の範囲ないしリスクを除外することによって）意見を限定するかどうかの決定がなされる。
9) 内部監査計画に関する経営者との協議および伝達。この中には，個々のプロジェクトの時期と範囲，並びに，経営者（および該当する場合には取締役会）に提供する意見を決定する際に使用される基準も含まれる。

(出所：IIA-IPPF-PG「内部監査意見の形成と表明」2009, p.2 より要約)

上記の指針についていくつかの点を解説しておきます。

(1) 積極的アシュアランス重視の指針

上記には2)でアシュアランスが積極的と消極的と2種類あることが示されていますが，全体としては積極的アシュアランス（合理的保証も同じ意味で使われる）を原則とした書き方になっています。例えば，8)の後半で意見の差し控えとか限定に触れているのは，会計士監査に見られるような積極的なアシュアランスを想定した留意点です。

これはIIAの指針全体を通して，「積極的アシュアランスが最も高い保証水準を提供するもので監査意見の中でも最も強力なものである」あるいは，この方式であれば「最も付加価値が高い」（前記要約）というスタンスで貫かれているためのようです。しかし実際には日本でも欧米でも消極的アシュアランスが内部監査実務の多数を占めています。ですから，IIAの上記プラクティスガイドや解説書[1]にある積極的保証がベストという考えは企業の実務

ではあまり支持されていません。

(2) 内部監査の意見差し控えの留意点

　会計士の監査で意見を限定したり差し控えたりするのは，本来，事前に想定した証拠を企業側が十分に提供することができなかったために，意見の範囲を限定したり，意見を不表明にすることです。これは積極的アシュアランスを採用した内部監査でも起こります。

　しかし会計監査は一般に年度決算の日程に合わせて行われますから，所定の日程に間に合うように資料を提供できないのは企業側の責任だという前提で，会計士は意見を限定したり差し控えたりします。一方，内部監査は年度決算の日程の拘束のない中で自由に監査の日程を決めることができるわけです。

　例を挙げると，規制緩和によって新たなビジネスや新製品の製造を始める企業があります。仮に5月から新製品を売り出すとすると，その新しいビジネスが新たな規制や法令の下で適切に管理体制ができているかどうかを担当の事業部に往査して確認する必要があるため，その前の3月に内部監査を実施することを年度計画で予定しました。ところが実際に3月に監査に出かけてみると新たなビジネスに対応した管理体制の構築がまだ済んでおらず，監査に必要な情報が入手できません。そこで監査人は意見の不表明とすることにしました。これはその監査報告のプロセスだけを見ると意見表明に必要な証拠を入手できないという意味では正しい判断かもしれません。

　しかし監査で現場に入る前には当然，監査計画を策定しているはずで，往査の前月の2月に計画作業をしたとするとその段階で，翌月3月の往査時に十分な証拠が利用できるかどうかは大体わかるでしょう。だとすれば，上記

---

(1) 例えば日本内部監査協会訳『内部監査：アシュアランス・サービスとコンサルティング・サービス』日本内部監査協会, 2009年（原文は *INTERNAL AUDITING : Assurance & Consulting Services*, The IIA Research Foundation, 2007）は，「多くの内部監査部門長は積極的な保証がベスト・プラクティスであると考えている。」とし，また消極的な保証の意見は限定的な保証であるため積極的よりも価値は劣ると断定している（同書 p.335 より）。

指針に照らして次の疑問が起こります：

- まず，上記4)で言っているように，今回の管理体制について監査意見表明をするためにどのような証拠が必要となるか，そのために具体的にどんな資料を入手すべきかをきちんと考えましたか？
- 次に，そのような資料や証拠を翌月予定されている往査時に間に合うように収集できるように，上記6)に挙げられた監査のアプローチを綿密に監査計画として策定しましたか？
- さらに，担当事業部が進めている管理体制の整備プロジェクトの進捗状況を監査計画の作業の際に聞いてみると，翌月の3月までの完成は難しそうだという感触は得られるでしょう。だとすれば，その状況を踏まえて，監査人は上記9)に書いてあるように経営者と協議して，予定通りの時期に監査を実施するかどうかを再検討しましたか？

こうした検討から見えてくるのは，3月に監査に耐えられる体制が未完成であると予測されるならば，経営者に状況を説明するとともに監査の時期を延期することも選択肢として協議すべきであったのに，そのような監査計画の作業を十分にやっていないのではないかという疑問です。つまり，年次決算や監査の時期が初めから決まっている会計士の監査とは違って，監査の時期を選べる内部監査における監査意見の不表明は，不十分な監査計画に起因していることが考えられるわけです。

そもそも，監査の結果，管理体制に不備があるとか有効でないという意見を出すことは，監査人としては勇気のいることでしょう。むしろ意見を出さないという選択肢の方が担当事業部から文句を言われることもなく，ずっと気が楽かもしれません。しかし，5月に新事業の開始が決まっているにもかかわらず，直前の3月になっても本来できているはずの管理体制がまだできていないとすれば，意見の表明を避けるよりもむしろ体制に不備があることを明確に表明して対応を急がせることが，内部監査の役割としては必要ではなかったかということも考えられます。

このように意見差し控えの例だけでも，内部監査に固有の実務論点がいろいろとあるわけです。

（3）経営層とのコミュニケーションの重要性

　ところで上記指針の5）や9）では監査人と経営者との協議や合意あるいは伝達を求めています。なぜだかわかりますか。これは内部監査だからです。会計士は経営者と協議などしません。監査基準や日本公認会計士協会の指針に規程があったり，世界標準と言えるような手続がすでに存在しており，それらに従って実務を進めればよいわけです。もちろん何か問題があれば会計士が訴えられる可能性もあります。

　一方，そこまで外部から直接に責任を問われることのない内部監査に期待されることは，外部対応に代わる内部対応としての経営層とのコミュニケーションです。これは監査人にとっては結構大変なことです。

　一般に外部監査の場合には，制度が要求する外部専門家のお墨付きが監査結果として得られれば，それ以上に経営層が監査の内容まで協議したり興味を持つことはあまりないでしょう。しかし内部監査は法律で決まっているわけでもないので，経営管理者は自らの責任でいろいろな選択肢のある中で監査の範囲や内容などを決定します。といっても多くは内部監査人が提示する案を決裁するという形をとるので負担はむしろ内部監査にかかります。上層の経営管理者ほど経営のプロであっても監査には疎いことが多いので，内部監査は先回りして経営層にもわかるような説明を考えて望ましい結論に導くことが重要となります。例えば本書を見て，積極的アシュアランスや消極的アシュアランスの考え方を初めて理解したという人もあるかもしれませんが，このIIAの指針では，上記9）で内部監査計画について経営者との協議や伝達が求められているように，内部監査人はそうした選択肢の内容やそれを適用することがその企業の経営にどういう意味があるかを十分に検討した上で，経営層と協議して適切な方向に導くことが期待されていると考えられます。

　ここからも監査プロフェッショナルの役割とレベルの高さが感じられます。

3. 監査意見の2つの報告形式

(1) 文例で理解する監査意見の種類

積極的アシュアランスと消極的アシュアランスの違いは前述のプラクティスガイドを参考にしてまとめると以下のようになります。

> ●**積極的アシュアランス（positive assurance）**
> 　積極的アシュアランスは，「……の内部統制は有効である」または「……の内部統制は有効ではない」といった二者択一の意見を表明する方法。これは，あらかじめ設定した段階評価による格付方式（grading）によって表明する方法も含む。
> 　　例）統制評価において：有効，一部統制につき要改善，多くの統制につき
> 　　　　要改善，不十分などの段階的評定による意見表明。
>
> ●**消極的アシュアランス（negative assurance）**
> 　実施した監査手続の概要を監査報告書に列挙して説明した上で，その手続を実施した範囲では，その報告書に記載したこと以外にはその監査の目的に関して特に気づいた事項はなかった趣旨のコメントを報告書に記載する方法。

上記2つの意見表明の形式の違いを文例で示すと以下のようになります。

> ●**積極的アシュアランスの報告書文例**
> 　「マーケティング部門の市場調査，販売促進，与信等の主要業務に関する内部統制について監査を行った。<u>その結果，これらの領域における内部統制は有効であると認められた。</u>ただし，以下の点につき不備が認められたため改善が求められる。（以下，指摘提案事項の要旨を箇条書きする）
> 　1. ……
> 　2. ……
> 　3. ……

この文章は，監査報告書の最初のページに見られるエグゼクティブ・サマリーと呼ばれる報告書全体の要旨を記載したページの書き出し部分を例示したもので，文中の下線部分が監査意見に相当します。こうした文言があるか

ら，これはアシュアランスの監査報告書であることがわかるわけです。

これを下線部分だけを消極的アシュアランスの形式に書き直すと，以下のように否定文になります。

●**消極的アシュアランスの報告書文例**

　マーケティング部門の市場調査，販売促進，与信等の主要業務に関する内部統制について監査を行った。その結果，内部統制に関して特に重要な問題は認められなかった。ただし，以下の点につき不備が認められたため改善が求められる。（以下，省略）

これを上記の積極的アシュアランスの文章と比べると日本語の一般的な意味としてはそれほど大きな違いがあるようには感じられません。しかしIIAの指針が指定したこれら2つの報告形式は昔からある会計士監査に由来するものと推察され，そのロジックに従うとかなりの違いがあるのです[(2)]。

そもそも会計士の監査では重たい監査責任を伴うことになる積極的アシュアランスだけを監査と呼びます。消極的アシュアランスの方は監査とは呼ばずに，レビューと呼んで厳密に区別しており，その作業結果の報告書はレビュー・レポートなどと呼んで，監査意見という言い方は決してしません。会計士が監査意見として表明するのは積極的アシュアランスの意見だけなのです。監査責任を取れるだけの準備のない作業は監査とは呼びません。

一方，IIAの指針では積極的，消極的のいずれも監査意見を構成します。これらをどう呼ぶかというのは決め事ですが，それぞれの方式が意味する内容については会計監査と異なる内部監査に固有の指針が特に出ているわけでもないようです。そのため品質管理上は会計士の監査のロジックが内部監査でもそのまま踏襲され使われていると解釈できます。

実際に，日本内部監査協会から翻訳版が出されているIIA調査研究財団（現在は内部監査財団）の『INTERNAL AUDITING：Assurance & Consulting

---

(2) 例えば，国内の最近の文献では，企業会計審議会「財務情報等に係る保証業務の概念的枠組みに関する意見書」（平成16年11月29日）において，合理的保証業務と限定的保証業務をそれぞれ積極的形式と消極的形式の報告方式に関連づけて説明がなされている。

Services 内部監査：アシュアランス・サービスとコンサルティング・サービス』(2009年) に解説されている事例などを見ても，そこで想定されている保証のレベルは会計士の行う Test of Control と同程度であることが感じとれます。

(2) 積極的アシュアランスの考え方

そもそも内部監査のアシュアランスは会計士監査のアシュアランスと同じと考えていいのでしょうか。前述の指針にある以下の文章によると，実務上は会計士には法定監査に関わる相当の負荷と縛りがありますが，概念的には内部監査も会計監査もアシュアランスは同じだということがわかります。

> 「積極的アシュアランスの意見は最も高いレベルの証拠を要求する。それは，内部統制やリスク軽減プロセスが十分で有効であるというだけではなく，それに反対する証拠がもし存在するとしたならば，それもすべて特定できたであろうことを合理的に確信するのに十分な証拠が収集されたことをも意味する。監査人は，賢明な監査人であれば，当然に発見できたであろうことを発見するために監査手続が十分であることについて全責任を負う。」
>
> （出所：IIA-IPPF-PG,「内部監査の意見の形成と表明」2009, p.3 より訳出）。

(3) 事例から感じ取るアシュアランスの本質

この手の専門的な文章に馴染みがない人もいるでしょうから，その意味するところを例を挙げてわかりやすく説明しましょう。

東京，大阪と九州に販売拠点のある会社の販売管理の統制を監査するために，その会社の内部監査人は東京と大阪に往査しましたが，日程に余裕がなく九州までは行けませんでした。ですが，大きなところはカバーしたと考えて予定通り全社として統制は有効であるという監査報告を出しました。するとまもなく不祥事が発覚して，九州の内部統制に重要な欠陥があることが判明し，いったい何を監査していたんだと内部監査が責任を追及される事態になりました。このとき，九州には行かなくても証拠は十分だったと合理的に

説明できない限り，時間がなくて九州には行ってないんですと言いわけできないのが，積極的アシュアランスの場合の監査人の責任です。行かないのは監査人の自由ですが，その結果には責任が伴うということです。

そう言うと，いえいえ，幸いうちの会社ではそんなことを言いません。東京と大阪だけしか行ってないなら，その拠点についてだけ何か問題がなかったかを報告させますと，そう思う人も多いでしょう。それならばそのやり方は，消極的アシュアランスという報告形式でちょうどよいということなのです。それは事実検出型の監査です。報告書に書くのは，実施した手続として，東京と大阪の拠点に往査したという事実を書きます。そして，その結果，そこで見た範囲では重要な問題はありませんでした，と書くわけです。もし，指摘や改善提案があれば続けてそれを書きます。

そのあたりをよく考えずに十分な根拠もないのに積極的形式の報告文書を書くのは，内部監査といっても監査の専門家のすることではないのです。ちなみに，鳥羽至英博士は，内部監査では，経営者が特定の言明の信頼性について内部監査人に対して積極的な保証を求めることは通常ないと考えられて，事実検出型で十分であるとの見解を示されています[3]。

(4) リスクベースが教える監査人の責任

上記の事例を挙げると，監査人はあたかも不祥事が起こったという結果に責任があるように見えるかもしれませんが，必ずしもそうではないのです。

上記に紹介した指針の文章の最後に「監査手続が十分であることについて全責任を負う」と明記されているように，監査責任は監査手続の十分性にあるのであって，事故が起こったことへの結果責任ではないのです。ではその十分性とは何かというと，監査の計画時にリスク評価を適切に行って，当然に認識されるリスクに対して十分な監査対応をしたかどうかということ，つまりリスクベースの監査のことを言っているわけです。これが積極的アシュアランスの前提になっています。

---

(3) 鳥羽至英『内部統制の理論と実務』国元書房，2005年，p.179 参照

ところで最近の会計不正事件に関しても，不正を見逃したとか，監査に不手際があったと会計監査人を批判する声がマスコミや有識者からも聞かれますが，多くは十分な根拠を示さずに結果責任を主張しているように見えます。リスクアプローチの原理原則からすると，そういう批判は，結果論として監査が不十分だったというだけでなく，監査人が計画段階において認識すべきであったリスクを認識していなかったとか，リスクに見合う十分な手続を実施していなかったことを客観的に説明できて初めて成り立つものです。

(5) 賢明な内部監査人の不祥事への備え

外部監査とは違って内部監査にはこうした批判はあまり聞かれません。それでも非常時とも言える不祥事の発生に備えて内部監査に留意してほしいことは，監査の範囲やリスク対応についてどこまで内部監査が責任を持つかを年次の監査計画の承認の機会などを通して経営層と合意しておくことです。

非常時には，平時と違って外部から経営者が責任を糾弾されるような事態も考えられ，そうなると内部監査に対する社内の風当たりや経営者の態度も普段とは違ってきます。日頃は監査に興味もなく温厚な経営者であっても，非常時には後ろを振り返って何で監査をきちんとしていなかったんだと内部監査の責任を追及する可能性もあるでしょう。そういうことも平時から想定して準備するのが監査のプロに期待される慎重さというものです。

一般に監査の年次計画は経営層の決裁を受けますが，その計画の根拠となる内部監査のリスク認識が経営層にきちんと共有されていないケースが少なくありません。その場合，形式的に計画の承認を受けたとしても，万一不祥事が起こり監査の十分性が問われる事態になると，計画の前提となるリスクに関する内部監査の説明責任の不履行が問題になる可能性があります。他方，リスク認識を経営層と合意して監査のコストや人員数の限界も考慮の上で経営層の決裁権限で次期の監査の範囲を決めておけば，内部監査としては計画段階でのリスクベースの責任は果たしたことになるのです。

そうした合意のための協議の資料としては，図表6-11（p.179）で例示したような企業の全社のリスクを示したリスク・ヒート・マップが有用です。

これは内部監査の企業グループに対するリスク認識を表し，経営者から監査計画の合意を取り付けるための根拠資料となります。こうして年次計画を経営者から承認を受ける際に，計画書だけを見せて形式的に決裁を受けるのではなく，その根拠となるリスク認識についても経営者に共有して，納得の上で年次計画を承認してもらいます。

このように責任解除のプロセスをきちんと設定して内部監査が負うべき責任の範囲を明確にしておくことは，監査人の責任が法律や監査基準である程度決められている会計監査人に比べて，多くは社内の決め事である内部監査にとってはより重要となります。

4. アシュアランスを成立させる試査の考え方

（1）積極的アシュアランスに根拠を与える試査の仕組みづくり

積極的アシュアランスは多くの証拠を広範囲に必要とするとともに，証拠の収集やそれを評価して意見を形成するためのきちんとした品質管理の仕組みを必要とするわけで，これは実務上大きな負担となります。またJ-SOX（内部統制報告制度）における内部統制の運用評価に見られるような厳密なルールに従った監査活動が求められています。

こうした積極的アシュアランスでは，実施した監査手続の結果をもって監査対象の全体に対して総合的な意見を表明するわけです。その際，監査の対象範囲にある事象や取引などをすべて見る（精査）代わりに一部だけをみて全体の妥当性を判断するという試査が一般に利用されており，その代表的な手法がサンプリングによる監査です。母集団の中の一部の項目を選んでテストした結果によって母集団全体の属性を推定する（extrapolate）という代表サンプリングの方法は，上記の積極的な意見表明の方式と整合性があります。

ただ一部をテストした結果は全体に共通した結果として使えるものでなければならないため，その前提を支えるために，母集団を構成する項目のすべてが平等にサンプルとして選ばれるようなランダム・サンプリングのような

抽出方法が求められます。こうして会計士の監査やJ-SOXの運用評価では特定の抽出方法が必要とされるわけです。

このようにテスト項目ごとに試査の方法を設計して，それぞれのテスト結果から得られた証拠を総合して，その結果，監査意見を裏づける十分な基礎が形成されるように計画的に品質管理の仕組みを作っていきます。

こうした積極的アシュアランスの前提となる仕組みを構築することなく，監査意見の文章だけを水準が高いと言われる積極的アシュアランスに合わせて書いている企業もあります。監査の実態と表明する意見の不整合がそこに見られます。

(2) アシュアランスに使えるサンプルテストを監査意見につなぐ

確かに，内部監査では必ずしもそこまで厳密に行っていない例が多く見られます。例えば子会社に往査して，過去1年分の経費の監査をするのでそれではサンプルとして直近1か月分の経費の明細と資料を全部出してくださいとお願いする監査人がいます。監査人としては最近の資料であればすぐに出せるだろうし，1か月分をきちんと見れば大体のことはわかるということかもしれません。しかし積極的アシュアランスの方式では，監査対象の全体の属性を評価することが求められるわけですから，この場合，サンプルに選んだ直近の1か月分の経費だけをテストした結果は，それだけで監査対象全体の母集団としての過去1年分の経費の状況を推定できなければいけないわけです。こうした代表サンプリングの考え方からすると，上記のように都合の良い1か月を選んで1年間分を代表させるという抽出方法は，一般にブロック抽出法と言ってサンプリングのロジックからは通常，適当でないとされています[4]。

---

(4) 日本公認会計士協会監査基準委員会報告書530「監査サンプリング」（平成23年12月22日）付録4.「サンプル抽出法」では，ブロック抽出法を「母集団における連続した項目を一つ以上のブロックとして抽出する方法」であるとし，「ほとんどの母集団は，連続した項目はお互いに類似した特性を持つが，連続していない他の項目とは特性が異なることが予想されるような構造になっているため，ブロック抽出法は，通常，監査サンプリングにおいて使用することはできない。」としている。

つまりサンプルである1か月のテスト結果が1年分を代表するとは必ずしも言えないのではないかというサンプリング・リスクの観点から，積極的アシュアランスの方法としては一般には利用できないというわけです。

　それにもかかわらずこの場合に積極的アシュアランスの意見表明をしたら，その意見は実施した監査手続による証拠の裏づけが十分でないということになりそうです。この事態を回避して正しい意見とするには，1か月と言わず数か月分を対象にするようにテスト範囲を広げることが考えられますが，普通は監査の効率性からそこまで手間をかけてはやらないでしょう。

　一方，こうした監査対象全体に対する意見表明とは違って，事実検出型の性格を持つ消極的アシュアランスの意見表明であれば，もともとそこまでの厳密な全体を推定するという要求はないため理論的にもこのままでOKということにもなります。ただしそのテスト結果から全体の評価を推定しようとすればその信頼度がそれだけ落ちることになります。

　後は，それぞれのメリット・デメリットをどう考えるかという問題です。

(3) リスク選好が教える内部監査の視点

　内部監査人の判断は実はこれだけではまだ終わりません。J-SOXや会計士の監査において専門的判断に迷うことがあれば，それら法制度の趣旨に立ち返って答えを探すことがあるでしょう。しかし法制度の枠外にある内部監査は，外部の制度ではなく，その企業のステークホルダーにこそ回答を求めることが本来の姿と考えられます。

　上記のメリット・デメリットの検討に関して，内部監査で厳密なランダム・サンプリングを採用していない理由には，一般にそのためにランダム・サンプリングのツールを利用したりすることに手間やコストがかかることがあります。それなら，多少，リスクをとってサンプリングの精度を落としても，ブロック抽出法を使って監査の効率性・経済性を優先するという方法について経営層の考えを聞いてみたらどうでしょうか。

　内部監査というのは本来，組織としてこの位までのリスクは許容できるというリスク選好（リスクアペタイト）の範囲内に企業の活動を収めることを

目的に監査をします。そこではステークホルダーとしての経営陣が事実上，判断するリスク選好の枠内に上記のサンプリング・リスクが収まればその選択肢は認められる可能性があります。

具体的には，無作為性に劣るサンプル抽出方法であっても内部監査人がその意味やメリットやリスクを経営層に説明して，費用対効果も含めてそれでよいということになれば，それ以上に別の外部基準に従う会計士監査などの真似をする必要は必ずしもないのです。

(4) 監査報告書に多く見られる記載漏れ

(2) の事例では，監査報告書に監査対象を明確に記載したかという問題もあります。会計士の監査やJ-SOX評価では初めから事業年度という対象期間を前提にするため気になりませんが，内部監査の場合，それも決め事なのではっきりさせないと監査の対象がわからなくなります。

例えば，業務監査の場合は，何らかの期間の業務を対象に監査するのが一般的なので，……の業務について統制が有効である（積極的）と書くか，特に重要な問題はなかった（消極的）と書くかにかかわらず，その監査対象は過去1年間とか，前事業年度など期間を明記すべきでしょう。

これは監査意見の文言の中に入れてもいいし，その代わりに報告書の中で別の箇所に監査対象について書くこともできます。特にサンプリングに依拠する積極的アシュアランスではこれは重要です。というのは母集団を定義しないままでサンプリングの監査はできないからです。

またサンプルという用語は本来，代表サンプリングの理論の適用を前提にして用いる専門用語ですから，抽出したサンプルをテストした結果は必ず母集団全体の推定に使います。サンプルテストの結果，思わぬエラーが見つかり期待したようなテスト結果が出ない場合でもそのテスト結果をなかったことにすることはできません。このように，所定のルールに従ってサンプルのテスト結果から母集団の属性を推定するつもりがなくて抽出した項目は，本来サンプルと呼ぶのは適当ではないのです。

5. 格付け方式の監査意見と成熟度モデルの利用

(1) 積極的アシュアランスとしての格付け方式の監査意見

　積極的アシュアランスには、一般的な二者択一の意見表明の他に、あらかじめ設定した格付けないし等級分けに基づいた段階評価による意見表明をよく見かけます。以下はそのような報告書の文例です。

> ●**格付方式による積極的アシュアランスの報告書文例**
> 　xxx事業部の法令遵守に関する内部統制の監査を実施した。その結果、当該内部統制は、以下の基準に従って「一部統制につき要改善」と認められた。
> 　本監査の意見表明は以下の基準による：

　この場合、評定基準を何段階評価にするか、および各ランクの意味は監査人が定義するため、意見を記載した後に続けて、例えば**図表3-1**のような内容を示します。なお、この基準は比較可能性のため、あまり変更しない方がよいでしょう。

図表3-1 ◆ 4段階評定の例

有効である	評価された統制は、リスクが管理され目標が達成されていることの合理的保証を与えるために十分で適切であり、有効である。
一部統制につき要改善	いくつかの特定の統制に弱点が認められたが、概して、評価された統制は、リスクが管理され、目標が達成されていることの合理的保証を与えるために十分で適切であり、有効である。
多くの統制につき要改善	多くの特定の統制に弱点が認められた。評価された統制は、リスクが管理され目標が達成されていることの合理的保証を与えている可能性は低い。
不十分である	評価された統制は、リスクが管理され目標が達成されていることの合理的保証を与えるためには十分でも適切でもなく、有効ではない。

出所：IIA-IPPF-PG, "Formulating and Expressing Internal Audit Opinions", March 2009, p.11, AppendixB. より訳出

前記プラクティスガイドの付録に例示されているように,有効,一部統制につき要改善,多くの統制につき要改善,不十分といった段階的評定の文言（ないしA,B,C,Dといった記号）を決めてその意味を定義している企業や,定義の記載がない企業もあります。また報告書で,なぜその評価結果になったかという根拠の説明は,論理的に難しいこともあってあまり見られません。そこではどの位,詳しく記載したらよいかという疑問が起こります。

(2) 格付け方式の監査意見の難しさ

監査人が行うアシュアランスというのは,数学の計算のように誰がやっても正解は1つという自然科学の世界とは異なり,なかなか白黒つけにくい要素も監査人の責任によって判断した上で,業務が有効である,財務諸表が適正である,などといった言葉によって監査人が保証を提供するものです。ですから監査人の見方によって結論も微妙に異なってくるところを,監査人の専門的な判断でなるべく客観的に共通の判断が導かれるようにするわけです。

こうして信頼しうる評価を導くためには適当な判断基準の設定および実際の判断における専門的な判断が求められます。評価方式はその判断を助けるツールとしてあらかじめ評価のガイドラインを作って,そこに定められたA,B,C,Dといった評価の格付けの文言に該当することを監査人が結論文に記載して言葉で保証することが求められます。

このように,本来の趣旨からすると,A,B,C,Dといった格付けの抽象的な定義だけでなく,それを実務においていかに客観的に判断するかという方法を決めておくことが本来の前提です。しかしその概念を実務に落とし込むことがまさに監査で一番難しい部分でもあるわけです。

この設定方式については,『ソイヤーの内部監査【第3分冊】』でも,論理的に比較可能な格付けをすることが,きわめて困難で監査人の主観的意見になりやすいとの指摘があります[5]。これはまさに会計士の監査と同様に厳密

---

(5) 『ソイヤーの内部監査―現代内部監査の実践【第3分冊】』（ローレンス・B・ソイヤー他4名）2003,日本内部監査協会翻訳・監修,pp.53-54

なアシュアランスを追究した結果だと考えられます。

ですから結論としては，報告書にA，B，C，Dといった結果だけを書くのではなく，読者が監査人の専門的判断を共有できるように，格付けの各ランクの意味とその報告書で何を根拠にそのランクになったかがわかるように書くというのが本来の在り方でしょう。

この対応が専門的過ぎて実務的に対応が難しければ，次に紹介する考え方も参考にしてください。

(3) 内部監査に使える成熟度モデル

ずいぶん前のことですが，ある銀行で店舗ごとの業務レベルの格付け表を見せてもらいました。A，B，C，Dといった段階評価で見事に格付けされていることによくそこまでできるなと軽い驚きを感じながら，評価の元資料としての調書を見せてもらうと2度びっくりしました。というのはそこには評価のベースになった評価者のいかにも主観的に見える判断が書いてあって，これだけ薄い根拠でA，B，C，Dと結論づけるのはあまりにも客観性に乏しく，読者に誤解を与えるのではないかと思えたからです。

しかしその時の懸念は，会計士監査のベースとなるような合否判定の基準として格付け方法を見ていたことから感じられたものでした。しかし，今になって思うと，多少，客観性が乏しいとしても，もしその評価情報で内部的には関係者間で了解が得られ社内の利用目的に適うとしたら，あえてそれ以上に外部報告目的のような外部証拠を時間とコストをかけて集めることに合理性はないでしょう。つまり目的が重要なのです。

ここで参考にしたいのは，IIA プラクティスガイド「成熟度モデルの選択，利用および創出」（2013）でも解説された成熟度モデルを使った監査です。

この成熟度モデルを使った監査は，あまり知られていませんが，IIA ではリスクマネジメントの監査などでも選択肢として紹介しています[6]。成熟度

---

(6) IIA プラクティスガイド（IPPF-PG, "Assessing The Adequacy of Risk Management using ISO 31000",December 2010, p.7）参照

モデルは使う意味を**知っておきたいポイント⑥**にまとめました。

　成熟度モデルとは，0から5段階くらいに分けて，例えば内部統制の状態や，そのときの課題についての望ましい状況をレベル0の実行されていない状態からレベル5の最適の状態まで，具体的にどんな状態だったらどのレベルかということを定義してモデル化したものです。これを使って，どのレベルにあるかという判定を監査において行うというアイデアです。

　ここで考え方を整理しておきましょう。会計士の監査とかJ-SOXの評価で一番難しいのは，適正かどうか，有効かどうかが，すれすれでOKかどうかを判断するときです。そのために監査人は多大な労力を払ってそれを論理的に判定するロジックを組み立てて，そのための証拠を収集するというコストを払うことになるわけです。いずれも制度による外部目的の作業です。

　しかし，社内で事業部を内部監査したときに，会社の社長が知りたいのは何でしょうか。そもそもこの事業部は世の中の標準に照らして，○か×かという合否判定が必要なこともあるでしょう。しかし内部だけのことならば，社長が知りたいのは，この事業部のどこが悪いのか，悪ければどうしたらよいのか，とそれだけです。その答えは成熟度モデルを示して，今の状態は，レベル2のこういう状態です，これはまだこれとこれが足らないので，それが達成できたらレベル3のこういう状態に改善できます。さらに今後の目標として目指すのは最適状態の5のレベルということになりますと，具体的な業務活動を踏まえた議論ができるというわけです。

　こういう監査の仕方もありうるんですね。まだ，ここまで実施している企業はないかもしれませんが，将来に向けて参考になると思います。多くの企業では内部監査の進め方について，わかりやすい指針や解説書が少ないこともあって，先輩や上司がなんとなくやってきたことを，またなんとなく踏襲していることもありそうです。しかし，専門職として監査を行うのであれば，社内の慣行も含めて自分で考えて納得した上で進めることが必要です。

　上記では，格付け方式で積極的アシュアランスの意見を表明している企業は，アシュアランスの専門的判断がわかるような記載が本来必要ではないかと説明しましたが，相当の品質管理の負担がかかります。そこで合否判定の

要素を削って，成熟度モデル型に内容を少し見直して，さらに消極的な意見表明にすればほとんどそのままでも OK になりそうです。

> 知っておきたいポイント⑥

内部監査のミッションに適した成熟度モデルの監査報告

IIA のプラクティスガイドにある以下の図表を見ながら説明しましょう。

J-SOX 評価のような有効か有効でないかの二者択一の結論を導く合否判定型の報告方法を使うと，この図表で一番上の「組織が明確な意見を必要としている場合（外部監査など）」や次の「準拠性目的」の監査の場合には，その方法が合目的であるため，そのメリットを発揮できます。そこでもし成熟度モデルを監査報告に使うと，どのレベルまでが有効と言えるかわからないとか，準拠性目的の場合には，5点満点が準拠性を満足したレベルと期待する人には，それ以下では準拠性に懸念があると解釈されたりと，使い勝手が悪いわけです。

しかし，一方，下の2つの場合，「業務目的」で監査をするとか，「意欲的な継続的改善を目標」として監査をする場合には，合否判定型はその短所が目立ってしまうのに対して，成熟度モデルはまさに本領を発揮して，経営の感覚に合ったメリットが出せるというわけです。

◆ 合否判定型報告と成熟度モデル報告の比較

状況	各報告方法はそれぞれの状況でどんな意味を持つか	
	合否判定報告	成熟度モデル報告
組織が明確な意見を必要としている	監査人の意見につき明確な理解を提供。	明記されなければ，読者には何が十分かが不明。受容可能なレベルはどれか？
準拠性目的	準拠しているかどうかの明確な意見表明。	準拠要件の充足という期待の前提では，最適モデルより劣る場合は，問題と誤解される可能性がある。
業務目的	経営者にも監査人にも不合格に該当するプロセスの不備を精確に特定するのはより困難となる。	経営者は成熟度の期待水準を伝えるという役割をより容易に果たすことができる。
意欲的・継続的改善に向けた目標	すべてのプロセスは時間とともに設定される期待の容易さ，難しさにより，成功したり失敗したりするため有用な合否基準の設定はおそらく不可能。	すべてのプロセスがやがては達成しうる成熟度レベルだけでなく，意欲的な成果を導く潜在的に可能なより高い成熟度レベルも含んでいる。

（出所：IIA-IPPF-PG, "Selecting, Using, and Creating Maturity Models: A Tool for Assurance and Consulting Engagements", July 2013, p.3 の図表から一部省略して訳出）

談話室 4　成熟度モデルの監査で被監査組織を賞賛する

　成熟度モデルを監査に利用するメリットの1つは，被監査部門をランク評価を通して賞賛する仕組みとして機能させ，監査報告の欠点を補うことです。

　監査報告というのはどうしても改善が必要な問題の批判的な指摘に重点が置かれて，被監査部署の良い面を評価するような仕組みに欠けています。監査報告書のドラフトを見せたら，「それって社長に見せるんですよね。だったら悪いことばかりでなく良いことも少しは書いてください。」と監査をしている会社の人に言われたことがあります。組織を評価するのによい面と悪い面を公平に評価すべきというのはもっともな考えでもあり，「ソイヤーの内部監査」にも監査報告で良い面の報告を推奨するコメントもありましたし，実際に監査部でそういった指導をしている欧米企業もありました。ただそのための具体的な方法についての議論は目にすることがありません。

　日本では被監査組織に監査に協力してくれた感謝の気持ちを込めて組織の責任者の組織運営の采配ぶりや，部下の指導が行き届いていることを報告書の出だしに書いて賞賛する文章を見ることがあります。その程度のリップサービスは日本人なら社交辞令の一部と考えて問題にされなくても，監査報告をロジカルに捉える欧米人に見せると，そのコメントと後に続く内部統制の不備の指摘とは話が矛盾するのではないかと言われたりします。そこでそのような儀礼的なコメントは送り状に書くのはいいとしても，監査報告書の本文には入れないで，脈絡のある報告文を維持するようにと指導したこともありました。

　だからと言って，きちんとほめるための客観的なルールを作って，リスク評価のように高中低の賞賛のケースを定義して運用するのも大変手間がかかりそうです。その点，成熟度モデルは厳密な合否判定には向かないとはいえ各部門に対する一元的なランク付け評価によって，各部門の悪い点だけでなく良い点も表現することで，批判的な指摘に偏りがちな監査報告にバランス感覚を与えて，できの良い部門をフェアーに賞賛する仕組みとして機能するというプラスの効果があると考えています。

(4) ゼロベースで考える内部監査のダイナミズム

　知っておきたいポイント⑥の成熟度モデルの図表が教える最も大事なことは，監査の目的によってそれに適した方法も違ってくることです。そして，このモデルを使うかどうかは内部監査人が考えて判断することです。

　こうした成熟度モデルは，今，世の中で問題となっている企業風土やガバナンスの評価に高い有用性があります。こういうソフト対応に適した方法が従来からのハード・コントロール対応の監査手法では手の届かない領域で力を発揮するからです。ちなみに「統制環境の監査」（IPPF-PG,"Auditing The Control Environment", April 2011）という IIA の指針は「統制環境の監査は，ソフト・コントロールの監査を含むため，伝統的な監査手法では有効な運用の直接的な証拠の収集が十分できないことがある。」とし，これに対して，既成概念にとらわれない対応が期待されるとしています。

　内部監査には最初から決まった答えなんかないのです。例えば公認会計士は定番となっている財務諸表監査は実務指針に従って難なくこなせても，特定の勘定科目や会計項目だけのアシュアランスを頼まれると監査の手順や様式の指針が乏しく対応に困ることがあるでしょう。一方内部監査は標準自体がなかったり，あっても具体性がなかったりします。まして監査の高度化，付加価値の向上，あるいは経営への貢献と，口で言うのは簡単ですが，そのコンセプトを実務につなげて展開するのが一番難しく，創造力が求められます。会計監査にはない内部監査に固有の専門性が必要とされるところです。こうして各社の経営環境の下で，ゼロベースで何が最適かを自分で考える，そこに内部監査人が発揮する専門能力があって，そういう仕事の在り方に内部監査のダイナミズムがあるのです。それを自分なりの信念と責任をもって前向きに努力している人をプロフェッショナルと呼びたいですね。

6. 内部監査において合理的保証をどう考えるか

(1) アシュアランス方式の価値を決めるのは誰か

　IIA のプラクティスガイドには「積極的アシュアランス（合理的アシュアランス）は最も高い水準のアシュアランスを提供するものであり，最も説得力のある監査意見のタイプの1つである」と書かれています。こうした表現で積極的形式の意見表明のメリットを説明するのはいいのですが，併せてそれがいかに負担になって大変かというデメリットを公平に伝えることも，特にアシュアランスに慣れない内部監査人向けには必要でしょう。大事なことは，積極的アシュアランスの詳細というよりも，監査意見の形式をよく考えないで無意識に積極的報告様式に足を踏み入れると，品質管理の準備のないまま不完全なアシュアランスになることがあるということで，そのため本来はそれだけの負担を覚悟して報告形式を選択すべきだということです。

　さらに，積極的形式を「最も付加価値が高い」として，「消極的アシュアランス意見は，積極的アシュアランス意見に比べて，一般的に価値が低いと解される」とする上記ガイドの論調や，他の IIA の出版物に見られる，消極的な保証の意見は限定的な保証であるため積極的よりも価値は劣るという説明[7]には，国内および海外の内部監査の実態からすると違和感があります。

　高度な保証水準の達成には積極的アシュアランスが消極的アシュアランスより有用であることは当然と考えますが，そこに価値概念を持ち込んで前者の意見の方が価値が高いというのは，費用対効果も含めて各企業が内部監査に求める価値には相当の幅があることや内部監査にはアシュアランスだけでなくコンサルティングによる価値貢献もあることを考えると，一概にはそうも言えないと考えられるからです。ちなみに，日本公認会計士協会の指針で

---

(7) 『INTERNAL AUDITING：Assurance & Consulting Services　内部監査：アシュアランス・サービスとコンサルティング・サービス』日本内部監査協会, 2009（原題は *INTERNAL AUDITING : Assurance & Consulting Services*, The IIA Research Foundation, 2007）p.335

は2つの保証形式のいずれを選択するかは，要求される保証水準に基づく想定利用者のニーズに左右されるという客観的な説明をしています[8]が，むしろ経営のニーズに幅のある内部監査の方こそ，一方的に決めつけずに会計士の保証業務よりもさらに幅広く柔軟な指針がふさわしいと言えるでしょう。

(2) 外部監査の合理的保証の考え方

前記3 (1) で述べたように，上記IIAの指針では積極的アシュアランスの意見は合理的アシュアランス（つまり合理的保証）とも言われるとされています。会計監査の一般的な保証概念を参考にしてもう少し掘り下げて言うと，この2つは同じ意味というよりは，合理的な保証水準を達成するため（目的）に取られる意見表明の形式（手法）が積極的だということです。両者の関係は**図表3-2**のように整理できます。

「合理的アシュアランス」という用語は，IIAの「内部監査の専門職的実施の国際基準」の用語一覧を見ると，その定義自体はありませんが，「コントロール」や「リスクマネジメント」の定義の中にはこの言葉が出てきます。それは，コントロールやリスクマネジメントの仕組みが達成する保証水準について合理的と言われており，監査の意見表明の形式として使われる積極的アシュアランスとは違うと考えられます。

合理的保証の概念は，昔から会計監査や内部統制について使われており，「さまざまな状況から絶対的保証は達成できないため現実的には合理的保証を目指す」という趣旨で使われてきました。そういう説明はそれなりにうなず

図表3-2 ◆ 会計監査の保証水準と意見表明の形式

保証水準の高さ	意見表明の報告形式	達成される保証水準
高い	積極的	合理的保証
低い	消極的	限定的保証

---

(8) 日本公認会計士協会監査・保証実務委員会研究報告第30号「保証業務実務指針3000「監査及びレビュー業務以外の保証業務に関する実務指針」に係るQ&A」p.15参照

ける面もありますが抽象的でもあるため，実務に関与しない評論家ならともかく，監査の実務家としては大変悩ましいところです。特に会計監査においてはこうした概念が会計監査制度のベースにあると言われても，どこまでが合理的か合理的でないかの線引きが監査基準においても明確にし切れていない中で，どこまで監査手続を実施したかを監査制度を通じて法的な責任まで追及されうる会計士としては大変な負担を感じるものです。

　会計監査を長年やって最も難しく感じるのは，欧米の制度をなぞったような制度設計ではなくて制度に埋め込まれた監査の抽象概念をいかに実務につなげるかなのです。

(3) 消極的保証でも合理的な内部監査

　こうした外部の監査制度を通じて責任を問われる立場にない内部監査人にとっては，合理的保証の扱いもずっと楽でしょう。

　それでも内部監査部長の中には，やっぱり監査では合理的保証が一番大事だと言う内部監査部長の鑑のような方もいます。ですが，そういう部長の内部監査部が出している報告書を見ると，必ずしも積極的アシュアランスの形式になっていなかったりします。ということは，その監査部長が上記の指針の内容を理解しているかどうかわかりませんが，本人の思いとは裏腹に，IIAの指針がいう合理的保証を満たしていないのでしょうか。積極的アシュアランスを合理的保証と同じと説明するIIA指針からはそうなりそうです。

　しかしそう結論づけるのは必ずしも合理的とは思えません。なぜなら，その部長は経営層の意向に従って，それこそ満足のいく監査を実施しているとすれば，まさにそれが経営に資する監査の本質的な要素であって，それが監査部長が目指すべき合理的保証の中心概念に据えられるべきではないかと考えるからです。

　会計監査において合理的保証というのは，各国の制度に多少違いがあっても外部監査である以上はある程度以上の水準であるべきだという観点から，実務的な不明確さを抱えながらもそれなりのコンセンサスがあると言えるかもしれません。一方，内部監査は保証の高度化よりももっと重要な目的が

あって，それが経営に対する貢献です。するとその目的に適うとすれば採用される方式が積極的であれ消極的であれ，それを適用する目的に照らして合理的と呼ぶのが正しいと言うべきではないでしょうか。

つまり前に挙げた「会計監査の保証水準と意見表明の形式」における合理的保証は，外部報告を目的とする会計監査人にとっての合理的保証水準を示しているのであって，内部監査には経営に資するという，より上位の概念からの合理性を考えることが重要です。そうすると，上記指針のように消極的か積極的かという報告形式の違いから導かれる保証水準の高低だけで監査全体を合理的かどうか決めてしまうこと自体に疑問があります。

(4) 内部監査の品質概念との整合性

これは内部監査の品質は何かという話にもつながります。そこでIIAの品質保証に関するプラクティスガイド（2012年）から，その要点を次の**知っておきたいポイント⑦**にまとめてみました。

ここでの品質の定義は簡単に言えば合目的性，つまり目的に適うかどうかをベースにしています。そして，内部監査のミッションや目的を決めるのはIIAではなく企業の経営陣ですから，彼らを満足させるのが目的であって，不必要に重たい監査の方法を技術的に難しいからと言って高品質と呼ぶのは論理的におかしいのです。

たとえて言えば，小型トラックで運べる1，2トンの荷物を運ぶ目的のためにわざわざ何倍も値段の高い大型の10トントラックを買うのは合目的でなく，その必要はないし，小型には不要だった大型免許も必要になってくるのです。

監査に話を戻すと，J-SOXのような法制度の要請ならそのために品質管理のルールをいろいろ整えて積極的アシュアランスをするのは仕方ないとしても，内部監査は法制度を離れて経営に貢献するためにあるのです。そうであれば，きちんと経営ニーズを把握してゼロベースで最適のやり方を選ぶべきです。そうして検討された合目的の方法を価値が高い，品質が高いというべきでしょう。また，内部監査の報告ラインなどのガバナンスの在り方その他経営環境の違いにより，内部監査が目指す最適の品質も違ってきます。

ですから，この積極的保証を高く評価して，一方，消極的保証は限定的な保証であるために価値が劣ると断定するIIAの論調は内部監査実務における企業ごとの多様性や消極的アシュアランスに向かう最近の動向にそぐわないだけでなく，実はIIAの品質の考え方とも矛盾しているように見えます。

> **知っておきたいポイント⑦**
>
> ## IIAにおける品質の考え方
>
> ●**品質（Quality）とは？**
> 　品質は絶対的なものではない。製品・サービスの品質は，顧客の期待を満たす程度，すなわち目的にかなう程度。
> 　誰が顧客であり，ステークホルダー（利害関係者）であるかが品質プロセスの第一のステップ。内部監査では，ここに取締役会，経営者，事業部門管理者，外部監査人等が含まれる。
>
> ●**内部監査の品質**
> 　内部監査の品質は，顧客の期待に応える義務と基準の準拠に固有の専門家としての責任の2つによって導かれる。優れて補完的ではあるが，これら両方の要請をみたすことがCAE（内部監査部門長）の課題である。
>
> ●**制度やプロセスに品質を組込む**
> 　よく開発されたQAIP（品質のアシュアランスと改善プログラム）は，品質が内部監査活動の上に築かれたもの（built on）ではなく，その中に組込まれた（built in）ものとして確保しようとする。言い換えれば，内部監査活動は，個々の監査業務が基準に従っているかどうかの評価を必要とすべきではない。むしろ監査業務は，デフォルトとして基準に適合している，品質を改善するために確立された方法論に従って実施されるべきである。
>
> 　　　　　　　　　（出所：IIA, IPPF-PG, "Quality Assurance and Important Program",
> 　　　　　　　　　　　　　　　　　　March 2012, pp.2-3 より抜粋して訳出）

第4章 経営に資する内部監査を目指して

　会計士の監査とは一味違う内部監査におけるアシュアランスの実務対応をIIAの指針も参考にしながら見てきました。状況によって答えが異なる複雑な内部監査の実務において指針となるのは「経営に資する監査」という考えです。アシュアランスとコンサルティングという2つの方向のミッションの上位概念として経営に資する監査を意識することで本当の答えが見えくるでしょう。

1. 経営に資する合理的な監査意見の落としどころ

　まとめとして内部監査のアシュアランスの考え方を**図表4-1**に整理しておきました。状況に合わせた内部監査の主題というのは，それぞれの状況でどんな視点で監査をするのが最適かという意味です。例えば，この図にあるように内部監査の対象となるのは，アサーションとかプロセスとかシステムとかいろいろあるわけです。アサーションはJ-SOX評価をやっている人はルールだと思って難しい概念に付き合っているわけですが，実際難しいですね。

　例えばリスクマネジメントの内部監査の仕方の解説にもIIA指針にはアサーション・ベースの監査手法が書いてあるので，他でも紹介しましたが[1]，概念的過ぎて話が難しくなります。むしろ，リスクマネジメントの監査とし

---

(1) 藤井範彰『内部監査の課題解決法20』税務経理協会，2012年，pp.98-100

図表 4-1 ◆ 状況に合わせた内部監査の主題

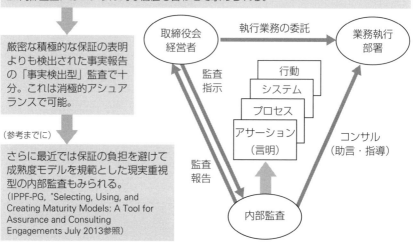

出所：鳥羽至英『内部統制の理論と実務』国元書房, 2005年, p.178 の図表を参考に作図

てはそのプロセスがどうなっているかとか，その活動結果の成果物を対象にした監査の方がずっとやりやすいですし，やるとしたらこちらをお薦めします。

アサーションを監査の対象としたり，これを積極的アシュアランスにおいてやるのは，制度の要求があればやるとしても，経営への役立ちだけからすると，費用対効果の点からも，一般的には消極的アシュアランスによる事実検出型監査の方が適しているということになります。

また，さらに，将来に向けた検討の材料として，**図表4-1**の下に成熟度モデルをベースにした監査を扱ったプラクティスガイドを引用しています。

これまでの検討を踏まえると，監査の理論上も正しく，IIAの規定にも準拠しながら，本来の目的である経営に資する監査としての監査意見を形成するためには次の点によく留意して進めることをお勧めします。

A．監査意見の報告形式を決める際の検討事項
1. 監査意見の文章表現（積極的か消極的か）により，監査論上，必要となる監査アプローチ，監査報告書の記載内容および監査責任に違いが出てくることを十分に認識すること。
2. コスト（時間・専門性等）がかかり，「知らなかった，時間がなかったとは言えない」など責任が重く，高度な専門性と品質管理が必要な積極的な保証の意見表明は，それが必要とされる場合以外はなるべく避ける。ただし，経営層からの要請などで必要な場合には品質管理上周到な準備をして対応する。
3. 一般的には，作業を実施した範囲内で検出された問題を報告する「事実検出型」監査で足りることが多い。これは消極的アシュアランスの意見表明となる。
 ⇒外部監査と違って内部監査の多くは，そこまでの厳密さは求められていない。ただし，その分，改善提案やコンサル的な価値への期待がある。
4. アシュアランスの意見表明の標準文言を監査部として用意しておくことが望ましいこと。監査人個人にまかせると人によりかなりばらつきが出やすく，組織として統一感がないと，監査品質上問題となることも考えられる。
　なお，業務監査の場合，監査対象となる期間がいつか（前年度とか過去１年間など）を忘れずに意見文の中か，報告書の別な箇所に明記する。

B．消極的アシュアランスの監査意見を述べる際の留意点
1. 重要な指摘事項があるときはそれを先に述べて，その後で，それ以外には重要な問題はなかった旨を述べるのがよい。逆に，重要な問題はなかったと述べた後に，続けて高リスクの指摘があるとして記載すると，その指摘は重要でないという意味になり，論理的でないように聞こえる。
2. 結論や発見事項の前提となる，監査の目的や範囲（往査場所や日数，及び適当な場合には面談した人の部署・氏名を）及び監査手続や監査手法を報告書に明記することにより，監査の前提条件を明らかにするとともに監査人の責任の範囲を間接的に示しておくことが望ましい。
3. 消極的アシュアランス方式を成熟度モデルの意見表明につなげることもある。成熟度モデル方式は，厳密な合否判定には向かないが，被監査部署の業務を踏まえた現実的な監査報告のツールとして適しているし，相対的な被監査部門のランク付け評価によって，批判的な指摘に偏りがちな監査報告にバランス感覚を与えて，よくがんばっている部門を賞賛する仕組みとして機能するという

> プラスの効果もある。

> **C. 積極的アシュアランスの監査意見を述べる際の留意点**
> 1. 指摘事項の中に重要リスク項目を記載しながら，総合的監査意見では問題なしという前提で意見を表明している場合など，監査意見が指摘の内容を踏まえた総合的評価として合理的な記載になっているかどうか，指摘事項と総合意見の整合性に注意する。
> 2. 格付け方式では，それぞれのランク（A，B，C，Dなど）の定義・意味合いがわかるように開示する。報告書の結論文では，あいまいな状況の説明で終わらせずに監査の結果がA，B，C，Dのどれに該当するか明記して保証を完結させる文を書く。また，それを判断するガイドラインを内規として作っておく。さらに，報告書の結論においてそのランク評価になった根拠の説明を付すことが期待される（例えば，なぜAではなくB評価になるかの説明など）。

(1) 舌足らずな報告書は監査人の責任を重くする

上記B.2.などで報告書の詳細な記載を薦めるのは，読者の誤解を避けて監査人の責任を限定するためです。

例えば，業務改善の提案を重視したコンサル色の強いやり方を採用し，その分，証拠固め的なアシュアランスの手続を省略した監査ではJ-SOXで求められるような細かい証拠資料は必要としません。しかし，そのような戦略的アプローチの説明が報告書にないと，自分の責任下の部門への指摘を見つけた役員が，それが経営を支援する積極的なアドバイスを意図したものであっても，間違いを指摘され，責任を取り沙汰されていると誤解して，それなら根拠となる証拠を出せと内部監査に迫ってくるといったことがあります。

内部監査は往査の拠点や採用した方法，重視したリスクなど状況により相当違いがあるので，それらを書かないとそれが伝わらず誤解されることがあります。一般に監査意見というのは実は文が短いほど監査人の責任が重くなります。何も書いていないと無条件に監査結果に責任を持つという印象を与えるので，責任を限定する意味でも詳しく書くのがよいわけです。

2. 法定監査にない内部監査の難しさ

(1) 日本のガバナンス制度

　最近，企業統治が社会的にも問題とされる中で内部監査を含めた三様監査の在り方にも関心が高まっています。しかし公認会計士や監査役による法定の監査に比べて，任意の監査である内部監査はより低く見られがちです。

　その背景には，日本固有の企業風土を考えるよりも欧米並みの法制度の導入に邁進してきた日本のガバナンス制度があるように思います。法制度を中心に欧米を見習ってきたようでも，法制度を離れて企業統治を支える欧米企業の内部監査の在り方については，実態を見落としているのではないかと感じたりもします。

　だからといって内部監査を法制度化するのには賛成しません。日本の内部統制報告制度（J-SOX）が形骸化していると言われるように，法制化の弊害を考える必要があるからです。本来，それぞれに独自性のある企業の経営を支える内部監査は，まさに法律に一律に縛られないことによってその醍醐味を発揮できると考えられるわけです。

(2) 内部監査に求められる「考える力」

　また法の要請による法定監査は，強制されるだけに詳細な実務指針があるのが普通です。監査人はそれをそのままやればよいわけだし，監査の実効性が上がらなくても，その原因を法律とか監査基準がそうなっているからとルールのせいにすることも考えられます。

　しかし内部監査はそうはいきません。内部監査人協会（IIA）の基準などの指針はあると言ってもそれは適用が強制されるわけではなく，すべては自己責任で指針を選び取って実務に適用し，その結果に責任を負うことになります。また実務指針を参考にしようとしても，法定監査のように詳細に網羅的に存在するわけではなく，個々の企業の状況に合わせて自分で考えて判断しなければならないところが多々あります。だからこそ内部監査人はプロ

フェッショナルであることが期待されるとも言えるでしょう。

公認会計士監査のような外部監査にはない内部監査の難しさは，**図表1-2内部体制をデザインする検討項目**（p.8）でも触れましたが，意外と知られていません。そこで，以下の**知っておきたいポイント⑧**にまとめておきました。

> **知っておきたいポイント⑧**
>
> ## 会計士の監査にはない内部監査だけの難しさ
>
> 　内部監査と外部監査との違いは知識としてはわかっていても，実務を経験することで実感する内部監査固有の難しさがあります。例えば次のようなことです。
>
> 1. 実務指針やひな型が少ないため自分で考案する必要がある。
>
>   　法定監査は詳細な実務指針や書式のひな型が整備されており，その通りにやれば監査になる。内部監査は参考になる実務指針等が限られており，自己責任で取捨選択したり，考案する能力が求められる。
>
>   ⇒それだけに基礎になるアシュアランスやコンサルティングの考え方が重要となるが，その指針や参考文献が少なく，勢い昔ながらの会計士監査の考え方に依存している面が多く，これが内部監査人は会計士の監査を模範にすればよいという安易な実務にもつながっている。
>
> 2. 監査のミッションや方向性は会社ごとに決める必要がある。
>
>   　内部監査の方向性・重点や品質基準などが外部基準でなく経営層を中心としたステークホルダーの意向で決まることから，その意向や期待の見極めと調整，バランス感覚が求められるが，併せて監査に疎い経営層を適切な判断と決裁に導くのも内部監査の進言・助言に負うところが大きい。こうして内部監査の経営層に対するビジネスアドバイザーとしての力量に企業の内部監査の出来栄えが左右されやすい。
>
> 3. 内部監査の報告経路やガバナンス構造は会社によって違う。
>
>   　企業組織のガバナンス構造や産業特性で内部監査部門の組織上の位置づけ・役割が異なるため企業ごとに制度設計が必要となる。
>
>   ⇒特に取締役会に報告する欧米流の内部監査と日本に多い社長直属の内部監査とではステークホルダーの顔ぶれや監査のミッションが異なるが，日本ではこうした前提はあまり議論されず作業面だけを表面的に参考にしようとする傾向がある。

4. 業務領域がアシュアランスからコンサルティングまで多岐にわたり，かつ組織の経営層から現場実務まで広くカバーするため個々に対応が必要となる。この守備範囲の広さが内部監査業務の大変さにつながると共に強みにもなっている。

こうした内部監査固有の難しさが現れる典型例として，第3章では内部監査報告書における監査意見の書き方について，関連する IIA の指針の考え方も参考にしながら，実務上の問題とその対応策について検討しました。

3. 企業の経営戦略としての内部監査

次に内部監査の本来の目的である経営に資する監査という観点から内部監査の在り方を考えていきます。

(1) 内部監査のミッション・ポートフォリオというリスク

IIA の国際基準にある5年に一度の内部監査の外部評価では社長にも面談を求めます。内部監査に何を期待しますかと尋ねると，やっぱりガバナンスですねという社長の答えが大手企業で聞かれます。「最高の意思決定機関である取締役会の執行に対するモニタリング機能をアシュアランスによって支援する」というガバナンス上の貢献は，欧米流の内部監査の基本です。しかしそういう前もって用意されたような答えで終わらせずに質問を続けます。「確かに内部監査は昔から業務監査などによるアシュアランスを主な役割としてきました。ただ最近ではそういった警察官的なチェック機能を超えて，業務や経営活動に改善策を提示して経営を支援するといったコンサルティング機能も重要視されていますが，御社はどうですか」とうかがうと，「そういうことが内部監査にもできるのなら，うちでもぜひやってほしいですね」といった具合に社長の話のトーンが変わってきたりします。そういう会話から感じるのは，普段から内部監査の在り方を内部であまり議論されていないのではないかと思う。

ないかということです。

　アシュアランスの価値を検討するには，アシュアランスとコンサルティングの上位概念として経営に資する内部監査という目的を意識することが重要です。

　アシュアランスとコンサルティングというのは，内部監査の2つの業務領域というだけでなく，内部監査が経営に付加価値を提供する2つの方向でもあります。図表4-2のイメージで考えると縦横の座標軸のどこに内部監査体制の軸足を位置させるかを経営層の意向を受けて決定するわけです。その際の検討事項には監査で達成する保証の水準やそれを可能にする意見表明の形式やサンプリングの仕組みなども含まれ，こうして内部監査のミッションをアシュアランスとコンサルティングのバランスという面から方向づけします。

　経営者の立場からすると，内部監査という企業のガバナンスを支援する機能のミッションをいかに企業の経営に貢献するように位置づけるかというのは，経営者の経営戦略リスクの中でも一種のガバナンスリスクへの対応です。そしてそのような内部監査の守備範囲となるミッションが大きく2つある中でそれぞれの重点の程度やバランスを考えていないというのは，ミッション・ポートフォリオリスクともいうべき経営戦略リスクです。

　例えば，企業の取扱い製品や事業が複数にわたる場合に個々の製品間や事業間の優先順位や相互のバランスをよく検討しないために企業としての最大の利益をもたらす製品や事業のバランスに失敗するリスクがビジネス・ポートフォリオ・リスクです。同様に内部監査のミッションをよく検討せずに，アシュアランスとコンサルティングのバランスを欠いて，例えば不必要に高度なアシュアランスにエネルギーを費やしたり，人材を投入して，経営に最適の内部監査の構築に失敗するのが，内部監査のミッションに関するポートフォリオリスクというわけです。

　こうしたリスクを念頭において，経営として最適のミッションの在り方を決定し，それに見合った監査体制を整備し，それを監査の実施・報告へとつなげていきます。

　監査報告書については「監査報告書：アシュアランス業務の結果の伝達」

図表4-2 ◆ 内部監査の2つの座標軸 — 2方向のミッションの重点配分

※アドバイザーか，警察官か

内部監査のスタンスを明確にする

アシュアランス機能（A）

「内部統制が有効である」等の監査の結論を記載した監査報告書によって保証する機能
積極的アシュアランスと消極的アシュアランスがある

- 監査品質管理・ドキュメンテーションのインフラ整備
- 組織的監査が重要

◆経営層のステークホルダー（経営者，監査役，監査対象部署の責任者等）の意向を踏まえて監査方針を決定。監査の座標軸の設定
◆つまり2方向の監査の付加価値について互いの重点配分を考えた上で監査をデザインする
◆このウエイト付けにより品質管理の内容，監査調書の書き方，考査チーム内の役割分担，育成すべき人材のスキル，整備すべきナレッジ等が違ってくる

AとCとで異なる舞台裏
1. 品質管理の違い
2. 必要な知識・専門性の違い
3. チームワークの違い

コンサルティング機能（C）

監査対象企業や部門の業務等に関する助言・改善提案を提供する機能

付加価値を創出する為のインフラの整備（業務・経営に精通した人材の配置，そのための研修・人材育成，ツールや業務プロセスに関するナレッジ等の情報武装等）が重要

出所：藤井範彰『内部監査の課題解決法20』税務経理協会, p.157 より

というプラクティスガイドがIIAから2016年11月に公表されて，発見事項や改善提案などの指針を提供しています。これは**知っておきたいポイント②**（p.14）の図に3つの円で表わされる内部監査の価値命題のうち，これまで手薄だった知見（insight）への取組みの動きと考えると望ましい方向です。このガイドの中に，報告書の記載内容の解説に併せて，報告書の前提として上記で述べているような内部監査のミッションとの関係についても説明があればさらに充実したかと思います。ここでの図表にある知見の提供は，改善提案とともに内部監査のコンサルティング機能の現れと考えています。

またアシュアランスからコンサルティングを後述の**図表5-1**（p.142）のような連続体として捉える見方もあって，これは2000年初頭かその前の時代のイメージをよく伝えています。昔も今も欧米企業の内部監査には監査法人で監査を経験して転職してきた監査人が多数いますが，大手の有名企業の監査部ほどこの表の左から右に監査を進化させてコンサル色の強い内部監査を発展・拡大させ，一方，比較的小さい企業の監査部はまだ会計監査の延長のよ

うな監査から脱皮できずにいるというのが当時の個人的印象でした。内部監査を始めて間もないころ監査法人として欧米企業の内部監査に関わった時期の話です。その後，エンロンやワールドコム等の大型不正事件をきっかけに内部監査の実務はガバナンス寄りに振り子が振れてコンサルよりもアシュアランス重視の傾向が強まりましたが，ここ10年位は経営志向が注目される中でアシュアランスとコンサルのバランスを取り戻しつつあるというのが私の実感です。

そうした記憶からすると，前述のIIAの意見表明のプラクティスガイドや『内部監査：アシュアランス・サービスとコンサルティング・サービス』およびソイヤーの本の内容は，一昔前に会計監査色がまだ濃厚だったころの内部監査の実務を彷彿させるように感じられます。もちろん内容は今でも参考にはなりますが，アシュアランス色を薄めてコンサル的価値を重視するその後の内部監査の傾向からすると，企業ごとにその新たなミッションへの適合性や費用対効果から留意する必要があると感じるところです。

（2）アシュアランスとコンサルティングの内部監査

こうした監査のミッションの話の次にはそれをどうやって実務に落とし込むかという課題が待っています。中でも監査意見の報告形式が積極的か消極的かの実務上の判断についてはすでに検討したところです。さらに監査手続はどうなるかという課題については次の「第3部　内部監査体制と監査計画グランドデザイン」を参考にしてください。

ところで，アシュアランスとアドバイザリー（ないしコンサルティング）というテーマでセミナーを開いても目の前の監査の仕事との関係が薄く，関心が低いようです。しかし小人数しか集まらないセミナーでも細々と続けたり，本書のようにコンサルティングがテーマではないのにそこに言及するのは，それが必要だからです。というのもアシュアランスの重要性はその上位概念の経営に資するという観点から，コンサルティングと比較して初めて解き明かすことができると感じているからです。

(3) 改善提案型のコンサルティング監査

　90年代の終わりのころ，海外の監査法人から内部監査の依頼がありました。それはある海外企業が，日本にある子会社を対象とした人材派遣会社のコンプライアンス対応の監査というものでした。法律の専門家でもないのにそんな監査ができるかと始めは心配でしたが，送られてきたプログラムを見るとテーマは法令遵守の確認とは違いました。そこでの課題は，各国で人材派遣法の法整備が進んでいるとはいえ，新たな法制度にまだ十分に慣れていないグループ企業が法対応の面から，どんなビジネスや業務上のリスクを抱えているかを指摘して，改善提案を出すというものでした。つまり軸足は法律ではなく，ビジネスにあったわけです。これなら内部監査で十分対応可能です。これが私が経験してきた改善提案によるコンサルティング型内部監査の一例です。

　最近の不祥事対応についてもコンプライアンス強化ばかりが叫ばれていますが，内部監査はビジネスの視点からコンサル面でももっとやれることがありそうです。

談話室 5　内部監査プロフェッショナルの知性

　監査人には監査の基準や法律から他企業の動向など様々な知識の修得と共に，それを実務に適用するために考える力，知性が求められます。

　ここで参考に紹介したいのが明治の文豪夏目漱石が英国に国費留学した時の話を題材に教育学者斎藤孝氏が著した『知性の磨き方』（SBクリエイティブ，2017年）「第1章悩みぬくことで鍛えられる知性」です。「文学とは何か」を求めて英文学を読み続け悩み抜いた夏目漱石が，英文学にその答えを求めるのではなく，自分の頭で「文学とは何か」を考えるべきだ，自分の足で立とうという境地「自己本位」にたどり着いたところに，「学ぶ」と「考える」の2つを両軸に進むことの大切さがあることを同書は教えてくれます。さらに斎藤氏は論語の「学びて思わざれば則ち罔し（くらし）」「思いて学ばざれば則ち殆し（あやうし）」という教訓を引用して，人のいっていることを習うのが「学び」だとすれば，「思う」は自分自身の頭で考えるということですと教えてくれます（同書，pp. 42-43）。

　内部監査人は会計士にも増して自分で「考える」知性が重要ではないでしょうか。なにしろ企業はそれぞれビジネス世界で生き抜くために他社にはない独自のバリューを追及します。その経営を，その企業に固有の内部監査のミッションで最後まで支えるのが内部監査であって，学んだ知識を材料として，経営にいかに役立てるかと考える知性が，内部監査プロフェッショナルの本質でしょう。

　ある企業でIIAの国際基準の話を社長にしたら，それは法律かと聞かれ，違いますと答えるとそんなものに従うことはないと言われたそうです。その社長さんの気持ちを察すると，法律の要請なら多少できの悪い仕組みでも従うが，自分が責任を持つ社内の監査にそんな外部の権威を持ち込むなということでしょう。しかしIIAの文献には他には見られない役立つアイデアが豊富に存在し，監査人に考える材料を提供しています。一方，権威に頼るのは考えるのをやめることです。

　漱石は自己本位の境地に目覚めてからも英文学を放棄するどころか，さらに勉強を続けたそうです。ただ以前のように書かれたものをそのまま受容するのではなく，自分の作品を書くための糧にするためだったということです。

　内部監査人も，外部の基準や法律の権威に頼ったりそれを単に導入するのではなく，それらの知識を材料として企業経営にいかに役立つかを自分で考えて社長に納得してもらえるような作品に仕上げていくところに内部監査プロフェッショナルの本領があるのではないでしょうか。

談話室 6　内部監査プロフェッショナルの心

　そうは言っても内部監査の知識も経験も十分でないし，自分ではなかなか考えられないという人もいるでしょう。ですが，何とか問題を解決したい，組織を少しでも良くしたいという内部監査の思いがあれば，その気持ちを大切にしてください。

　帝国ホテルの初代総料理長の重責を担いつつ，フランス料理を極めたという村上信夫氏の話を知っていますか。村上氏が後継者の田中健一郎料理長に「今まで食べたものの中で，一番おいしかったものは何ですか」と尋ねて，田中氏が答えに窮していると「それは，お母さんが作る手料理です。なぜかと言えばよい材料がなくても，よい道具がなくても，子供においしいものを食べさせたいという気持ちが詰まっているからです」と述べたという話です(2)。見習いシェフから専務取締役総料理長にまでなった同氏が一番に後継者に伝えようとしたのはその一流の技術やレシピでもなく，その知識でもなく，何とかおいしい料理を作りたいという料理人としての思いだったのです。そこにその道を究めたプロの心を感じますね。

　村上氏は「母は優しい人だった。叱られた記憶は数えるほどしかない。残念ながら料理はうまくなかった」と書かれています(3)。両親を小学校5年生で亡くした村上氏が，いつも目指していたのは「お母さん」。お母さんのように愛情と真心と工夫をこめた料理を作りたいという，その思いに支えられて艱難辛苦を乗り越えてその道を究められたのだろうと思います。

　内部監査人にも何とか経営を良くしたいという思いがあるでしょう。いまだ監査の経験も浅く実績もなくても，その思いが伝われば周りも見守ってくれるのではないでしょうか。そういう思いが，内部監査人にチャレンジ精神を与え，経営層に話してみようかという勇気を与えて，いつの日か立派なプロフェッショナルに導いてくれるとそう信じたいと思います。

---

(2) 「〈プロフェッショナル 仕事の流儀〉名門の味は，気持ちでつくる―ホテル総料理長田中健一郎―」(2007年7月17日放送)，茂木健一郎・NHK「プロフェッショナル」制作班，2008年など参照
(3) 村上信夫著「帝国ホテル厨房物語　私の履歴書」日本経済新聞社，2004年，p.25

第3部

内部監査体制と監査計画グランドデザイン

第5章 コンサル重視のアシュアランス内部監査
- アシュアランスとコンサルティングの実務への落とし込み
- 経営ニーズに合わせた監査のデザイン
- まとめ——内部監査におけるAとCの位置づけと監査のモデル化

第6章 監査体制の構築から年次計画のグランドデザイン
- 経営者志向の内部監査の管理プロセスの構築
- 年次リスク評価の対応
- 年次の監査計画の策定
- まとめ——監査の管理プロセス，リスク評価から年次監査計画まで

◎経営に貢献するアシュアランスの設計と内部監査のマネジメント

　監査の終わりには講評会を開きます。ただ会計士監査の場合は，監査の結果問題ありませんでしたと言うと監査を受けている側は安心しますが，内部監査では，それだけでは納得してくれません。大きな問題はなくても，監査意見や結論以外に何か気づいたことや改善すべき点などの指摘や改善提案が期待されるのが普通でしょう。

　これは内部監査に対する期待をどのように認識して，そのミッションとしてのアシュアランス（A）をどう捉えて監査実務の中に落とし込んでいくかという実務課題を監査人に投げかけています。また監査の指摘や改善提案を経営に対するコンサルティング（C）機能の現れと考えれば，これは監査の中でAとCをどう位置づけて両者のバランスをとるかという課題でもあります。この実務への影響は小さくありません。というのもJ-SOX（内部統制報告制度）の内部統制評価のようにAに軸足を置いた証拠固めの作業と価値の高い改善提案を目指すようなC重視の監査とでは，作業の内容や時間配分がずいぶん違ってくるからです。

　本書では世の中の内部監査へのニーズを踏まえて，第1部で指摘事項と改善提案への対応をまず優先して取り上げ，続く第2部では監査の根幹ともいえるアシュアランスを監査意見を中心に解説しました。

　こうして，監査報告書の中の監査意見という成果物と指摘や改善提案というもう1つの成果物について検討したわけですが，監査の計画や実施の中で，どのように2つの異なる成果物を目指した作業に折り合いをつけるかという実務課題があります。第5章ではIIA（内部監査人協会）の指針も参考にしながら，その実務対応をアシュアランスとコンサルティングの実務への落とし込みという点から検討します。

　次に第6章では，監査のミッションを実現するための監査の体制の構築や年次のリスク評価や監査計画をどのように進めていくかを検討します。

　これは第一に，内部監査のマネジメントの問題です。IIAの指針や一般の解説書が扱っているのは多くは個々の監査の計画から実施報告までの細かい技術論です。しかし経営に貢献する内部監査を単なる掛け声だけでなく，監査のプロとして本気で社内で展開するのであれば，最も大事なのは監査のマネジメントをどう設計するかです。これは大企業であればあるほど，その重要性を実感されていると思います。

　その次に，技術論としては，個々の監査に入る前に，まず年次のリスク評価をどうするか，そしてそれを年次の監査計画にどうつなげるか，ここが重要であり，意外と手薄なところです。ここでは本当のリスクベースとは何かをお伝えします。

第5章 コンサル重視のアシュアランス内部監査

ステークホルダーの期待にかなう内部監査を実現するためには，その受け皿となる内部監査業務を目的に合わせてデザインすることが重要です。内部監査の機能あるいは付加価値の方向として，アシュアランスとコンサルティングという2つの方向がIIA基準でも示されています。これらの方向性は内部監査の報告書の内容や監査作業の進め方，さらには監査人の人材育成や研修などにも広く関係するテーマです。現代の企業ニーズに合ったコンサルティングとアシュアランスの実務への落とし込みを改善提案重視の典型的な内部監査モデルを例にとって解説し，それに付随する実務上の課題としてサンプルテストの在り方など望ましい往査作業の内容・進め方や監査報告との関連づけなどを検討します。

1. アシュアランスとコンサルティングの実務への落とし込み

(1) IIAによるアシュアランスとコンサルティングの基本的な考え方

アシュアランスとコンサルティングは，内部監査の業務の内容と，それが目指す付加価値を方向づける2つの座標軸と言えます。しかし，これを概念だけの議論にとどめず，具体的に実務に落とし込む方法がないと本当の内部監査の業務になりません。そこで，この2つの言葉が出てくるIIA（内部監査人協会）の内部監査の定義をまず見てみましょう。

【内部監査の定義】
「内部監査は，組織体の運営に関し価値を付加し，また改善するために行われる，独立にして，客観的なアシュアランスおよびコンサルティング活動である。内部監査は，組織体の目標の達成に役立つことにある。このためにリスクマネジメント，コントロールおよびガバナンスの各プロセスの有効性の評価，改善を，内部監査専門職として規律ある姿勢で体系的な手法を持って行う。」

(出所：IIAによる「内部監査の定義」より)

そして，この定義から内部監査の特徴は以下のように整理できます。

●**内部監査の特徴**
目的：内部監査は組織に付加価値を与え，改善するための活動。
活動の種類：内部監査にはアシュアランス（保証）とコンサルティングがある。両方を含めてIIAでは内部監査という用語が使われる。
守備範囲：組織の目標達成に役立つため，リスクマネジメント，コントロールおよびガバナンスをカバーする。
活動内容：内部監査のプロとして規律ある姿勢と体系的な手法によりプロセスの有効性の評価，改善を行う。

　ここに付け加えれば，IIAの基準は法律の要請ではないので，実務の規範というよりも，参考にすべき指針としての性格を持つと考えられます。多くの企業は，その規程を尊重していますが，全面的に利用している企業は多くありません[1]。内部監査の組織内の位置づけや活動の守備範囲は企業によって様々ですから，IIAの基準の準拠の程度も企業ごとに違うのは当然です。

　アシュアランスとコンサルティングの違いは，IIAの規程に表現された関係者のお互いの関係で特徴づけられます。その規程は**知っておきたいポイント⑨**に引用して図解しました。

---

(1) 2010年IIA内部監査世界調査では，すべてのIIA基準を使っていると回答したCAE（内部監査部門長）は全体の**42.6%**（アジアだけでは**32.6%**）だった。

知っておきたいポイント⑨

アシュアランスとコンサルティングの違いとは？

「アシュアランス業務は，事業体，業務，ファンクション，プロセス，システム，並びにその他の対象事項について，独立した監査の意見ないし結論を得る基礎として，内部監査人が入手した証拠の客観的な評価を意味する。個々のアシュアランス業務の内容と範囲は，内部監査人により決定される。一般に，アシュアランス業務には，次の三者が関与する。

(1) プロセス・オーナー：事業体，業務，ファンクション，プロセス，システム，その他の対象事項に直接関わる者ないしグループ
(2) 内部監査人：評価を行う者ないしグループ
(3) 利用者：評価結果を利用する者ないしグループ

コンサルティング・サービスは，性質として，助言の提供（advisory）であり，一般に依頼部門からの具体的な要請に基づいて実施される。個々のコンサルティング業務の内容と範囲は，依頼部門との合意による。一般に，コンサルティング・サービスは，次の二者からなる。

(1) 内部監査人：助言を提供する者ないしはグループ
(2) 依頼部門：助言を必要として，これを受ける者ないしグループ

コンサルティング・サービスを実施するにあたって，内部監査人は，客観性を維持すべきであり，また経営管理者としての責任を負ってはならない。」

(出所：IIA「内部監査の専門職的実施の国際基準」より)

◆ IIA のアシュアランスとコンサルティング——当事者の違い

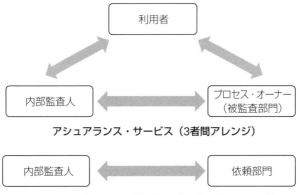

このようにアシュアランスは3者間のアレンジをコンサルティングは2者間のアレンジを想定していることがわかります。

このうちアシュアランスの3者関係は、経営者が利用者として内部監査に指示ないし依頼して、被監査部門であるプロセス・オーナーに対して監査を行うという一般に行われている実務に即した関係として理解できます。他方、コンサルティングの2者関係も理解できますが、このような業務依頼が社内でなされるには、各部門から直接に内部監査にコンサルを依頼する方式が社内で制定されていることが前提になると考えられますが、そのような制度を持つ企業は多くないと想像されます。また実務では、こうしたコンサル業務は2者関係というよりは経営層からの指示や勧めがあって、各部門から内部監査にコンサルを依頼するという3者関係も多いのではないかと思います。

このように2つの業務をそれぞれ別な業務として分類してしまうよりも、むしろ図表5-1のようにアシュアランスからコンサルティングを連続体として捉える考え方の方が実感に合っているのではないでしょうか。つまり内部監査の業務を左端の最もアシュアランス的な伝統的な財務監査から業務監査、不正調査、さらには統制自己評価などのコンサルティングに移り、最後

図表5-1 ◆ アシュアランス／コンサルティングの連続体

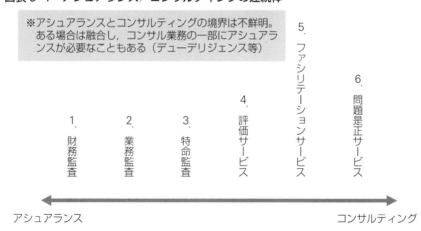

（原典：Anderson, Urton, Chapter4: Assurance and Consulting Services, Research Opportunities in Internal Auditing: Assurance and Consulting Services, FL: The IIA Research Foundation, 2003）
出所：日本内部監査協会訳『内部監査：アシュアランス・サービスとコンサルティング・サービス』2009年、p.354

はアシュアランスよりも経営層を支援する問題是正サービスに発展していくという考え方です。

　アシュアランス業務は一般の監査そのものなので、イメージしやすいですが、コンサルティングの方はどうでしょうか。コンサルティング業務の事例を挙げれば**図表5-2**のような例があります。また、この中の3で挙げた「リスク評価・業務改善の支援」作業は、IIAのポジション・ペーパーによって内部監査としての独立性が確保されるような予防措置があることを条件として**図表2-9**（p.78）に示された扇形の真ん中の3分の1の範囲にある業務については内部監査が関与できるとされています。これは次のように要約できます。

図表5-2 ◆ コンサルティング・サービスの例

1. 規制当局からの指摘に対する対応措置および改善活動の調査および支援
　　例）規制業種の準拠性違反、税務申告もれ、労基署の是正勧告等

依頼者	経営者ないし事業部門責任者
目的	現状の把握および対応策の妥当性の確認
コンサル活動	現状調査、所管部署の当局対応、再発防止策の評価・改善指導等

2. 社内で発覚した不正案件の調査

依頼者	経営者ないし事業部門責任者
目的	事実関係の解明、対応措置の検討、懲罰委員会等への報告
コンサル活動	不正調査（関係者面談、証拠資料の収集・保全、損害額の試算等）

3. リスク評価・業務改善の支援
- リスク管理部門や委員会によるリスクの特定とリスク評価の支援業務（ファシリテーション、委員会での助言、コーチング、等）
- 事業部門によるプロセス改善グループの支援（ファシリテーション、統制自己評価〈CSA〉運用の助言、他）

4. その他コンサルティングとアシュアランスの中間的な性質の業務
- デューデリジェンス支援
この一部としてリスクマネジメント、コントロール、ガバナンスプロセスの独立的評価を依頼されるときは実質的にアシュアランス。そうでなければコンサルティング業務とみなされる。
- J-SOX内部統制の評価支援業務（実質はアシュアランス支援であることが多い）

●内部監査による ERM コンサル業務の性格：
- 依頼者への助言，指導，コーチング，ファシリテーションなどの形でサポートし，当事者として責任を負わない。また依頼者もコンサルに従うとは限らない。報告の標準形式は特にない。

コンサル実施における独立性の注意事項：
- 経営の当事者としての仕事をしない。（例えばリスク委員会を主催しない）
- あとで自己監査にならないように注意する。

独立性については，要するにコンサルをするときには，これによってマネジメントとしての機能を果たすことになると，監査の対象となるマネジメント機能の当事者となってしまい，後日それを監査をすると自己監査になってしまうことから，そうならないように制限を設けようとしているわけです。

2. 経営ニーズに合わせた監査のデザイン

（1）監査ジョブの見直しとコンサル的作業の検討

次に現在の企業のニーズに合ったアシュアランス監査のアプローチを考えます。まず，IIA が想定するアシュアランス監査のモデルは**図表 5-3** のように示されます。ここに挙げられた項目自体は特に違和感はありません。ただ，これは積極的アシュアランスを前提としているので，消極的アシュアランスで十分という監査人には，このままでは作業が重厚すぎたり，非効率な面が出てくるので，できれば経営者のニーズに合わせてよりコンサル色を入れて，その分アシュアランス的作業を軽減する方向での手直しが考えられます。

図表5-3 ◆ IIAのアシュアランス監査の捉え方

アシュアランス業務プロセス

計画	実施	報告
● 業務の目標と範囲の決定 ● 被監査部門と被監査部門の目標の理解 ● リスクの識別と評価 ● キー・コントロール活動の識別 ● コントロール整備の適切性の評価 ● テスト計画の策定 ● 監査プログラムの作成 ● 業務への資源配分	● 証拠収集のためのテストの実施 ● 収集された証拠の評価と結論への到達 ● 発見事項のまとめと改善提案の策定	● 発見事項の評価と上申プロセスの実施 ● 中間および予備的報告の実施 ● 最終の監査報告書への展開 ● 公式および非公式の最終報告書の配布 ● モニタリングとフォローアップ手続の実施

出所：日本内部監査協会訳『内部監査：アシュアランス・サービスとコンサルティング・サービス』日本内部監査協会，2009年，p.275

1）個々の監査ジョブはIIA基準でAとCに分類する

　それを図表5-4を見ながら検討します。この図表のまず下の図から見るとA（アシュアランス）か，C（コンサルティング）かの二者択一で個別業務を分類するとしています。これは企業の方針の決め方ですが，何をもって個々の監査をAとCに分けるかというと，上記に解説したIIAによる考え方を尊重して分けましょうということです。そうするとCはコンサルの依頼を受けて行うというスタンスですから，基本的に年次の計画段階では，どれくらいの依頼があるか想定が一般に難しいため，年次の計画は経営層が承認するアシュアランスの監査をベースに予定します。コンサルの依頼がもしあれば，その段階でスケジュールを調整して追加で対応するという考え方です。

2）アシュアランス監査の作業内容をAとCに色分けする

　こうして年次計画段階の監査はA形式の監査だけとなりますが，個々の監査の中のA的作業とC的作業を考えて，その内訳を図のように分析します。このような作業の内訳と，それに必要な日数ないし時間数を考えて，それぞ

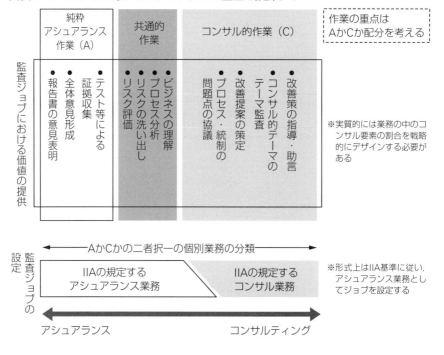

図表5-4 ◆ コンサル寄りのアシュアランス監査を設計する

れの監査のニーズによって、よりコンサル的に進めたい監査とか、よりアシュアランス的に進めたい監査などを戦略的に考えて設計するわけです。

3）AとCとで異なる舞台裏を考えておく

ただ、この図表5-4で3つに分けた作業のイメージからもわかるようにAとCでは必要となる能力も違ってきます。例えば図表5-5にそれぞれのサービスで重視される能力の例を挙げてみました。

また、Aにはすでに見たように意見表明に関する品質管理が重視され、そのための文書化のインフラ整備も大事です。またJ-SOXや会計士の監査のような積極的アシュアランスでは組織的監査と呼ばれるチーム内の役割分担とレビューによる品質管理の仕組みを組織内に取り入れることが重要です。一方、Cの方は、付加価値を創出するためのインフラの整備（業務・経営に精

図表 5-5 ◆ 内部監査に必要な専門性は

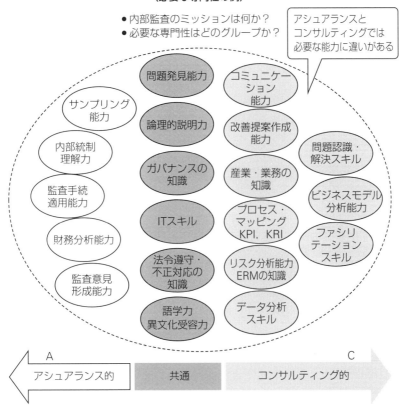

通した人材の配置、そのための研修・人材育成、ツールや業務プロセスに関するナレッジ等の情報装備等）が重要となります。つまりA業務とC業務とでは、それぞれに必要な能力だけでなく業務の舞台裏が違ってきます。特に次の3つの面で違いが現れます。

1. 品質管理の違い
2. 必要な知識・専門性の違い
3. チームワークの違い

例えば**図表5-6**は積極的と消極的のアシュアランス一般に適用される内部監査のプロセスと、そのために整備が必要となる主なインフラを例示してい

ます。これをもっとコンサル色を重視したアプローチにリモデル（改造）するための着眼点を**図表5-7**に示しています。そうして監査の作業の流れを整理したアプローチとして**図表5-8**を例示しています。

図表5-6 ◆ 一般的アシュアランス内部監査のデザイン

主な監査プロセス	関連して整備する主なインフラ
1. 監査目的の決定 2. 監査方法・往査予定の計画 　● 監査手続の作成 　● 往査日程・場所の調整 　● テスト手続の策定 　　（テスト対象プロセス・母集団，抽出方法，テスト手続の決定） 　● 監査計画書の作成 3. 監査の実施 4. テスト結果の評価 5. 監査結果の報告 　● 監査報告会の実施 　● 監査報告書の作成・提出	1. 監査先選定方法，リスク評価制度 2. 監査プログラム 　（監査手続書，チェックリスト，発見事項記入調書，品質管理基準，機密情報取扱方針，予定表，等） 　サンプルテスト方針書 　例外事項判断基準，等 　監査計画書様式 3. チームメンバーの担当割当，日程表，レビュー制度，調書文書化ルール 4. テスト結果の判断基準 5. 報告書記載様式 　報告事項判断基準

図表5-7 ◆ コンサル型アシュアランス監査へのリモデル

標準的な監査プロセス	コンサル重視型監査の着眼点
1. 監査目的の決定 　1）監査領域決定 　2）リスク評価 2. 監査方法・往査予定の計画 　1）監査手続の作成 　2）往査日程・場所の調整 　3）テスト手続の策定 　　（テスト対象プロセス・母集団，抽出方法，テスト手続の決定） 　4）監査計画書の作成 3. 監査の実施 4. テスト結果の評価 5. 監査結果の報告 　● 監査報告会の実施 　● 監査報告書の作成・提出	1.1) ビジネスの理解・分析の重視 　プロセス・マップまたは文書の作成，証拠書類よりインタビュー中心，ウォークスルーテストの利用 1.2) バックミラー型よりも将来志向型のリスク認識 　過去の問題より，将来の発展の阻害要因としての新規リスクを重視。今の経営を支える視点 2.3) アシュアランス型テスト手続の限定 　詳細テストは必要な一部の項目に限定。統制の運用よりデザインの適切性を幅広く 5.改善提案の充実 　○ ビジネス分析の深掘りにより，ビジネスプロセス，業務の仕組みの改善案に重点 　○ 統制の例外事項の処理による提案は補足 5.付加価値の創出 　○ データ分析等の手法から新たな視点 　○ 改善案の協議，担当者との対話に潤沢な時間をかけて現実に役立つ具体案に力点

図表5-8 ◆ コンサル重視のアシュアランス監査の例──複線型監査作業の流れ

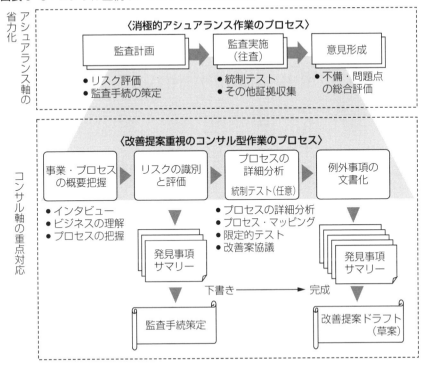

(2) コンサル志向の内部監査アプローチの例

1) コンサルとアシュアランスの融合モデル

図表5-8が代表的なコンサル志向の内部監査のアプローチの例です。消極的アシュアランスを採用して、アシュアランス的な作業負担をなるべく抑えて、その分、付加価値の高い改善提案を出すことを目指します。成果物としての監査意見は一応当然のこととして、むしろ指摘や改善提案で内部監査のバリューのあるところを見せて、経営に貢献しようとするアプローチです。

複線型とあるのは、上半分のアシュアランス目的の作業は消極的アシュアランスの意見表明が出せる程度に作業を簡略化して、一方、下半分のコンサル的な視点の作業に軸足を置いて手厚くするというイメージを表現したものです。もちろん作業自体は両方の方向性を意識しながら一体として行います。

詳しく見ていくと，次の**図表5-9**にあるように監査の前半になる往査前の計画段階では，監査課題の洗い出しがテーマとなります。質問書への回答や面談など様々な方法での情報収集から認識された問題点につき，発見事項サマリーなど書式を決めた課題シートに早い段階から蓄積していきます。これをベースに往査で実施する手続を考えて監査手続書を作成します。

なお表中の❶から❻は**図表7-4**（p.200）の監査モデルに示した作業スケジュールにある作業ステップとのつながりを参考に示したものです。

次に**図表5-9**に示したように，往査に始まる監査の後半では，テスト戦略から改善提案までが作業の重点になります。サンプルテストなどをどの範囲で，どのくらい詳細に行うかは，アシュアランスを重視する程度で決まります。一般に，改善提案を重視したアプローチでは，サンプルテストは時間を

図表5-9 ◆ 監査課題の洗い出し（前半）からテスト戦略および改善提案（後半）

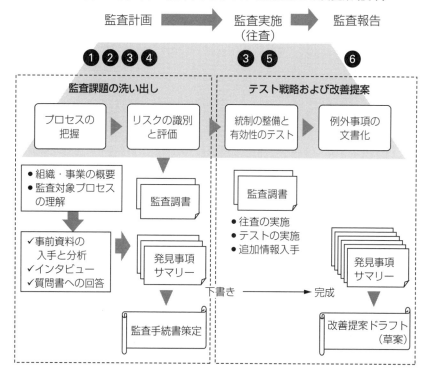

要するため売上とか経費など主要な業務に限定して行い，その分，提案の候補として挙がっている課題の分析や聞き取りなどに時間を費やします。

監査期間中，コンサル的な価値を念頭に，改善提案に軸足を置いて監査を進めるための課題集計用のシートとして発見事項サマリーを使います。

2) 発見事項サマリーで改善提案を蒸留する

発見事項サマリーは，監査作業の中で，指摘や改善提案のネタになる事項を発見したら，その都度これにメモを残すための書式です（付録3：「発見事項サマリー（様式例）」p.155参照）。そのポイントは以下の通りです。

- 内部監査の価値は多くの場合，改善提案の出来栄えでかなりの部分が判断されます。監査作業から洗い出されたリスク情報や解決策を集めて整理し，絞り込み，価値のあるものだけを蒸留させて，改善提案として仕上げる，その完成品を作るためのツールが発見事項サマリーです。
- 課題が上がってきたら早い段階から発見事項として記載しておき，その後の情報収集やインタビューやチーム内の指摘のランクづけなどの議論の結果をここに整理しながら内容を洗練させていきます。
- 書式よりも，大事なのはリーダーを中心に監査の過程で随時レビューしてチームで議論するための共有データのフォームとしてルール化しておくことです。各人に任せると往査の最後まで指摘内容の確認・協議の機会がなく，報告会前にチームとしての調整が遅れる原因となります。

(3) アシュアランスとコンサルティングの監査手続の違い

1) アシュアランスを重視した場合

図表5-9の例では，アシュアランス監査をベースにして，監査計画から監査実施（往査）それから監査報告という形式をとっていますが，監査手続の内容は，J-SOXの内部統制評価のようなアシュアランス重視のプロジェクトとコンサル的付加価値を重視したプロジェクトでは違いが出てきます。それを図表5-10で対比しています。

上の段の図がJ-SOXなどをイメージしたアシュアランス志向の監査ですが，

図表5-10 ◆ アシュアランス志向とコンサル志向の監査作業の違い

〈アシュアランス志向の内部統制評価のテスト〉

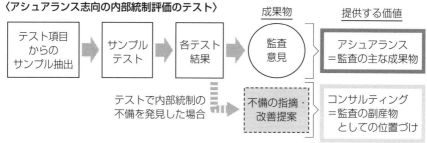

※J-SOX評価に見られる代表的な統制の監査手法。この方法では不備の改善提案はサンプルテストをした項目に限られ件数も限定的となる。

〈コンサル志向の内部統制監査〉

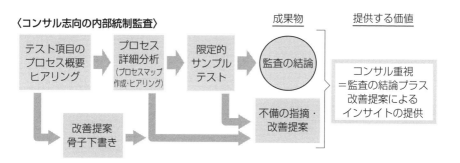

ここでは監査意見の表明が目的なので，それに根拠を与える証拠固めとしてのテスト作業が中心となります。統制の不備が改善提案につながることもありますが，これは監査の副産物としての位置づけです。また一般に，数多くのサンプルテストの結果として，例外事項から不備が認識されるという形になるため，指摘や提案の材料にたどり着くのには効率がよくありません。

2) コンサル的付加価値を重視した場合

一方，下の段に描いたコンサル志向の作業の流れでは，業務プロセスの問題点の把握に重点を置いたインタビューが重要となるため，時間のかかるサンプルテストよりも，最初から指摘や改善提案の題材となるテスト項目についてのプロセスのレビューや担当者からの聞き取りや問題点の議論に時間を

かけます。指摘の材料が出てきたらその都度，発見事項サマリーなどに記録していきます。例えば上記のアシュアランス重視のアプローチでは1週間の往査のうち3日以上はテスト作業に追われますが，こちらはテスト作業は半分以下の時間に抑えて，その代わりプロセスを聞きながらプロセス・マップとして図に描くといった作業が加わったりします。

3. まとめ——内部監査におけるAとCの位置づけと監査のモデル化

第5章に関連するポイントをまとめると以下の通りです。

●内部監査におけるアシュアランスとコンサルティングの位置づけ
1. 内部監査は本来，取締役会が権限委譲した経営者の執行を監査するモニタリング機能を取締役会（監査委員会）の意を受けて，アシュアランスにより支援するというガバナンス機能より発展してきた。
2. ステークホルダー（利害関係者）により真正リスクの排除か，ビジネス成長におけるリスクか期待に温度差がある。付加価値向上にはベクトルを誰に合わせるかという視点が重要。同時に他のステークホルダーや世間一般からの期待を考慮したバランス感覚も必要。
3. ガバナンスの視点からはアシュアランス，経営志向からはコンサルティングが重視されやすい。今日の内部監査は一般に監査意見よりも改善提案に付加価値を期待されやすい（経営志向）。
4. IIAでは当事者の関係でA（アシュアランス）とC（コンサルティング）を分けるが，現実的にはAの業務を通してコンサル的価値を発揮することが求められる。しかし，その指針は乏しく自ら開発する必要がある。

●監査人材への対応
5. 監査人個人に必要なコンピテンシー（能力）にAとCの方向感覚を意識する。AとCとでは業務を支える舞台裏（品質管理の仕方，必要な知識・専門性およびチームワークや組織的監査）に違いがある。Aには特に，レビュー制度，OJT，組織的監査等による監査のプロセス化が監査部門長の責任として重要となる。C業務では個人のタレントを生かしたチーム編成やソフトスキルが重要。

●アシュアランス監査のモデル化
6. IIAは積極的アシュアランスを高度と説明するが，これは知らなかったとは言

えない責任の重さ・厳密さを要し，品質管理が不十分な例も多い。また個々の内部監査の目的からは必ずしも合目的とは言えない。
7. 内部監査では，消極的アシュアランス形式でコンサル的付加価値を追求するのが，ステークホルダーの期待から見て合目的で費用対効果にかなっている。
8. 個別監査の分類方法は2者間アレンジ（p.141）によるIIA方式でよいが，監査の中心となるアシュアランス業務はコンサル志向をアシュアランス監査に織り込んだ融合モデルが現実的対応となる（ただ種類により程度に差あり）。

| 付録3 | 発見事項サマリー（様式例） |

整理 番号. _____
調書 参照. _____

被監査部署名：_____
監査プロセス　：_____
監査実施日　　：_____

発見事項とリスク：
（現在の手続，エラー，内部統制上の欠陥・弱点ないしパフォーマンス・ギャップの説明とともに，それによるリスクを記載し，サポートとなる証拠を添付または参照する）
_____
_____

追加情報の収集を担当する監査スタッフ
（追加的事実を収集し，問題または機会を追跡調査する場合）
名前：_____

課題となる領域：
____ 効果的な情報の管理（財務的，戦略的で経営に関するもの）
____ 資産の保全
____ 法律および規則の遵守
____ 経済的で，効率的かつ効果的なビジネスプロセス

影響を受ける対象物：
_____

改善提案とそのメリット：
_____
_____

被監査側マネジメントのコメント：
　　　　　　　　　　　　　　担当者_____
（名前）_____　（肩書）_____
_____
_____

報告の性質：
報告書に含まれる事項　　　　　_____
被監査部署への口頭報告　　　　_____
解決された事項，引継事項　　　_____
（後に証明された項目，次の監査に持ち越された項目，重要でないと決定された項目，など）

第6章 監査体制の構築から年次計画のグランドデザイン

　経営を支える内部監査を具体化する1つの方向は，経営層のニーズに整合した年次計画を提示して経営層を納得させ，その計画を約束通りに実施した結果を経営層に見える形で報告して評価を受け，さらに次年度の計画につなげるというPDCAサイクルを明確にすることです。そのためには，しっかりした監査体制のもとに経営ニーズに合った戦略的な内部監査計画を策定し，計画の根拠となるリスク評価と監査計画との関連づけ，年度計画の個別監査への展開手法，さらには内部監査の活動実績の報告などについて経営層に説得力のある説明と価値のある資料を提示をすることが重要となります。
　第6章では，これら一連の流れを考えて，内部監査の戦略計画の策定プロセス並びにリスク評価から監査計画までのプロセスと，そこで必要となるインフラについて解説します。また，監査計画の展開手法として経営監査，業務監査等の監査の種類分けの考え方と年次計画における個別監査に展開するためのグランドデザインの方法を紹介します。

1. 経営者志向の内部監査の管理プロセスの構築

(1) 経営に貢献する内部監査体制とは

1) 内部監査のミッション・フレームワークとは
　経営に貢献する内部監査は，要は，経営者等のステークホルダーのニーズに合った監査をデザインし，社内の人材・技術等のリソースを活用して，そ

図表6-1 ◆ 内部監査のミッション・フレームワーク

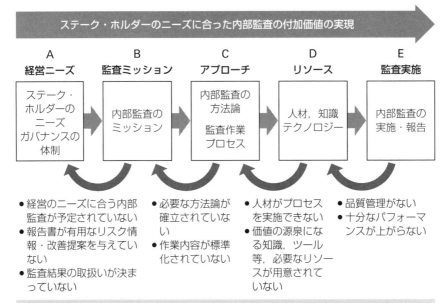

※図のAからEの要素が左から右に正しく連鎖することが必要で，右から左に逆流すると上記に例示したような不全を起こし，経営に貢献する付加価値提供に支障をきたす。

のミッションを達成することです。実務では経営に貢献するとか，付加価値の向上といった話を抽象論でなく，それを具体化する仕組みが必要ですから，それをモデル化したのが**図表6-1**のミッション・フレームワークです。

2) 内部監査の実効性を上げるメカニズム

図表6-1でいうと，左側の経営者のニーズAを明確に捉え，それに基づき，どのような目的でどのような監査をするかという監査のミッションBを明確に設定する。そしてそれに見合った監査方法，つまりアプローチCを考え，さらにそれを実行する人材やツールとしてのリソースDを準備し，最後は監査の現場Eで予定通りの成果を上げるという構造です。

経営に貢献するというのは，端的には，左端の経営者のニーズAを右端の監査の実施・報告Eとして実現することですから，そのためには，その間に

あるミッション，アプローチ，リソースをこの順番で関連づけて整備する必要があり，それが曖昧だと付加価値が予定通り実現しないことになります。

この流れが左から右に正しく流れないと図表の下に例として書いたような流れが逆行することによる弊害が起こります。

■経営者が読まない監査報告書のケース

これは単なるイメージではなく，次の例のように経験上言えることです。

例えば内部監査を外注している企業が外注先に監査のミッションや目的をうまく整理して伝えられないとAからBの流れが阻害されて，経営者が興味を示さず読んでくれないような細かすぎたり専門的過ぎる監査報告書になり，外注先に高いコストを払って提出させているといったことが起こります。

■企業のニーズを離れた属人的監査のケース

また企業としてA，B，Cをよく考えないで，たまたま内部監査に配属された人に丸投げすると，その人のできる範囲でしかやれませんから，本来は企業のニーズやリスクに合わせてリスクベースで監査すべきところをその人ができる属人的監査になってしまうことがあります。これもAを起点にしてB，C，Dを進む流れを踏まえずに配置された人材Dを起点に監査体制を作ったため，DからC，B，Aへと逆行しているようなものです。

■アプローチが足りないのに，無駄なツールを買ったケース

それから監査ツールに期待して高い買い物をしたけど使い勝手が悪いので，ほこりをかぶって無駄になっていることもよくあります。これも本来，どういう監査の仕方をするかというアプローチCをよく検討した後で，そのアプローチを実施するためにどのような道具・リソースDが必要となるかを次に問題とすべきところを，よく考えずにツールを買ってしまうことがあります。本当に不足しているのはCの方法論であるのに，監査ツールがそこまでカバーしてくれると過度な期待をして，余計な買物をしてしまうケースです。

(2) 内部監査活動の PDCA を作る

1) 年次の PDCA のデザイン

内部監査のミッション・フレームワークは監査の付加価値を最大化するバリュー・チェーンの流れでもあります。これを仕組みとして作るのが監査体制の構築です。図表6-2の左上の内部監査体制の中にこうしたメカニズムが本来備わって、それをベースに①年次計画が作られ、②の個別監査の計画・実施へと向かいます。

IIA の基準や一般の内部監査の解説を見ても、個々の監査の計画から実施、報告の実務と、その技術に関する話が大勢を占めています。しかし、本当に経営に貢献する監査を目指すのであれば、監査の細かい技術論の前に、企業全体としてどういうメカニズムで内部監査体制を運営して、経営に貢献

図表 6-2 ◆ 内部監査における年次 PDCA の回し方

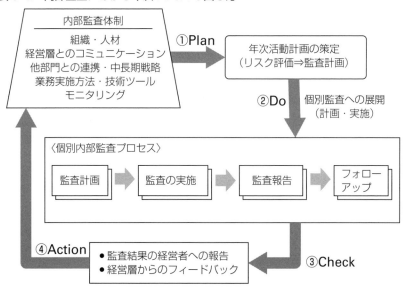

※年次監査計画の出来栄えは、その前の体制整備と次の個別監査との整合性および経営層とのコミュニケーションで決まるところが大きい。矢印のつなぎの対応が重要（特に④）。

するかというマクロ的な視点からの管理体制が非常に重要となります。

そのためには**図表6-2**では，内部監査体制に基づいて①から④までを循環的に回して経営ニーズとの整合性を確認しながら継続的な改善を進めることが大事で，その活動をPDCAつまり，Plan（計画），Do（実行），Check（評価），およびAction（改善）として実務の中に織り込むことが重要です。

また監査体制を考えるときも，**図表6-3**の下向きのA矢印の領域，つまりどのように個々の監査を進めるかという監査の方法論やそのための人材の手当てという目先の実務だけでなく，本来，経営ニーズに即して監査を計画し実施するための図のB領域をプロセスとしても整備することが大事です。例えば，その都度の監査報告だけでなく内部監査に対する期待を経営者に確認するための定期的な会議などコミュニケーションの充実などです。それとC領域，これは，例えば内部監査とリスクマネジメントとか内部統制部門との役割や相互連携の仕方を整理するなど，他のリスク管理機能と呼ばれる本社

図表6-3 ◆ 内部監査体制──経営層および各部署との関わり

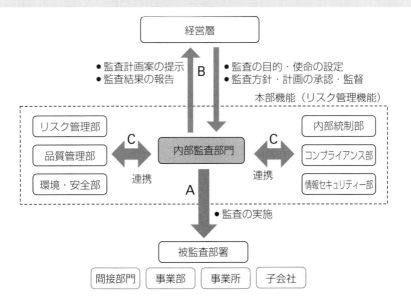

機能との関係を整備して，内部監査のガバナンス上の位置づけを明確にして，動きやすい体制をつくることです。最近よく言われるスリー・ライン・オブ・ディフェンス・モデル（**知っておきたいポイント①**，p.11 参照）の考え方も同様に内部監査のあるべき位置づけを問題としたものです。

2) 内部監査のガバナンス文書の活用

こうした企業のガバナンスにおける内部監査の位置づけは，経営層の責任のもとに，内部監査基本規程などにおいて規定されます。内部監査のガバナンス機構には，内部監査規程，ミッション・ステートメント，ビジョン・ステートメントおよび戦略計画などのガバナンス文書が含まれるとされ，IIAの指針等で解説されています（**知っておきたいポイント⑩参照**）。

これら内部監査規程等のガバナンス文書は，内部監査の内部だけで使うものではなく，むしろ経営層を巻き込んで，内部監査を企業ガバナンスの中に正しく位置づけるためのツールとして活用することが大事です。こうして内部監査の立ち位置や活動の方向を経営層をはじめ，社内の各組織に認識してもらうことにより，以下のようなメリットがあると考えられます。

●**内部監査ガバナンス文書を整備するメリット**

1. 内部監査活動に対する経営の関与を「見える化」し，企業ガバナンスにおける内部監査の立ち位置と役割を制度化させる

※これを前提として内部監査にしかできない企業ガバナンスへの貢献ができる。

　⇒ 内部監査人のメリット：内部監査活動が経営による正式なバックアップを得て企業内で周知され，監査業務のやりやすさ・協力の得やすさにつながる。また経営が向かう方向にベクトルを合わせた機動力のある監査ができる。

　⇒ 経営層のメリット：経営者，監査役，取締役会に内部監査の使命・活動内容についての認識を共有し，経営にバックアップされた活動を展開することによって，経営陣のそれぞれのモニタリング活動を実質的に支援する。

2. 中長期の内部監査体制の改善活動をコミットする

　⇒ 内部監査にも一般の事業活動と同じく，有効性維持には中長期の改善プロジェクトが必要になる。

　⇒ 経営層に正式に承認されたプロジェクトとして実効性を確保できる。

3. 文書による監査体制・活動方針の理解の促進・共有化する
   ⇒ 海外など地域的に広範囲におよぶ監査人・ステークホルダーに監査の体制・方針・考え方を言葉によってきちんと知らしめ，理解を促すためのツール。

知っておきたいポイント⑩

IIA が規定するガバナンス文書

内部監査規程：内部監査規程は IIA 基準 1000「目的，権限および責任」に要求されるものであって，内部監査部門が所管する主要なガバナンス文書である。それは内部監査活動の目的，権限および責任を定義するものであり，上級経営者および取締役会によって定期的にレビューされ，承認を受けなければならない。それはまた内部監査の現行のミッション・ステートメントを含むべきである。内部監査規程は，単に形式にこだわった文章とは対照的に，実際の内部監査活動を反映したものにする必要があることに留意する。

内部監査戦略計画：戦略計画は，内部監査のビジョンを達成し，実行に移すために必要なアクション・ステップを提示する，将来に向けた文書である。通常，戦略計画はその実行に 1 年以上要することがあるため，それはたびたび年次の戦術計画によってサポートされる。

(出所：THE IIA'S GLOBAL INTERNAL AUDIT SURVEY, Imperatives for Changes：The IIA's Global Internal Audit Survey in Action：The IIA's Global Audit Survey in Action, IIA Research Foundation, p.13 より抜粋して訳出)

ビジョン・ステートメント：
- 内部監査部門の哲学や組織への貢献のために望んでいることを述べるために作成。目的や目標を超えて，内部監査のあるべき将来像を表す高邁な文章。

ミッション・ステートメント：
- ビジョン・ステートメントに基づいて作成される。内部監査部門の主な事業目的，将来の達成のために計画していること，部門の価値，いかに組織の戦略計画に組込まれるか等の概要を示したもの。これはすべての内部監査人員だけでなく内外のステークホルダーに共感されるべきである。
- 内部監査戦略計画はミッション・ステートメントから策定される。とりわけどのようにミッション・ステートメントが達成されるかを決定する。
- ミッション・ステートメントは通常，内部監査規程の最初の文となる。

(出所：IIA-IPPF-PG, "Developing the Internal Audit Strategic Plan", 2012, p.4 より訳出)

3) 活動の「見える化」による経営の支援

ここで内部監査活動を「見える化」するというのは，例えば，図表6-4のようにその活動をPDCA化するとともに，それをガバナンス文書と関連づけることです。詳しくは前著（藤井範彰『内部監査の課題解決法20』税務経理協会，2012年）で解説していますが，こうした「見える化」も内部監査だけのためではなく，上記のように経営層のモニタリングの支援にもなります。社長や取締役および監査役はそれぞれに法的なモニタリング機能を担っています。しかし自ら足を運んで組織内の様々な活動を見ることはできないわけで，ある意味，内部監査によるモニタリング活動を理解し，あるいは指示や指導をすることで，自らのモニタリング活動としても役立てているわけです。

内部監査部門長の中には監査役監査との間合いの取り方に迷ったり，往査に同行する監査役の扱いに悩んだりするケースを耳にすることがありますが，これも内部監査の活動を見える化して計画や結果をわかりやすく文書化して見せることで，内部監査活動への監査役の理解も進み，往査にたびたび同行する必要性も減少するのではないかと思います。

(3) 内部監査戦略計画の作り方

1) IIAが提唱する戦略計画プロセス

IIAには監査の管理体制についての基準が少ないという書き方をしましたが，ここ数年を見るとやっと気づいてくれたのか，プラクティスガイドにはその分野の指針も次第に出てくるようになりました。特に「内部監査戦略の策定」（IIA-IPPF-PG, "Developing the Internal Audit Strategic Plan", 2012）は，戦略計画の策定とレビューの必要性を強調しており，実務を進める際の参考になると思います。確かに内部監査基本規程はIIA基準の要求もあって，ほとんどの企業が作っているでしょうが，ミッション・ステートメントや戦略計画まで作っている企業は多くありません。それでも2010年IIA内部監査世界調査ではミッション・ステートメントを持っている回答者は57％，内部監査戦略計画は51％が持っているとの回答でした。

図表6-4 ◆ 監査のミッションの実効性を確保
―― ステークホルダーの期待を監査実施につなげる

> 解決策
> - 内部監査のバリュー・チェーンを作って付加価値の維持・向上をPDCA化する
> - 内部監査に責任をもつ主なステークホルダーの期待を確認する
> - 内部監査のミッション・ステートメントで方向性をコミットする
> - 体制の不備は戦略計画で数年間で達成させる

※ポイント
- 実際の活動を規定する明確なPDCAがあるか⇒PDCAの見える化を図る
- 内部監査規程が形骸化していないか⇒ビジョンやミッションを意識してPDCAに組込む

内部監査のバリュー・チェーンを作ってPDCAを回す

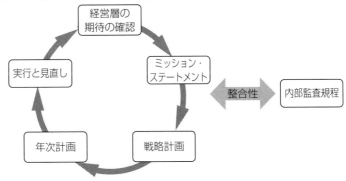

達成すべき価値を支えるインフラ・人材が不足していれば戦略計画に挙げる

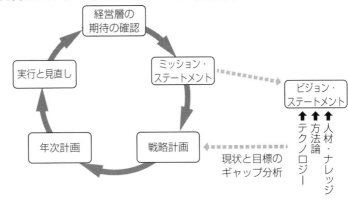

出所：藤井範彰『内部監査の課題解決法20』税務経理協会, 2012年, pp.40-49

上記プラクティスガイドは戦略計画についてそのエグゼクティブ・サマリーにおいて以下のように説明しています。

> - 「内部監査が妥当性を維持するには，変化する期待に対応し，組織の目的と整合性を維持するものでなければならない。」⇒つまり変化する経営課題に遅れずについていく必要がある。
> - 「内部監査の戦略は，その妥当性の維持に不可欠である。すなわち，組織全体のガバナンス，リスクマネジメントおよび内部統制に有効な貢献をしながら，コストと価値のバランスを達成することに重要な役割を果たす。」⇒つまり戦略は費用対効果も含めて最適な貢献を導くということ。
> - 「内部監査戦略の策定には，組織的・体系的なプロセスが役立つ。これは内部監査がそのビジョンとミッションを達成することを支援する。」として，**図表6-5**に列挙した策定ステップを図表とともに示しています。
> - また，「CAEは戦略計画をステークホルダーとともに入念に吟味し，ボード（取締役会等）の承認を得ることが重要である。これは内部監査の目的，権限，責任および業務遂行について定期的に最高経営者および取締役会に報告する（基準2060：最高経営者および取締役会へ報告）というCAEの義務の一部である。戦略計画は定期的にレビューする必要がある。」と解説しています。
>
> （「　」内の出所：IIA-IPPF-PG, "Developing the Internal Audit Strategic Plan", 2012, Executive Summary, p.1より訳出）

　図表6-5の各ステップについて指針に示された作業のポイントを**図表6-6**と**図表6-7**にまとめました。これを見ると監査部門長（CAE）は，ステークホルダーの期待のステップでは，ステークホルダー間の意見の調整まで手掛けることが想定されています。また規制当局も外部ステークホルダーとして位置づけられているのがわかります。

図表6-5 ◆ 内部監査の戦略計画の策定ステップ（1/3）

<IPPF-PG "Developing the Internal Audit Strategic Plan" が提唱する策定ステップ＞

産業および目的 ▶ 基準およびガイダンス ▶ ステークホルダーの期待 ▶ ビジョンおよびミッション ▶ 重要な成功要因 ▶ SWOT分析 ▶ 重要施策

> 内部監査戦略計画の策定には以下のステップを用いることができる。
> 1. 関連する産業および組織の目的に理解
> 2. 専門職的実施の国際的フレームワーク（IPPF）を考慮する
> 3. ステークホルダーの期待を理解する
> 4. 内部監査のビジョンとミッションをアップデイトする
> 5. 重要な成功要因（CSF）を明確にする
> 6. SWOT分析をする
> 7. 重要な施策を特定する

図表6-6 ◆ 内部監査の戦略計画の策定ステップ（2/3）

産業および目的	内部監査の戦略計画策定は組織の目標と産業を完全に理解することから始めるべきで，内部監査が価値を与えるには組織の戦略，業務，報告およびコンプライアンスの目的の達成に貢献しなければならない。
基準およびガイダンス	ステークホルダーへの面談に先立って組織の戦略計画をレビューする。
ステークホルダーの期待	・内外のステークホルダー（取締役会，経営者，外部監査，規制当局等）を含むことが重要。CAEは主要なステークホルダーそれぞれに直接に連絡をとってその内部監査への期待を理解するべきである。 ・ステークホルダーとの議論を通して，CAEは内部監査が短期・長期の両面からどのように組織に付加価値を与えることができるかを決定できる。 ・CAEはステークホルダーの期待を評価して，互いに矛盾がないか，内部監査規程に裏づけられているかを確かめ，そのような期待を文書化し確認しなければならない。また各ステークホルダーに調査を求めて，それを集計した後で期待項目の優先順位づけをしてもらうことも有益。これらが内部監査戦略計画策定の重要なインプットになる。
ビジョンおよびミッション	・CAEはステークホルダーの期待とIIAガイダンスに従ってビジョン・ステートメントおよびミッション・ステートメントを作成すべきである。 ・これらの文書はすべてを網羅できないため，CAEは何を求め，何を求めないかを経営陣に推薦するという難しい選択が必要となる。
	何が含まれないかを経営者と取締役会に共有することは完全な開示を確保するために重要。

経営陣と期待確認のための正式な機会を設ける

図表 6-7 ◆ 内部監査の戦略計画の策定ステップ（3/3）

重要な成功要因
- CSFを特定することにより内部監査部門はそのビジョンとミッションの達成には何がうまくできていないといけないかを理解できる。
- 重要な成功要因CSFを認識する3つの質問：
  - **ポジショニング**：内部監査部門は戦略的に位置づけられ，支持されているか？
  - **プロセス**：内部監査部門のプロセスは事業のニーズを満たす上で有効であり，活力に満ちたものであるか？
  - **人材**：内部監査部門にはそのミッションを果たすための正しい人材戦略があるか？

SWOT分析
- ビジョン，ミッション，CSFへの強み／弱み／機会／脅威となる内部外部の要因分析
- SWOT分析実施上の検討項目：
  - **組織構造**（独立性のためCAEが経営者や取締役に直接に制限なくアクセスできるか等）
  - **リソース要件**（内部監査戦略に対応できるスキルと知識の特定と評価，ソーシングモデルへの影響，テクノロジーの利用との関係）
  - **テクノロジーとツール**（データ分析や電子化調書等による監査の効率化・品質向上）
  - **ソーシング（人材登用）モデル**（求められるスキル，特別スキル，地理的配置，語学他）
  - **他のリスクマネジメントおよびアシュアランス部門との協調**
  - **業務提供の方法**（アシュアランス，コンサルの提供の方法，必須要件，推奨パターン）
  - **ステークホルダーとのコミュニケーション**（CAEは人員計画を含む内部監査部門計画とその進捗の報告の計画を持つべき）
  - **人材開発**（監査人材開発，育成，管理，各ランクに求められる知識，経験，資格等）

重要施策
- CSF達成に重要な重要施策の特定と個々のスケジュール，評価指標の決定
- **実績のモニタリング**（進捗管理のための質的量的な目標の設定と報告）
- フィードバックと承認（戦略計画のステークホルダーとの検討と取締役会の承認）

2）作業ステップおよびSWOT分析・戦略計画の例

　このステップでは，内部監査としての成功要因（CSF：Critical Success Factors）の検討を行ってから，強み，弱み，機会および脅威についてのSWOT分析を行い，その現状認識に基づいて，内部監査活動の成功要因，ひいてはビジョンやミッションの達成に影響を与える重点施策（Key Initiatives）を認識することができるとしています。さらに個々の施策ごとに

望ましい目標を考えて，具体的なアクションとして主要課題（Key Task）を実施期間と共に決めます。とてもロジカルな作業ステップですね。

　この一連の流れを前提にして，戦略計画の要約版がサンプルとしてこの指針の付録にあります。これを見るとビジョンとミッション・ステートメントとはどんなものか，その文例が具体的な成功要因などの事例とともに示されており，戦略計画を策定する見本として実務の参考になります（**知っておきたいポイント⑪**）。

3）戦略計画の定期的レビュー

　なお，同指針は，このような内部監査戦略計画は，企業の戦略計画と同じように，定期的にレビューし，適宜，更新すべきとし，その頻度はCAEが取締役会と協議の上，決定するとしています。その頻度に影響する要素として以下が挙げられています。

1．組織の成長の程度と組織の成熟度の評価
2．組織の戦略の変更
3．組織および上級経営者が内部監査部門の独立的評価または組織のリスクの管理に関する支援に依拠する程度
4．内部監査部門の利用可能な監査リソースの重要な変化
5．重要な法令の改正ないし組織の方針および手続の大幅な変更
6．組織の統制環境の変化の程度
7．組織のリーダーシップチームや取締役会構成員の主要な変更
8．内部監査部門が質的・量的にその戦略計画をどのように遂行したかの評価
9．内部監査部門の内部・外部の評価の結果

知っておきたいポイント⑪

戦略計画の策定のためのヒント

　以下は，プラクティスガイドの戦略計画の要約版のサンプルです。その内容を読むと論理的に作られていて，例えば重要な成功要因CSF1の項目について，SWOT分析の結果，マッピングとして弱み—4，5，9　機会—6とあるのは，図表に訳出したそれぞれの番号の項目と内容がつながっていて読めばなるほどとわかるようになっています。この事例を参考にすれば戦略計画も作れそうです。

●参考事例：戦略計画の要旨（プラクティスガイドの付録より）

ビジョン

　ステークホルダーの期待に応えるとともに，IIAの内部監査の専門職的実施の国際基準および先進的な内部監査部門によって認められた高性能の特性を忠実に守る，パフォーマンスの高い内部監査部門であること。これによって我々は，組織目標の達成を支援するガバナンス，説明責任，コンプライアンスおよび実行の行動様式を支える原動力として，ビジネスパートナーあるいは信頼できるアドバイザーになることができる。

ミッション

　財務，規制および業務に関するリスクの独立的な評価並びに組織の経営陣および取締役会に対して実効性のあるコントロールを提供する。我々は，事業目標の推進に向けて，リスクを最小化し，プロセスの質を向上させ，運用の有効性を高めるため，コントロールの専門技術を提供する。

重要な成功要因，施策，目標および主要課題

CSF1：組織の最も高いリスクに注力する。

施策：最優先の戦略，業務，財務および規制関連の組織に対するリスクを特定する計画プロセスを向上させる。

SWOTマッピング：弱み—4，5，9　　機会—6

目標：
- 組織の目的および戦略の達成を妨げる最も重要な内外のリスクを特定する持続可能なプロセス。
- リスク・カバリッジを統合するために他の統制およびリスク管理部門との連携。

主要課題：
- 現在のリスク評価プロセスを同規模の他の組織とベンチマークする。
- （未発生か長期間不発生の）新リスクの特定に利用される現在のプロセスおよび情報源の棚卸。

- 他の統制およびリスク管理グループの責任範囲およびリスク特定のアプローチを把握する。
- 組織の戦略を監査可能リスクに関連づける方法論を開発する。
- 方法論をステークホルダーと検証する。

  期間：201X 年　8 月～11 月

CSF2：インパクトのあるステークホルダーへの報告。
施策：グローバルに集計したリスク，監査発見事項，問題解決作業のステークホルダーへの適時で，インパクトのある報告を通して内部監査部門の透明性を高める。
SWOT マッピング：弱み―6, 7, 8　　機会―3, 5
目標：
- 主要なステークホルダーの関係表およびコミュニケーション計画。
- 定例会議の報告書の標準化。

主要課題：
- 主要ステークホルダーの特定。
- 主要ステークホルダーから業績と期待に関するフィードバックの入手。

期間：201X 年　3 月～4 月

CSF3：効率的で有効な監査プロセスの維持。
施策：すべての内部監査アシュアランスおよびコンサルティング業務の方法論を定義するマニュアル作成。
SWOT マッピング：弱み―1, 11, 15, 16　　機会―7
目標：
- すべての業務タイプに要求され，推奨される実務を特定し，基準に準拠した一貫したアプローチを確保。

主要課題：
- アシュアランスとコンサルティング業務の計画・往査・報告・フォローアップの現在のプロセスを IPPF に照らして評価。

期間：201X 年　6 月～8 月

〜〜〜〜〜〜以下省略〜〜〜〜〜〜〜〜〜〜

(出所：IIA-IPPF-PG, "Developing the Internal Audit Strategic Plan", 2012, pp.12-13 より訳出)

◆ SWOT 分析（プラクティスガイドの付録より）

STRENGTHS 強み	WEAKNESSES 弱み
1. 明確な内部監査ビジョン，ミッション，バリューおよび内部監査基本規程 2. CAE に対する上級経営者からのリスペクトと信頼の厚さ	1. スキルギャップーコンサルと不正の知識 2. 不明確なスタッフ開発モデル
4. 経営による検証を含む正式なリスクベースの計画プロセス 5. スタッフ個人の研修および資格取得計画 6. 組織全体にわたって独立的で客観的であること 7. スタッフの変化に対する順応性，積極的姿勢	4. リスク評価が組織の戦略に対応づけられていない。新しいリスクの特定は限られる 5. 監査計画は 1 年間に限られている 6. ステークホルダーの期待の理解が限られている 7. ステークホルダーへの伝達に一貫性がない 8. 発見事項の重視（警察官気質） 9. 組織の戦略決定への関与が限られている
	11. 業務の有効性に対して効率性への注力が限定的
	15. IIA 基準への整合性が完全ではない 16. 監査方法論がすべての種類の業務に対応していない
OPPORTUNITIES 機会	THREATS 脅威
3. 内部監査の役割や能力につきステークホルダーを教育	1. 業務リスクへのバランスを欠いて取締役会が財務およびコンプライアンスの問題に集中する傾向 2. 予算，スタッフィングおよびガバナンス上の制約のある発見事項の実施 3. 経営層の協力の低減 4. 新たな，または変化するリスクによるスキルギャップの拡大 5. ビジネス上の施策の認識の欠如 6. より高い IIA 基準およびステークホルダーの期待への適合
5. 再発生ないし共通の問題につき経営陣を教育 6. 年間を通しておよびリスク評価において他のアシュアランス・リスク管理部門と協力する 7. リスクおよびコントロール自己評価の導入	

（出所：IIA-IPPF-PG, "Developing the Internal Audit Strategic Plan", 2012, 'Appendix', p.11 より一部訳出）

2. 年次リスク評価の対応

(1) リスクベースの意味するところ

　内部監査はリスクベースで計画することとされていますが，実際には企業によって相当違いがあります。**図表6-8**はある大手企業Ａ社のリスク評価の実務を表しています。Ａ社の年次計画の手順を話に聞いたときには，この図の上にあるような一般的な手順を考えていました。つまり全社リスク評価をして，これに基づき次年度の監査対象として，例えば年間20とか30くらいの拠点や監査対象を選定し，監査対象ごとのリスクを評価して，なぜその拠点を選んだかという理由も明らかにしておきます。そして，次年度に監査の事前準備のときに，対象拠点を選んだ理由やリスク内容をベースにさらに監査要点まで落とし込んで，これに対応する監査手続を決定して，個別監査の計画を作り，実施するという感じです。

　ところが実際に調書を見せてもらうと，年次ベースの作業記録は何もありませんでした。リスクを考えて対象拠点を決めているということでしたが，対象拠点を選んだ明確な根拠もはっきりしません。そうなると，拠点ごとの監査計画においてもその拠点にどんなリスクが想定されて，どこに重点を置いて監査するかという情報もないので監査項目も漠然としたものになり，監査目標がはっきりしないため，監査の結果も何を根拠に結果に至ったかが不明瞭なものでした。これはリスクベースとは言わないですね。

　上記の一般例では，先にリスクを洗い出して，認識した個々のリスクに対応するように，これを根拠に個々の監査の目標や手続を決めるわけですが，上の実際の例ではリスクを考えていたとしても，漠然としたままであり，さらにリスクを監査手続にリンクさせるため体系的なアプローチがないため，監査作業も漠然としたものになっていました。そこで，**知っておきたいポイント⑫**にリスクベースの監査の意味とメリットをまとめました。リスクベースを適用する際には以下の点に留意します。

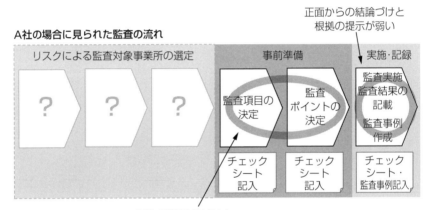

図表6-8 ◆ 監査のリスクベースが見えていますか

リスクアプローチによる監査計画から実施までの一般例

A社の場合に見られた監査の流れ

1）リスクはすでにわかっているという思い込み

　これはリスク評価やリスクマネジメントを導入する際に社内で起きやすい障害です。会社のリスクは大体把握しており，今さら評価をする必要はない，リスクマネジメントも業務で考えており，制度の導入は不要，といった反応です。しかし，不祥事といわれる事件を紐解くと，リスクを読み違えた経営意思決定が取り返しのつかない結果を招いた例は少なくありません。

　過去の成功体験の記憶が強いほど，世の中の風当たりが強くなっても経営陣の頭の中のリスク評価はいつまでも改定されずに，昔だったら大目に見ら

知っておきたいポイント⑫

リスクベースの監査とは?

　リスクベースの監査の意味とは何でしょうか。これは，リスクの評価に基づき，リスクの程度に応じて組織的・体系的に監査対象・監査リソースの配分を決定する監査のことです。この中の「組織的・体系的に」というのがポイントで，一定のルールを決めて，まずリスクを評価し，その結果（高，中，低など）に応じて，システマティックにそれに見合う監査手法を選ぶという，リスクと監査手続のリンケージ（関連づけ）を一定の法則性を持って行うという方法なんです。だからなんとなく頭でリスクを考えていただけでは，組織的・体系的とはならないのです。

◆リスクベースの監査の意味とメリット

	導入前の状況	導入後のメリット
監査の ミッション	●監査部員の身の丈に合わせた監査 ⇒部員の属人的能力・経験に依存	●企業としてのリスクに合わせた監査 ⇒監査の軸足を個人から企業組織へ
リスク評価	●経験とカンによるリスク感知	●客観性のあるリスク評価プロセス
監査対象 の選定	●事業部，子会社を数年ごとに順繰りに監査 ⇒部分的監査の根拠が不十分 ⇒事故の際に説明責任が表面化	●監査の説明責任の確保 ⇒監査対象の選定根拠を経営者と共有 ⇒監査作業の省力化の根拠にもなる
監査作業と 成果物, 他部門 との連携	●書類・統制のあるところを監査しがち ⇒高リスク分野が監査からもれる危険性 ⇒リソース配分の根拠が希薄 ●内部監査と他部門との連携未整備	●リスクに合わせたリソース配分と監査メニューの差別化 ●書類・統制がなくても高リスクに対応 ●コンサルティング的付加価値の増大 ⇒リスク分析，プロセス分析等の成果物 ●マネジメントにリスク情報を伝達 ●他のリスク管理機能との連携・協調による効率化・ガバナンス強化

れたことが今では厳しい世間の評価を受けることに気づかず，企業イメージの劣化，即売上げの減少というの結果を目の当たりにして初めて，リスクを認識するというパターンです。

2) リスク評価は誰でも知っているリスクを書き出すことから始まる

リスク評価とは，社内で誰でもわかっているはずの当たり前のリスクを紙に書いて認識することから始まります。リスクは環境変化に応じて変わります。そこで担当を決めて，制度としてそのようなリスクの変化をモニターし対応するのがリスクマネジメントです。リスク評価が客観性のある制度として行われてはじめてリスクベース，リスクマネジメントと呼ぶに値するのです。一握りの経営層の頭の中のリスクマネジメントに任せられないほど事態は複雑になり，急速に動いているという認識が必要です。

これらのリスク評価に関わること以外にもリスクベースには様々なメリットがあります（**知っておきたいポイント⑫**参照）。リスクベースというとリスクを見つけて監査作業を増やすイメージがありますが，逆に，なぜ監査作業を減らせるかという説明の根拠を与えたり，監査対象外の部署で事故が起こっても内部監査の制度に落ち度はなかったことを示す説明責任を助ける根拠にもなります。また，リスクが見えない中で目の前の書類や過去の経験値だけで監査の重点を見誤ることを防ぎ，ビジネスリスク関連の経営情報を経営者に提供したり，他のリスク関連部門との連携にもリスクに軸足を置くことでやりやすくなるといったメリットがあります。

(2) リスク評価の手順

1) リスク情報の収集分析からヒート・マップの作成まで

リスクベースの下で組織的・体系的な秩序が求められるのは，1つはリスク評価，もう1つはリスクの評価結果の監査手続へのリンケージ（関連づけ）の仕方です。初めのリスク評価の例が**図表6-9**です。リスクにもいろいろ種類があって，ここでは**図表6-10**に示したように，内部監査に有用なリスクとして，定性的リスク，定量的リスクおよびプロセス的リスクの3つから総合的にリスクを認識します。そこで認識されたリスクをさらにデータ分析によって深掘りすることもあります。

リスク評価のステップとしては，まずこれらのリスク情報を収集分析します。その結果，あらかじめ用意したリスクモデルなどに当てはめて認識され

図表 6-9 ◆ 内部監査における年次リスク評価の例

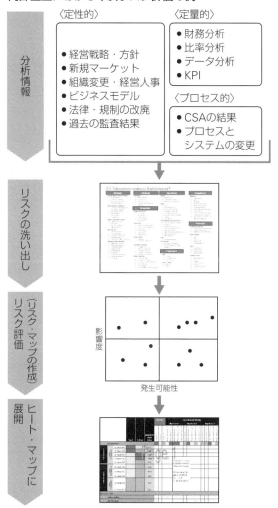

リスク評価の実施にあらかじめ必要なインフラ例:
1. ビジネス・経営環境の情報収集ルート,データ分析手法
2. 企業独自のリスク・ユニバースやリスクモデルによるリスクの分類と定義
3. リスク評価基準,リスク評価書式
4. リスク情報の収集・整理方法(インタビュースキル,調査表ないし統制自己評価(CSA)手法,評価手法とツール,ファシリテーションスキル等)
5. 他のリスク管理部署との連携の方針と手順

図表6-10 ◆3つの角度からのリスク領域の洗い出し──定性的・定量的・プロセス的

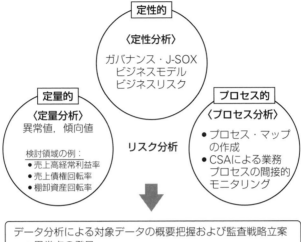

たリスク事象がどのようなリスクにヒットするかを判断し，どのような名前のリスクかを決めます。一般には，戦略リスク，コンプライアンスリスク，業務リスクおよび財務リスクの大分類の中でリスクを細分化したリスクモデル（**図表13-7**，p.414参照）を使います。

2) リスク・マップとヒート・マップの作り方

　リスクは通常，発生可能性と影響度の面から評価した結果を総合して高中低の3段階で評価します。このとき発生可能性の意味（例えば年に一回以下の発生頻度は発生可能性が低いとするなど）や影響度（影響の大中小を金額基準で決めるなど）はリスク評価基準として決めておきます。

　ここまでで縦軸がリスクの影響度，横軸がリスクの発生可能性で各リスクを表示した，リスク・マップができますが（**図表6-9**），これだけでは，どのリスクがどの部門や拠点で発生したかわかりませんから，これをさらに発生した拠点やプロセスごとに展開したヒート・マップに作り変えます。その例

図表6-11 ◆ 経営層とのコミュニケーションツールとしての全社リスク一覧表（ヒート・マップ）の例

活用方法
- 監査計画の根拠となる内部監査のリスク認識を経営者に説明する資料
- 監査スコープ決定のための経営層との協議資料
- 経営層が内部監査のパフォーマンスを評価する資料（計画に対する実績版の作成）

	戦略リスク	コンプライアンスリスク	業務リスク	財務リスク
経営企画	高	低	中	低
人事・総務	中	低	中	低
財務	低	低	低	中
情報システム	低	中	中	低
営業	高	中	高	中
国内事業部	中	中	中	中
海外事業部	高	中	中	高
製造部門	中	中	中	低
研究開発	高	低	低	低
リスク別総合評価	中	中	中	中

※リスク高低の評価
- 高リスク ■
- 中リスク ▨
- 低リスク ▧

※作成・報告手順
1. 経営ニーズに合ったリスクモデルの設定
2. 各組織からのリスクの洗い出しを参考にして内部監査部門としてのリスク評価の決定
3. 経営意思決定のためのリスク情報を経営層へ提供

が図表6-11です。これを見れば、今火を噴いているリスクは何で、それはどこの部署で起こっているかがすぐにわかりますから、社長はリスク対応のためにどの責任者に連絡をとればよいかがわかります。

3) リスクの評価の作業期間の目安

なお、実際の年次リスク評価にはどれくらいの期間をかけるか気にする人もいますが、図表6-9に示したインフラができているとすれば、年次の評価作業は1か月くらいがめどでしょう。評価対象組織の数や組織構造の規模や複雑さによって異なるとはいえ、それを考えても2か月くらいで終わらせま

す。リスク評価はそれ自体，監査計画を作るための暫定的な評価でしかなく，またいくら精緻にやってもきりがないのです。むしろ監査の実施後に評価を更新するなど毎年の継続的な向上を考えるのがよいでしょう。

（3）リスク・ヒート・マップの活用方法

1）リスク認識を経営者と共有する

このヒート・マップ（図表6-11）は，リスク評価結果の集計結果という意味だけでなく，内部監査によるリスク認識としてぜひ経営者とも共有することをお薦めします。年次の監査計画を社長に説明して決裁を受ける際に，これを使ってその根拠となるリスク認識を説明します。

例えば，高リスクと評価された9件の分野のうち，7件は来年の計画に織り込んで，残り2件はリソース不足のため次年度に回しますという監査計画をリスクの根拠とともに社長に説明して了解してもらうという方法です。それで計画を固めて，来年の監査の結果，実際には計画した7件のうち，特別な事情で除外した1件を除き，すべて計画を達成しましたと報告します。

こういうやり方で，経営者の期待に沿った監査計画を作り，計画に従った監査活動を実施したことの説明責任を果たし，かつ，社長が内部監査の業績評価をする資料を提供します。これが内部監査責任者として責任解除のプロセスとして機能するわけです。

2）KPIを使った内部監査の活動の管理と報告

なお内部監査のパフォーマンスをステークホルダーに説明するという点では，部内で内部監査の進捗管理や品質管理に利用するKPI（Key Performance Indicator）を設定してその実績を部内の管理に使うとともに経営層にも報告することが一般的です。図表6-12にKPIの例があります。

（4）社内のリスクマネジメントの内部監査における利用

社内のリスクマネジメント（RM）部門などが作成する全社リスク評価の結果を内部監査のリスク評価のために利用する場合にも，内部監査のための

図表 6-12 ◆ 内部監査の有効性・効率性指標の例

業績指標の種類	効率性の測定	有効性の測定	効率性と有効性の測定
基本的指標	●予定された／完了した監査件数 ●人員稼働率，直接対間接時間 ●一人当監査完了件数 ●監査時間の予実対比 ●監査報告サイクル時間 　○開始会議から往査完了まで，往査完了から最終報告まで ●監査報告書発行件数対計画数	●クライアント満足度調査の評定 ●スタッフ満足度調査の評定 ●重要な発見事項の数 ●改善提案の実施率 ●継続的発見事項の数 ●是正措置期限を過ぎた未了の発見事項の数	●研修およびCPE時間 ●スタッフ離職率・保有率
ステークホルダーに対する業務	●特命案件への応答性 ●経営陣の依頼への平均対応時間 ●従業員千人に対する監査人数 ●監査計画数対完了数	●高品質の業務実施 ●被監査部署の期待の管理	●クライアント，上級経営者，監査委員会からの各調査得点 ●フィードバック件数
ビジネスの知識		●ベストプラクティスのベンチマーク	
技術開発		●適切な技術知識の開発	
イノベーション	●テクノロジーの監査への利用 ●内部監査改善チームの数とチームが要した時間	●組織内でまたは監査活動で特定し伝達したベストプラクティスの数	

出所：IIA-IPPF-PG, "Measuring Internal Audit Effectiveness and Efficiency", 'Appendix' C より主な指標を訳出

リスク評価は内部監査の責任となるため，以下の検討が必要です。

　組織として RM プロセスが確立されている場合には，監査計画の策定にはそれを利用する必要があるという指針（IIA 実践要綱 2010-2 第 6 項）があります。そこで内部監査のリスク評価に利用できるか，利用する範囲の検討が必要です。その際，次のような点に留意します。

　ポイント A．リスクマネジメントの仕組み：
　　●リスク評価プロセスが企業戦略と整合しているか。
　　●企業全体にわたって網羅的か，海外など抜けていないか。
　　●適当なステークホルダー（例えば事業部責任者などのプロセス・オー

ナー）が評価に加わっているか。
- 評価結果は経営にどのように利用されているか。

ポイントB．内部監査から見た有用性：
- リスク・マップ等の報告様式が内部監査から見て適切か。
- 内部監査用に使うために情報の追加や加工が必要な場合，費用対効果から見て合理的か。

　上記の検討の結果，利用できない，または利用することが合理的でない場合には，内部監査部門が自らリスク評価作業を行うことになります。

3. 年次の監査計画の策定

　リスクベースで年次の監査計画を策定するには，あらかじめ定めた監査対応の仕方を，上記のヒート・マップのようなリスク評価結果に基づいて，各監査対象組織に割り振ります。例えば，海外事業部のコンプライアンスリスクが高いとすれば，問題となっている具体的リスクを考えて，どのような監査の仕方をどの組織レベルでの監査として予定するかを考えます。

(1) 監査対応のパターン

　その際の監査の仕方は，**図表6-13**で「監査対応パターン」として6つの類型を例示しています。それぞれの特徴や適用方法は次の通りです。

1) 監査対応パターンの6つの類型
①**経営監査**：グループ全体の主な事業単位ごとに行う経営領域の監査。
- カンパニー制などの場合は毎年の各カンパニーの監査が考えられる。
- 監査の一環としてリスク評価表を作成し，監査報告の一部としてリスク評価表を経営層に提供する方法もよい。

②**テーマ監査**：固有の専門性を必要とする課題に関する部門横断的監査。

図表 6-13 ◆ 内部監査アプローチの例──監査計画の策定

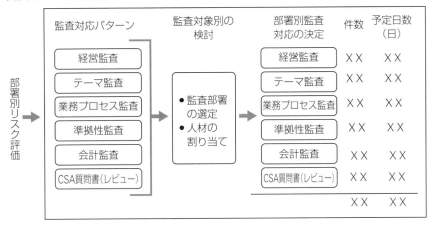

```
監査計画の策定にあらかじめ必要なインフラ例：
 1. リスクベース監査，プロセス監査，テーマ監査，CSA質問書（レビュー）等
    の監査対応のメニューと方法論を整備してモデル化しておく
 2. 各種監査方法の各事業部・子会社等への適用のグランドデザインを決める
 3. リスクと監査との関連づけ方法と監査計画をサポートする経営層への説明資料
    （監査のパフォーマンス等）を準備する
```

- 同じテーマについて本部機能と各拠点機能のそれぞれを監査し，相互の連携も見る。
- 特定の法令遵守などの個別テーマについて各事業部門などの取扱いがグループ全体の方針と整合しているかも対象となる。
- 専門スキルが不足する場合には他部門からゲスト・オーディター（監査支援要員）として監査チームへの応援を求めることも検討する。

③**業務プロセス監査：** リスク評価に応じた対応プロセスを中心とした監査。
- 事業部の中では重要性を考慮して重要子会社等を中心に監査対象を決定する。
- 経理・人事・給与等の間接部門も含まれるが，グループ企業では事業部とは別にシェアードサービスとして独立していることもあり，収益部門のプロセスと異なる面もある。
  ⇒事業部門とは別に経理・人事・給与等のテーマごとにガバナンス等

の経営監査,業務プロセス監査等を行う。
④**準拠性監査**：法令や社内規則への準拠性をテーマにした監査。
- 適当であれば業務プロセス監査・会計監査と同時に行う。
- ただし特定の法令遵守監査などは事業部門監査とは別の時期に実施したり,特別のテーマ監査として行うことが適している場合もある。

⑤**会計監査**：会計領域の内部統制を対象とした監査。
- 一般に外部会計監査の対象外の中小子会社に実施する。
- 外部監査対象外の小中規模の会社から定期的に抽出して行う。
- 適当であれば他の監査と同時に行う。

⑥**CSA質問書（レビュー）**：対象組織が実施したCSAの結果のレビュー。
- リスクが低い,小規模組織には部門独自のCSAの結果をレビューする消極的モニタリングで監査実施に代替する場合もある。

2) 監査計画の策定

監査対象の組織ごとに上記のような監査パターンの適用を考えて,それぞれのパターンを適用する組織を決定し,個別の監査ごとに所要延日数ないし時間数を予算化します。その後,適材の人材リソースの割り当てを決めて,**図表6-13**のように監査部門全体の年次の計画をまとめます。各監査の計画立案は担当になった監査人がその都度行いますが,年次計画段階で予定監査日数を決めるために各監査の目的や重点の概略を決めておきます。

(2) 監査アプローチのグランドデザイン

1) 組織ごとのグランドデザイン

上記のように監査のミッションを考えて,必要となる監査の方法をモデル化します。次にこれらを企業組織に適用するには,企業グループ全体で,あるいは事業部の組織全体で数年間のうちに必要な監査が実施されるように組織ごとにグランドデザインを考えます（**図表6-14**と**図表6-15**）。

各事業部やカンパニーのビジネスがうまく運営されてるという経営品質や効率性を重視する経営監査は,**図表6-14**のA, B, C社のように大きな事業

ユニットについては毎年行うことが適切と考えられるかもしれません。ここでは各ユニットのリスク評価も併せて行うことが考えられます。一方で，法令遵守などコンプライアンス的な視点はこの経営品質の主題からは外れるため，この目的の準拠性監査はこれと並行して部門ごとに数年間隔で別に実施することも考えられます。特に専門性を要する分野では，図中の競争法監査や管理職報酬監査などのように，テーマ監査という扱いで専門性の高いスタッフを中心に部門横断的にまとめて行うことが適当かもしれません。

図表6-14 ◆ 組織単位の内部監査のグランドデザインの検討例

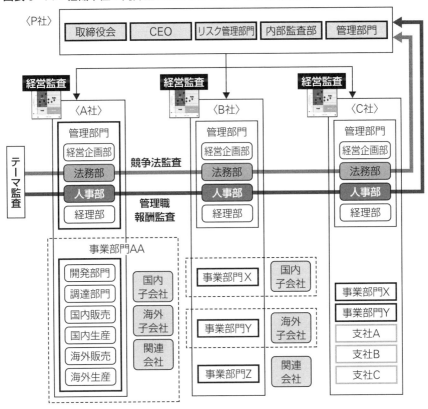

図表 6-15 ◆ A 社の内部監査計画例──業務切り出し型子会社グループ

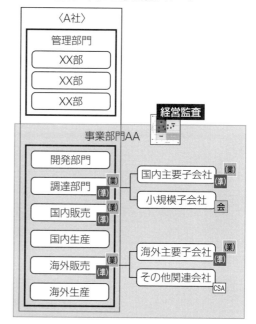

監査対応の5パターン：
1. 経営監査
2. 業務プロセス監査 (業)
3. 準拠性監査 (準)
4. CSA質問書 CSA
5. 会計監査 会 (※)

リスク評価単位：

※会計監査は外部監査
　対象外の小規模子会社
　から抽出して適用

2）リスクベースの多様な監査計画

　多くの企業では各部門をローテーションで周期的に監査する実務が多く見られますが，前例踏襲よりもリスクベースに軸足を置くことが内部監査部門の責任解除につながります。上記のテーマ監査のようにリスクに直接関連づけた非定型の監査の計画も重要です。

　また，新規の経営施策に対応した監査ニーズも考えられます。ただし業務の規模の大きな組織については，業務プロセス監査を定期的に行うのが適当です。また子会社の中でも大会社としての会社法対応などは法令遵守のメニューが追加されるかもしれません。

　また海外子会社のように現地情報が少なく，現地法人の経営管理への依存度が高い拠点については，業務監査に限定せずに取締役の機能などを含めたガバナンス監査（一種の経営監査）をすることが適当な場合があります。

4. まとめ
――監査の管理プロセス,リスク評価から年次監査計画まで

第6章のポイントをまとめると以下の通りです。

●**内部監査の管理プロセスの構築**
1. 個々の内部監査の価値を高めるには,その前後に行う年次の作業・経営層とのコミュニケーションを含んだ内部監査のマネジメント・プロセスを明確にしPDCAを回すことが必要。そこに内部監査ガバナンス文書(ミッション・ステートメント,内部監査戦略計画等)を取り入れればPDCAにメリハリがつき,ステークホルダーの理解とバックアップを得ながら,かつ経営管理層に認知された形で内部監査の継続的改善を進める道が開ける。これらの文書は内向きの使用ではなく,経営層向けに利用するために作る。適宜更新も必要。
2. こうした企業ガバナンスにおける内部監査機能の見える化は,経営層のモニタリングを支援し,企業のガバナンスに貢献するという内部監査の固有の役割を経営管理層に広く周知させ,その社内認知度を高める。このような形で経営に貢献できる立ち位置にあるのは内部監査をおいてほかにない。

【**年次リスク評価**】
3. 定性的,定量的,プロセス的の3つの面からリスク評価をする。そのための情報収集のルートを作り,その情報をあらかじめ定めたリスクモデルに照らして該当するリスクを特定し,これをリスク・マップとヒート・マップに展開する。
4. リスクモデルは企業のリスクを適切に映し出すように,経営方針・戦略と整合性のあるリスク分類・詳細リスクを設定し,本業のリスクは手堅くカバーし,新規事業からの将来リスクの適用をも想定する。必要に応じて適宜改訂する。
5. 年次監査計画のためのリスク評価作業は1,2か月の短期で行う。他部門のリスク評価結果を利用する際には内部監査部門としてのリスク認識として認めてよいかの判断が必要。
6. ヒート・マップは経営層に監査計画の根拠となる内部監査のリスク認識を提示し,リスク認識を踏まえた監査計画に経営者の決裁を受ける協議資料として優れている。さらに計画時と実施後の監査対応リスクを示すことで,経営層が内部監査の実績を評価するパフォーマンスメジャーを提供し,これが内部監査責任者の責任解除の資料ともなる。

【年次監査計画】
7. リスク評価の結果を受けて，重要なリスクをそれぞれに適した監査方法につなげるため，いくつかの監査パターン（経営監査，業務プロセス監査，準拠性監査等）を用意して，監査対応を計画する。
8. 個々の監査は，リスク評価から落とし込む監査のほか，数年ごとの循環的監査，経営施策への対応等のルートで計画する。
9. 企業のどの組織レベルのどの組織単位に，どの監査パターンを使うかを事業部門等の特性に合わせて検討する。
10. 監査人材の割り当てには子会社監査部との協働や他部門との連携やゲスト・オーディター（監査支援要因）も視野に入れる。

第4部

失敗しない海外監査の進め方

第7章 海外監査の成熟度に合わせた体制構築
- 海外監査の成熟度ごとの課題の整理
- (第1ステージ) 海外監査の試行段階の課題
- (第2ステージ) 海外監査チーム主導段階の課題
- 海外監査の成熟度モデル
- (第3ステージ) 海外監査現地化推進段階の課題
- (第4ステージ) グローバル監査推進段階の課題
- 海外監査発展段階のまとめ

第8章 海外監査チームによる海外監査の課題と対応策
- グローバル経営を支援する内部監査の在り方
- 個々の内部監査のデザインの全体像
  ——出張型の海外監査の検討ポイントと留意点
- 海外監査成功のポイント——事前アレンジと準備
- 海外監査チームの編成と外部人材の活用
- 失敗のない監査報告の進め方
- 職務分離に関する指摘・提案
- 利益相反への対応

◎海外監査に固有の問題と攻略法

　海外子会社や海外事業の内部監査には言葉の壁や法制度や文化の違いなど国内とは勝手が違う難しさがあるため，一段と高い監査の対応能力が求められます。しかしそこには進め方のコツがあって，問題となりやすい課題ごとに対応策を講ずることで失敗を避け，監査の出来栄えもよくなるでしょう。

　ただし海外監査といっても企業によって経験値や発展段階が異なります。図表に示したように最初の段階とある程度発展した段階とでは課題の内容に違いが見られます。

　そこで第7章では，まず日本企業の海外監査における発展段階を初期段階（第1ステージ）からグローバル監査（第4ステージ）までの4段階に分けて，それぞれの成熟度に応じた課題と対応策を一通り見ていきます。

　その後，第8章では，グローバル経営の視点から内部監査は海外で何をしたらよいかという課題を検討し，それから典型的な海外出張型の内部監査を中心にして，海外監査を成功に導く留意点を実務に即してより具体的に見ていきます。ここでは個別監査についてその事前準備から計画，往査それから報告までの全工程を視野に入れて，実務上，重要となる課題とその対応策を解説いたします。

図表 ◆ 海外監査の成熟度（発展のステージ）

ステージ	主な失敗要因
第1ステージ（初期段階）： ⇒親会社の内部監査部員が海外子会社へ出張して監査	国内監査とは勝手が違う監査の進め方
第2ステージ（海外監査の組織化）： ⇒親会社の内部監査部に海外監査チームを組成して出張監査	
第3ステージ（現地との連携）： ⇒親会社の内部監査部が出張して現地監査人と協働して監査	国際的な監査組織のガバナンスや人材
第4ステージ（グローバル化）： ⇒グローバル監査体制のもとに各地域の監査グループが監査	

第7章 海外監査の成熟度に合わせた体制構築

　企業活動がグローバル化する中，内部監査部門にとって海外関係会社や海外支店等の海外拠点の監査，いわゆる海外監査は避けて通れない課題となっています。しかし，ビジネスの海外展開の仕方も企業によって，また事業によって当然，違いがあります。同様に海外監査の経験や発展の段階も企業によって異なり，それぞれが直面する課題もかなり違ってきます。そこで第7章では，まず内部監査の発展段階ないし成熟度ごとに，一般に共通する課題とその対応を監査体制の構築という視点も含めて見ていくことにします。

1. 海外監査の成熟度ごとの課題の整理

(1) 海外監査の難しさ

海外監査について言われる難しさとは大体，以下のようなところです。
- 言葉の壁があって監査がうまくできない
- 法制度やカルチャーが違うので，何を標準にしてよいかわからない
- 国内子会社と状況が違うので，どこにリスクがあるかがわからない
- 現地の社員やマネジメントと面識がなく，何を考えているかわからない
- 短期の往査でどれほど意味のある結果（改善案）を出せるかわからない
- 英文の報告書を現地と交渉してまとめるのが大変

とりわけ言語や文化の違い，現地固有の法規制や慣行あるいはリスクのわ

かりにくさなど，コミュニケーションや知識・情報不足に課題が集中します。また，こうした状況下で，せいぜい一週間程度の現地往査でいかに手際よく，当を得た発見事項や改善提案をあげて，成果を出せるかというプロジェクト管理，あるいは必要となる監査手法も大きな課題になっています。

(2) 監査体制の検討

ただこのような監査の実施上の問題だけでなく，中長期的には監査体制をどうするかという検討も必要になります。

この辺は**図表7-1**に示したように，目先の問題解決だけでなく，内部監査体制を監査の人材，ナレッジ（知識），監査プロセス，監査手法，さらにはガバナンスという面からどのように改善するかという視点も欠かせません。

海外監査において直面する課題は，企業の状況によって異なります。中でも課題が大きいと思われるのは海外展開の初期段階でしょう。

図表7-1 ◆ 海外監査の課題の整理

海外監査の実施に見られる問題	課題分野	内部監査体制
・言葉の壁があって監査がうまくできない ・国内子会社と違ってリスクの所在が不明 ・法制度・文化の違いから標準尺度が不明 ・現地の人と面識がなく，何を考えているかわからない	コミュニケーション能力 情報・知識の不足	人材 ナレッジ
・短期の往査でどれくらい成果を出せるか不明 ・英文の報告書を現地と交渉してまとめるのが大変	プロジェクト管理の難しさ 監査のスキル・方法論	プロセス 手法
その他海外監査の体制上の問題 監査の人員組織／監査組織の指揮命令系統／事業部門との関連		ガバナンス

2. （第1ステージ）海外監査の試行段階の課題

海外監査を始めたばかりの言わば試行段階では，その準備のための経験値やインフラがないために表面化しやすい問題があります。図表7-2の例示に従って，問題の種類ごとに見ていきましょう。

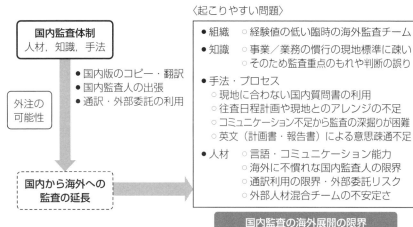

図表7-2 ◆（第1ステージ）海外監査の試行段階——国内監査の海外へ延長

（1）組織の問題

初めから海外専門の監査チームがいるわけではないので，チーム編成から問題となります。監査部門内で適任者を出せればよいですが，海外監査の経験のある人材をそのつど集めるのは容易でなく，言葉や現地の知識の面で不安が残りやすい領域です。そのため，これは後述の部外の人選を含んだ人材の問題に直結するテーマとなります。

(2) 手法・プロセスの問題

1) 日本との商習慣の違い

　初めのうちは国内監査の海外への展開という形をとることが多いため，気がつかないままに海外には適合しない国内用の質問書やチェックリスト（例えば海外には商慣行がない日本の受取手形に関する質問）を使ってリスク領域を見誤ることがあります。また米国のように，売上の入金が小切手の郵便で来るのが一般的であれば，誰が郵便物を開封するかというところから入金のコントロールを始める必要がありますが，内部統制のチェックリストが日本で一般的な振込入金しか想定していなければ入金の統制のチェックを見落としてしまう可能性が出てくるという具合です。

2) 日程管理の甘さと現地とのアレンジ不足

　また経験値が低い初期段階では，監査の実施プロセスに特別の思い入れはないと思います。海外往査では時間的に余裕がないことが多く，それだけ国内よりも厳密な管理が必要となります。そのため，日程管理の甘さや現地とのアレンジ不足から問題が生じやすく，依頼した資料がいつまでも出て来ないとか，会議に出席すべき管理職が出張して監査にならないなど日本ではめったに経験しないことが普通に起こると考えておいた方が無難です。

　こうして初期の海外監査では事前準備で監査の成否の半分以上が決まることが多く，逆に言えば失敗の理由はそこにある場合が多いということです。

(3) 現地社員とのコミュニケーション

1) 通知書は英語で

　上記のアレンジや準備には現地会社とのコミュニケーションという側面があります。監査の実施を事前に現地会社に通知するのは当然としても，日本人同士で現地の社長や担当者とだけ簡単な連絡で済ませる企業もあります。

　しかし，監査を実際に受けて監査作業に協力し，またその結果の改善提案に取り組むべきは，多くの場合は現地の社員です。だから彼らに直接伝わる

ように，通常は英語で監査の通知書あるいは監査計画書を送付して監査の趣旨・目的・範囲などを丁寧に伝える必要があるのです。

2）議論できる雰囲気を作る

　これは外国から渡航してくる監査人に対する現地社員の警戒心を解いて，胸襟を開いて議論できる雰囲気を作り，安心して監査に協力しようという環境を整えるためです。こうしたアレンジが監査の成功にもつながります。

　同様の配慮は現地往査で最初に開くキックオフミーティングなどでも必要です。内部監査の持つ警察官的なマイナスのイメージを払拭して，業務を改善して現地の経営にも役立つ建設的な意味を理解してもらうことが大事です。

（4）現地日本人管理者への対応

1）現地の担当者にも直接, 確認

　現地日本人管理者，特に日本人社長への対し方もコミュニケーションのもう1つの課題となります。言葉の問題があるからといって現地で日本人とだけ話して監査を終わらせてはいけません。また，それで終わると考えてしまうとしたら問題です。普段はこうしていますと社長が説明しても，実際の業務ではどうしているかを担当者に直接，確認したり，書類を見て矛盾がないかチェックをするのが監査です。そこから意外な矛盾が見つかることが多いのも海外監査の特徴かもしれません。

　例えば，インターネット・バンキングによる銀行振り込みを使っているという会社の社長に質問すると，「はい，毎月私が自分で送金処理をしていて，パスワードも自分で管理しています」との説明。そこでその後，現地の担当者に聞くと，「いいえ，送金処理は私が全部やってます。社長のIDナンバーとパスワードも預かってますよ」という正直な返事が返ってきたりします。

　中には日本の親会社向けにはきちんとした管理者の顔を見せながら，現地社内ではすこぶる評判の悪いワンマン社長もいます。日本からは目の届かないそうした陰の側面も現地では管理上の問題が起きていないかなど公平に見てくるのも現地往査のポイントです。

2）現地社員と日本人社員との両方を客観的に見る

また，日本人駐在員と現地社員との間に不和や不信感が見られたり，リストラで現地社員のモラルの低下が見られる場合などは，不正リスクや管理上の問題に発展していないかなど特別な注意が必要とされます。

こうした現地状況を客観的に把握して適切な監査対応をとれるかどうかは，管理者側の日本人からの聞き取りだけでなく，どこまで現地社員の本音や実情を聞き出せるかという内部監査人のコミュニケーション能力に負うところが大きいでしょう。つまり，海外監査の対象を人の面から見ると，現地社員と日本人社員の両方をカバーして客観的に見る必要があります。また，両者の不和や信頼関係をめぐって懸念材料がある場合などに，そこを掘り下げるには特に現地社員とのコミュニケーションが重要となります。

(5) 指摘事項の確認

1) 現地往査ですべきこと

現地往査では作業を一通り終わらせて最終日に講評会（クロージング・ミーティングないしラップアップ・ミーティングともいう）を開くのが普通です。指摘事項・改善提案について帰国後の報告書案の提示を待たずに，この会議で極力，現地経営者の合意を取りつけるのが望ましく，これが現地往査での目標となるでしょう。

2) 文章にして合意をとる

ここでのポイントは，問題点をなるべく報告書に近い形で書き出して事実認識と解決の方向性につき，合意をとってくること。差し障りのない話に終始せずに，言いにくいことほど対面で，それも文章で見せながら率直に話をしておくのが望ましいでしょう。きちんと伝えていないことを後で監査報告書に書くと先方ともめて報告書がまとまらないことがあるからです。

帰国後に報告書ドラフト（草案）を送付すると，現地マネジメントが指摘事項に執拗に反論を繰り返したり，細かい文章表現にこだわって長い間収拾がつかないといったことも，たまに起こります。監査人が書いた報告書の内

容に誤りが見つかれば，すぐに直します。それ以外の対応としては，現地の会議で微妙な議論は終わらせておくことと，監査の報告までのスケジュールを伝えて日程管理を徹底することです。

(6) 人材の問題

1) 外部の協力者選びの注意点

　特に初期の監査では海外監査に経験のある内部監査人をチームに加えることは，水先案内人役としても心強いことです。監査部や他の事業部にも適任者がいなければ，外部の通訳やコンサルタントを入れる選択肢があります。

　通訳の場合，通常，コンサルタントよりコストも格段安いとはいえ，一般に監査に必要な現地の事業や業務の知識までは期待できないことに留意すべきです。初期の海外監査で監査人に必要なのは語学力だけでなく，こうした監査のための現地情報だということを思い出してください。

　その点は専門のコンサルタントを使えば解決しやすいと考えますが，外部委託したが失敗したという話も多いので注意を要します。名の通ったコンサル企業や監査法人でもちょうどよい経験を備えた人材がいるとは限りません。ここは法人としてのブランドや業務実績でなく，メンバーに加わるコンサルタント個人の業務経歴を詳細に確認し，具体的に現地往査で何をどこまでお願いできるか契約前に本人と面談して，対応能力を直接確かめるのが無難です。そのくらいの準備がないと後で困ることもあります。

2) 外部委託者との混成チームでの協働関係がよい

　このように最初ほど，海外監査に向いた人材集めがキーとなるため，いきおい監査チームは監査部以外の国際事業部等や外部委託者を交えた混成チームとなることが多くなります。そのため，そのチームをまとめるのはそれだけ難しくなり，プロジェクトマネジメント能力が求められます。

　特に外部コンサルとの関係では，その守備範囲を明確にして，手続ごとに企業側とコンサル側のどちらがやるかを決めておくべきです。なお，企業側の責任者も海外監査の経験値に不安があるようなら，プロジェクト管理自体

もコンサル側に任せることも考えられます。

ただ任せすぎると企業側に経験値が残りません。そこで，後々，監査のモデルケースとして参照できるように，コソーシング的な（つまり企業とコンサルとで一定の役割分担の下に協働して監査をする）アレンジによって，企業側にも学習効果やコーチングが期待でき，かつ内部監査部門内にナレッジや経験値の蓄積ができるようなやり方に経験のあるコンサルを選ぶのがよいでしょう。

3. （第2ステージ）海外監査チーム主導段階の課題

（1）海外監査チームの組成

海外監査の試行段階の次には，そこからの教訓を生かして海外固有のチームを編成します，そして，そのチームを中心に日本から出張ベースで海外監査を展開するという段階に進むことが多いでしょう（図表7-3）。そのチーム

図表7-3 ◆（第2ステージ）海外監査チーム主導段階──海外チームによる出張監査

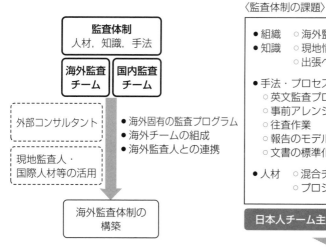

には既存の監査部員以外にも社内の応援部員や社外のコンサルタントも組み入れられることもあります。

(2) 言語・ナレッジ対応

　もともと海外監査でネックになっていた語学や現地のナレッジ（知識）をカバーするために，その方面に強いメンバーで組織するチームなので適任者が集まれば，この問題は一応はクリアされます。ただ日本人以外の現地社員などが加わることも考えられ，この辺から監査手続書や書式等を英語で用意するニーズが高くなります。

　また海外に強いといっても世界中の地域事情に精通した監査人はまずいませんから，日本から出張ベースで監査することの限界は残ります。

(3) 重要となるプロジェクト管理

　海外監査は限られた情報に基づき，限られた日数の中でそれなりの結果を出さなければいけません。そのため国内監査よりも一段と高いプロジェクトマネジメント能力が求められると思った方がよいでしょう。

　例えば，ある監査部長は国内監査で監査部員に往査をさせて出てきた指摘事項が不十分と思えば，再度訪問させ情報を集め，社長の目にかなうレベルまで何回も報告書を練り直すというやり方をされていました。その方法の良し悪しは別として，こうしたやり直し作業は国内だからできることで，一回の海外出張で終わらせようとする海外監査では現実的にはできません。その分，周到なジョブ管理でやりくりするしかないのが実情です。

　これは緊急時の危機管理に似て，問題発生の都度，立ち止まって検討したり，意思決定をしたりする時間がないのであらかじめ作業手順・日程を決めておいて，原則その通りに進めることが安全策です。**図表**7-4はそのような日程モデルの例です。さらには往査時の被監査会社との面談日時も人ごとに設定したスケジュール表を作り，先方にも予定の確認をお願いしておきます。

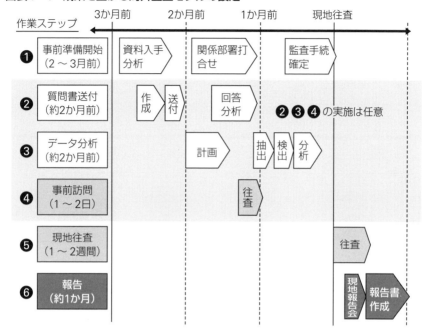

図表7-4 ◆ 成果を上げる海外監査モデルの設定

(4) 作業ステップと日程を固める

1) 作業ステップと活動開始時期の目安

図表7-4は，初めて監査をする海外子会社を想定して次の❶から❻までの作業ステップを目安となる活動開始時期とともに例示しています。

- ❶ 事前準備開始（現地往査の2～3か月前）
- ❷ 質問書送付（現地往査の約2か月前）
- ❸ データ分析（現地往査の約2か月前）
- ❹ 事前訪問（現地往査）（1～2日）
- ❺ 現地往査（1～2週間）
- ❻ 報告（往査後1か月以内に正式な報告書発行）

作業ステップはその内容となる作業項目とそれぞれの成果物を決めて，それをターゲットに作業を進めます。安定した結果を出すには❶から❻のすべ

ての実施を推奨します。しかし，内部監査にどれだけリソースを割いて，どれほどの水準を求めるかは各社の監査のミッションによって異なるため，❷，❸および❹の実施はここでは任意の扱いとしています。

　ただ，このときに考えておきたいのは監査判断のための情報ルートが十分かという点です。短期間の作業で客観的で適切な監査判断をするには，様々なルートからリスク情報を収集して見落としや判断の誤りを防ぐことが重要となります。いわば情報収集の多元性の確保です。

　情報には業務プロセスの質問書への回答に細かく書き出してもらうのに適した情報，面談で話して初めてわかり合える情報，データ分析でしか気づきにくい情報等があります。偏った情報だけで監査判断をすると，問題点を見落としたり，重要でない指摘事項を不必要に負荷をかけて改善を求めるような監査の失敗にもなりやすいわけです。また，情報ソースの異なる情報を互いに矛盾がないか確かめるのも重要な監査作業となります。

　ですから，上記の❷，❸，❹の3つのステップを省略する場合には，バランスのとれた監査判断を支える情報の多元性をそれだけ危うくしていることに留意してください。これら3ステップの留意点を次に説明しておきます。

2）質問書送付

　販売，購買その他，業務プロセスのリスク情報を入手するのに事前質問書は有効なツールとなります。監査の重点によって，不正リスクに重点があれば，職務分離とか，各プロセスで不正対応に重要な統制の状況を詳しく聞いたり，必要に応じて米国FCPA（海外腐敗行為防止法）に沿った公務員等との不正支出を扱う質問を入れるなど，リスク状況に応じた調整が質問書形式であれば，やりやすくなります。

　内部監査の主なテーマである業務プロセスリスクを捕捉する方法としては，こうした事前質問書（事業部等で独自に行う統制自己評価（CSA）質問書の利用を含む）以外に適当な方法はあまりないのが現状です。その意味で質問書の利用は省略すべきではありません。

　とりわけ初めての会社には，現地往査で注力すべき領域をあらかじめ洗い

出し，現地作業に目鼻を付けるために非常に有用となります。

3）データ分析の活用

　これについては，データ分析を実施できる人材の確保とか，分析手法の導入など，すぐに準備しにくい面も考慮して，任意としていますが，海外監査のレベルアップの潜在性の高い分野として検討をお勧めしたいと思います。

　親会社の海外事業管理部署などで子会社の財務および非財務情報あるいは，その分析結果または業務プロセスに関するKPIやパフォーマンス・メジャー（測定基準）を使用した測定結果などが利用できれば，それを活用することも考えられます。そうでない場合には，例えば，以下の手順で現地会社からデータを入手して監査チームで分析をします。

> ①事前にどういうプロセスについて何をチェックするかを計画する。
> ②現地会社から関係するデータを抽出し，ダウンロードする。
> ③ACLなどのデータ監査ツールを利用し，データから特定の情報を検出し，異常点などの確認をする。
> ④その結果を内部監査の目的にどのように関連づけて使うか，現地往査でのフォローアップ作業の方法などを決めて往査時の作業につなげる。

4）事前訪問のメリット

　これは正式な現地往査に先立って，1日（長くても2日）程度，本番の往査で実施する監査手続書を作るための情報を入手する予備調査として主に面談のために現地に事前訪問（プレ・ビジット）することです。子会社の組織，経営管理や内部統制全般から監査対象となる重要な業務プロセス（販売，購買，人事，セキュリティ等）まで聞いて，結果を業務手順書やリスク概要等にまとめます。聞きたい要点をまとめた資料なので往査時のポイントを決める参考情報としては，これ以上に要を得たものはありません。現地から送付されてくる大部の依頼資料より，はるかに監査に役立つと感じることも多いでしょう。特に最初の監査では事前訪問の有用性が高いので，日程や予算の制約で事前訪問できない場合でも電話・テレビ会議で補うべきでしょう。

知っておきたいポイント⑬

データ分析活用のメリット

海外監査へのデータ分析の適用には，とりわけ次のメリットがあります。

●データに語らせること

例えば中国に監査に行って，概況の聞き取りや工場見学などをしていると具体的な業務や処理にはなかなかたどり着かなかったり，聞いても言語の壁に阻まれて要領を得ないことがあります。しかし事前にデータを入手して異常点を把握しておけば，すぐにそれを指示にして確認が可能となります。それもデータによる客観的情報なので中国語で詳しく説明できなくてもデータが語ってくれるわけです。まさに言語の壁を超える助けともなってくれます。

●監査にインテリジェンスを与える

監査人の判断や提案が個人的経験や勘だけを頼りに行われるというのではいかにも心もとないし信頼も得にくいでしょう。データ分析はこれに客観情報でサポートを与え，監査人の結論に説得力や客観性を付加してくれます。

●不正の徴候の提示

海外監査で不正対応というと，支払回りと内部統制が強調されがちです。ですが不正は営業や人事などどこでも起こるわけで，その結果としてお金が流れる支払だけ見てもなかなかわかるものではありません。また内部統制は業務が所定のルール通りに流れたと仮定した場合に統制が効くというものですが，不正は人をだましてそれを隠す行為なので，内部統制の不備だけでなく内部統制の迂回や上司によるオーバーライド（無効化）に注目しなければいけません。その点，データ分析は，例えば退職者が退職後も給料を受け取っているとか，業者への支払口座がどういうわけか従業員の銀行口座になっているとか，これだけでは不正と断定できないにしても，その徴候に近い状況を教えてくれることがあります。それも内部統制のように仮定の話ではなくて取引や業務の事実についての情報です。

●監査の効率化・高度化

データ分析の活用が進めば，現地に行かなくても日本から監査できる可能性が十分あり，リスクアプローチを進めることで監査の経済性・効率性に貢献できます。次の図表は子会社のリスク・レベルに応じて往査によるフルスコープ監査（すべての領域をカバーする監査），データ分析およびCSAによる間接的モニタリングの3段階に監査対応を使い分ける例を示しています。

いきなりこのレベルまでいかなくてもデータの事前入手により現地往査の作業に余裕が出て，経営監査など業務監査以外のテーマにも往査時間を振り向けやすいというメリットもあります。

◆ 海外監査におけるデータ分析と CSA の活用の例

リスク重要性	監査対象プロセス	購買〜支払	受注〜入金	財務	在庫管理	給与・福利厚生	決算	内部監査戦略のポイント
高	米国子会社	往査（フルスコープ監査）						● 全拠点に往査 ● リソースの集中
高	中国子会社	往査（フルスコープ監査）						
中	タイ製造子会社	データ分析	データ分析	データ分析	―	データ分析	データ分析	● プロセスごとにデータ分析 ● 異常点のフォローアップ
中	豪州子会社	データ分析	データ分析	データ分析	データ分析	データ分析	データ分析	
低	台湾子会社	CSA						● 原則として往査の省略 ● 異常点のフォローアップ
低	英国販社	CSA						

拠点横断的データ分析の場合

※CSAは全拠点から回答を入手し、プロセスリスク情報を収集

5) 監査報告書の留意点

　海外拠点では，現地で必要性の高い営業や技術系の人員が大勢を占め，法務，総務といった間接部門の人員は限られ，むしろ手薄になっていることがよく見られます。さらに国内とは異質の法規制や慣行もあるため，インフラが整備された親会社では普通起こらないような管理上の不備や想定外の事故が起こることもあります。職務分離の不備などはその典型とも考えられます。

　現地特有の指摘を監査報告書で読んだ親会社の社長はいったいなぜそんなことが起こるのか，現地社長はどう説明しているのかと疑問やフラストレーションを感じるかもしれません。一方，指摘された現地経営者は，日本では非常識であっても現地固有の商慣行や法規制でこういうやり方が当地では一般的だとか，人員不足のためリスクを承知で次善の策をとっている結果だとか，それなりの説明があるものです。そのような現地経営陣の反応や現地ならではの説明も，日本の本社の人が読んでも自然に了解できるような書き方で，指摘事項や改善提案の中に触れておくのがよい報告書です。

改善提案への現地からの正式な回答は，その後得られるとしても，指摘・提案段階でのこうした対応で現地経営者の問題認識を踏まえた事案の重要性がより正確に日本サイドに伝わることになります。こういう面では報告書を通して，現地経営者の表情が思い浮かぶような書きぶりがよい報告書ではないかと思います。逆に，現地経営者の重要問題に対する態度が監査報告書上，不明のままでは内部監査が説明責任を果たしたか疑問が残ります。なぜなら，社長に代わって現地経営者に説明を求め，その結果を報告するのは，社長に直属の多くの内部監査部門にとっては重要な役割と考えられるからです。

　他方，指摘事項の中には，国内の関連事業部で聞けば話が済んでしまうような指摘，あるいは経営層に報告するまでもない些細な指摘も見かけることがあります。いずれも何のためにわざわざ海外まで行って来たのかと，お叱りの声が聞こえてきそうな残念な例です。

　さて，海外監査の実務課題はここまでの初期段階（第1，第2ステージ）に集中しています。これはさらに海外監査固有の監査モデルの設定，海外固有のガバナンスとプロセスリスク対応，海外のビジネスリスク（法務，不正，契約リスク等），J-SOX対応と海外内部監査の異同あるいは，各論では重要な職務分離への対応など整理すべきポイントはまだまだ盛りだくさんです（詳しくは藤井範彰『内部監査の課題解決法20』税務経理協会，2012年参照）。

　しかし，すでに海外監査の次のステージにある企業も考えて，以下では内部監査の発展モデルに話を進めて行くことにします。

4. 海外監査の成熟度モデル

（1）海外展開，チームの組成，現地化からグローバル監査へ

　中長期的な視点から，日本企業の海外監査を振り返ってみると，海外における監査の必要に応じて国内監査の海外展開を試行するところから始まり，海外固有のニーズに合わせて海外専門の監査チームを組成し，海外監査活動

を発展させるというパターンがよく見られます（**図表7-5**）。すでに第1，第2ステージとして実務対応を見てきたところです。

この海外監査チームによって相当実務が発展すると期待されますが，いずれはこうした出張ベースの監査の限界を補うために海外拠点に監査人を設置する企業もあれば，M&Aにより自然発生的に現地監査人が増加することもあります。これが監査の現地化段階であり，現地監査人との協働が必要となる第3ステージです。

日本企業にはあまり見られませんが，さらに一歩進めて国内外の区別なく世界中の各拠点の監査を統合的に一元管理するグローバル監査（第4ステージ）に進む企業もあります。

図表7-5 ◆ 海外監査の成熟度モデル

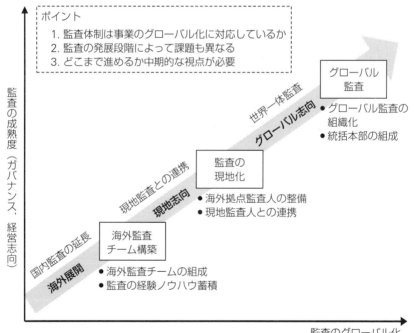

（2）経営環境を踏まえた立ち位置が望ましい

　こうした内部監査の発展は事業のグローバル化や経営戦略との整合性という面から合理性を持ち，推し進められるものです。ですから，この経営と監査との整合性を度外視して，事業環境も経営方針も異なる企業がすべて**図表7-5**の右上を目指すべきということではありません。むしろ各企業の経営環境を踏まえた内部監査の立ち位置を考え，将来の方向性を見据えた取り組みを図ることが期待されます。

5. （第3ステージ）海外監査現地化推進段階の課題

　ところで第1，第2ステージで検討した海外監査の課題は第3ステージでも本質的に大きな違いがあるわけではありません。ただ第3，第4ステージになると事業環境の変化を背景に海外監査に対する企業と監査部の立ち位置が変わってくるため，課題分野ごとの重点やその内容が変わってきます。

（1）組織・ガバナンス上の課題

　第3ステージでは日本の海外監査チームのほかに現地にも監査チームが現れた状態です（**図表7-6**）。次のグローバル監査に至るまでの過渡期という面もあって，どこまで日本チームが担当し，どこまでを現地チームがカバーするかの役割分担が問題となってきます。

　うまくいけば日本チームには荷が重い海外固有の問題は各現地チームに担ってもらい，それぞれが得意分野を生かして全体最適の監査領域の分担が実現することも考えられなくもないでしょう。ただ日本チームが海外全体に主導権を握ろうとすると海外の監査チームにどの程度まで指揮命令できるかというガバナンスの問題にぶつかります。

　ガバナンス上は，企業買収などで自然に生まれた現地監査チームは従来のまま現地マネジメントにレポートし，親会社の監査部にレポートする組織上

図表7-6 ◆ (第3ステージ) 海外監査現地化の推進段階
――現地監査チームの組成・地域分担の促進

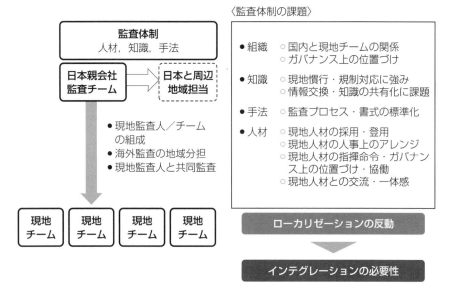

の責任はないのが普通です。一方，企業グループの国際化に伴い連結ベースの内部監査の必要性も高まっています。既存の権限責任体制の中で，どこまで親会社の内部監査部が海外現地チームを牛耳るかは，企業ガバナンスの問題として親会社子会社間の経営レベルの決定が必要になると考えられます。

また，そこまで踏み込まずに，現地チームとは単に監査連絡会のような交流を通じて情報交換をする関係にとどまることもあります。この場合，現地チームをモニタリングする権限はないため，連結企業グループ全体を視野にいれた内部監査としては，本来の機能を十分果たせない可能性があります。

(2) 共同監査の方向

日本法人の監査部と現地の監査部とが対等の立場でも，共同監査という形で互いのノウハウを共有し合うことにはメリットがあります。また，ともすれば互いに発表し合うだけで終わりがちな情報交換会を超えた，現地人材との現場業務を通した交流の場としても共同監査の意義は大きいでしょう。

その際，共同監査で使う監査プロセスや書式を英語で標準化ないし，すり合わせをしておく必要性はあります。また共同監査チーム内で監査レポートを誰がレビューし承認するか等の品質管理のルールは必要となります。

(3) 人材の問題

日本から主導する形で現地監査人を社内登用ないし外部採用する場合には，その監査人の所属組織，指揮命令系統，人事権，コスト負担など人事面と業務上の位置づけを明らかにする必要があります。本来，海外を含めたグループ会社間の人事を担当する部署があればよいですが，そうでなければ親会社と現地子会社の人事部門を通して対応することになるでしょう。

このように現地監査チームとの連携は，海外監査の本来の課題であった言語や現地の知識・慣行への対応を一歩前進させる可能性はあります。そこに企業グループ全体で最適の監査体制に向けてインフラを整備しようという取り組みみやサポートが社内にあれば好都合です。しかし，そうした取り組みみや行動が伴わなければ，そうした最適の体制が自然にできるとは期待できません。また一方で，ガバナンスや人事上の不安定さを伴いやすいことも先ほど見た通りです。

そこで監査の現地化段階の限界を乗り越えて，むしろ各チームの監査活動全体の統合を想定したグローバル監査に移行する動きが現実的な方向として意識されてきます。

6. (第4ステージ) グローバル監査推進段階の課題

ここでのテーマである海外監査という言い方には日本の親会社対海外子会社という構図がその前提になっています。それに加えて現地監査チームが視野に入る第3ステージでは国際的協働が意識されました。さらにグローバル監査 (図表7-7参照) では，日本対海外という前提自体が取り払われて，日本も含めて監査部のある拠点はすべて現地監査チームになるという感じです。

図表7-7 ◆（第4ステージ）グローバル監査の推進段階
――監査統括部署の主導による世界一体監査

〈監査体制の課題〉

監査体制
人材，知識，手法

↓

日本親会社 監査統括

地域別チームの統括

- 監査統括部署の組成
- 現地監査チームは実施責任
- 国内外の無差別化（日本も1現地チーム）

↓

現地チーム	現地チーム	現地チーム	現地チーム
例）日本	アジア	米国	欧州

〈監査体制の課題〉
- 組織
  - 監査統括，現地チーム等の機能・レポーティングラインの明確化
- 知識
  - 監査ミッション・ステートメント，監査規程，マニュアル，ツール等の整備と周知
  - 監査結果等のナレッジ共有化
- 手法
  - 監査プロセスのインテグレーション
  - グローバル監査手法の開発
    例）業務の多国籍化に伴う国別監査から機能別監査への監査方法の変更（例えばアジア地域全体で地域購買の業務を分担する場合）
- 人材
  - グローバル監査体制を支えるグローバル人材（図表6-9参照）
    例）● 採用・人事的アレンジ
       ● 人材育成　● 人材交流

↓

ローカリゼーションの反動

↓

インテグレーションの必要性

　グローバル監査に移行するということは，実は海外監査という概念がなくなることでもあるわけです。では親会社の機能はどうかというと，むしろより強い本部による指導力が必要となってきます。ただ違うのは，それが日本企業であっても日本にあるとは限らない（海外でもよい）ということです。こうした発想について行くには技術とかプロセスという前に，マインドセット（物の考え方）を共有することが重要になりそうです。

（1）組織上の課題

　グローバル監査の最大の強みは，企業グループ全体の内部監査を一元的にデザインして実施・報告することによる企業ガバナンスへの貢献という形で

現れます。全世界のリスク状況を視野に入れた機動的・戦略的かつ統一的な監査活動が現実のものとなるわけです。

こうしたダイナミックで強力なグローバル監査のメリットを享受するために，監査体制を見直し，または再構築して，その実効性を確かなものにしようとする企業もあるでしょう。そのような企業にとっては，例えば以下のような取り組みが現実的な課題になってくると考えられます。

1) 企業ガバナンスにおける内部監査機能の働きを明確に位置づけること
- 内部監査にとっては企業内のステークホルダーたる経営者等がいわばそのオーナーであるので，そのステークホルダーの期待や意向に沿って内部監査活動が計画され，実行される必要があります。そのような経営層の意向と監査活動との整合性を担保するはっきりとした仕組み・プロセス等が整備されていることの確認ないしは，そのような整備が課題です。
- 内部監査部門と企業内の他のリスク管理機能（例えばコンプライアンス，内部統制，法務部門）との役割分担と互いの連携が適切であるかの確認および各機能の整理が重要となります。（なおこのリスク管理機能と内部監査との関係に関する問題と対応については別稿「リスクマネジメントに対する内部監査の対応―最適化シナリオに向けて」『月刊監査研究』日本内部監査協会，2012年3月号で解説しています。）

2) 監査統括部署と現地チームによる組織体制
- 現地チームとして監査実務をこなす部署とは別に，世界中の各チームに指針を与えて，実務を一元管理する監査統括部署の創設が必要です。
- この統括部署と各地の現地チームの関係およびレポーティング・ラインを組織上，明確に定めておく必要があります。

(2) ナレッジの課題

各国様々な言語・社会環境下で活動する監査チームに一定の指針を与えるために監査のミッション・ステートメントや監査規程，マニュアルやテンプ

レートなど具体的な言葉でナレッジ（知識）を構築して，提供する必要があります。また，各地から挙がる監査計画書や監査報告書などを共有するナレッジベースも必要となってきます。

（参考：監査のミッション・ステートメントや監査規程の位置づけなどは日本ではあまり話題になりませんが，2010年のIIAによる世界内部監査調査の5番目の報告書である，「変化のための要請」は，その調査結果を踏まえて内部監査の対応が必要と考えられる10の要請を挙げており，その3つ目の要請を「内部監査の戦略的なビジョンを作る」こととしています。そこでは，内部監査活動のガバナンス構造には，通常，内部監査規程，ミッション・ステートメント，ビジョン・ステートメントおよび戦略計画が含まれるとし，これらのガバナンス文書の目的と関係を示すために各文書の要旨を述べています。(**知っておきたいポイント⑩**，p.163参照。)

(3) 手法の課題

1) 監査プロセスのインテグレーション（統合）

国ごと拠点ごとにバラバラになされてきた監査活動をグローバルに一体化することが課題となります。具体的には，例えば監査の年度計画，その前提となるリスク評価をどのような仕組みやプロセスで現地チームと統括チームとが連携して完成させるかをデザインするなどです。

2) グローバルビジネスの監査手法の検討

監査のグローバル化が必要とされる背景には事業や業務プロセスの国際化・グローバル化の流れがあります。その現実に合わせて，監査の仕方も再構築する必要性も出てきます。

例えば購買機能の監査というと，一般的には，1つの工場や現地会社を監査対象として，業者選定から発注，検収，支払までの完結した購買プロセスを想定して監査プログラム（監査手続書）を作成します。ところが，その一連の業務プロセスが一国で完結せずに多国籍化すると各拠点の監査ではプロセス全体の監査が完結しないことになります。例えば，アジア全体で1つの地域購買を担っている組織では，購買を構成する1つのプロセスである「業者選定」は中国を拠点に行い，他のプロセスである「発注」や「検収」は日

本など各地で行うような場合です。こうした場合，従来からの拠点監査のプログラムでは適合しません。そこで，これまでの拠点別の監査業務を多国籍化したプロセスの監査にどのように関連づけるか，あるいは根本的に監査方法を見直すかという課題に向き合うことになります。

(4) 人材の課題

現地監査チームがそれぞれの拠点の現地法人に所属しているとしても，内部監査機能としての一体性を確保するためには人事的にも監査統括部署が人事権を保有することが必要になるでしょう。そのため本部と現地法人との間で，人件費負担等を含めた人事上のアレンジが一般に必要となります。

図表7-8はグローバル人材体制を例示したものですが，監査統括部と各地域や事業担当の監査責任者とのそれぞれの役割や権限責任が明確にされる必要があります。

また，人材の育成・研修あるいは交流もグローバルな観点で行われ，地域や国を超えて監査人材の異動や短期出向あるいは非監査部署への出向などもテーマに挙がってきます。

図表7-8 ◆ グローバル人材体制の例

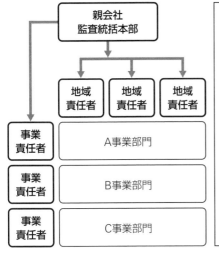

- 組織体制
  - 監査統括本部が監査人材をすべて直接に統括し，一体管理
  - 統括本部主催の責任者会議
  - 事業部門別監査責任者（監査企画）
  - 地域責任者（監査計画・実施）
- 人事
  - 統括本部による採用・処遇
- 人材
  - 会議体・交流の場の設置
  - 人事交流・モチベーションの仕組み
    例）・他の地域チームへの短期異動
    ・非監査部への短期出向制度
    ・ゲスト・オーディター
- 監査体制
  - 地域監査
  - グローバル監査（テーマ監査）

7. 海外監査発展段階のまとめ

(1) 段階ごとの問題

　ここまで紹介した海外監査の発展段階を**図表7-9**にまとめました。日本に軸足を置いた海外監査は「海外」というテーマを追求するうちにグローバル監査へと高度化していくという図式として描かれます。また，ガバナンスや人材等の海外監査の課題分野は，監査の発展段階に応じて，その重要性やそれぞれ内容も推移していくでしょう。**図表7-10**がそのイメージです。

　例えば，ガバナンスは海外監査の初期段階にはほとんど問題になりませんが，監査の現地化段階では監査人の組織上の位置づけや指揮命令をめぐって現地会社と親会社との間で問題となることがあり，グローバル監査段階ではむしろ監査体制の根幹をなす課題として，監査統括部署の位置づけ，現地チームおよび責任者との関係および報告ルートあるいはそれぞれの責任と権限など組織体制の構築においてガバナンス構造が大きな課題となります。

　一方，人材は，海外監査の初期には海外向けの適任者の人選やチーム編成の問題でしたが，監査の現地化の段階では多国間の人事が問題に挙がり，またグローバル監査においてはグローバル監査の担い手にふさわしいグローバル人材の獲得，活性化，交流などのテーマが重要となってきます。

図表7-9 ◆ 海外監査の発展段階——まとめ

ステージ	第1ステージ 海外監査の試行	第2ステージ 海外監査チーム化	第3ステージ 監査の現地化	第4ステージ グローバル監査
目標	●監査の海外拠点への拡大	●海外専門チーム主導の出張監査	●海外拠点の監査人整備 ●現地との協働	●監査体制の統合
担う人材	●国内監査人	●海外チーム（現地・外部人材を含む）	●国内および海外拠点監査人	●本部と各拠点監査人
課題	●海外向け人材・知識・手法不足	●海外チーム育成 ●混成チームの管理 ●手法・プロセス整備	●海外人事・採用 ●指揮命令 ●情報共有・標準化	●監査の一元化 ●監査プロセス・手法の統合・開発
発展の方向	●海外専門の監査チームの組成	●連携体制の確立 ●海外拠点の監査人設置の推進	●監査のインテグレーション（統合）の方向	●グローバル監査 ●人材流動化

図表7-10 ◆ 海外監査発展による監査部の課題の推移

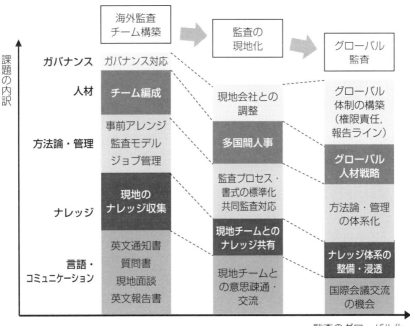

(2) 監査の一元化・標準化

　グループ企業内でバラバラの手法で各国それぞれにやっていた監査を一元化・標準化すれば監査全体の付加価値は高まるでしょう。ただそれを支えるだけのインフラ整備や人材の確保のための投資がそのコストになります。そうなると，コストに見合った実績を上げていることを経営層に納得させる説明責任も重要になるし，それを仕組みとして可能にする監査活動のKPIやパフォーマンス・メジャー（測定基準）等の開発も重要性が増してきます。

(3) 最後に――日本企業の課題

　日本でも内部監査の付加価値や実効性が語られるようになって新しい手法やツールの導入など内部監査の向上に向けた様々な試みがなされました。しかし，リーマンショック後の厳しい経済環境にあって内部監査にはもう一歩踏み込んだ本格的な見直しが求められているのではないでしょうか。

　それは内部監査部門が自前でまかなえるような目先の手法やツールの話ではありません。企業ガバナンスにおける内部監査の位置づけや監査人材，インフラの問題など内部監査の存在意義にまで立ち返った骨太の議論です。

　本章はそのような議論の参考として，海外監査の面から現場の実務課題に軸足を残しながら，成熟度に応じた監査体制見直しの議論を展開しました。

　これは内部監査の権限範囲を超えた経営課題と受けとめられるかもしれません。しかし，そこにこそ内部監査人が本領を発揮すべきでしょう。

　確かに監査体制の再構築は経営層で決裁されます。しかし自社にふさわしい監査体制を見極め，実務に根差した改善を経営層に提言できるのは内部監査部門をおいて他にはなく，そのような提言こそプロフェッショナル集団たる内部監査部門が担うべき重要な使命だと思うからです。

第8章 海外監査チームによる海外監査の課題と対応策

　第7章では，日本企業の海外監査における発展段階に沿って，各ステージごとの内部監査の課題と対応策をある程度体系的に見てきました。これに続く第8章では海外監査を成功に導く留意点を，実務に即してより具体的に見ていきます。ここではグローバル経営という観点から内部監査は何をすべきかという課題をまず取り上げます。それから海外監査の中でも一般的な海外出張型の内部監査を中心にして，監査の事前準備から計画，往査そして報告までの全工程を視野に入れ，特に課題となりやすい事項を中心に実務経験を踏まえて検討していきます。

1. グローバル経営を支援する内部監査の在り方

(1) 海外で内部監査は何を監査したらよいか

　経営のグローバル化が進む一方で日本企業のグローバル経営に対する弱点もいろいろと指摘されています。例えば以下のような点です。

1) 経営のビジョンや戦略が不明確

　海外子会社の監査で遭遇する業務や管理上の問題を調べていくと親会社が方針や対応策をきちんと明確にしてこなかったことに原因があるという場合が少なくありません。さらに親会社の経営陣が必ずしもビジョンや事業戦略

を明確にしていないため，その傘下にある海外子会社も自分の役割や経営戦略を明確にできていないことがあります。現地経営者がどちらの方向を向いて，どこまでやればよいか，はっきりしない，そういう場合は，子会社としての撤退基準もはっきりしません。

2) 意思決定構造が不明確

親会社と子会社の間でどこまで現地に任せるか，誰が意思決定権限を持つかがはっきりしないと言われることがあります。リスク管理という面からいうと誰がリスク・オーナーとして責任をとるかという話です。これは現地採用の社員にどこまで権限を持たせるか明確にできずに本人のやる気をそいでしまったり現地でのビジネス競争に出遅れたりする原因ともなります。

3) グローバル人材が育っていない

現地の経営を任せられる国際感覚のある人材が不足しているという話です。そこには，これまで海外人材を育てるという問題意識がなかったり，現地化の考えが進んでいなかったりすることもあるようです。

そういう伝統的なアシュアランス監査の基本からすると，海外で見られる問題の本質は，監査の判断基準とすべき方針や基準自体ができていないところにあると考えて，そこから内部監査には限界があるとか監査や内部統制を過信してはいけないという論調もみられます。しかし，内部監査は準拠性の問題として白黒つけられなくても，アドバイザリー機能を発揮して，問題の所在を明らかにし改善の方向を提案して，本社を含めた関係者による対応を促し，解決に導くことができるわけです。問題があるとすれば，むしろ，内部監査人の意識として，企業のニーズに合うように，内部監査の守備範囲を広げ，自ら高度化しようとする意欲があるかどうかではないかと思います。

上記の経営ビジョンや戦略または意思決定構造が不明確という日本企業の問題は，あうんの呼吸とか以心伝心を旨とする日本固有の文化の中では問題にならなくても，文化や環境の違う海外ではそれをはっきりさせないと弊害につながるという面を表しています。それを客観的に把握して日本にいる経

営陣にわかるように報告するのが内部監査の仕事です。

上記1），2）および3）の問題を内部監査の立場で対応を考えましょう。

(2) ビジネスモデルで考える現地のビジネス展開の問題点

まずこの子会社による海外進出の目的が何だったかを所管の事業部門などに確認して理解を得るとともに，現地の経営を見てそのビジネスモデルがそうなっているかという視点で検討します。例えば，国内で成功した事業の海外進出が目的ならば，そのモデルが海外でも通用しているか，そのモデルの前提とした市場の状況とか，人材，技術など想定外の要因がないかなどです。あるいは労働コスト削減のつもりで進出したマーケットでの設備負担や日本人駐在員のコスト負担で予想外の苦戦を強いられ，ビジネスモデルが破たんしていないかという点です。そのためには，勝手知ったる他人の家のような気分で国内子会社に往査に行くのとは違って，ゼロベースでビジネスモデルを理解しようとする姿勢と，そのための分析手法が必要です。これは第13章で扱うビジネスモデル型の経営監査の領域になります。

また現地経営者に対する親会社からの方針や戦略の指示の不足が問題であれば，それを指摘・提案の対象にします。

(3) 海外子会社のガバナンスに対する監査対応

1）日本企業と海外企業との違い

（1）の2）の意思決定構造が不明確というのは，ガバナンスの問題です。これに対しては子会社のガバナンスを直接に監査することが重要です。米国など欧米の企業が親会社主導で，日本の子会社の取締役会などのローカルのガバナンスをスルーして，現場のオペレーションに直接指示をしてくることはよく見られます。中には大会社でもある日本の子会社の経理仕訳を直接に親会社が入力していた米国企業もありましたし，米国のSOX導入時には日本には該当しないコントロールを一方的に入れさせようとする親会社に苦慮する日本企業もありました。これに比べて日本の親会社は，海外で新たに買収した企業の場合など，現地経営陣を立ててあまり口出ししない傾向があります。

言い換えると現地任せになりがちで，現地では以前，上場会社となっていて内部監査部がある場合など，ほとんど監査しないということもあります。

しかし，子会社の規模が大きいほど当然，何かあれば親会社にも影響しますから，まして，現地のガバナンス機能を尊重して任せているというのなら，それを確認してモニタリングするのは親会社の経営の責任です。日本の海外監査で一番抜けているところとも考えられます。

要するに海外事業の管理は，欧米企業のように現地のオペレーションに直接手を突っ込んで管理するか，そうでなければ現地のガバナンスを尊重して，これが機能しているかを見るかのどちらかなんです。もちろん前者のように直接に業務を指示するやり方では何か現地で問題があった場合に，その責任を親会社が問われる可能性もあり，後者のやり方がおそらく日本企業に向いていると思われます。しかし多くの日本企業は，これらのいずれのやり方もできていないところが問題です。

2) 海外子会社のCSAのレベルアップ

この対応策として海外事業も含めたリスクマネジメント体制を充実させることが考えられますが，その方向での本格的な取り組みはあまり見られません。これは日本企業が遅れているというよりはERM自体が企業を納得させられるレベルまで発展していないという面もあるように思います。

このための対応策としては，むしろ多くの大企業が取り入れているような海外子会社への質問者によるCSA（統制自己評価）を親会社からのモニタリングのツールとして実質的に機能するように内容と使い方のレベルアップを図ることが現実的なソリューションと考えられます。この具体的な進め方はガバナンス監査の一貫として第12章で取り上げます。

なお，M&Aの後の最初の内部監査では，買収前のデューデリジェンスのレポートを見て監査で問題点をフォローするように求められることもあります。しかしその方面の専門家に聞くと，日本企業のデューデリジェンスは予算の関係もあって，内部管理まではカバーしていないのが普通だそうで，実際にも監査に役立ったことはありませんでした。やはり最初の内部監査で取

締役会の機能も含めてガバナンスを監査するのが望ましいでしょう。

(4) 海外コンプライアンスへの対応

1) 現地でリスク管理を行う

またこのガバナンスの問題は，現地でどこまでリスクに責任を持つかという課題にもつながります。リスクマネジメントや内部統制の観点から見ても，上位の組織が直接に手を突っ込んで管理すると，下位組織の管理者はやる気を失うし，当事者意識も薄れて，何でも上位の責任者に決めてもらおうとして，上位の組織にも責任が生じます。ですから，なるべく現地経営者に任せて権限と責任を与えて，リスク管理もしてもらうというのが正論のようです。そうでないと現地での機動的な対応も期待できません。これは内部監査のやり方にも通じるところがあります。

知っておきたいポイント⑭に海外に固有のリスクを例示しましたが，現地固有の法令遵守や業務慣行は内部監査でも優先度の高い分野です。日本から見ても法制度とか社会慣行が見えにくい中国の子会社に初めて内部監査をしたら，予想以上に深刻な問題が出てきて担当取締役が真っ青になって，どうしたものか対応に苦慮するということがあります。このような摘発型の監査がこれまでの内部監査の1つのパターンではありました。確かに最初の現状認識としては細かいことを1つ1つ洗い出すことも意味があります。

しかし，グローバル経営を志向する企業の内部監査は，特にコンプライアンスの監査では違った方向に向かうと考えます。それは法令違反の事例を探し当てて監査報告に書きたてる監査から，それらを管理する体制や仕組みを対象とする監査です。

知っておきたいポイント⑭

海外事業に多く見られるコンプライアンス・不正関連リスク

- 内部統制の不備（人員不足や本社の管理が及んでないため）
  ⇒特に不完全な職務分離による不正の潜在的増加
- 非英語圏では言語の壁，風土の違いが潜在的リスク要因となることも

例：コミュニケーション不足による決裁リスク（中国）など
- 日本人現地社長の対応能力不足による契約，法務，会計上の問題（工場長経験だけで現地社長をする等の経験不足）
- 現地プロパー社員と日本人駐在員との不和・不信感⇒モラルに影響
- 海外事業は間接部門（法務，人事，経理など）の人員が少ないことによる問題
- 米国海外腐敗行為防止法（FCPA）⇒日本企業も含めて数億ドルの罰金事例
- 英国贈収賄禁止法，2011年7月1日施行
- 契約リスク――サプライチェーンの違い，契約慣行の違い，監査権条項
- 海外拠点に見られる手薄な法務対応
  ⇒顧問弁護士・法務担当の狭い守備範囲，本社法務部の知らない法対応
  ⇒関税等の申告要求の厳格化に未対応のため不測の課徴金等（タイなど）

日本人経営者が気づかなかった現地固有の労働法違反の例
- 法定限度（例：月次36時間〈中国〉や1日2時間〈チリ〉）を超える残業
- 法定限度有給休暇残日数（例：15日）を超える未消化残高がある場合
- 本採用前の試用期間中の従業員に一定期間（約1か月）を過ぎて不採用を通知する場合には法的に退職金支給義務があることに気づかない場合〈タイ〉
- 就業規則に定めた勤務年数に応じた有給休暇付与日数が，一定勤務年度超の従業員については，労働基準法の限度を下回り，このまま行くと違法になる場合

その他海外で起こる労務関係の問題
- レイオフに伴う解雇従業員からの訴訟対応，退職時の面談等の対策
- 正社員以外の契約社員等への社内機密保持の適用がない場合
- 社会保険・医療保険等が付かない一時採用の契約者にのみ適用される契約（例：アナラリー契約）で長期間勤務する者がいると，労働規制当局による罰金が科される可能性がある場合
- 過去の従業員不正案件に関する機密情報が現地の人事管理者の退社後，紛失した場合（機密情報の管理）

2) コンプライアンス監査での体制整備

この体制整備を検討するには，例えば，「法令違反・倫理規則違反については適切に組織の上層部に報告され，対処されていますか」といった質問を担当者に投げかけるのも1つの方法です。このようなコンプライアンスの根幹

となる基本的な質問にYESと答えるには,実はその基本的な質問をサポートする様々な事項についてもYESである必要があります。

例えば:
- 各部署において遵守すべき法令等は棚卸しされているか,
- 法令等の改廃をモニターし,アップデイトする担当はいるか,
- 日常業務の法令等への遵守状況は適時チェックされているか,
- その結果,法令等への違反がないか判断され,適切なプロセスによって上層部に報告されているか,
- それを受けて経営陣は適切な判断・フィードバックをしているか,
- その一連の手続は文書でルール化されているか,
- その遵守はモニターされているか,
- その制度は研修等により周知されているか,
- これらの事項を統括する部署の責任権限は明確に定められているか,

等です。上記の基本的な質問がYESならそれに続く上記の様々な事項がYESでサポートされているか,また答えがNOならば,どの事項でNOとなったかを調べることで,現実的な改善のポイントが見えてくると思います。

もちろん重要な法令違反は監査報告で取り上げるとしても,基本的に制度の運用は現地経営陣の責任ですから,原則,リスク・オーナーとしての現地に任せるとして親会社の内部監査はその仕組みに不備があれば,アドバイザーとしてこれを指摘するという考えです。また,個々の法令違反への対応については親会社のコンプライアンス部門から監査に同行してもらって,直接に子会社に指導してもらうという方法もよいと思います。反対に,細部にまで子会社に指示をすると親会社はその責任を持つことになります。

また,海外のコンプライアンスで巨額な罰金などで重要性が高いのは,米国の海外腐敗行為防止法(FCPA)や英国の贈収賄禁止法の違反の例です。これらは英米の法律とは言え,国外でも日本でも違反すれば摘発されますから,可能性があるならばグローバルな対応が必要で,つまり親会社のコンプライアンスで対策を決めておく必要があると思われます。これに関しては第9章で改めて扱います。

また子会社の経営やリスク管理の親会社によるモニタリングは，上記（3）で触れた海外子会社において行っているCSA（統制自己評価）の有効性の評価という観点からの監査の仕方もあります。こちらは第12章で扱います。

(5) グローバル人材の不足

1) 本社の取り組み不足

　この人材の問題は，本社の海外人材対応の取り組み不足が背景にあります。中国で見られる日本人社長が現地従業員とのコミュニケーション不足から通訳を通しても現地の契約書を十分理解できないままに決裁してしまうというリスクは，工場管理者としてしか見ていない本社が十分な経営者としての教育を施すことなく，社長に赴任させたという事情が見られます。経営者および中核となる管理者の就任前の管理者教育および本社からの現地管理業務への支援などが課題となってきます。

　また，米国子会社に内部監査の予備往査に出かけて，何か内部監査で見てほしいことがありますかと尋ねたら，現地の日本人社長に管理職の誰を辞めさせたらいいか教えてほしいと言われたこともあります。現地人の扱いや採用に不慣れな日本人経営者が現地幹部社員の採用に失敗して思うように働いてくれなかったのでしょう。もちろん，その問いに直接答えることはなく幹部職員がこなすべき全社統制の不備を客観的に指摘しましたが，その後何人かの幹部社員が退社したと伝え聞きました。

2) 人手不足による権限の集中

　また，海外子会社では法務や総務，人事，経理といった間接部門の人員が不足気味というのはよく見られる傾向です。それが原因となって，海外子会社では，基本的な規定やルールが定まっていないとか，一握りの幹部にあまりに多くの権限が集中しているとか，購買や経理システムなどのアクセス権限が少数の従業員に集中し過ぎて一人で何でもできてしまうといった内部統制上の問題を起こしていることがあります。特に人手不足による職務分離の不備は海外子会社に典型的な問題です。これはこの章の6で取り上げます。

2. 個々の内部監査のデザインの全体像
——出張型の海外監査の検討ポイントと留意点

　海外監査の発展段階ごとの課題と対応を前章で整理しましたが，中でも代表的な海外監査チームによる出張型の監査を想定して，海外監査を始めるときの検討のポイントと留意点をまとめると以下のようになります。

1) 監査モデルの設定について
　何のための海外監査かという目的をまず明らかにして，それに合った監査の方法や報告形式，適した人材，必要な手法を選択します。
①監査のミッション・目的，監査報告書の用途と利用者の確認
- 子会社チェック機能型（保証＝アシュアランス）か，業務改善提案型（コンサル）かの両者のウエイトづけ
- 監査手続や報告内容が監査目的に整合しているか
  - 例1) 保証の場合，報告書上の意見の記載や結論の根拠となる監査手続が十分実施され，そのためのテストが母集団やサンプルを考慮して適切に計画されていたかに注意
  - 例2) コンサル型の場合，改善案の協議に十分な時間配分が必要，消極的保証の監査意見を積極的保証と誤解されないようなレポートの書きぶりに注意
- ガバナンスなどの経営監査領域と業務監査との重点配分
※監査モデルの設計については第2部でも解説していますが，大事なことは監査の目的をはっきりさせて，それに合わせた業務の時間配分や報告書の書き方を整合性をもってデザインするということです。

②主な報告言語の決定，現地普及用の英語翻訳版の必要性の検討
③適材の人材による監査チームの構成
- 他部署（事業部・コンプライアンス部，現地監査部など）からの監査応援（ゲスト・オーディター）および外部委託の必要性の検討

④ CSA 的手法やデータ分析の導入の検討
  ● 拠点数が多い場合の省力化やコンサル的付加価値の追求
⑤ 実施コスト，監査日数の制約

2) 現地子会社とのアレンジについて

① 監査の目的や趣旨の現地企業への丁寧な説明
② 指摘や改善提案のベースとして，オープンな議論を促す環境作り
③ 事前質問書，事前訪問や電話会議などいろいろな角度からの情報収集で監査の信頼性と精度を高める
④ 現地往査期間の面談スケジュール（会議設定）は早めに作って現地担当者のアポイントメントをとっておくこと

3) 効率的な作業計画の策定について

- 監査計画から往査および報告までの時間の使い方をチェック
- 事前に現地から入手した書類の分析に時間をかけすぎるとリスクベースから離れた書類監査になりがち。資料があるのは現地では対応済みであり，現在の新たなリスクはまだ書類になっておらず現地での確認が重要
- 発見事項サマリーなど作業ツールの活用により現場での情報共有の円滑化，作業の効率化

4) 海外リスクの対応について

- フォーカスするリスクまたは業務分野を計画時に決定
- 不正の可能性の検討（徴候があれば全社統制と業務プロセスの両面からのアプローチが望ましい。またデータ分析・質問書の活用）
- 現地固有のリスク，経済情勢の変動・法制度の改廃等によるリスク要因の変化，経営施策から見た重要性
- 特に非英語圏では日本人マネジメントが現地書類を読めないリスク
- 現地から提供された資料でサポートされたリスクにとらわれすぎない
- 現地情報の不足を補うため事前質問書・予備訪問の実施を検討

5) 関係会社管理体制の仕組みに関する検討
- 現地でテストすべき親会社のモニタリング統制はないか？
- 親会社からの CSA 評価や J-SOX の結果，データ分析によるフォローアップ項目は？
- 主管部署の期待，現体制から把握された問題点はあるか？ 会計監査からの指摘は？

3. 海外監査成功のポイント——事前アレンジと準備

　海外監査の成功要因は何だろうと考えると，一番先に頭に浮かぶのは現地との事前アレンジと準備です。その際のポイントを以下に挙げてみます。

(1) 事前準備としての情報収集

1) 事前の情報収集ルートの多元化によるリスク認識の精度を高める

　一般に国内であれば初めて監査をする事業や子会社でもある程度は社内情報が共有されているのが普通ですが，海外については現地に赴任した人以外は詳しい情報がほとんどないことがあり，それだけ情報量やその信頼度で監査のレベルが左右されます。

- 事前に現地に送付を依頼して入手⇒規程類その他一般情報
- 現地への質問書送付⇒業務プロセス等に関して文書で回答
  特に初めての監査の際には，全社統制も含めます。また業務分野では職務分離や，特にその子会社に予想されるリスク対応の質問書（例えば米国等の公務員贈収賄対策。）を加えます。
- データ分析による証拠の入手
  データ分析の利用は日本ではまだ限られていますが，**知っておきたいポイント⑬**（p.203）にまとめたようにいろいろなメリットがあります。特にデータからしか正確に補足しにくいリスク情報に向いています。例えば，ユーザー ID の確認や幽霊社員の調査など（**図表 8-1**）。

図表 8-1 ◆ データ分析の適用事例

海外子会社の会計領域を対象としたデータ分析：

テスト項目	不正発見のためのテスト
ユーザー ID 確認	対象期間中に伝票を入力したユーザー ID およびユーザー ID ごとの取引回数を調査し，権限のあるユーザーだけが伝票入力を行っているかどうかを調べる。
仕訳摘要欄	例外的な取引の内容を洗い出すために，摘要欄に定型の取引ではない内容の記載文言（罰金，投資，訴訟等）がある伝票や摘要欄が空欄となっている伝票を調査する。 なお，この方法はメール上の文言などでも利用される。
反対仕訳伝票	対象期間中の四半期の翌月に反対仕訳が計上されている伝票について調査し，四半期末に過大な売上等の計上がないか調べる。
勘定科目別発生件数	対象期間中の勘定科目別，月別の発生件数について調査し，発生頻度に異常がないか調べる。
伝票計上日	通常営業日以外（土曜日，日曜日，祝日）に計上されている伝票の有無を調べる。
幽霊社員	従業員名簿と給与支払先の人員名に差異がないかを調べる。
過大給与	同ランク従業員・役員で異常に高い（50％超）給与受給者を調べる。
退職者給与	退職日以後の期間に給与支払いがないか調べる。

● 事前訪問（難しければテレビや電話会議による事前打ち合わせで代替）

現地の事業やガバナンスの概要，経営幹部間の関係，現地経営陣としての懸念事項，監査への受入態度や期待などを聞きます。

2）国ごとに法制度などの情報収集

初めて監査で渡航する現地国の法制度や社会慣行等の知識がないと，往査中に情報収集のために時間がかかり過ぎて，まともな監査にならないという可能性があります。そのため，監査テーマにもよりますが，事前に JETRO（日本貿易振興会）が出している国別の情報や現地からの情報をまとめておくことも有用です。ただ国によっては収集可能な情報に限界があり，調査にも時間がかかります。例えばオーストラリアについて以下のような情報を集めたことがあります（**知っておきたいポイント**⑮参照）。

知っておきたいポイント⑮

オーストラリアの法制度等

初めてのオーストラリア子会社の監査では，例えば次のような現地情報をJETR（日本貿易振興会）の資料や現地との連絡によって入手しておくと安心です。

1. 会社法・ガバナンス関係……（主な項目は次の通り。詳細は省略）
   - 会社法・会社の種類・株主総会・取締役会・計算書類・定款・株式・株券等
2. 労働基準法（Labour Law）（情報は調査時点のもの）

項　目	規　定
採用（Hiring）	採用に関しての規制は特にない
労働基準法	連邦法と州法の両方に雇用を規制する規定がある。
解雇/会社都合退職 （Termination by employer）	▶コモンローでは雇用者は従業員をどんな理由でもまたは理由がなくても，次の正しい予告期間が与えられれば解雇することができる。従業員には以下の権利がある。 ● 雇用者に契約を解除する正当な理由がなければならない ● 解除は公正でなければならない ● 解除は従業員の雇用契約の条件に従っていなければならない ● 従業員はすべての債務の支払いを受けなければならない 　（オーストラリア雇用法ガイド，54-150） ▶正しい予告期間（同ガイド55-300）：従業員の雇用者への継続的な勤務が1年未満，1年以上3年未満，3年以上5年未満，および5年以上の場合，予告期間は，それぞれ1, 2, 3および4週間となる。従業員が45歳超で2年以上の継続勤務を完了していれば，予告期間は1週間増やされる。 ▶雇用者が解雇できない理由（同ガイド54-232）： ● 病気けがによる一時的休業 ● 組合員であることまたは組合活動への参加 ● 人種，性別，性的嗜好，年齢，身体的または精神的障害，妊娠，宗教，出身国家等 （以下省略）
定年退職 （Retirement）	55歳に達した労働者は書面により常時退職する事ができる。55歳以上の労働者は，Noticeを出すことにより定年退職を決めることができる。しかし，上記で述べた通り，雇用者もNoticeにより労働者を解雇する事が可能である。
就業時間 （Working Hours）	原則として就業時間の12週間の平均が週40時間を超えないものと定められている。 （以下省略）

(2) 事前アレンジ

1) 監査の趣旨を事前に伝えて現地を安心させ協力的な関係を作る

特に初めての監査では現地スタッフは内部監査人が日本から何をしに来るか，監査によってどんな目に合わされるか想像以上に不安や不快感を感じている場合があり，その対応が監査の成否を決めかねません。

以下は，そのような現地スタッフへの対応のポイントです。

①監査の趣旨（目的・作業・結果の用途）を具体的に記載した英文の監査通知書または監査計画書を発行し，関係者の理解と協力を引き出す。

②特に改善提案の質を上げるには，警戒心を解いてオープンに話をしてもらえる環境を整える工夫を心がけるのが大事です。例えば：
- 往査初日が初対面というハンディを克服すべく，事前にメール・電話等で連絡を重ねて往査初日から核心的な話ができる雰囲気を作る。
- 往査の開始事のあいさつや最後の講評会などで現地組織への業務改善等の貢献を含めた内部監査の趣旨や現地への役立ちを説明。

2) 監査の効率化・省力化を考えた効果的なアプローチの検討

上記のほか，効果的な監査アプローチのためには，以下のような点からの検討も有益です。

- 年度計画における問題意識と個別監査計画の内容との整合性
- 計画で認識したリスクの重要度に応じた個別監査作業のテーマ設定およびそれぞれの作業日数の配分
- 書面監査に陥らず，現場でのリスク対応監査を生かすバランス感覚
- 日程の限られた現地往査の限界をデータ分析・CSA 等で補う可能性
- J-SOX 業務や事業部による CSA 等の結果の活用可能性の検討

談話室7　監査のプレッシャーに言葉を失う海外監査の現場

　海外監査に行くと，初めて会う現地の人たちが監査を受けることにピリピリしていることがあります。以前，オーストラリア子会社の法務担当にコンプライアンス体制の監査で訪問しました。責任者は現地の社内弁護士で数名の幹部とともに会議室に入りましたが，日本から何をしに来たんだと口では言いませんけど，現地のやり方に文句あるかと言わんばかりの対決姿勢が伝わってきます。直前の社長との面談で質問役をした私に替わって，今度は監査チームとしてこのために同行した本社のコンプライアンス担当幹部が会議を仕切る手はずでした。ところが緊迫した雰囲気に圧倒されたのか，米英とは違う特異なオーストラリア英語の発音におじけづいたのか，黙りこんで何も話そうとしてくれないのです。本題に入れないので仕方なく，聞き慣れない生のオーストラリア英語にハンディを感じながら私が代わりに口火を切って会議を進めました。"ハイチャー"と聞こえるのは，エイチ・アール？　ははあ，HR（人事）のことかと勘と想像力を駆使しながら話を続けます。何とか話をしていると気持ちも伝わるようで，日本から何しに来たという態度は薄らいで雰囲気も打ち解けてきました。

　労働者の解雇がまず見られない日本と違って，レイオフがあり，解雇された従業員に認められる不当解雇の申立てに法務部が忙殺されるというお国柄のようです。だから自分たちもいつ職を脅かされるかわからないという感覚なのでしょうか。また，事前に監査の内容が伝わっていなかったことにも気を悪くしたようです。監査テーマくらいは，きちんと担当に伝わるようにしてほしいものです。

　英語と言えばインドネシアの監査でも大変でした。現地監査法人のスタッフとの話の中で，"キャスコーン"とか"ストコーン"と聞こえるのは，キャッシュ・カウントやステアリング・コミッティーのことだと了解するのに，何回も聞き返しました。現地会社の人の英語はもっと想像力が必要でした。ただ英語での面談では同意を求めるとふんふんとうなずいてくれますが，監査に身構えてのことか，言葉を発してくれません。もしかしたらそれが日本人の上司に対する普段の態度なのかもしれません。改善提案の説明にもみんなシーンとして終わりましたが，本当にどれくらい了解してくれたか今でもよくわからないところがあります。

　監査の現場に身を置くとコミュニケーションがすべてだと感じますね。多少予期しないトラブルがあっても会話を続けて前に進むしかないんです。だから本番で困らないように少しでも事前にやれることはやっておきたいと思うわけです。

4. 海外監査チームの編成と外部人材の活用

(1) 海外監査チームを作る際に留意すべきこと

では次に海外監査のチームを作る際に留意すべき項目を挙げておきます。

① 現地事情に明るい語学力を備えた人材が部内にいない場合
- 海外事業部あるいは現地法人など関連部署からの適任者の応援
- 状況により，通訳・外部コンサルの検討

② 通訳を利用する場合の注意
- 現地監査に重要なリスク情報・監査視点は期待できないこと
- 必要なのは語学力だけではないこと（ビジネスや業務の知識）
- 外部翻訳の場合も専門用語や業務の説明ができない可能性

③ 外部コンサルタントを雇う場合の注意
- レジュメと個別面談で監査に同行するスタッフの経験の事前確認
- 予定業務に適任のスキル経験のあるスタッフはなかなかいないこと
- 本人の委託元からのバックアップやレビュー体制を確認(※)
  （※監査法人等の上位者が品質管理のためレビューするのが一般的）

④ 外部人材が多いほど連携が難しくなり，より高度なプロジェクトマネジメント能力が求められる
- 作業分担表の作成と事前合意（作業項目と報告書等の成果物の指定と完成予定日）が作業の混乱や見落としを防ぐため望ましい
- 報告書提出等のスケジュールを事前にコミットし，会社側と委託先側の作業を時系列に確認するのが安全
- コソーシングの場合，現場作業は分担しても報告書案作成は専門性のあるコンサル側に任せるのもよい
- 外部コンサルタントにプロジェクト管理も任せる選択肢もあること

> **談話室 8**　日本の減価償却方法に納得のいかない米国の内部監査人

　経験談として言えば，以前，外部監査をしていた米国企業の日本子会社に親会社から監査のために来日する内部監査人から時々質問を受けていました。例えば固定資産の耐用年数や減価償却方法は日本ではどうしているかと意外に単純なことを聞いてきます。それくらい当然，経理部から現状の計算方法については説明があったはずです。しかし彼らが解せないのは何で税法耐用年数など税務基準に従っているかということでした。これは日本では確定決算主義という考えがあって減価償却費などは損金経理して会計帳簿に上げないと税務上経費と認めないという税務のルールがあるため，会計制度上も，よほど経済的実態から不合理でなければ，税務基準で計算した減価償却費を会計上もそのまま容認することにしているためです。しかし，そのような損金経理という発想が一般的でなく，逆に会計と税務がほぼ分離している米国から来た監査人は，それはおかしいと思うわけです。一方，子会社の経理の人は日本では当たり前のことをやっているのに何が問題なんだと怪訝な様子です。

　要するにそれぞれが自分たちが生きている世界のロジックだけで考えていて相手のロジックを知らないと，いくら現状を詳しく聞いても疑問が解けないわけです。たまたま両方の事情がわかる人がいれば解決しますが，なかなかそうもいきません。海外監査ではこういう問題が時々起こります。

　ちなみに，その子会社は，内部監査人の通訳に毎回社員をつけていましたが，とびきり英語の流暢な人は通訳には出してないと聞きました。というのも通訳の英語がスムーズで監査がはかどり過ぎて洗いざらい取り上げられるのは監査を受ける方としては必ずしも有り難くないと，そういう思いもあったようです。

(2) 3つの人員動員モデルとは

　なお参考までに，内部監査の人員動員モデルは大きく3つに分類できます。その意味と上位3つのメリット・デメリットを挙げると**図表8-2**の通りです。

図表 8-2 ◆ 内部監査の人員動員モデルの比較

	フル・インハウス	コソーシング	アウトソーシング
	社内の人材ですべての内部監査を実施	社内人材と役割分担のもと委託先が協働で個別の監査を実施	個別の監査を計画から報告まで一括して外注
主なメリット	●組織・業務・人員に精通した監査人による深みのある安定した監査 ●外注コストがない ●容易な他部門連携	●協働でノウハウを獲得 ●地理的カバリッジ ●グローバルネットワーク	●計画から報告まで任せられる ●専門家によるモデルケース ●グローバル人材の利用
主なデメリット	●限定的な人材モデル ●スペシャリストの不足 ●管理者の管理の負担	●相当のコスト負担 ●組織風土・事業・業務に固有の知識 ●混合チームの難しさ	●相当のコスト負担 ●内部にノウハウが残らない ●組織風土・事業・業務に固有の知識

1) アウトソーシングからコソーシングへ

　監査法人で経験したところでは，海外内部監査の日本企業の外注は2000年初頭の頃までは自分たちに経験が少ないことから，外注先に丸投げに近い形の依頼が多く，アウトソーシングが主流でしたが，その後，内部監査が充実するにつれて，社内の体制整備やスキルアップのニーズもあって，コソーシングが増えてきています。また企業側の内部監査のレベルアップにつれて，外部委託のニーズが個別化・高度化して委託先はクライアントごとの状況把握や個別対応に相当時間を要するようになってきています。そのためフル・インハウスでは社内事情に精通して安定した監査ができるのがまさにメリットであり，外注ではそれが容易でないのがデメリットになっています。

2) アドバイザリーなどの選択肢も

　しかし特に日本の海外監査では，言語や文化・法制度・商慣行の違いから外注のニーズが潜在的に高いことから，企業の内部監査も向上している中で，外注のメリットをどれくらい期待できるかが1つのポイントになると思われます。

　日本企業から見た内部監査を外注する理由と外部動員の際の検討事項を図

図表8-3 ◆ 海外内部監査の外部人材の検討

一般に内部監査を外部委託する理由

- 海外固有の専門スキル・知識を補う
  - 海外監査のモデルとなる監査報告書の作成してもらう
  - 海外対応可能なIT監査の専門家に来てもらう
- 出張で対応しにくい地理的なカバリッジを確保
- 監査プログラムの柔軟性・厚みを増す（M&A直後の対応等）
- グローバル監査コストの価値の増加
  ただし大規模な委託でないとスケールメリットは期待できない

外部委託の選択肢：
- アウトソーシング
- コソーシング
- アドバイザリー
  （助言や研修）

他部署からの動員ないし外部委託を考える際の検討事項

- ゲスト・オーディターとして参加を求める社内人材のリサーチ
  - 海外事業関連部，コンプライアンス部，現地監査部や統括部からの臨時の応援参加の可能性を探る
- 現地での面談相手が主に現地人か日本人か，また経営幹部は日本人か
  - 面談相手とのバランスから英語や現地言語能力の必要性の程度
- 経営監査より業務監査に重点があるか，現地固有の制度・業務慣行の重要性の程度
  - 親会社主導の経営管理や統治を見る必要性あるいは現地ベースの業務監査に重点を置く程度
- 監査担当者の実務経験，語学・現地の慣行・文化・法制度に対するバリアの程度
  - 外部委託や通訳のニーズの検討
- 監査担当者の実地研修（OJT）や海外モデルケース作成としての意味
  - コソーシングのニーズ，役割分担の明確化，外部作成の監査報告書の今後のモデルとしての活用

表8-3にまとめました。監査の高度化とニーズの個別化が進む中では，従来型のアウトソーシングやコソーシングだけでなく，個別テーマのアドバイザリーや研修という形の部分的な支援形態も今後は有用性が高いと考えます。

5. 失敗のない監査報告の進め方

次は監査報告について，特に問題になりやすいところをピンポイントでいくつか解説しておきます。

（1）英文監査報告書の作成

　監査の結果を現地の被監査企業のメンバーに直接に伝えて改善提案についても納得してもらうことは，監査の重要な目的です。であれば，現地にわかるように監査報告は英語で作成することとし，それも現地や翻訳者任せにしないで，できれば監査チームが自らの言葉で伝えたいものです。そこまでが監査ですから。一方，日本の経営層への報告書は日本語によることが普通です。その場合でも英語版を正として，その要約版を日本語にするとか，日本語全訳を副として作成するといったやり方もよいと思います。

（2）監査報告会──監査結果と改善提案への合意形成

　監査報告会の進め方については以下の点に留意します。

> - 往査最終日に監査報告会を開き，監査結果および改善事項を説明し，現地マネジメントから大筋の合意を取り付ける。微妙な言いにくい問題こそ面談で直接コンセンサスを取るのが大事。
>   ※現地責任者の出席は必須，後で自分は聞いてないとは言わせないため。
> - 特に発見事項・改善提案素案は文書で見せて必要な調整はその場で極力済ませる。
>   ※後日，報告書ドラフトの文言をやり取りして交渉しながら修正するのはかなり手間がかかる。確認ポイントは2つ：
>   　①発見事項のベースとなる事実関係の認識への合意
>   　②改善提案の方向と内容への合意

　なお個々の改善提案は報告会でいきなり出すのはリスクが高いので，往査中に事前に了解を得ておくことを原則とするのがよいでしょう。

1）監査報告会のやり方を工夫する

　監査報告会では，なるべく完成版に近いドラフトを用意して合意を取りつけるのがよいという説明をしましたが，これは先方とオープンに議論ができているという前提で，時間的制約が結構厳しい海外監査の中で迅速性・効率

性を追求するやり方です。しかし，その前提が成立しないときは何らかの対応策も必要となります。特に，正しい事実認識と状況にふさわしい提案が導かれるためのきちんとした話が十分できるかどうか危ぶまれる場合には，仕事の速さよりも，まず足元を固める方が大事です。

2) 指摘事項だけを見せてゼロベースで話し合う方がよい場合

　社風とか監査人と被監査企業との関係によっては，先方が変に威圧感や警戒感を感じて，まともに監査の指摘や提案を議論しようする雰囲気でないこともあります。すると先方の意見や事実を反映しない監査人の一人よがりの指摘や提案になる可能性があり，後になってそれが大きな問題になることもありえます。そういう懸念があるときの報告会では監査人の考えを一方的に押しつけないようにフェアに議論を進めることを心がけます。例えば，改善提案を先走って見せることはしないで，発見事項の論点だけをパワーポイントなどでプロジェクターに映して一緒に議論に参加してもらいながら1つ1つ事実確認をして改善の方向を提案して上手くいけば合意してもらうし，指摘が適当でないことがわかればその場でボツにします。こうして指摘と提案の原点に立ち返ってゼロベースで一歩一歩フェアな議論を進めて報告内容の合意を口頭で取り付けます。後は後日，ドラフトを送付して見てもらいます。

　こういう時は迅速さよりも正しい指摘や提案を報告することが優先します。

3) 監査報告会に先立って予備会議を開いた方がよい場合

　監査人の指摘や提案に対して子会社の経営者が慎重なあまり，内部で確認できるまでは回答を保留して態度をなかなか明らかにしようとしないこともあります。通常，往査最終日に報告会を開き，その夜には帰国するという日程では，国内と違って一度の会議で決着がつかなければまた来週に続きをというわけにはいきません。こういう心配がある場合，往査期間が1週間以上はないと少し厳しいですが，報告会を予備と本番と手堅く2回やることも考えられます。例えば水曜に一度，前哨戦のような形で予備会議をして，再度，最終日の金曜に正式な報告会をするという方法です。予備会議では事実上，

問題点をすべて出して子会社側からも疑問点を聞いて議論します。むしろこれが本番です。その後，1日か2日くらいかけてお互いに必要な確認作業をした上で，なるべく疑問点をほぼクリアした状態にして正式な報告会に臨みます。こちらは問題解決後の確認のための手打ち式のような感じになります。うまくやればお互いに安心感のある安定した監査報告の方式となります。

(3) 監査報告会から報告書発行までの手順の説明と日程の確約

1) 各工程の締め切り日の設定

　監査報告会での合意に基づき，監査報告書ドラフトを作成・送付し（一般に1，2週間内），現地経営陣に改善提案へのコメントを記入して回答してもらうことの依頼と，その回答の締め切り予定日（通常，ドラフト閲覧後1週間，長くて2週間程度以内）を約束してもらいます。

　※日程を決めないと1か月以上もかけて報告内容に含まれる細かい意見の相違・事実認識の違いにつき，後知恵で往査時とは異なるスタンスで修正・削除を求められて，監査チームとして対応に困ることもあります。

2) 監査報告書をめぐるトラブルとは

　報告書ドラフトをめぐるトラブルで一番困るのは，往査のあとになって現地マネジメントから指摘や提案の内容に反論されることです。監査人側に誤りがあればもちろん修正すべきです。しかし，往査後1か月以上も過ぎて，現地で話に出なかった事情を後で持ち出されて指摘事項を否定する理由に挙げられても，こちらは今更，確認の仕様がないことがあります。これは現地で報告書ドラフトを送ってから回答をもらうまでの期限を決めてなかったために，先方はいつまでも不備を正当化できる理由を後知恵であれこれ探していたのかもしれません。

3) 内部監査部がリードして進める

　考えてみれば法定のJ-SOXの評価や会計士監査などは制度上，年間日程が決まっています。しかし任意である内部監査は往査期間を事前に決めて，監

査する方もされる方も呼吸を合わせて往査期間中に監査が効果的に実施できるように，日程通りに準備して作業をしないと実効性のある監査になりません。だから内部監査部がリードして日程を管理することが監査を成功させるためにとても重要となります。

上記のような事態を避けるには，
① まずは現地の会議で難しい議論は一通り終わらせて，その会議の内容を踏まえて，報告書をまとめることに合意してもらうことが第一，それと，
② 監査の報告までの日程を監査計画書などに明記するとともに，キックオフやクロージングの会議で日程を説明し，先方からの報告書ドラフトへの回答期限も守ってもらうように念を押すことを忘れないことです。

ただ，本質的には，監査の目的や趣旨を事前にきちんと説明して了解してもらい，協力体制を作っておくことが防止策としては大事だろうと思います。決して現地マネジメントの人事評価のための監査ではないはずですから。

6. 職務分離に関する指摘・提案

職務分離（segregation of duties，SODと略される）は，人員が不足ぎみの海外拠点の監査では最も重要なチェック項目の1つです。20件くらい指摘項目があればたいていはこの領域の指摘が1つ以上は含まれるのが一般です（以下参照）。

●**海外監査の必須重点課題―職務分離の問題**
○**職務分離**（segregation of duties）
- 一般に職務分離とは，承認手続，現物管理，記帳管理等の兼務させるべきでない業務担当の分離をいう。入出金と会計の記帳，給与計算と支払，各データへのアクセス権限，会計記録の記帳と承認，棚卸資産の現物管理と売上・購買取引の担当などにおける担当者の分離。

○**職務分離が海外事業で重視される理由**
- 重要不正事件の多くは職務分離の不備に関係している。職務分離は不正の兆候

を示す典型的なレッド・フラグ（危険信号）と言われる
- 労働者のモラルが高い日本では問題になりにくい分，海外でのリスクの重要性に気づきにくい
- 概して海外子会社では従業員の離職の回転が相対的に高く，帰属意識が薄くなりがち
- 海外事業では営業や技術の人材が中心で法務や人事など間接部門が手薄になりがち。人手不足

○内部統制としての職務分離の特徴に留意
- 承認，金額調整，突合などの統制手続は，対象となる項目の重要性・リスクが直接に見えやすい
- リスクに受け身的な職務分離はこれで防止するリスクの大きさが見えにくい予防的・間接的な統制
 ⇒監査人は安易に妥協すべきでなく，経営に注意を喚起すべき
 ⇒ただし，職務分離の達成のための現実的な方法については追加のコストや人員を必要としないコンサル的なアドバイスが期待される
  例）上司による監督の強化，近隣のグループ企業の社員による第三者的なチェックなど

1）SOD コンフリクトとは

　しかし，その割には何が職務分離に該当するかとか指摘のための対応をきちんと押さえていない監査人は意外と少なくありません。例えば，ある業務の処理について承認がないというのは職務分離とは言いませんが，そのような内部監査の指摘を見かけることがあります。また1つの業務を一人で完結させるとリスクがあるので分けるという解説も見かけますが，これも違います。もともと2つ以上の業務があって，それを一緒にするとリスクがあるので違う人に分担しようという意味です。こうして内部統制上，相容れない業務（conflicting transactions）の職務分離（SOD）ができていない状態をSODコンフリクト（SOD conflict）と呼んでいます。また業務権限に関係する話ですが，権限そのものに問題の本質があるのではありません。例えば，職務分離の典型的な指摘・改善である次の事例⑪では，たまたま経理のマネジャーの話ですが，これが権限を持たない一担当者であっても基本的に問題は変わらず，本人に権限があるかないかというよりも職場環境として，同時

に従事することが内部統制の観点から適当でない2つ以上の業務に触れることのできる状態（SOD conflict）にあることを指摘して，この状態を失くすことを提案しています。

2）職務分離と職務分掌とは

　職務分離の意味は，一人の担当者が内部統制上，両立しない複数の業務（incompatible duties）を担当することのないように業務を分離することです。職務分掌も同じ意味で使われますが，こちらは職務分掌規程などと呼ばれるように，人事上，個々の部門，役職や担当者の業務内容や権限を明確にするために職務ごとの役割を整理配分することです。これを職務分離と言えば不正などのリスクを回避する目的で担当を分離するという内部統制上の積極的な意図が表現されます。そこで，職務分掌は人事的な意味での職務の分担を表し，職務分離は内部統制上の用語で統制上の目的で担当を分離させる意味と使い分ける方がより適切と思います。

　ただし分離といってもどんな業務をどこまで細かく，徹底して担当を分けるかというとそのときの状況判断が必要です。重要性のないリスクの予防に過大な人件費の負担を求めるのも合理性がないので，どこまで徹底して分けるべきかは，その個別の状況での総合的なリスク判断になります。ですからベテランでもその判断は結構難しいし，指摘事項に職務分離という言葉を出しただけではその重要性は伝わらず，分離すべき業務はいったい何を指しているか明確に書かないと意味がはっきりしないのです。

3）職務分離の典型例とリスク判断

　しかし，判断が難しい中でもこれは普通やってはいけないと内部監査で指摘することが多いパターンがあります。その典型例が事例⑪に見られるように，会計記録の記帳業務と現金預金の出納の両方を担当することです。これによって不正が行いやすくなり，不正防止が難しくなります。それともう1つの要素は棚卸資産などの現物です。これには有価証券や固定資産も含まれます。ですから一般事業会社の内部監査で特に指摘が必要なのは，この3つ

の業務，すなわち会計記帳と財務（現金預金出納）と現物（在庫）の管理の未分離と，それに給与計算とその支払の未分離，このあたりがまず基本です。

事例 ⑪

現預金の出納，記帳および銀行勘定調整業務の職務分離

指摘事項

経理部のマネジャーが現預金の出納，記帳，銀行勘定調整業務を行っている。また，銀行勘定調整業務は，他者によるチェックや検証はなされていない。

リスク

上記業務において，会計帳簿の記帳と現預金の出納業務とは本来，分離しなければならない。適切な業務分担が行われないと，現預金勘定における虚偽記載の原因となる可能性がある。また意図的な虚偽の記帳が行われた場合は，それが発見・修正されない可能性がある。

改善提案

現預金勘定の記帳責任者であるマネジャーは，それらの出納業務を兼務すべきではない。また，現預金勘定の内部統制を強化するため，同マネジャーの作成による銀行勘定調整表は，他者によりレビューされるべきである。

また，その際のリスク判断において考慮するのは，例えば，以下のことです。
- 業務の未分離が原因でどの程度の損害をどのくらいの頻度で被りそうか。
- 分離の代わりに，日常的な上司からの監督がどれくらい緊密になされているか。
- 別のモニタリングの統制手続によってリスクがどれくらい軽減できるか。
- 未分離による事故や損害の実績はあるか，今後の予想はどうか。ただし，とりわけ海外監査で気をつけたいのは以下の2点です。
    ①職場で働く人々のモラル意識が高い日本企業ではJ-SOX導入まではあまり職務分離は問題とならず，それで済んでいましたが，海外は根本的にリスク環境が違うので，ゼロベースで慎重に厳しく考えないと監査人としてリスクを見誤る可能性があります。

②さらに重要なことは、過去の大型不正事件は職務分離の問題が絡んでいることが多く、一般にも職務分離の欠如が不正のレッド・フラグ（危険信号）の1つと見られていることです。

■**大和銀行ニューヨーク支店の事件**

例えば「内部統制システム」という用語が日本の司法の世界で初めて使われたのが、大和銀行ニューヨーク支店の事件にかかる判決でした。これは同支店で米国財務省証券などの証券取引業務を担当していた従業員が取引で生じた損失を取り戻そうとして、長年にわたり、無断で米国財務省証券などを簿外で売買し、その隠ぺいのために保管残高証明書を作り替えたりした結果、約11億ドルの損失が生じたというものです。この事件で明らかになったのは、図表8-4にあるように売買部門、決裁部門および事務管理部門との分離ができてないことによる統制上の問題がこの事件の背景にあったということです。そしてこれは内部統制の問題ですから、その気になれば事件の前に内部監査で指摘し、改善できていた可能性があるということです。

図表8-4 ◆ 大和銀行ニューヨーク支店巨額損失代表訴訟判決

大和銀行株主代表訴訟事件（大阪地裁平成12年9月20日甲事件）で起こったこと。

　　変動金利債での5万ドルの損失発生
　　損失隠蔽のための別の米国債取引を開始
- 簿外による取引（本人しか管理していないシステム）
- 本人が取引の実行、決済、残高確認等管理業務をしていた
- 損失隠蔽のための追加的な損失12年で11億ドル

　　結果：防がれるべき巨額損失により株主価値を棄損

- 大和銀行巨額損失事件（甲）の欠如していたとされる統制 ⇒ **業務プロセスの問題 内部統制・内部監査で防止できた可能性**
  ○ 売買部門、決済部門と事務管理部門の分離
    ◆ バックオフィスの未整備
    ◆ 送金、決済、記帳などを一人で実施
    ◆ 保管業務と財務省証券の取引を同一人物が実施
  ○ 第3者による現物証券（または外部保管委託者へ）の定期的確認の未実施
  ○ 保管委託業者から送付される確認状の照合を本人が実施し隠蔽
  ○ 有給休暇取得制度の未実施

※判決の趣旨、大和銀行の取締役が注意義務、監視義務を果たすために、**当時の時点において、誠実にリスク管理体制と法令遵守体制を構築し実施していない**と判断された。

4) 人事プロセスの職務分離とアクセス制限

　また給与の支払いと給与の計算は当然分離すべきと考えても，人事と給与計算との分離は不要と考える人もいます。人事プロセスの内容にもよりますが，これも分離するのが基本です。一般には給与計算に携わる人は，その計算に必要となる情報だけを人事に提供してもらうか，その情報へのアクセスだけが認められます。このような例が事例⑫に見られます。

事例⑫

人事マスター・ファイルに関する職務分離とアクセス制限

指摘事項

　給与担当者の人事システムへのアクセスは，ジョブ・ディスクリプション上では，従業員の基本給その他の給付の改定および源泉徴収に関する情報システムの維持に限定して付与されている。しかし，アクセス権の付与はこれに整合しておらず，従業員マスター・ファイルの登録，解除および改定の権限まで含んでいる。

　実際の業務処理において，給与計算，従業員マスター・ファイルの維持および従業員給付の設定はそれぞれ分離されていた。

リスク

　不十分な職務分離によって，潜在的な不正リスクが高まる。例えば，架空の幽霊社員をシステム上，登録したり，従業員の基本給，給付条件および源泉処理を承認なく調整するといったことである。

改善提案

　人事部責任者は，ジョブ・ディスクリプションを参照して，人事および給与担当者の各人の業務に必要なアクセス権限が適切に付与されるようにしなければならない。特に，給与担当者には給与額の調整を除いては，従業員マスター・ファイル情報の追加・修正および消去のためのアクセス権限を与えるべきではない。これによって，幽霊社員や未承認の調整などの不正のリスクを抑えるために十分な職務分離を確保する必要がある。

マネジメントの回答

　システムへのアクセス権限を改定して給与計算担当者の従業員マスター・ファイルへのアクセスを制限します。

　責任者：人事部門長　　実施期限日：XXXX

5）職務分離に関するアドバイザーとしての対応例

　職務分離については，内部統制上，改善が必要とされる場合には，経営側に改善する意図がないとしても，内部監査の責任として，その旨はっきり伝える必要があります。しかし，一方でなるべくなら追加のコスト負担のない解決策も期待されるところです。内部監査人のアドバイザーとしての支援が望まれるところでもあるわけです。そのような例が事例⑬のケースです。

事例⑬
職務分離の現実的な解決例

　職務分離ができていないという指摘だけでは人員を増加できない経営者を困らせる。そこで内部統制的にも受入可能な現実的な解決策の提案が内部監査人に期待される。これが内部監査による経営に役立つコンサル的な価値の提供となる。

海外内部監査における職務分離不備への対応例

　日本企業のアジア地区現地法人としてスタートして間もないT社は，まだ小規模のため，会計業務を大手会計事務に外部委託しています。しかし外注した業務の詳細は文書化されていません。銀行勘定調整表も会社にはないし，同じ部署内で現金・小切手の取り扱いと会計の記帳業務を担当者が兼務していることも問題です。

　ただ会計事務所に委託した代行作業の内訳を確認したところ，預金の銀行勘定残高と帳簿残高との調整業務も会計事務所側が作業過程において，自発的に行なっていることがわかりました。それを会社の統制と認定できれば，財務と会計の担当者を分離しなくても，外部者の目を通すことで社内の業務未分離のリスクが相当軽減されると判断されました。

　そこで改善提案には，担当を分離するか，あるいは，代替案として，現在，会計事務所がやっている作業を業務手続として明文化して会計事務所の了解を取る形で，委託契約上，互いの責任範囲を明確にすることを提案しました。特に人件費等のコスト負担を伴わない後者の代替案を現地の社長は喜んで採用してくれました。

7. 利益相反への対応

(1) 海外監査のケーススタディ

では次に海外監査の指摘・改善提案に関する事例⑭を見てみましょう。あなたはこの提案ドラフトをこのまま報告書に上げることに同意しますか？ 同意しないとしたらあと何を確認すればよいでしょうか。

事例⑭

海外子会社の業者選定の指摘例

一般事業会社の東南アジアにある子会社の業務監査において購買に関する以下の指摘提案がありました。これを完成するために，さらに検討すべき点がありますか。

発見事項

X社の購買部門の監査において，購買部長の実家が経営する企業Z社が当社の仕入先に含まれていたことから，業者選定手続や実際の購買取引内容について説明を受けたところ，特に異常な点は見当たらなかった。しかし，業者選定時の他社との比較情報や判断の根拠資料が乏しいため，充分な検討はできなかった。またZ社の業者選定に際して，その経営者が購買部長の親族であることが正式に検討され承認されたわけではなかった。

リスク

業者選定が正しく実施されないと不適当な業者との取引が開始され会社の利益が損なわれる可能性がある。

改善提案

業者選定が客観的に正当になされるように，選定の基準およびプロセスを見直し，選定時の複数業者の比較情報や判断根拠資料を証拠資料として保管するように変更すべきである。またZ社が取引業者として適格であるかは見直し後の基準によって改めて確認すべきである。

【検討のポイント】
- 記載されたリスクはどのような状況から起こっているか。
- 現地固有のリスクが意識されているか。

このドラフトのレビュー後の改訂版を以下に示しています。どこが違うかわかりますか。これは業者選定のプロセスを題材にしていますが、本質は利益相反取引をテーマとした指摘事項です。そこに気づいたらひとまず合格です。この事例で購買部長はＺ社が自分の身内の企業であることを会社に隠して、個人的な利益を図って業者選定プロセスを不当にゆがめて会社の利益を害したとしたら、利益相反取引という不正になる可能性が高いです。もちろん業者の選定手続を含んだ一連の購買プロセスの不備も問題ですが、その元の原因は利益相反取引に対する会社としてのきちんとした方針や手続がないことにあります。そこで、これを購買だけの問題と見るのではなく、人事採用など他の業務にも波及する全社にわたる利益相反の問題と把握して、それを正面から指摘して改善を求めるというスタンスをとっています。
　このＺ社の問題を業者選定だけの個別リスク事象として、その解決を求めることにとどまらずに、これを組織全体の仕組みの問題として捉えて利益相反という大きな問題を俎上に上げるというアプローチを考えているわけです。

事例⑭の【改訂版】

東南アジアにある子会社の内部監査報告書における指摘の例――要旨

発見事項
　現在、Ｘ社における利害関係の管理は、信頼関係に基づいてなされており、経営者は利害関係を体系的に抽出、申告、追跡、モニターおよび報告する利害関係の管理プロセスを明確にしていない。そのため、購買部長の実家の会社を仕入先として業者選定した際にも、特別な手続はとられておらず、現行の業者選定プロセスも利益相反という点からリスクを考慮していなかった。

リスク
　利害関係の管理プロセスがないため、利害対立が発生するリスクが適切に識別管理されず、会社の利益が害されたり、利害関係のある取引が財務報告書上、適切に開示されないおそれがある。

改善提案
　以下の内容を含む利益相反取引の管理プロセスを確立すべきである。（項目のみ）
□利害対立に関する方針の確立

□利害対立の定義
□調達先や顧客の調査と選定プロセスにおける利害関係の識別
□利害関係の定期的な申告
□潜在的な利害関係の追跡とモニタリング
□潜在的な利害関係の取締役会等への報告

【解説】
- リスクの本質を利益相反取引と認識できれば，特定の業務プロセスに限定せずにそのような取引自体への管理の必要性が意識される。
- 日本に比べて東南アジアなどでは同様の問題の発生頻度が高いため，そのための固有の規則を設置するニーズが現実的となる。

(2) 海外監査の利益相反取引

利益相反取引について海外監査における留意点を**知っておきたいポイント⑯**に要約しました。

利益相反といえば，日本では取締役の利益相反取引を思い浮かべる人も多いでしょう。会社法に規定があるので，取締役会規程などで取締役に開示を求めていることが多いと思います。しかしそれ以外のケースはあまり身近に感じることがなく，監査でも日本国内では指摘を目にしたことがなければ，その問題に触れてもついそれと気づかないことがあります。一方，アジア圏では事例⑭のように購買関係でもよく見られます。リスク環境が違えば，新たな統制も必要になってきます。

2015年に「中国に入れ込んだ代償，現地子会社の不正見抜けず，名門商社が100年の歴史に幕」と題して産経ニュースに報道された東証一部上場企業だった化学薬品商社「江守グループホールディング」についても，「江守は……中国子会社の経営トップだった元総経理が親族が経営する会社と取引を行っていたと発表。元総経理が内部規則に違反し，江守の承認を得ずに親族の会社と取引を行い……」（産経ニュース，2015年6月3日）と報道されており，利益相反に関わる事件であったことを物語っています。利益相反は海外監査で気を付けたい問題の1つです。

知っておきたいポイント⑯

海外で見られる利益相反（conflict of interest）の問題

- 会社の役員や従業員が会社の取引先に親族や身内が経営する会社を選び，不当な価格で取引をして会社に損害を与える場合や親族を優遇して雇用する場合など。
  ⇒本来，その関係を事前に会社に開示すべきで，そのルール化が必要。
- 業者の選定および相見積もり入手の方針など個別取引以前の問題なのでJ-SOXの統制下でもチェックされていない可能性。
- 日本でも取締役に会社との利益相反取引の事前開示が取締役会規則で要請されたり，従業員には行動規範などに規定される。しかし購買取引などについて，具体的に規定する例は少ないため問題意識が薄くなりがち。
  ⇒海外のリスクが高い環境における重要性に気づかず見落とす可能性がある。
- 利益相反は，それ自体が不正ではないが，適切な情報開示を欠くことで不正になるため，ACFE（公認不正検査士協会）による不正の定義では，不正の3大カテゴリーの汚職（corruption）の中の1つに挙げられている。

第5部

企業の不正対策
——制度設計と不正対応活動

> **第9章 企業の不正対策の制度設計**
> - 企業不正のパターンと日本企業に見られる不正の特徴
> - 不正リスクとガバナンスおよびコントロールとの関係
> - 企業の不正対策の考え方と実務展開
>
> **第10章 企業の不正対応活動**
> - 不正リスクの評価の進め方
> - 内部監査における不正対応
> - 不正調査の体制と実施活動
> - 企業の不正リスク対策のまとめ

◎内部統制ができているはずの大企業で なぜ不正が起こるのか

　大企業の不正事件が相次いで報道される中，内部統制があるはずの大企業でなぜ不正が起こるのかという疑問の声があがっています。そこで企業の対応としては組織における不正対策の在り方をゼロベースで見直し，内部監査その他の関連部署の役割や活動の方向を見定めることが重要となります。

　第9章ではこのテーマを企業のガバナンスや企業風土への対応を中心に内部統制やリスクマネジメントの視点から掘り下げます。さらにこうしたマクロ・レベルの取り組みと併せて業務上のミクロ・レベルの不正対応の検討を踏まえて，企業の不正対策の考え方を制度面とともに活動面から提示します。その上で，経営管理においてこの制度と活動をつなぐ組織対応として重要な視点となる協調的アプローチの意味を解説します。

　第10章で扱うのは不正対策活動の内容です。規程やルールなどを形だけ作っても実務は動きません。制度というハードに実効性を与えるのはこれを動かす人の活動です。こうしたソフト面に目を向けて，制度を起動させることが大事です。このような不正対応活動として不正リスク評価，内部監査，不正調査，通報対応および調査後の内部統制レビューなどを取り上げます。世間の理解が乏しい，こうした監査と調査と内部統制レビューのそれぞれの機能や目的の違いを理解すれば企業としての不正対応の道筋を経営層にアドバイスできるようになるでしょう。

　内部監査は不正調査や不正リスク評価の活動に関与することがあります。それだけでなく，リスクマネジメントが内部監査の主たる対象分野に挙げられるように，不正リスク対応を具体化した不正リスク評価や不正調査などの活動はすべて内部監査の対象にもなるのです。IIAの指針はさらに不正対応の内部監査の対象分野として，統制環境や経営者の姿勢（Tone at the Top）などの不正対応のマネジメント・コントロールも挙げています。ちなみにJ-SOXの全社統制の評価はこれらの領域も一応は含みます。しかし，不正対応の統制を評価していると実感のある企業がどれくらいあるでしょうか。

　ここでは，企業活動全体の観点から不正対策のあるべき制度および活動を究明します。そうした全体観を持つことで，その企業の内部監査部門あるいはそれ以外の部門の不正対応への関わり方が見えてきます。このような観点をもって不正対策に取り組むことが，組織における内部監査プロフェッショナルに必要なアプローチではないかと考えています。

第9章 企業の不正対策の制度設計

大企業における企業不正が繰り返し起こるのは，不正対策がきちんとできていないことの現れではないでしょうか。内部統制がなぜ働かなかったのか，不正の背景にあると言われる企業風土にどう対応すればよいかなど，今日的な企業不正の課題に対して不正対策の原点に立ち返って制度設計はどうあるべきかを検討します。

1. 企業不正のパターンと日本企業に見られる特徴

(1) 米国に見られる不正理論

エンロンやワールドコムといった米国企業における大規模な会計不正事件が米国のSOX法（サーベンス・オクスリー法；いわゆる企業改革法）による内部統制制度の導入につながりました。そして，これを参考に日本でも日本版SOX法ないしJ-SOXと呼ばれる内部統制報告制度が2008年ころから上場企業に適用されたことは記憶に新しいことです。ところで，SOX制度のきっかけとなったこれら米国企業の会計不正では経営者の個人的な貪欲さが不正の原因と見られていました[1]。ところが日本では経営者の私利私欲が原

---

(1) 例えば「『エコノミスト』の編集者は『エンロンやワールドコムから学ぶことのできる本当の教訓は……経営者というのは持ち逃げすることもいとわないほど，貪欲だということだ』と書いている」（出所：D・クィン・ミルズ著（林 大幹訳）『アメリカCEOの犯罪』シュプリンガー・フェアラーク東京，2004年，p.343）

因で起こった大規模不正はあまり聞かれない，なのになぜ米国並みの重たい制度を導入して，3点セットなどと呼ばれる膨大な文書化作業や評価作業を企業に負わせるのかという声は当時からJ-SOXの準備作業に追われる企業の現場で聞かれていました。また不正の発生状況や原因に関連づけた制度設計の議論も一般に耳にすることはなかったようです。

確かに不正にもいろいろなパターンがありますから，その実態を踏まえて対策を考えるのは本来当然でしょう。日本ではあまりそのような議論は見かけませんが，例えば米国の書物には以下のような不正理論が紹介されています。

これらの不正理論はそれぞれ参考になるところですが，特に最初の2つは日本企業に見られる不正の特徴に共通したところがあります。

(2) 日本に見られるポテトチップ型不正

ポテトチップのように食べ始めたらやめられなくなり，見つかるまで続けてしまうというパターンは日本企業においても一般に見られるところです。私がこれまでに不正調査という形で関与した案件にも多く見られました。

ただし，米国と違うのは日本の場合，エンロンやワールドコムなど米国の大規模不正について言われた個人の貪欲さに起因する不正というよりも，「会社のため」という発想で始まり，そのうち個人的にも味をしめてやめられなくなるというパターンが多いということです。例えば次のような例です。

> 例）決算上の利益を多くみせるために，上司の役員から指示を受けて財務部長が簿外の預金および証券口座を開いて内規違反の信用取引を行い，利益を補てんして決算を粉飾したケース。不正を指示した上司の退任後も一人で裏口座での証券取引を続け，個人でも同様の信用取引を行い，発覚するまで上司や社内の経理・財務部員および会計監査人をだまし続けた。

日本では従来からあったこうしたポテトチップ型不正に対して，近年は次に述べるフルーツ型の偽装事件が目立つようになりました。

> 【米国に見られる不正理論の例】
>
> ①ポテトチップ不正理論
> - おそるおそる手がけた不正も，一度，不正を働いては逃げ切るという成功体験を繰り返すうちに味をしめて常習者となりやすい。これは軽い気持ちで食べ始めたら，病みつきになってやめられないというパターン。
>
> ②低くたれたフルーツの不正理論（Low-hanging fruit Theory of Fraud）
> - ぶどうのように手を伸ばせば簡単に手が届いて取れる果物の例え。
> - 毎日のように発生して見つかるまでやめないローリスクの不正。購買関連に多い（周到に計画した粉飾決算などのハイリスクの不正と対比される）。
> - 経営者はこれらの不正を断固見逃さずに調査して悪い従業員を排除すべきで，これにより，不正予防に対する強い会社の姿勢を示すとともに，実行犯がもっと手の込んだ深刻な不正を働く前に追い出すべきである。
>
> ③氷山の一角の不正理論
> - たいていの不正は最初は虚偽のほんの一部しか見えない。大部分は水面下に隠れている。
>
> ④腐ったりんごの不正理論
>
> 　腐ったリンゴ1つが樽いっぱいをダメにする。よいリーダーを部下が見習うように，上司の不正を見て部下がまねる。上司の監督不足や警戒感のなさが不正の発生を容易にし，広げてしまう。
>
> （出所：Martin T. Biegelman and Joel T. Bartow, *Executive Roadmap to Fraud Prevention and Internal Control*, 2006, John Wiley & Sons より要約して訳出）

(3) 偽装という名のフルーツ型不正

　低くたれたフルーツ（果物）といっても日本人にはわかりにくいですが，多分，ぶどうのような手を伸ばせば簡単に取れそうな果物でしょうか。日本で言えば隣家の柿の実をだまって失敬するようなものですが，それほど悪いことと感じていないので，あえて隠そうともしなかったりして，なかなか止めません。そのような不正は，粉飾決算などの周到に計画されたハイリスクの不正と比べると個々には大したことのないローリスクの不正と言われます。しかし，小さくても放置すれば本格化する恐れがあるので，経営者は断固見

逃さず，やめさせるべきだと言われています。日本で以前，起こった牛肉偽装，米偽装，食品偽装に共通した特徴があります。

1）社会の変化とリスクマネジメントの認識

　以前，輸入牛肉を国産牛肉と偽って補助金を詐取した牛肉偽装が発覚した食肉卸業者は，いずれも名の知れた企業でした。これに関与した経営者は，おそらく過去の成功体験を踏まえて，業界では大したことのないローリスクの不正と考えていたのではないでしょうか。しかし，これが思いのほか世間ではハイリスクと受け取られ，不買運動などの対象となったりして，ビジネスに打撃を与えることになります。このケースでは，インターネットの発達など，社会が変化しているにもかかわらず，その辺のリスクに対する認識，さらにはリスクマネジメントが不足していたと見られます。

2）リスク認識の客観的評価

　このようなことで，従業員を路頭に迷わせるわけにはいきませんから，経営者の頭の中だけでリスク管理をするのではなく，これを制度としてきちんと対応すべきだったということ，これが企業経営から見た1つの教訓とも考えられます。つまり，リスクマネジメントの担当者を決めて，リスクを認識し，客観的に評価することによって変化を把握し，これを基に絶えずアップデートして正しいリスク情報を経営者に提供するということです。

　不正とは，本来，意図的に人をだます行為です。そして偽装とは言葉自体が不正の性格を帯びています。しかし，食品の産地偽装などで，中には単なる誤表示でも消費者への伝わり方やメディアによる扱い方によっては，世間から偽装（つまり不正）扱いされて，思わぬ風評被害を被ることもあります。こうしたケースでは不正というより風評リスクへの対応が求められ，不祥事に関連した社内の情報の管理や隠ぺいの問題，あるいは広く見るとコンプライアンスの問題として取り組むべきことが多いと考えられます。

（4）コンプライアンス型不正

1）日本企業の海外でのコンプライアンス型不正案件

　コンプライアンス関連の不正で日本企業の中で目につくのは，海外で起こった以下のような事件です。

> - 「米で自動車部品カルテル摘発相次ぐ，日本の商習慣がリスクに」
>   ⇒日本企業を中心に37社が巨額の罰金を科せられ，50人以上が起訴，うち約30人が米刑務所に収監された。背景には，日本の商習慣が米国のルールに照らすと不正認定されやすいことや，「談合排除には個人への刑事罰が効果的」との考え方がある。　　　　　　　　　　（出所：産経ニュース，2015年10月4日）
> - 米国海外腐敗行為防止法（FCPA）や英国贈収賄禁止法などの違反
>   ⇒エンジニアリング企業や総合商社など日本企業の摘発が急増，罰金が巨額（数10億円以上）

　上記2件はいずれも不正に関連する海外の法令違反ですが，特に後者は贈収賄行為防止の取り組みが世界的に進み，米国FCPA違反で，これまでにドイツ総合電機メーカー16億ドルの支払い命令を受けるなど罰金額が巨額に上っています。これら英米の贈収賄法はそれぞれの国外でも域外適用がなされます。これら国境をまたぐカルテルや贈収賄は不正というよりも本質は法令遵守としての対応が必要であって，現地子会社というよりは企業の本社としてグローバルなコンプライアンス対策が求められるものです。

2）海外の制度に詳しい法律専門家関与を

　それと併せて海外案件の難しさとして注意を要するのは，違反となった法律の内容だけでなく，日本にはない海外の制度として弁護士依頼者間秘匿特権や米国のディスカバリー（証拠開示手続）やサピーナ（召集令状）等を知らないと大変な目に合うということです。そのため現地の実務に詳しい法律専門家を適切に関与させることが海外不正対応の第一歩となるでしょう。

(5) 企業風土型不正

1) 企業風土とは

　このほかに，最近では東芝の会計不正などをめぐって，企業風土型の不正が話題となっています。これは企業風土の在り方に不正の根本原因を求めて，企業のガバナンスを含む統制環境に原因があると考えられる企業不正です。企業風土とは，企業組織の中で自然に培われ共有されている価値観とか業務慣行などを一般に表していると考えられます。そうした企業風土を体現する形で，大会社あるいは上場企業としての法的な要請や制度の枠組みの下で，経営層で構築された経営意思決定の仕組みや構造そのための機関など企業としてのガバナンスの仕組み，いわゆる企業統治が出来上がっています。このようなガバナンスが不正から企業を守るために正しく機能しなかったケースとみることができます。そのポイントを以下にまとめました。

●**日本の企業不正―企業風土型不正**
企業風土に起因する不正
- 内部統制の中で統制環境に問題があってガバナンスが十分でない
    - ⇒内部統制というのは，本来，人の行うプロセス。これを通して人の行動に影響を与えるもの。しかし内部統制が企業のカルチャーひいては人の行動を本来の企業の目指すべき目的にかなうように適切に制御できていないことが原因で起こる不正のパターン。
- 経営者の姿勢（Tone at the Top）がその主な原因と考えられる
- 他に考えられる要因としては：
    - ガバナンス構造：日本の法制度において企業のコーポレート・ガバナンスが組織構造的に十分に機能するようにできていない
    - 行動様式：欧米流のガバナンス・行動様式が日本の風土に合わない
    米国ではCEOが支配者 vs 日本はコンセンサス経営・ボトムアップ型意思決定
    （参考）「日本のシステムは構造というよりもその行動様式が我々のものとは異なる。……アメリカのCEOは一般的には支配者としての存在であるから，我々の会社では日本式のコンセンサスによって決定するというのは難しいだろう」

（出所：D・クィン・ミルズ著（林大幹訳）『アメリカCEOの犯罪』
シュプリンガー・フェアラーク東京，2004年，pp.304-305）

> これは欧米流の社外役員が日本の企業風土でリーダーシップを発揮できるかという問題につながる
> ■ 日本的なパワハラの存在が不正が起きやすい環境を作っている可能性がある

　こうした経営レベルの不正をガバナンス型不正として広く捉えると，そこには，例えば組織内のパワハラの原因ともみられる企業風土そのものの問題だけでなく，企業のガバナンス構造の在り方やあるいは制度としての法定監査の在り方なども不正の背景となる要因として関係があると考えられます。

2) 東芝の不適切会計について

　話題となった東芝の不適切会計の事例についてマスコミの報道や雑誌等で議論されていることを**知っておきたいポイント⑰**にまとめ，それぞれの項目について想定される問題の性質として解説を付しておきました。

　この表に挙げた1から6の項目のうち，企業のガバナンスや内部統制の制度に関するハード面は1，4および5の項目ですが，共通するのはいずれも形式は整えられても実態が備わっていないように見えることです。

　1について第三者委員会報告書は，元CFO（最高財務責任者）であった監査委員会委員長がODM部品の押し込みの事実を認識していながら何ら対応しなかったことや，監査委員長就任直前にCFOとして黙認していた問題につき，実質的に自己監査となっていたことを挙げ，監査委員会としての内部統制機能が働いていなかったとしています。この状況は取締役会が担う監視機能の阻害要因となり，監査委員会の監査が財務関連について実質，無機能化していたことをうかがわせる重大なポイントです。

　4の通報制度は不正対応の内部統制の中で極めて重要な制度ですが，これも本来備えるべき機能が制度上，担保されていないように見えます。

　5の内部監査については，結果として機能していなかった面もあるとは思いますが，これはどのような機能を内部監査に担わせるかという内部監査のミッションに関わることで，経営層の決定事項ですから，監査の質の問題として扱うのは内部監査部門の人たちが少し気の毒にも思われます。

2と3は，いずれも企業風土を制御すべきソフト・コントロールに関わることです。とりわけ健全な企業風土を導く上で重要なのは「経営者の姿勢」と翻訳されるTone at the Topという要素です。こうしたソフト面も含めて経営者は組織と，そのステークホルダーに責任があるというのが統制環境の考え方です。

　3に出てくる「チャレンジ」は過剰な業績改善要求を意味するものとして報道されましたが，まさに「チャレンジ」を彷彿させる「現実には達成がかなり困難な仕事上の目標を与えられている」という項目は，典型的な不正のレッド・フラグ（危険信号）として知られており，最近の不正関連の調査でも不祥事の根本原因として挙げられています[2]。米国SOXの質問書にもこれに関して経営者による非現実的な従業員への期待について尋ねる質問が出てきますし，J-SOXの全社統制にも同じ趣旨で，問題があっても指摘しにくい組織・構造や慣行についての質問が見られます。ということは内部統制報告制度でカバーされている不正対応のポイントなのです。

　ですが，「経営者から達成がかなり困難な非現実的な目標を与えられていますか」と問われて「はい，（与えられています）」と質問書に答える事業部長はまずいません。また，問題があって指摘しにくい慣行に経営者が適切な改善を図っていない事実があったとしても，経営層との人間関係が重要な意味を持つ日本の組織風土の中では，とても「はい」とは言えないのが普通ですね。これは回答者や評価者・監査人の問題というより制度の問題です。つまり，こうした質問項目は統制の評価や監査の要点としては適当であっても，それをそのまま質問して回答させるという方法には実効性が伴わないわけです。これは内部統制報告制度を担保すべき評価・監査技術が十分開発されていないという制度の問題として本来検討されるべきことなのです。

　また，6の会計監査については，外部からは実態が不明な部分もありますが，金融庁による課徴金が監査法人に課され，会計士も処分を受けていま

---

(2)　例えばKPMGの米国における調査では，管理者や従業員はどのような要因で不祥事に関与するかという問いに対して「ビジネス目標の達成のためにはどんなことでもすべきという重圧を感じる」という回答が最も多く回答者の64％を占めたと報告されている（KPMG Integrity Survey 2013, KPMG.com より）

す。この会計士監査の制度の問題は J-SOX も含めて後で取り上げます。

　この東芝問題は当初は会計処理自体が，それからその背景のガバナンスが問題視され，この表にはないですが，日本固有の現役引退後の経営者による長老支配という流れで根本原因が議論されるに至り，企業風土型の本質が鮮明となり，さらには監査や内部統制制度における風土の問題も見え隠れします。風土の問題は会計士には対処しにくく，本来，内部監査の守備範囲であるとして欧米では問題意識が高まっているところです。

> ### 知っておきたいポイント⑰
> #### 東芝の不正問題の検討
> 　東芝の不適切会計に関する報道などのさまざまな情報から「その原因となる状況」を整理し，それぞれについて想定される問題を以下にまとめました。
>
> | 原因と思われる状況 | 想定される問題の性質 |
> | --- | --- |
> | 1. 監査委員会委員長が元 CFO であったこと
⇒実質的に自己監査で監査が機能しなかった可能性 | ● 取締役会のガバナンスの欠如
● 監査機能の軽視・無効化 |
> | 2. 経営トップを含めた組織的な関与
● 経営上層部（コーポレート，カンパニー）の意図的な利益のかさ上げ
● 上司の意向に逆らえない企業風土，パワハラ | 不正から会社を守る組織風土の醸成の失敗
⇒誤った方向への Tone at the Top（経営者の姿勢）の設定 |
> | 3. 利益目標必達のプレッシャー（チャレンジ）
⇒不正の誘因となる社内慣行として典型的な不正のレッド・フラグと一般に言われている
⇒ J-SOX の全社統制の機能不全を示唆。外部監査（会計および内部統制）の限界 | ● 経営管理層の不正リスク対策の無作為
● 内部統制（J-SOX）の実効性
● 監査制度，内部統制制度の在り方と有効性 |
> | 4. 機能しない通報制度：
⇒通報内容が上層部につつぬけ状態。
　通報者，匿名通報の保護の制度がない | ● 通報の形骸化・無機能化
⇒制度の整備・運用の問題 |
> | 5. 内部監査が内部統制として機能していなかった
● 業務効率等を対象とし会計や適法性が不十分 | 内部監査のミッション。ガバナンス機構における位置づけ |
> | 6. 不適切な会計処理が外部から発見しにくい巧妙な形で行われていたこと
⇒会計監査の失敗？
　監査法人／会計士の処分と課徴金支払命令 | 監査制度の在り方・実効性に問題。監査は結果責任か？　金融庁・監査審査会・会計士協会の制度設計・監督の責任は？ |

(6) 不祥事の背景

不正対応という課題を考えるために，不正のパターンという切り口でこれまでに起こった不正の特徴を捉えて類型化を考えてきました。こうした視点とともに現在の日本が共通して抱えている社会環境や現在に至る時代の流れに目を向けて，様々な不正事件や，広く捉えれば不祥事が起こる背景を検討することも今後の対策を考える上で重要であろうと思います。そのような考えを「不祥事が起こる背景」として図表9-1に整理してみました。

1) 企業をとりまく急速な環境変化と意識のギャップ

ここでの見方は，企業をとりまく環境は様々な面で急速に変化しているという認識がある一方で，経営層をはじめビジネスに携わる人たちが意識面でなかなかそれに追いついていないのではないか，そのギャップが不祥事の背景にあるのではないかということです。最近のようにインターネットが進む

図表9-1 ◆ 不祥事が起こる背景

企業をとりまく急速な変化	旧態依然の経営者意識
社会意識の変化 ● 不祥事に対する厳しい世間の目・マスコミの批判 ● 消費者等の意識変化・価値観の多様化 **ネット情報化社会の到来** ● IT・インターネット・携帯の普及 ● 情報の迅速化・情報化社会の到来 **企業社会の変化** ● 経営のグローバル化・IT化によるリスク増大 ● 規制緩和による自主規制の必要性増大 ● 情報公開の要請・規制の強化 **企業価値の変化** ● 会計上の資産以外のブランド・知的財産等，無形資産の増大 ⇒風評リスク等のリスク管理の必要性	**変化の認識不足** ● どこもやっているという意識 ● 世間の厳しい批判を意識できていない ● それほど早く世間に伝わると思ってない ● やり過ごせばよいという意識 ⇒コンプライアンス・倫理の問題 **リスクの認識不足** ● 過去の成功体験から業界のリスクを熟知しているという錯覚 ● 風評リスクを軽視 ● 悪いニュースを報告しないワンマン経営 ● 世間の反応に鈍感，事後対応の失敗 ⇒リスクマネジメント・危機管理の問題 **経営者の自覚不足** ● 自分の会社が株主や消費者の会社になったという自覚がない ⇒コンプライアンス・倫理の問題

と，多少のルール違反をしてもこれくらいはよそでもやっているからと，昔なら業界の反応を見ながら対処していたことが，今では業界を飛ばして直接に消費者に伝わり，たちまち売上の減少につながるというのが現実です。

2) 企業の無形の資産価値の重要性

また，ビジネスのグローバル化や規制緩和は自由な競争を促し，フェアにビジネスをするためのコストとして，コンプライアンスや企業情報の開示も求められます。一方，企業の価値を考えても，財務諸表に表される有形の資産以外のブランドとか顧客層とかネットワークなど無形の資産の価値がますます重要になり，守るべき資産が変われば，それに呼応して，風評リスクや，ブランドイメージの棄損など懸念すべきリスクも変わってきます。

そういう流れについて行かないと認識の甘さや不足から法令違反に問われたり，過去の成功体験の記憶が強いあまり，現状を冷静に見て迅速な対応を渋ったりということが起こります。また高度成長期に企業を大きく育てた経営者の中には，いつまでも会社は自分のものという意識があって，公のみんなのものという意識が持てないということもあるのではないでしょうか。

こうした人の意識の問題は本質的であっても，直接に手を下して変えるのは難しく，それが組織の上層部であればなおさらです。しかし，今の時代のガバナンスやコンプライアンスの問題の背後で通奏低音のように流れる人の意識に耳を傾けることも問題の根本原因を探る上で意味があると思います。

2. 不正リスクとガバナンスおよびコントロールとの関係

では次に企業風土型ないしガバナンス型不正の問題を見ていきます。

(1) 組織レベルで考える不正のトライアングル

1) リスク，コントロール，組織風土の3つの要素

不正を犯す人の心理を説明するモデルとして不正のトライアングルがよく

知られています。これは個人の立場で考えて、動機、機会、正当化という3つの要因が重なった時に不正が発生しやすい状況が生まれることを教えてくれます。これを個人ではなく企業としての問題として捉えるために、組織レベルに置き換えて、**図表9-2**のように、それぞれ「リスク」、「コントロール（内部統制）」および「組織風土」の3つの要素として検討してみましょう。

例として、ある企業が販売を促進するために年度末までに一定の売上実績を達成した販売員には販売奨励金を払うという施策を打ち出した場合を考えてみます。この施策は販売員の販売意欲を刺激して経営に貢献する効果が期待されますが、一方で、各販売員が達成した年度末までの売上実績が正しく集計できることが前提ですから、もし経理システムに不備があって、個人の実績の集計が曖昧で多少ごまかしてもわからないとしたら、販売実績を水増

図表9-2 ◆ 不正のトライアングルで考える企業風土型不正

- 不正のトライアングル：不正の原因として3つの要因（動機、機会、正当化）を不正を犯す個人の立場で考える。
- 例えば、これを参考に職場では部下となる各人に不正のトライアングルが成立しないように部下を監督する使い方。
- 組織レベルでは、リスク評価、内部統制の整備、内部管理・監査だけでなく、とりわけ組織風土が重要となる。

しして奨励金を得ようと考える販売員も出てくるかもしれません。

　つまり，このような施策は経営にプラスである反面，潜在的には固有の不正リスクを生み出すわけです。そのため数字をごまかせないようにするしっかりした経理面のコントロール（内部統制）が必要となります。これはリスクを抑えるためにコントロールを強化するというわかりやすい話です。

2）統制環境がマイナスに働くとき

　しかし話はこれだけでは終わりません。まっとうな経営者は従業員に対して，売上目標を年度末までにぜひがんばって達成して奨励金を獲得してほしいと励ますでしょう。そこでは売上実績を正しく集計するためのルールが前提としてあることが従業員に伝わります。

　しかし，中にはその会社が苦しい状況にあることを背景に，多少ルールを破っても販売目標を達成することの方が重要であるという言い方をする経営者もいるかもしれません。今年の決算だけは多少無理をしても万難を排して必達目標としてやってほしいなどと言った表現になるかもしれません。そうすると目標達成のためには不正を犯してもよい（例えば，決算の集計がいい加減なら決算期後の来期の売上を当年度の実績に入れてしまう）というメッセージとして伝わり，従業員は，「そうか，うちの会社では多少ルール違反をしても結果を出すことが期待されているんだ」と受け止めるわけです。そこで本来は従業員をよい方向に導くはずの統制環境がマイナス方向に働いてしまい，3つの条件が成立して不正が起きやすい状況が生まれます。そこでは施策から不正リスクが生まれ，それを抑えるコントロールが不十分な中で，経営者が作る風土が決め手となって不正の発生へとつながります。

　つまり経営者が示す姿勢（Tone at the Top）が作り出す「組織風土」の内容次第で従業員を不正の実行へと押しやってしまうわけです。

(2) 「経営者の姿勢」（Tone at the Top）が意味するもの

　「経営者の姿勢」を不正との関連で考えるとき，次に示した公認不正検査士協会による定義がわかりやすいでしょう。この定義中に倫理的のあとにもし

くは非倫理的とあるように，経営者の姿勢は倫理的と非倫理のいずれにも向かう可能性があるわけです。そして良くも悪くも経営者が示す方向に従うのが従業員ですから，それだけ経営者は責任重大だということです。

> **【「経営者の姿勢」（Tone at the Top）が定義するもの】**
> 　経営トップの姿勢は，組織のリーダーにより醸し出される職場の倫理的（もしくは非倫理的）気風をいう。
> 　経営者の姿勢は，従業員に浸透するものであり，倫理観や誠実性を支持するような姿勢を経営陣が明示すれば，従業員も同様の価値観を維持するであろう。しかし，経営上層部が倫理には無関心で損益のみに関心を示しているようであれば，従業員はより不正行為を犯しやすくなり，倫理的な行動は優先事項ではないと感じるであろう。つまり，従業員は上司のやるとおりにやるのである。
> 　不正な財務報告全米委員会（通称トレッドウェイ委員会）は，1987年に不正行為や財務諸表不正をもたらす要因に関する画期的な研究結果を公表した。それによると，経営トップの姿勢が，不正な財務報告が発生しやすい組織環境の醸成に重大な影響を及ぼすという。
> 　　　　（出所：スザンヌ・マハデオ「経営者の姿勢：経営者は，率先垂範にて，いかにして不正を防止することができるか」『FRAUD MAGAZINE』（ACFE Japan），2007年より抜粋）

1）経営者の職務の重さ

　当時，東芝問題の報道に反応して様々な意見がネット上，交わされ，例えば部下が逆らえないような空気を作るのが悪いとか，部下の方も空気を読んで上司のいうことを聞く方がおかしいなどというコメントが見られました。しかし，みんなサラリーマンですから，部下は上司のいうことを聞くのが仕事であって，そのために給料をもらっているわけですから多少の無理を言われても従うのが当たり前です。一方，経営者は，部下が言うことを聞くのは当たり前という関係の中で号令をかけるわけですから，それは極めて重い職務に違いなく，だから何倍もの給料をもらっているわけです。それがTone at The Topの一面の真理だと感じるわけです。

　例えて言えば，信号が青から黄色に変わったとき，まともな経営者は「赤になると危ないから，みんな止まれ」と号令をかけるでしょう。しかし，逆

に「赤になるから急いで渡れ」と経営者が従業員をけしかけたらどうでしょう。すると，道を渡り切らないうちに信号が黄色から赤に変わっても渡ろうとする人が出てきます。そうなるとその経営者は，自分は赤信号を渡れと言った覚えはないなどという弁解が成り立つのでしょうか。そうではなく，号令をかけるのが経営者の仕事であって，当然，その結果どうなるかも考えて号令をかけるのが役目のはずです。

2) エンロンやワールドコムの経営者の姿勢

　以前，アメリカでエンロンやワールドコムなどの大型会計不正事件が起こった時に，それぞれの経営者は裁判でそのような不正のことを知っていたかと問われました。すると，どのCEO（最高経営責任者）も自分は会計士でもないので，そんな巧妙な会計不正など何も知らないなどと言ったそうです。もし知っていたとしたら，投資家などを欺いた詐欺行為が認定され証券詐欺としての罪が問われるというものでした。しかし，エンロンやワールドコム事件などを受けて『アメリカCEOの犯罪』（訳書，シュプリンガー・フェアラーク東京，2004年）という本を書いた当時のハーバード・ビジネス・スクール教授D・クィン・ミルズ氏は同書の中で，仮にCEOが直接に知らなかったとしたら，「CEOの職務を果たしていないのにCEOの職務に対する報酬を受けていたことで，株主から詐取したかどで有罪となる。……法的にはCEOは受託者の注意義務に違反している。」とし，さらに「巨額の詐取が会社の中で行われていることを知らないで，CEOが高額の報酬を得ているとすれば，それは，正にそのことを知るためにCEOに多額の支払いをしている投資家に対して，CEOはすでに詐欺行為を働いているということになる。」と解説しています。

　一方，日本の司法の世界でも，このような場合には証券詐欺というだけでなく，内部統制に対する取締役の責任は善管注意義務という面から問題にされるようになっています。しかし，大企業であればあるほど，経営者の姿勢の巧拙がどれほどのインパクトになって関係者や社会に影響を及ぼすかと考えると，詐欺罪というよりも，組織の機能としての経営者の責任がもっと司

法の中でも重要視されてもよいのではないかと考えています。

(3) 不正リスクとコーポレート・ガバナンス

1)「ガバナンス」→「人材」→「業務の実施」の流れ

それでは，ここで重要となる「経営者の姿勢」をリスクマネジメントの視点から考えてみましょう。企業行動を規定するのは，企業のガバナンスです。そこには，経営者の姿勢，経営戦略と目標，方針および手続，組織構造，並びにコンプライアンスが含まれますが，とりわけ事業活動が組織の価値や理念に整合して行われるように方向づけるのは「経営者の姿勢」です。

図表9-3にある3段階の絵はアーンスト&ヤングで使っていたリスクマネジメントの成熟度モデルを参考に加工したものですが，私なりに単純化して話しますと，経営者は自分たちだけでは大きな組織を回せませんから，こうした「ガバナンス」の機能によって組織が向かうべき方向や目指すべき価値

図表9-3◆不正リスクとガバナンス——リスクマネジメントの視点

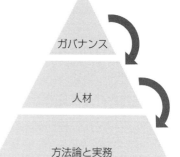

企業行動を規定するのは，企業のガバナンス，
中でも，第一に経営者の姿勢（Tone at the Top）

⇒事業活動が組織の価値や理念に整合して
　行われているか？

経営者の姿勢（Tone at the Top）の成熟度
- 企業の価値が明確にされる
- 価値が明確にされ，伝達され，理解される
- 従業員の行動に反映される
- 組織を通して統一された価値観に動かされる行動

※内部統制がきちんとできているはずの大企業でなぜ不正が起こるのか？
- マクロ的には，ガバナンス，特に経営者の姿勢が十分でない。
- ミクロ的には，コントロールが有効に働かず，人の行動を動かしていない。

ガバナンス
- 経営者の姿勢
- 経営戦略と目標
- 方針および手続
- 組織構造
- コンプライアンス

出所：Ernst & Young, "The Future of Risk Management and Internal Control", EYGM Limited, 2008, p.3, 'The Risk and control Framework Model' を参考に作図

観を組織の「人材」に伝えて，その行動を正しい方向に導きます。

これを受けて「人材」は経営層から指示のあった方向にベクトルを合わせて現場の実務に必要な方法論を作ったり，業務の実施を行うわけです。こうしたいわば二段構えのコントロールがうまく機能すると企業の経営層から現場の活動までが一体となって同じ方向にベクトルを合わせて企業活動が進められるわけです。

これをリスクマネジメントの要素である経営者の姿勢という点から組織の成熟度の段階を考えると，まず第一に経営層によって企業の目指すべき価値が明確にされ，第二にその価値が社内で伝達され理解され，第三にその価値が従業員の行動に反映され，そして最後には，組織を通して統一された価値観に向けて全社が一体となって活動している状況になるというわけです。

2）内部統制ができているはずの大企業で起こる不正の原因とは

それでは，なぜ内部統制がきちんとできているはずの大企業で不正が起きるのかを考えてみましょう。そもそも内部統制がよく整備されていそうな会社で不正が起こる一方で，規程やマニュアルなどほとんどできていないのになぜかよく統制がとれて業務が安定し事業もうまくいっている，そんな組織や事業部をみることがあります。これはどういうことでしょうか。

そこで考えられるのは，業務や事業を動かすのは人の行動ですから，組織の中でそれぞれの人が意欲をもって仕事に取り組めるような組織の風土や，それに代わる何かがあればそれで組織は回っていくわけですね。つまり規程やルールの整備は最終目標でもないし，常に必須の条件でもないのです。これらの規程などが人を動かして行動に反映されたときにはじめて，これが運用されたということになるわけです。他方，きちんとした内部統制があるように見えてもそのルールが実際に人を動かして予定された行動に導かなければ，これは客観的に運用されたという状況にはなりません。

そう考えれば，大企業で不正が起こる原因となるのは，企業経営全体という意味でマクロ的にはガバナンス，特に経営者の姿勢が十分でないこと，一方，業務レベルという意味でミクロ的にはコントロールが有効に機能せず，

人の行動を動かしていないことが考えられます。

また，社会制度の内部統制報告制度（J-SOX）における評価制度や監査制度，あるいは財務諸表監査制度の在り方も背景として関係している（（7），p.280）参照）と考えています。まとめると以下のようになります。

●**内部統制ができているはずの大企業でなぜ不正が起こるのか？**
⇒内部統制はあっても，不正リスク対応の面で実効性が不十分
　その結果として，それが実効性をあげるように人の行動を正しく制御できていないため（制度設計が十分でない企業や制度があっても本気で運用していない企業）。
企業内の要因として：
　○マクロ的には，ガバナンス，特に経営者の姿勢が十分でない。また通報対応，監査機能の実効性に問題がある。
　○ミクロ的には，コントロールが有効に働かず，人の行動を制御していない。
制度面の要因として：
　○日本企業のガバナンス構造からくる問題。
　○内部統制報告制度の脆弱性と実効性の問題。
　　●全社統制の評価・監査技術の実効性に不安はないか。
　　●制度の成り立ち。不正対策ではなかったのか。
　○財務諸表監査の限界と制度の問題。
　　●監査の結果責任は監査法人・会計士にあるか，懐疑心が解決策足りうるか。
　　●制度設計と運用を司る金融庁，監査審査会，および自主規制団体としての日本公認会計士協会の監督責任は。

（4）企業風土（カルチャー）をめぐる問題

1）欧米に見られる非難文化（Blame Culture）

　企業不正が起こる背景の1つとして組織内のパワーハラスメントを許す風潮があげられますが，これに似た話として，他人を責めて非難する組織風土（非難文化＝Blame Culture）が不正の原因となるという考え方が欧米に見られます。英国の会計士であるスティーブ・ジャイルズ氏はベアリングズ投資銀行の破たんの例を挙げて，部下の業務上のミスに責任者としての逃げ場を

失ったトレーダー（ニック・リーソン氏）が不正に走ったのはその組織の非難文化に原因があったとして以下のように説明しています。

> 【不正の原因となる非難文化（Blame Culture）】
> - 仕事のミスは誰にでもあるが，これを許さず，無能の印として扱い，キャリアの制約にもつなげる風潮が害のある blame culture を助長して組織をむしばむ。
> - 組織に Blame culture（人を非難する風潮＝非難文化）があると起きやすいのは：単なるミスや誤りも非難されやすい⇒誰も口にしない・隠そうとする・摘発前に修復を図る⇒修復できないと，ごまかしの手口を採用⇒不正の一線を越える危険。
> - 英名門の投資銀行ベアリングズ銀行の破たんを招いた元トレーダー，ニック・リーソン氏の場合。
> 1990年代初頭に同氏が無断で秘密裏に行ったトレーディング活動が860億ポンドを超える損失を勤務先の英国ベアリングズ銀行に与え，その結果，当時，ロンドンのシティで最古であった同銀行が破たんした。
> - 同氏は自伝（ニック・リーソン著（戸田裕之訳）『マネートレーダー 銀行崩壊』新潮文庫，2000年）で，最初から不正取引を始めたのではないと表明している。シンガポール支店業務において部下がミスによって多額にのぼる損を出してしまったため，これを放置すれば同銀行ロンドン本部のカルチャーから部下は間違いなく首になり，上司の自分も解任されるに違いないと考え，放置できずに隠ぺいに走ったことが不正の発端だった。
>
> （出所：Steve Giles, *Management Fraud Risk, A Practical Guide for Directors and Manager*, Wiley, 2012, pp.40-41, pp.92-93 より要旨を訳出）

2）日本のパワーハラスメント

日本でいう職場のパワーハラスメント（以下「パワハラ」）とは「同じ職場で働く者に対して，職務上の地位や人間関係などの職場内の優位性を背景に，業務の適正な範囲を超えて，精神的・身体的苦痛を与える又は職場環境を悪化させる行為をいう。」（厚生労働省）と言われます。このパワハラは日本で作られた言葉で日本的な権威主義的な上下関係の中で部下が"がまん"する状況がベースにあります。欧米人は"がまん"しないのでパワハラにはならないと解説する欧米人の指摘も見られます。

そもそも不正が起きやすい組織にはどんな特徴が見られるでしょうか。海外の企業不正案件の分析から，そこに関わった組織の特徴を経営や業務の在り方や人間関係などの点からまとめた資料があります。そこには，トップに権限が集中する専制的な経営スタイル，組織体制の面では封建的で厳格な統制，規則づくめで柔軟性のない管理の強制や縦割り組織，他方，経営者の性格としては自慢屋，利己的で物質志向，人に無神経，直情的で精神不安定，虚栄心，さらに人事面では批判的・否定的な業績評価や懲罰的で政治的な報奨制度の運営などが特徴として挙げられています。これを見ると日本のパワハラの原因となりそうな要因と不正の潜在性が高い組織には，かなり共通点があるように思われます。

　日本固有のパワハラも欧米の Blame Culture と同じように従業員を不正に押しやってしまう不穏な空気を作る可能性があります。これも本来は組織の統制環境によって制御すべきリスクですから，企業としては放置せず積極的に改善する責任があります。

　統制環境や全社統制は J-SOX の評価でも対象に含まれるし，内部監査の領域でもあります。しかしそれがうまく機能していないのは，1つには，企業風土とか倫理などのソフト・コントロールを従来からのハード・コントロールに対する監査手法で対応してきたことに限界があるためと考えられます。この領域は第12章で改めて取り上げます。

(5) 日本企業のガバナンスの構造をめぐる問題

1) 欧米に多い監査委員会設置型

　それでは次に法制度による企業のガバナンス構造を見てみましょう。

　まず**図表9-4**に例示したような欧米企業に多くみられるパターン（監査委員会設置型）においては，取締役会が社長に対する規律を与え（狭義のコーポレート・ガバナンス）執行を監視し，一方，社長が行う組織のマネジメントは社長による規律と理解されます。内部監査部門は，監査委員会の意向を受けて内部監査を行い，保証業務（アシュアランス）を通じてガバナンスを支える構造となっています。

図表 9-4 ◆ ガバナンス構造の問題──欧米企業に多く見られる監査委員会設置型

※取締役会は最高意思決定機関として業務の執行を経営者に委譲し、経営者による執行の内容が意にかなうかどうかを監視（モニタリング）する。そのモニタリングの一環として内部監査に執行業務を監査させる。内部監査はアシュアランス（保証）業務によって取締役会によるガバナンスを支える。

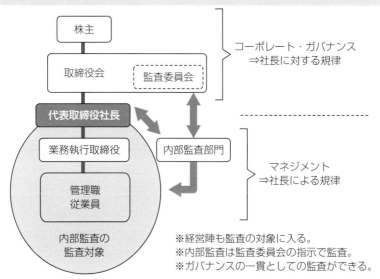

※経営陣も監査の対象に入る。
※内部監査は監査委員会の指示で監査。
※ガバナンスの一貫としての監査ができる。

2）日本に多い監査役設置型

　一方、日本に多くみられるパターン（監査役設置型）においては、**図表9-5**の例示にあるように、内部監査部門は、多くの場合、社長の下に置かれているため、執行の一部と捉えられ、取締役会のガバナンス機構を内部監査部門が担う形にはなっていません。これは上記の欧米企業に比べて企業ガバナンスに大きなハンディをもたらしています。

　これについては、法制審議会の中で欧米流の内部監査のガバナンス機能にどの程度理解があるか、大いに疑問があるところですが、監査委員会（ないし監査役会）に実質、直属する形で内部監査を行う欧米式の方が内部監査を取締役会によるガバナンスに活用でき、企業統治の貢献度は明らかに高いと考えます。その点、会社法改正で選択可能となった監査等委員会設置会社の形態をとって監査委員会が直接に内部監査を指揮する形を取っている企業も

図表9-5 ◆ ガバナンス構造の問題──日本に多く見られる監査役設置型

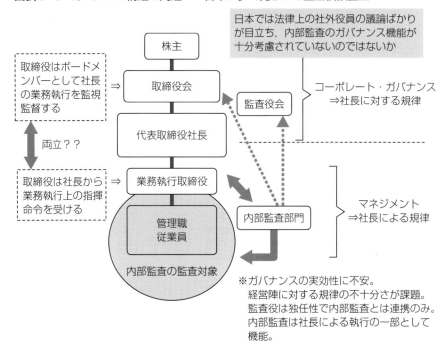

出てきていることはよい方向だと考えます。

他方、取締役はボードメンバーとして社長の業務執行を監視監督すると同時に社長から業務執行の指揮命令を受ける立場にあるわけで、この2つの側面が両立できるかという問題があります。この問題は、もともと欧米にもあるようであり、それを参考とした日本の制度には、それがそのまま残されたという面があるようです。しかし、上司たる社長から取締役に起用されたという事情も多く見られる中、組織の人間関係を重んずる日本の風土においてこれは欧米よりも一段と深刻な問題を提起しているように思います。

3) 欧米式のガバナンスの導入による問題点

最近、法制審議会などで外部役員のことが議論されています。これも欧米式のガバナンスを取り入れようとする動きと考えられますが、米国の企業は、

基本的に CEO が支配する組織であるのに対し，日本はコンセンサスで物事を進めていく経営スタイルが多く見られます。行動様式もボトムアップ型で，リーダーシップの在り方も欧米とは違った文化的特徴があります。こうした日本の組織風土において CEO を監視するような形で外部役員が入って，期待されるようなリーダーシップを発揮して機能できるのかという議論があるのも当然と考えられます。

　日本企業では，大企業であればあるほど，組織内で部門の壁を越えて比較的自由に活動できる内部監査の専門職としての活動が経営を支えるとともに，監査役を含めた経営層のそれぞれのモニタリング活動を支援する形でガバナンスを支えている実態が見られます。しかし，内部監査は法定の機関ではないこともあって法制度の議論からは抜け落ちているように感じます。一方で欧米の制度は，日本の文化や慣行との適合性をあまり検討されずに，日本に導入されているようにも見えます。すでに日本固有の社会制度や企業文化が形成されている現代においては，安易な欧米制度の導入よりも日本固有の状況の中で実効性のある制度の開発にもっと目を向けてほしいものです。

(6) 不正はコントロールを突破して起こる
　　──不正とコントロールとのインターフェイスを探す

1) コントロールが働かないために起こる不正とは

　ガバナンスや統制環境が企業の全社にわたるマクロ・レベルのコントロールだとすれば，次に問題とするのは業務の中で行うミクロ・レベルのコントロールです。具体的には各種の承認行為やチェック作業など一番身近なコントロールと意識されているものです。

　通常，コントロールは，皆がそれに従うだろうという性善説で作られていますが，不正は人をだます行為なのでルール通り物事が処理されずに，不正を働く人の思惑によって，どこかでルールが破られます。また，大企業には正式に文書化された規程をはじめ業務処理慣行まで含めると，どんな業務にも何らかのコントロールがあって，ルールを破って，大きな不正が働かないようになっています。ということは不正を働くということは，そのようなコ

ントロールの壁をどこかで突破して，あるいはコントロールの働いていないところを見つけて不正行為を達成したということです。つまり，不正を働く人がコントロールとどのように出会ってそれをどのように処理して不正を成しとげたか，不正とコントロールとの接点，つまりインターフェイスを究明することが，組織で起こる業務上の不正の解明には必要となるのです。

このように業務上のコントロールが働かないために不正の発生を許してしまう場合には次のケースがあります（**知っておきたいポイント⑱**参照）。

1）コントロールが無効化（オーバーライド：override）されている
2）コントロールを迂回する
3）コントロールが整備されていても，運用されていない
4）コントロールがないことに気づかない

これらのうち組織にとってとりわけ重要なのは1）の無効化です。会計監査においても公認会計士の経営者への面談でも質問に上がると思います。

また，新規事業を始めた当初はコントロールの整備が追い付かずにコントロールに穴が開いても気づかないこともあります。これが4）のケースです。だからこそ，常にリスク評価を怠ってはいけないとも言えるわけです。

2) リスク評価の重要性

監査においても一般に事前に監査対象のリスク評価をして監査の重点の決定に役立てますが，この評価をしないとつい従来からわかっている既知のリスクだけを監査して満足し，今，火が噴いている新たなリスクには気づかずに監査からもれることがあります。

図表9-6がその例です。販売会社に典型的な与信や棚卸資産のリスクは重要であるに違いなく，コントロールを考慮する前の生の固有のリスクは確かに高いのですが，実際はすでにコントロールで対応済みで，その結果，たくさんの書類が作られてコントロールを考慮した後の残存リスクは低く抑えられているわけです。しかし，監査人は膨大な書類にばかりに目を奪われて，つい新たなリスクに気づかないことがあるということです。新規のリスクはまだ統制もなく，だから残存リスクは固有のリスクのままで高いわけです。

図表9-6 ◆ なぜリスク評価が重要なのか――監査のプロでもあやうく見落とす例
〈販売会社の固有のリスクと残存リスク〉

- リスクが見えているところ⇒統制制度ができる⇒制度実施後の書類⇒監査人の目につく⇒これを中心に監査
- リスクが見えてないところ⇒統制制度がない⇒書類もない⇒監査人の目に入らない⇒重要リスクに気づかない

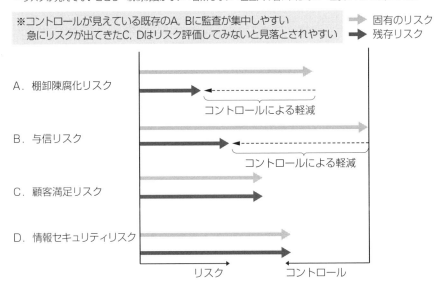

本来，リスクベースでリスクの高いところを重点的に監査するためには残存リスクの高いCとDのリスクを主に監査すべきですが，事前のリスク評価をしていないこの監査人はAとBの監査を中心に行い，その方法の不合理に気づかずにリスクベースの監査を踏み外してしまう結果となります。この例は，なぜリスク評価が重要かということを説明しています。

ではもう一度，**知っておきたいポイント⑱**の1）〜4）を見てみましょう。これに関して事例⑮を紹介します。

> **知っておきたいポイント⑱**
>
> ## 不正によってコントロールが突破される場合
> ## ──コントロールがきいていないところで不正が起こる
>
> 　不正リスクも一般のビジネスリスクと同じく，コントロールで防止します。しかし，コントロールはルール通りに処理がなされる前提で作られますが，不正はコントロールが働かないようにしたり，それが働いていない箇所を探して発生します。そのため，業務上のどこでコントロールが突破されるか，不正とコントロールの出会い（インターフェイス）を知ることが大事です。
>
> 〈不正に対してコントロールが働かないケース〉
>
> 1) コントロールを無効化（override）する場合
>   ○ 上司の立場を悪用して部下に統制を実施させないなど
> 2) コントロールを迂回する場合
>   ○ 経費の承認などで，1回の経費を承認限度額以下になるように何回かに分けて承認プロセスを迂回するなど
> 3) コントロールが整備されていても，運用されていないケース
>   ○ パスワードの定期的変更のルールが守られていないなど
>   ⇒重要な不正リスクに対応するコントロールが運用されていない場合にはバックアップ統制などを検討する必要がある
> 4) コントロールがないことに気づかないケース
>   ○ 大企業なら通常，正式なコントロールか不正を防ぐ実務慣行がある。しかし事業・業務が変化する中でコントロールに穴が開くことがある
>   ⇒定期的に不正リスク評価による不正認識のアップデイトが必要
>
> ※不正の実態に迫るには上の4つのどのケースかを明確にする必要がある

事例⑮

ある不正調査の結果報告会

　大会社の営業支店長が顧客と共謀して，顧客に対する請求金額を意図的に取引の実態を伴わない金額に改ざんして不正を働いた事案で顧客企業との折衝に当たった弁護士事務所が不正調査を実施し，その結果の報告会がありました。

　詳しい話は割愛しますが，不正の原因として以下の点が指摘され，そこには統制が働いていなかったと説明されました。

1. 顧客指定の見積書に合わせるため，経理システムを離れて手書き請求書が使用されていたこと

2. 赤字伝票の頻繁な使用による未収債権の取り消しがチェックなしになされたこと

■コントロールの欠如だけでは原因を説明していない

　この報告会に同席して上記の弁護士さんの説明を聞いた私はそこで質問をしました。不正の原因とされた上記１と２について，コントロールがなかったという説明でしたが，これは大会社では普通ありえないことです。１の手書き請求書や２の赤字伝票の発行も一般事業会社ではごく日常的なことで，だから上長が発行に際して，承認をするなどのコントロールがどこの会社にもあります。本件は，営業支店長が顧客の担当者と共謀したケースですが，おそらく現実的に考えられるのは，コントロールのオーバーライド（無効化）でしょう。「このお客は顧客指定の請求書など扱いが特殊でうるさく対応が難しいから，長年付き合いのある自分が直接に請求書の処理をするからいいよ」，などと支店長に言われた経理担当者が本来は，職務分離上，営業担当に触らせない請求処理を支店長にお任せしたということではないですか。そもそも大企業で不正とコントロールの接点で一番重要なのがこの無効化ということです。そういう面から調査はされたんですかと聞いたわけです。すると弁護士さんたちは互いに顔を見合わせて相談していましたが，そのような点からの発見はなかったとのことでした。結局，具体的なコントロールの状況は何も説明されませんでした。

■不正を解き明かす不正とコントロールの接点の調査

　私から見ると上記の１と２はいわゆるどこにでもありそうなリスクの説明です。例えて言えば，銀行はお金を扱います，それが不正の原因ですと言っているようなものです。お金を扱うから銀行にはいろいろな規制もあるし統制もあるわけで，その中でどのようにして不正が起きたかの説明が必要です。つまりこれはリスクであってコントロールの説明がありません。そのリスクに対して，この会社はどのようなコントロールをしていてどのようにしてそれが突破されたか，つまり**知っておきたいポイント⑱**の４つのうちのどのパ

ターンかを知りたいわけです。それがわからないと仮に再発防止策を考えるとしたら、最初から同じことを調べ直さなければならなくなります。不正調査というのは、不正に対応するコントロールがきいていなかったという結果だけでは不十分で、それがどのような状況でそれが起こったかということまで説明しないと不正の実態に迫ることはできず、そこからはコントロールをどのように改善したらよいかという問いへの答えも出てこないのです。

(7) 法定監査制度をめぐる問題

1) 不正対応重視の米国

上記（3）2）で触れたように内部統制報告制度（J-SOX）と財務諸表監査は、いずれも公認会計士の法定監査が課されています。J-SOXは導入当初から財務諸表監査に加えて本当に内部統制の監査が必要かという声がありました。それまで米国の会計士協会がなかなか作れないでいた内部統制の監査が議員立法によって制度化され、結局は、従来からの会計士監査の手法を取り入れた米国の監査基準第2号（AS2）が新たに適用されましたが、負担が重過ぎるという批判もあって監査基準第5号（AS5）に改定されました。しかし当初から不正の防止・発見のためのプログラム・統制の監査および評価が規定され、その不正対応重視の方針は変わりませんでした。

2) 不正対応の処遇が曖昧な日本

一方、日本のJ-SOXは、もとより不正対応の趣旨はあまり強調されていません。あえて言えば全社統制の中に取締役会や監査役の執行に対するモニタリングや企業の体質や経営姿勢を統制環境として含めてはいますが、これが十分に機能しているかが疑問です。

また内部統制監査は財務諸表監査よりも本来は内部統制の問題を深掘りできておかしくないですが、上場企業の監査で会計士が内部統制の監査と財務諸表監査で同じところでつまずいて同時に監査に失敗するとなると、財務諸表監査に加えて内部統制監査を制度化する意味があったのかという疑問も復活するとも考えられます。この際、米国の追随でなく、日本固有の企業環境

を踏まえた筋の通った制度設計を期待したいところです。

　大会社に課される法定監査は金融庁によって定められ、監査法人や会計士による制度運用の監督も金融庁にある監査審査会が行い、監査人である会計士の資格認定も監査審査会が行います。会計不正が起こって監査でも発見されなかった場合の関係者の責任関係は状況によって違うとはいえ、たとえて言えばその際の連立方程式をきちんと作って会社や監査人がどのような責任をどの程度持つかを明らかにして、そのような客観的な制度によって課徴金とか会計士個人の処分を下すのが当然です。しかし問題なのはその方程式自体がはっきりせず、その時の状況次第で日和見的に決められているような印象があることです。本来、会計士が正当な注意を払って監査責任を果たしても発見できない不正はありえますが、あえて、その詳細はつまびらかにされずに結果責任が会計士に求められてきたという印象があります。

　この場合、監査におけるリスク評価と認識されたリスクに対応する監査手続きが十分であればその後、不正が発覚してもその結果責任は負わないというのがリスクアプローチの理論的な帰結と考えられます。それでも監査人の責任を問題としたいのであれば、リスクアプローチを前提とする今の監査制度そのものの適否を検討すべきですが、そのような議論はオープンにされないところに欧米とは違う日本の監査風土の弱さを感じるところです。

3) 制度設計のあるべき姿とは

　さらに問題なのは責任を負わされるのは企業と会計士だけで制度設計と監督責任のある金融庁側の責任は最初から度外視されているように見えることです。不正というのはリスクの中でも最も古くからある古典的なリスクである一方で、技術革新とともに内容は日進月歩に進化します。それに遅れずに監査技術を開発して監査人に提供するのは当局の責任のはずですが、こちらは一向に開発が進まず、国の定めた制度に乗って監査をした会計士ばかりの責任にされるのは、お役所のご都合主義・権威主義を感じてしまいます。

　数年前に金融庁が公表した不正リスク対応基準も心構えとしての懐疑心を強調するばかりで内容の乏しいものです。そこで足りないのは実務に根差し

た実践知であって，本来，実務家を代表する公認会計士協会が制度設計を主導して制度の不完全なところは金融庁に意見してほしいところですが，同協会も監督官庁である金融庁に賛同する姿勢しかみられないのは残念です。

日本の法定監査制度にも体質改善が必要と感じられるところです。

3. 企業の不正対策の考え方と実務展開

(1) 不正対策として考えられる3つの方策

1) 予防(Prevention)

一般に不正対策と言えば多くは，方針手続，コントロール（職務分離，権限規定，有給休暇の強制ほか），不正の研修および社内コミュニケーションなどによる予防を指しています。IIAのプラクティスガイドは強い倫理観を植えつけることと経営者の姿勢（Tone at the Top）を設定することが不正の予防に不可欠の要素であると説明し，そして不正予防のための強力なメカニズムが第一に有効で効率的な内部統制であるとしています。

2) 発見・摘発(Detection)

これは不正が発生してから摘発されるまでの時間を縮める（中央値は約18か月）効果があります。発見・摘発というと一見，監査のような気もしますが，本来，不正摘発を目的としていない監査の不正摘発率は高くありません。監査は一般に考えられている発見・摘発の手法としてよりもむしろ次の抑制として効果を発揮します。不正が発覚するルートで最も多いのは以下のACFE（公認不正検査士協会）の調査結果にもあるように発覚の42％を占める内部通報です。

内部統制の中には，内部通報制度のようにその存在が不正の抑制になるとともに，その運用が不正の発見・摘発に役立つものがあります。匿名の通報から不正が発覚することも多く，内部通報制度の整備・充実が効果的です。

【調査結果に見る不正の現状】
○不正の発生
- 調査への回答者によると標準的な組織は年間収益の5%を不正により失っている。2017年世界総生産推定値に当てはめると約4兆ドルが世界全体の不正の損害となる。
- 不正損害額の中央値は13万ドル。不正事例の22%が100万ドル以上の損害額
- 不正は資産不正流用，汚職および財務諸表不正の3つに分類される。このうち，資産不正流用が件数全体の89%と最も多いが，損害額中央値は11万ドルで最も低い。一方，財務諸表不正は件数は全体の10%だが，中央値は80万ドルと最大。汚職は，その間で件数は38%を占め，中央値は25万ドル。また，不正の発生から発覚までの期間の中央値は16か月。

○不正発見の手段
- 次の通報，内部監査，マネジメントレビューが不正の発見手段としては2010年以降の各報告書で上位3位を占めている。

通報（40%）	外部監査（4%）
内部監査（15%）	監視・監督（3%）
マネジメントのレビュー（13%）	法執行機関からの通知（2%）
偶然（7%）	IT統制（1%）
勘定の照合（5%）	自白（1%）
書類の精査（4%）	

（出所：ACFE, "2018 Report to the Nations", 2018〈日本公認不正検査士協会訳「2018年国民への報告書」2018年〉）

ただし，通報者保護の法制度は国によって（米国などは州ごとに）異なるので，通報制度の海外展開には現地法制度の確認も重要です。

また組織内に存在する不正を知るための効果的な方法は，従業員や仕入れ先その他のステークホルダーに不法行為や非倫理的行動などの懸念があればそれを報告してもらう様々な機会を設けることです。そのような情報収集の方法には以下のやり方があります。

- 行動規準の年次確認——不正の予防摘発に関する従業員の責任を説明した行動規準に毎年，従業員にサインしてもらう際に，気づいた違反行為

があれば報告を求める。
- 内部通報ホットライン──電話，ウェブベースのホットライン（匿名通報を含む）。
- 退職時の面談──退職者に行う面談は不正スキームの認識に役立つことがある。またマネジメントの誠実性の問題や不正につながりやすい状況に関する情報がないかどうかの決定に役立つ。
- 積極的な従業員調査──定型的な従業員調査では組織内の不正や非倫理的行動について従業員に知っていることを尋ねるために利用される。積極的な従業員調査では従業員からの匿名情報を求めて，自発的に情報が提供されるのを待つよりも早く不正を把握するのに役立てる。

3) 抑制（Deterrence）

　不正を完全になくすことはできないという前提で少しでも減少させようとするのが抑制という考え方です。監視カメラの設置などがその例です。また発見統制を導入してそれを見える化することが抑制になります。

　監査も抑制の方策と考えられます。ここでは次の点を挙げておきます。
- 抜き打ち監査：ACFEの調査で最も効果的な不正対策の1つだが，あまり使われていない方法に挙げられている。現金実査などに部分的に適用することも考えられ，状況によっては効果的な方法。
- 監査の過程で不正を話に出すこと：例えば，次のような質問をすることで自然な形で不正も監査の守備範囲にあることを伝える。
  - ・監査テーマに関連して不正対策や過去の不正の有無について聞く。
  - ・上司やリーダーに非倫理的あるいは不法行為をするように頼まれたことがあるか（特に通報制度のない組織では重要）などの質問をする。

（2）不正に対する経営層の見方

1) 不正リスクに関する「評価」「監査」「調査」の3つの活動

　企業不正について一般に企業の経営層が知りたいこととは何でしょうか。それをまとめたのが図表9-7です。ここに挙げた問いに答えを出すために必

図表9-7 ◆ 不正に対する経営層の見方──必要となる活動

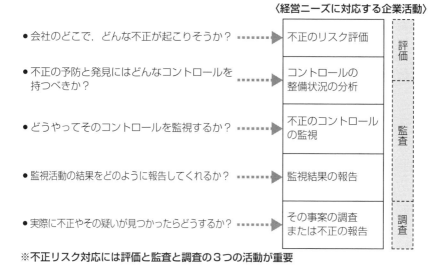

※不正リスク対応には評価と監査と調査の3つの活動が重要

要となるのが右の「不正リスク評価」から「その事案の調査または不正報告」までの企業の活動です。そしてこれらはまとめるとほぼ不正リスクに関する，評価と監査と調査の3つから構成されることがわかります。つまり企業の不正対策は活動面からは，これらの3つの活動に大体収斂されてくるのです。

2) 不正リスクのステージごとの対応とは

そしてこれらの活動を企業の内部監査，コンプライアンス担当および経営管理部門がどのように行うかを①平時，②リスク認識時，③通報・事故発生の各ステージごとにまとめたのが**図表9-8**です。まず一番下の①平時では潜在的な不正リスクを想定して，内部監査は業務監査等の活動を行います。この段階で重要となるのが右側，リスク関連部門による不正リスク評価です。なぜまだ不正リスクもはっきり認識されていない平時からこれが必要かというと，将来，何かのきっかけで大きな不正が起こり，マネジメントが謝罪会見を開かねばならないような事態に備えるための練習だと思ってください。今どき，どんな企業にもいつ不祥事が起こるかわかりません。起こってから

慌てて調査をしても間に合わず準備もできないまま経営トップが謝罪会見を開かなければならない状態を避けるためです。そのためには日ごろから，うちの会社にはどこにどんな不正リスクがあるかを評価して，いわば傾向と対策を練っておくわけです。それが平時の定期的不正リスク評価の一面です。

次の②では社内で何らかの不正リスクが認識されたときです。このときは内部監査が不正リスクに重点を置いた不正監査を計画して実施します。このとき経営管理部門は必要な範囲で支援します。次に実際に通報や事故発生によって不正が認識されるのが③です。このとき必要なのが不正調査ですが，これを誰がどのようなルールで行うかは企業の決めごとです。内部監査や経営管理部門はそのルールに従って調査に参加し，あるいは支援します。このルールは一般にコンプライアンス担当部署が決めます。

図表9-8 ◆ 企業の不正対応の連携イメージ（ステージ別）

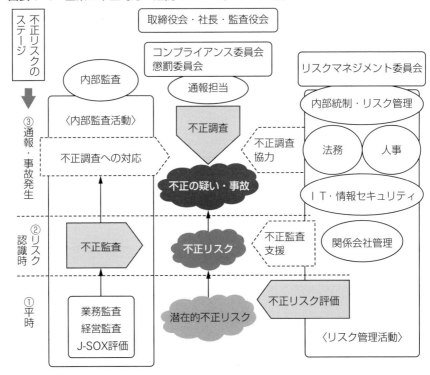

3）不正発生時の対応手順を決めておくこと

ところで次の**図表9-9**の下方にリスク管理の監査の留意点を①平常時，②危機および③復旧期に分けて示した監査役協会の資料を一部掲載しています。これに合わせて不正リスクに絞って留意点をその上の図に書いています。これらのそれぞれについてはのちほど詳述しますが，特に②の不正発生時は危機管理と同じように起こってからでは検討する時間もないので，日頃から対応手順を決めておく必要があるということです。以前，監査法人にいた時に内部監査部長から子会社で不正が発生したがどうしたらよいかと急に相談の電話がくることがありましたが，そのときになって慌てなくてもよいよう

図表9-9 ◆ 平時から有事の不正リスク対応

不正リスク対応で特に留意すべき点は：	
①**平時**⇒不正リスク評価の定期的な実施	・不正リスク評価をやる企業は少数 ・やることで有事対応の準備となる ・やらないと有事に対応できず，いきなり経営者の謝罪会見となることも
②**不正発生時**⇒通報対応・不正調査	日頃からの初動体制が肝要
③**復旧時**⇒再発防止策，内部統制見直し	内部統制の見直し作業と不正調査とは目的と作業内容が違う

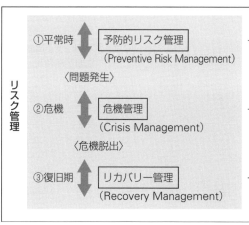

リスク管理		
①平常時 ↕	予防的リスク管理 (Preventive Risk Management)	← あらかじめリスク要因を特定・評価し，問題の予防・回避を図るとともに，万一の場合の対応方法と損害の軽減・移転策を講じておく。
〈問題発生〉		
②危機 ↕	危機管理 (Crisis Management)	← 危機（問題発生時）においては，迅速・的確な対応により問題の拡大防止と早期の収束〈＝損害のミニマイズ〉を図る。
〈危機脱出〉		
③復旧期 ↕	リカバリー管理 (Recovery Management)	← 危機脱出後は，早期復旧を図るとともに，原因を究明し再発防止策を策定。

出所：日本監査役協会ケース・スタディ委員会「Q39 リスク管理の監査の留意点」『新任監査役ガイド〈第4版〉』2009年，p.69

に準備が必要ということです。それから③の再発防止策や内部統制見直しは不正調査に連続する作業ですが，不正調査とは違うということを説明します。

■各部門の不正対応の役割分担

上述のように企業においては，危機管理対応と同じで，不正対応に関する手続（各部門の役割分担）を明確に決めておく必要があります。**図表9-10**は**図表9-8**の活動を役割分担がより明確になるように示したものです。さらに各部署が不正についてどのような役割を担うかを検討するためのサンプルとして**図表9-11**を参考にするとよいでしょう。ここでは，内部監査は「不正監査」や「内部統制レビュー」に主な責任を持ち，別の専門の調査部隊が主に担当する「不正調査」には副次的な責任を持つことが想定されています。

図表9-10 ◆ 各部門の不正対応の役割分担の例

※企業によって不正調査への内部監査の関与など役割分担の内容は異なる。危機に備えて，普段から決めておく。

担当部門		内部監査	コンプライアンス担当	経営管理部門
機能		内部監査活動	通報対応 懲罰委員会	リスク管理 内部統制
状況別活動	③不正／通報発生時	●調査の支援または実施 ●将来に向けた再発防止策・内部統制のレビュー	**通報対応** **調査のアレンジ**	不正調査に協力
	②不正リスク認識時	不正リスクに重点を置いた不正監査の計画実施		必要に応じて協力 （事業部門, 法務, IT）
	①平時──潜在的不正リスクの認識	業務監査 経営監査 J-SOX評価		不正リスク評価 内部統制活動

図表9-11 ◆ 不正方針決定マトリクスのサンプル

P（主な責任者），S（副次的責任），SR（共同責任）

求められる行為	調査部隊	内部監査	財務会計	経営者	部門経営者	リスクマネジメント	PR	従業員関係	法務
不正予防の統制	S	S	S	P	SR	S	S	S	S
事故報告	P	S	S	S	S	S	S	S	S
不正調査	P	S						S	S
不正のための資金の回収	P								
不正予防の改善提案	SR	SR	S	S	S	S	S	S	S
内部統制レビュー		P							
センシティブな事項の取り扱い	P	S		S		S		S	S
広報・新聞発表	S	S					P		
民事訴訟	S	S							P
是正措置・再発防止の提案	SR	SR		S	SR	S			S
回復状況のモニター	S		P						
積極的な不正監査	S	P							
不正の教育／研修	P	S			S		S		
脆弱な分野のリスク分析	S	S			P				
ケース分析	P								
ホットライン	P	S							
倫理分野	S	S							P

出所：IIA, AICPA, ACFE, "Managing the Business Risk of Fraud：A Practical Guide", 2008, p.54 より訳出

（3）全社レベルの不正防止プログラム，めざすは協調的アプローチ

1）主な制度と活動への対応

　次に全社レベルの不正防止プログラムを考えましょう。主な制度（ハード面）としては，行動規範・倫理規範（特に利益相反・関連当事者間取引），通報制度，取締役会・監査役による監視，リスク評価と管理などがあります（図表9-12）。しかし社内で規定や組織を作って制度化するというハード面だけでは十分ではありません。これに命を吹き込んで動かすためには，担当のチームを育ててその機能に実効性を与えるというソフト面の対応が合わせて重要になります。とりわけ不正調査，不正リスク評価，不正監査などのソフト面で制度をサポートしていくことが重要です。

図表9-12 ◆ 全社レベル不正防止プログラムの一般例

〈考えられる主な制度(ハード面)〉　　〈重要となる活動(ソフト面)〉

- 行動規範・倫理規範
  - 特に利益相反
  - 関連当事者間取引
  - 不法行為等の規定
- **通報制度**
- 取締役会・監査役による監視
- **リスク評価と管理**
- 内部統制・管理体制
- **内部監査活動**
- 人事制度(採用,昇進,報酬等)

- 不正調査(通報対応含む)
- 定期的不正リスク評価
- 内部監査

1. 規程・ルールの整備だけでは不十分。これを動かすチームを育てて実効性を与える必要がある
2. 活動の整備には,適切な人材・スキル・経験を持つチームが必要となる
3. 制度に比べて活動チームは簡単に育成できない。しかし非常時には機動力が求められるため,日頃から活動の標準手順(プロトコール)を設定しておく必要がある

2) 企業の不正対策のバイブル

　以前,監査法人で主に内部監査等の業務をやりながら,不正対応の部署も責任者を兼務したことがありました。その当時,企業の不正対策には内部監査や事後の不正調査だけでは足りず,全社的に不正のテーマで協調できる何かトータルソリューションのような仕掛けがないと大企業は難しいと感じていました。ちょうど米国から赴任した同僚の専門家に何か企業にとって不正対策のバイブルのようなものがないか聞いてみると,あると言います。それが,以下に紹介する『企業不正リスク管理のための実務ガイド』(以下『実務ガイド』)です。

> **【不正対応に対する全社的な取り組み（『企業不正リスク管理のための実務ガイド』より）】**
> ○企業の全社的取り組みとして必要な原則
> 1. 組織のガバナンス機構の一部として不正リスク管理プログラムを設置すべきである
>   - 不正リスク管理に関する取締役会および経営者の期待を伝達する明文の方針など
> 2. 不正リスクのエクスポージャー（リスクの程度）を定期的に評価すべきである
>   - 組織として軽減すべき不正スキームや事象を特定するため
> 3. 不正の**防止**技法を確立すべきである
>   - 実行可能な範囲で組織への影響を軽減するために潜在的不正リスク事象を避けるための技法
> 4. 不正の**発見**技法を確立すべきである
>   - 防止策が機能しないか，または軽減されないリスクが顕在化する場合に不正事象を発見する技法が必要
> 5. 潜在的不正情報のインプットを求めるための**報告プロセス**を設置するとともに潜在的不正の適時の適切な対応のために**調査および是正措置**の協調的なアプローチを用いるべきである
>
> （出所：*Managing the Business Risk of Fraud: A Practical Guide*, 2008
> 『企業不正リスク管理のための実務ガイド』，
> sponsored by：The Institute of Internal Auditors,
> The American Institute of Certified Public Accountants,
> Association of Certified Fraud Examiners, pp.6-10 より要約して訳出）

　これはIIAのほか米国公認会計士協会とACFEがそれぞれメンバーを出して皆で検討して書いた本のようですが，その同僚もE＆Yの不正サービスを代表して著者に入っていました。なんだ，自分が書いたから薦めるのかとも思いましたが，読むとよくできたバイブルになっていました。

　英文で80ページほどでポイントが簡潔にまとまっており，とにかく必要なことだけを手短にストレートに書いてあるのがよいところで，米国式の取締役会が経営者を管理する前提で書かれているのも日本にも必要な視点です。

ただ企業のガバナンス構造が日本と違うところを斟酌すべきであることと，一部，バックグラウンド・チェック（pp.339-340参照）のような日本では一般的でない実務は留意して読む必要があります。この英文はIIAのホームページからダウンロードできます。

この『実務ガイド』のポイントは，5つの原則で示され，特に第一の原則について以下のように取締役会の責任などが示されています。とりわけ，企業としての不正の対応方針を文書で作るという考えが示されています。本当にそこまで必要かという気もしましたが，今どきの大企業はいつ不祥事に巻き込まれて経営層の責任が問われるとも限らないと思えば，万一に備えてこういった文書を作っておけば安泰とも言えるでしょう。仮に不正事件が生じても経営陣が責任を果たしていることの証拠になります。

なおこの『実務ガイド』は，2016年にCOSOとACFEが『不正リスク管理ガイド』として改訂版が出されています。この内容は不正対応の5原則をCOSOの内部統制の5つの構成要素と17の原則に関連づけたもので，US-SOXなどの実務関係者には興味があるかもしれません。

しかし不正対応の原則は若干構成を変えているとはいえ不正対応という本来の目的からは，もとの『実務ガイド』で十分であると感じています。

【不正リスクガバナンスの考え方（『実務ガイド』より）】
原則1．組織のガバナンス機構の一部として不正リスク管理プログラムを設置すべきである。このプログラムには不正リスク管理に関する取締役会および上級経営者の期待を伝達する明文化された方針が含まれる。
○背景：企業倫理に対する組織のステークホルダーの期待の高まり。規制当局による不正に関与した組織および個人に対する罰則の強化の動き。
○有効なガバナンス・プロセスは⇒不正リスク管理の基盤となる。
　　　　　　　　　　　　　⇒これがないと不正リスク管理を著しく損なう。
○組織全体の経営者の姿勢（Tone at The Top）が不正の許容水準に関する標準を設定する。
○取締役会は，以下のことを確実にすべき：
- 自らのガバナンスの実務が不正リスクマネジメントの「経営者の姿勢」を設定していること。

- 経営陣が倫理的行動を奨励する方針（それらの基準が満たされていない事例を従業員，顧客，取引業者その他の第三者が報告するプロセスを含む）を導入していること。
- 取締役会が組織の不正リスクマネジメントの有効性をモニターすべきこと。
- これは定例の議題にすべきで，そのため，不正リスクマネジメントをとりまとめ，取締役会に報告するエグゼクティブ・クラスのメンバーを任命する。

3) 不正リスクマネジメント

不正リスクに関する方針および手続を何らかの形式で文書化している場合はよくありますが，その活動や文書の要約を作ってプロセスの伝達や評価を支援している例は少ないでしょう。ここでは，組織がそのように規定していないとしても，その集約を不正リスクマネジメントと呼ぶとしています。

また，どのような正式な文書が最も適しているかは組織の規模や複雑さなどにもよりますが，次の要素は不正リスクマネジメントプログラムの中に見られるべきであるとして，正式文書に記載する事項が示されています。

■**不正リスクマネジメントプログラムの正式文書に必要な事項とは**

【不正リスクマネジメントプログラムの正式文書に必要な事項】
①役割と責任　②コミットメント　③不正の認識　④確認プロセス
⑤利益相反の開示　⑥不正リスク評価　⑦報告手続と通報者保護
⑧調査プロセス　⑨是正措置　⑩品質保証　⑪継続的モニタリング

4) 協調的なアプローチが重要である理由

上記の『実務ガイド』の5つの原則のうち，最後の原則にある協調的アプローチ（coordinated approach）という視点はガイドの中で詳しい解説はありませんが重要です。原則の文章は，社内の不正情報の報告プロセスと調査と是正措置の協調という書き方ですが，これはそれぞれの機能を不正対応という目的から連携・調整するということで，部門で言うと内部監査，コンプライアンス，法務，人事などの協調・連携（coordinate）が重要であって，そ

の協調，つまりコーディネーションをするのが原則1に触れている不正リスクマネジメント担当のマネジメントというわけです。これが重要だと考えるのは，概念的な意味ではなくて，次の（4）や（5）で後述するように，社内の組織間の連携の仕方や不正対応のコストの話に直結するからです。

（4）不正対応の主管部署について

1）どの部署が所管するのがよいか

上記のように，『実務ガイド』は不正対応の指針として役立つ内容が含まれていますが，機能を中心に説明がなされており，実際にこのような活動を社内で始めるにはどの部門や組織が不正リスク管理の機能を所管するのがよいかということが問題になることが考えられます。

以下，どのような問題が出てくるか，ケースごとに見ていきましょう。

A．内部監査が不正事件後に社長に言われて所管していたケース

○問題点
- 内部監査のリスク部門への独立性が損なわれて，リスクマネジメントへの監査に支障をきたす可能性がある。
- 本来，内部監査は経営管理機能を主管できないので，リスク管理活動を主導する立場にないし，そのような会議に必ずしも出席していない。

B．不正事件後にコンプライアンス部門が外部のコンサルも入れて体制を検討したケース

○問題点
- 不正について現場感覚を持った内部監査の知見や考えが反映されていなかった。

2）不正リスク担当のCROの選定

これについてはAのように内部監査が指名されるケースが比較的多く見られますが，独立性がネックにもなります。そこで以下のCのケースのように，図表9-13のCRO（チーフ・リスク・オフィサー）の不正リスク担当を決めて，その人を中心にプロジェクトとして行う方法もあると考えられます。

図表9-13 ◆ 内部監査とリスク管理の最適化モデル

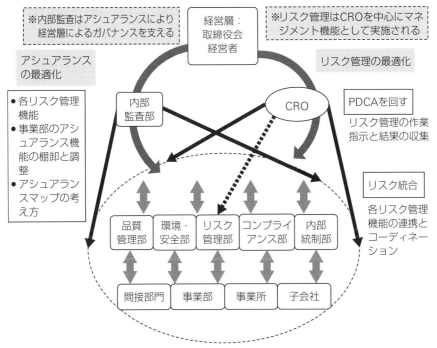

C：どの部署がやるにしても，みんな既存の仕事で忙しいため，
　　⇒**不正リスク専門の CRO(※) を選定するのはどうか。**

○メリット
- 機能を分担できるし，全社的な視点を失わず各機能を実行できること。

○進め方
- 適任の経営管理者に不正リスク管理委員会を主宰してもらい，関連部署を集めて委員会としてグループ活動。各部署の不正リスク対応をコーディネートする。

※ **図表9-13** では全社のリスク管理を統轄する役職者として欧米式に CRO としたが，そうした役割を担う立場であれば役職名は任意で良い。

（5）不正対策を担う専門職の適材適所、めざすは協調的アプローチ

このセクションの最後に不正対策を担う専門職についてそれぞれの強み弱みを考えてみたいと思います。

各専門家にはそれぞれに次のような得意・不得意分野があるからこそ協調的アプローチ（coordinated approach）で不正対応という目的に向けて協力・連携する姿勢が大事であり、これをコーディネートする力量がマネジメントに求められます。これは観念論ではなく人材の適材適所を間違えば法外な不正対応コストにつながります。例えば不正調査を弁護士事務所に丸投げして専門以外の内部統制について多額の報酬を払って改善提案を提出してもらいながら、その内容の不完全さに気づかないことなどがあります。これは弁護士が悪いのではなく、社内の人材や社外の専門家の専門性の違いを考えて効果的・経済的な不正対応をしていないという意味で、依頼する側のコーディネーションに問題があるわけです。前述の事例⑮（p.278）もそのようなコーディネーションに不備が見られるケースでした。

1）公認不正検査士（CFE）＝不正調査官
- 不正の手口や調査方法に精通した不正調査の専門家。
  ACFEの豊富なナレッジベースをどこまで修得し活用できているかが課題。
- ただし内部統制と会計分野の知識や理解力の不足が難点となる可能性も。特にJ-SOX導入以後は内部統制を知らないとそれがハンディになる可能性もある。

2）公認会計士（CPA）＝会計監査人
- 会計処理に関わる不正は誰よりも詳しい会計監査の専門家。
- 本来、ガバナンスは得意分野でなく、内部統制の全社統制の監査にもソフト・コントロールへの対応など監査手法的にもやや限界もある。
- 会計監査は本来、一般に期待されるように不正摘発を目的としてはいな

いが，会計士の責任や監査の限界が社会的にあまり知られていない。
- そのような中で，正当な注意を払って監査をしても重要な不正を見過ごすことがあることがあまり理解されていない。

  (不正を見逃したとして会計士の責任ばかりが問題となり，金融庁・監査審査会の制度設計および監督・指導の責任に光が当たらないところに日本の法定監査制度の闇を感じるところです。)

また，会社法上も会計士が監査に失敗したら監査役にも責任が課される連座制というのがあるようですが，実体論から言うと，監査役は会計士のクライアントであって，本当に会計士に後ろから指示・指導をしているのは金融庁や監査審査会ですから，本来はこのお役所の連座制が問われるべきでしょう。会計監査の制度の問題，金融庁・監査審査会の監督・指導の問題です。

3) 公認内部監査人 (CIA) ＝内部監査人

- 以下の2点から不正対応活動に向いている監査の専門家。

  ①現場作業から経営層の会議まで企業組織内で活動範囲が広く，業務から経営管理まで守備範囲になる。

  ②内部監査の対象は，コントロールだけでなく，リスクマネジメントおよびガバナンスを含んでおり，不正対応の業務範囲に適している。

- ただし，ガバナンス関連の監査実務は特に日本ではいまだ発展途上であまり実務が進んでいない⇒今後，経営監査的な注力が期待される領域。
- なお内部監査人には，通常，不正の摘発・調査を主たる任務とする者と同等の知識は期待されないし，また監査手続は不正の摘発を保証するものではない (内部監査協会の指針)。

4) 弁護士＝法律専門家

- 不正関連の法解釈に詳しく，訴訟対応にも必要な法律専門家。
- ただし例えば内部統制の入り口 (法解釈) と出口 (訴訟) が中心で，真ん中の会社としてどう内部統制を構築するか，また不正調査をどう進めるかなどといった社内実務はあまり詳しくないことが多い。

第10章 企業の不正対応活動

　不正対策のプログラムには様々な規定や手続が必要となりますが，その制度に命を吹き込んで動かすのは担当のチームです。ここでは不正対応活動の中でも重要な，不正リスクの評価，内部監査および不正調査という面からその活動の内容を検討します。
　一般に不正対応と言うとその発見や摘発が重視され，不正を発見できなかった監査人に批判が集中しがちですが，監査の本来の目的は不正の発見ではありません。また不正の発見は確実にはできないものです。それでも発見できるものがあって，それが不正の手口です。これを発見する作業が不正リスク評価なのです。

1. 不正リスクの評価の意味と進め方

(1) 不正リスク評価の必要性

　不正対策をやろうとしたら，まずどこにリスクがあるかを認識しなければなりません。欧米の不正リスク対策の解説書を見ると多くは，組織に不正リスクの定期的な評価を求めていますが，これは当然のことと考えられます。しかし日本国内でこうしたリスク評価をまともに制度化している企業はほとんど見かけません。おそらく地震や津波対策と同じで，潜在的には起こると思っても経営層も現場の社員も目の前の仕事に追われて喫緊の課題，自分の責任とはあまり感じていないのではないかと思います。

しかし，深刻な企業不正は企業の存続をも揺るがし，上場企業は上場廃止の原因ともなります。そうなると社員一人ひとりの人生も台無しにしてしまうことがあります。それを防ぐのは企業の責任であり，そのために企業は不正リスク対応をしておかなければなりません。企業とそのステークホルダーを不正から守るために，企業が不正リスク評価として行うべきことは，端的には次のことです。

- 不正リスクがどのようなものであり，具体的にどのような不正リスクがその企業に該当するかを確認すること
- 企業の規模，業種業態，経営目標等に合わせた，組織的な不正リスク評価を実施し，定期的に更新すること

1) 不正リスク評価の特徴

不正リスク評価は，一般のリスクの評価に比べると，リスクのスキームとシナリオを考慮するという特徴があります。つまり具体的に誰のどういう行動が不正を起こしたかまで掘り下げて不正の本質を把握するわけです。

だから，その評価プロセスの中で不正スキームの特定という作業を設けます。例えばIIAの指針は以下の不正リスク評価のプロセスを示しています。

2) 不正リスク評価の5つのステップ

不正リスク評価は主に次の5つのステップからなる。
① 不正リスク要因を特定する
② 潜在的な不正のスキームを特定し，リスクに基づいてそれらの優先順位づけをする
③ 既存のコントロールを潜在的不正スキームと関連づけしてそのギャップを特定する
④ 不正の予防統制と発見統制の運用の有効性をテストする
⑤ 不正リスク評価を記録し報告する

（出所：IIA IPPF-PG, "Internal Auditing and Fraud", December 2009, p.16 より訳出）

こうした不正リスク評価は，ERM（p.379参照）など全社的なリスク評価の一貫として行うことも可能ですが，リスクの特定，発生可能性，重要性，リスク対応は最低必要です。また一般には次の留意点で述べる特別なアレンジの必要性から個別に実施する方がやりやすいでしょう。

　また，リスクと対応するコントロールの評価の後，残存リスクを改めて検討するという方法（後述します）をお薦めします。

　不正リスク評価を仕組みとして導入する際の留意点には，以下のように制度導入時のアレンジに関するものと評価作業に関わるものとがあります。

(2) 不正リスク評価の仕組み導入時の留意点

1) 不正リスク評価プロジェクトのスポンサーを決める

　不正リスクの評価というと，誰がどういう方法で評価をするかという点がまず意識されますが，その前に大事なことは，評価結果を誰がどのように使うかということです。これは評価プロジェクトのスポンサーあるいは主催者は誰がなるべきかという問題につながります。

　例えば，不正リスク評価の実施の途中で不正の徴候に気づくことも考えられますが，取締役である評価プロジェクト責任者が，自分の責任下で問題が浮上すると，リスクの洗い出しに後ろ向きになったり，そのもみ消しが行われる危険があります。そのため評価に客観性を持たせ，結果がゆがめられることがないように，執行サイドに直接の責任がなく利益相反の問題がない社外役員などにスポンサーになってもらうことが考えられます。

■または不正調査の運営委員会を作る

　あるいは社長や事業管理者など執行責任のある経営管理者が主催者となるときは，不正調査のステアリング・コミッティー（運営委員会）を作って評価責任者の意向にかかわらずプロジェクトの進行や報告が客観的な監視の下に行われる仕組みを先に作っておくことが重要となります。ここではプロジェクトの責任者としてのスポンサーと評価作業の実施責任者とは適性が異なるため分けて考えます。

2) 評価の作業範囲を決める

2番目に重要なことは評価作業の範囲の決定です。企業としての不正リスクを洗い出すわけですから，本来，企業組織グループ全体を対象にして拠点や事業部をすべて網羅する必要があります。しかし組織の人員規模や組織構造によっては相当の作業負担となります。特に事業が多岐にわたり，拠点数も海外も含めて多数に上る企業では，やり方次第とは言え，大規模なプロジェクトになって，社内で了解をとるのが難しくなると予想されます。

その悪い例は，J-SOXの内部統制評価作業です。これは法の要請で対象範囲は勝手に減らせないという前提で，その分効率化を図って作業負担を軽減すべく各社苦労をされています。しかし効率化という名目で実質，法対応だけのために形式を整えるという形骸化に向かっている企業もあるようです。これではまずいのでリソースの制約はあっても実効性の確保が大事です。

■不正リスク評価の現実的な始め方

そこで，お薦めするのは，2人でも3人でもよいので何人かの担当者を決めて，当面は時間をかけられる範囲で始めることです。大事なことは作業の対象範囲や量は妥協しても作業の質は妥協せずに一定の成果物を完成するまでやり遂げることです。その質とは目標とする成果物によって決まります。ここで重要となる成果物については以下の3）で改めて説明します。

■不正リスク評価チームが経営者を助ける

一般には，内部監査，法務，財務，セキュリティ，IT，対象となる事業部の人材などが評価チーム構成員の候補と考えられます。法務は特に海外案件の評価などには必須と考えられますが，必ずしも評価作業チームでなくても評価作業に対するアドバイザーという立場での関与の仕方も考えられます。

限られた人員と限られた作業範囲では評価も不完全だと思われるかもしれません。しかし，その作業によって不正リスク評価を経験したチームが社内に育つわけです。そのチームが平時の問題がないときに練習を積んでおけば担当者にノウハウが残って，有事の際に慌てずに不正リスク対応チームとし

て力を発揮できます。外部への調査依頼の必要性も軽減でき，この人材がいざというときに経営者を助けることになります。有事の際は外部の専門家を使えばよいと思っても，大企業であればあるほど組織の仕組みや風土，業務慣行は専門家でも簡単に理解できず迅速な対応は困難です。それがわかるチームを社内に育てておくことの意味は大きいと気づくはずです。

■それでも，どこから始めるか迷う場合は

　ところで作業範囲はリソース的にもできる範囲で始めたらよいという話をすると，ではどこから始めたらよいかという質問をよく受けます。自分の会社で不正が起こりやすい領域くらいは大体察しがつくと思うのでそこから始めて評価結果を見て，その経験を踏まえて次の領域を決めればいいと思いますが，ヒントをあげると次のような領域が一般に検討候補に考えられます。

●**不正リスク評価を優先すべき組織・事業の特徴**
- 過去に組織内で不正を起こした経験のある事業や拠点ないし業務（不正に関連して，行政処分や税務調査による重加算税を受けた場合を含む）
- 同業他社で不正関連の不祥事や事故が見られる事業や業務
- 本社の目が行き届きにくい遠隔地の拠点や海外子会社（ただし海外は固有の難しさがあるので最初の対象にはお薦めしません）
- 業務固有の特殊性・専門性から一部の担当者だけが長期に担当してローテーションがなく他人の目が入りにくい事業や業務領域
- 組織風土に不穏な空気が感じられる組織（従業員意識調査の回答，パワハラなどの社内通報，高い離職率，ブラック企業や不正のうわさなど）
- 財務数値やKPIに異常値や普通では考えにくい変動・推移がある組織
- 事業や組織を立ち上げて日が浅く，管理体制が不十分な新規の組織

3）作業の成果物（到達目標）を決める
■不正リスク評価のフレームワーク

　不正リスク評価の作業を行ったら必ずその結果を調書に記載して成果物として記録を残す必要があります。作業の品質を決めるのはその成果物（つまり到達目標）です。一連のリスク評価作業の成果物の書式としては前掲『実

務ガイド』にある「不正リスク評価のフレームワーク」（**図表10-1参照**）を使うとよいでしょう。この表では，まず左端の欄に認識した不正スキームを書いて，次にその内部統制を考慮する前の固有のリスクの程度を発生可能性と重要性の点から評価し，このスキームが関係する部署などを書き，これに対する既存の内部統制を書き出して統制の有効性を評価します。すでに内部監査やJ-SOXなどで評価済みであればその旨を記載します。その後の残存リスクを評価して，その後，さらに必要な作業を提案するという様式です。

似たような書式は前掲のIIAのプラクティスガイドにも例示がありますが，**図表10-1**の様式の方が統制評価後の残存リスクを改めて評価して対応措置

図表10-1 ◆ 不正リスク評価フレームワーク

リスク分類：財務報告　　　区分：収益認識

認識した不正リスク・スキーム	発生可能性	重要性	影響のある人・部署	既存の不正対応統制
後日付契約	十分ある	高	営業	契約管理システム
会計帳簿を締めないままにしておく	十分ある	高	経理	● 標準的月次決算手続 ● 請求書管理簿と総勘定元帳との調整 ● 出荷，請求，売上計上の確認手続 ● 確立した連結プロセス
サイドレター契約	高い	高	営業	● 営業・財務部門の収益認識に関する年次研修 ● 追加契約に関する営業人員の四半期宣誓書の署名 ● IAによる顧客への確認状（本契約以外に条件を変更する他の文書／口頭契約がないことの確認）
部分出荷	十分ある	中	営業 出荷	● システム上の出荷書類と出荷物とのマニュアル・チェック ● 注文書と出荷書類とのシステマティックな突合と例外レポート出力 ● 部分出荷への顧客承認が収益計上に必要とされる
出荷の遅滞	十分ある	中	出荷	● 請求と売上帳にリンクした統合出荷システム ● 出荷ログと請求簿の日次調整 ● マニュアル請求書への経営管理者の承認
未出荷売上の操作	低い	低	N/A	N/A

出所："Managing the Business Risk of Fraud : A Practical Guide", pp.55-56 より一部訳出

を考えるという手堅いアプローチを採用しており,こちらをお薦めします。

その理由は既存の不正対応統制がある場合でもその多くは不正リスクだけを対象に設けられた統制ではないことから,不正スキームに関連する統制の評価後に一度立ち止まって改めて不正の残存リスクを考える必要があるからです。

この点を**図表10-1**の2つ目の不正スキーム「会計帳簿を締めないままにしておく」を見ながら説明しましょう。このスキームに対して既存の統制として「標準的月次決算手続」がまず示され,その右に有効性評価の結果がIAテスト済とあります。このテストは上記既存の統制が所定の機能を有効に果たしているとことを確かめるためのテストであると考えられます。というこ

注:IA=内部監査　　N/A=該当なし

内部統制の 有効性評価	残存リスク	不正リスク 対応策
IAテスト済	N/A	IAの定期テスト
●IAテスト済 ●経営管理検証済 ●IAテスト済 ●IAテスト済	経営管理者オーバーライドのリスク	決算前の仕訳計上のテスト,IAによるカットオフテスト
●経営管理検証済 ●経営管理検証済	オーバーライドのリスク	売上高,返品,販売員による調整の非集計分析
●経営管理検証済	統制により十分軽減されている	N/A
●IAテスト済 ●経営管理検証済 ●IAテスト済	経営管理者オーバーライドのリスク	IAによるカットオフテスト
N/A	N/A	N/A

とは，不正リスクがどの程度そのテストの際に考慮されたかは不明です。そこで改めて不正の観点から残存リスクを検討してさらに何らかのリスクがあればその対応策を記載するという方法です。ここではいくつかのテストが済みとなっていても「経営者のオーバーライドのリスク」が不正リスクとしてはまだ残っているということです。

特に海外も含めて事業の種類や拠点数が多い企業で，本当にここまで精緻に作業を実施できるか疑問があるとしたら，初めは重要なポイントに絞ってできる範囲内で行うことです。ただし，深さについてはここまでやるべきで，最初から中途半端では苦労してもノウハウが残りません。

4) リスク要因の特定と不正の守備範囲
■リスク要因の特定

リスク評価の最初のステップであるリスク要因の特定は，例えば次の要領で，リスク要因を洗い出すための情報の収集と分析によって行います。

①組織内の過去の不正事例，同業他社・類似業種の事例の収集と吟味
②業績指標，傾向分析，財務分析，データ分析（可能な場合）等の活用
③事業関連のリスク情報をアップデイトするために事業統括部やコンプライアンス部などから定期的に話を聞く（(例)新規事業に伴う新たなリスク要因（英米の贈収賄関連法上のリスク等）や規制の動向など）
④その他不正の徴候を現す可能性のある社内情報の収集と分析（従業員意識調査や各組織の統制自己評価（CSA）の結果，行政処分や行政機関による監査の結果，税務調査による重加算税等）

なお上記の結果，定性的リスク要因が認識されたら，これと②のような定量分析が対象とするリスクに直接関連づけられるものがあるかを調べて，定性要因と定量要因のそれぞれが表している状況が互いに矛盾がなく整合しているかを確認することも重要です。

■不正の守備範囲

リスク評価の守備範囲を明らかにするために，何を不正と判断するかとい

う不正の定義と範囲をあらかじめ押さえておく必要があります。不正の定義は職業団体によって異なり、例えば、IIAでは、不正は、詐欺、隠匿または背任の性格を有する不法行為のすべてとされています（IIA「内部監査の専門職的実施の国際基準」2013年1月1日版より）。一方、財務諸表監査を担う公認会計士の立場からは財務諸表の虚偽表示の原因となる「不正な財務報告（粉飾決算）」と「資産の流用」を不正として扱っています（日本公認会計士協会 監査基準委員会報告書240「財務諸表監査における不正」（2011年12

図表10-2 ◆ 不正の定義と分類──ACFE（公認不正検査士協会）

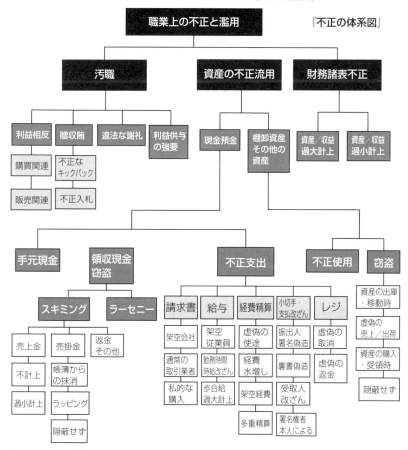

出所：ACFE JAPAN 訳「2018年度版 職業上の不正と濫用に関する国民への報告書」

月22日）参照）。他方，不正を専門に扱う公認不正検査士協会（ACFE）では，さらに汚職を3つ目の不正に加えて不正体系図を公表しています（**図表10-2**）。

- **汚職（Corruption）：**
  直接的または間接的利益を得るために従業員が雇用主に対する義務に反して商取引における自らの立場を悪用する不正スキームである。
  （例：賄賂または利益相反を伴うスキーム。）
- **資産の不正流用（Asset Misappropriation）：**
  従業員による組織の資源の窃盗や悪用を意味する。
  （例：現金窃盗，請求書不正，経費報告書の水増し。）
- **財務諸表不正（Financial Statement Fraud）：**
  従業員による組織の財務情報の意図的な虚偽記載と不作為である。
  （例：収益過大計上，経費の過小計上，資産の水増し計上。）

こうした体系図を参考に不正の類型モデルを決めておくとよいでしょう。

氷山の一角の不正理論が教えるように，目の前に見えている事象が不正の全貌とは限りません。従業員の個人的な横領に見えても，外部者と結託してキックバックを受けていることもあるわけです。また不正が見つかってもこれが全部ですとは正直に教えてくれないのです。そこで，このような資料で不正の体系を頭に入れておけばそれに気づきやすくなるでしょう。

5）評価作業の着眼点

■不正の面から残存リスクを考える

不正は「だます」要素と「隠す」要素を伴うため，業務が正しく処理されることを前提にした統制テストから不正の洗い出しをしようとしても限界があります。どのような統制であっても，統制の無効化（override）や回避あるいは実施者の失念や怠慢による統制の実施もれがありえます。所定の統制が働かなかったときの影響が大きければ，統制が働かない事態を想定したバックアップの統制をさらに設けることが現実的と考えられることもあります。

内部統制は不正に限らず様々なリスクに対して設定されます。そこで前記3）でも触れたように，不正リスクの重要性を考えて，このように統制が働か

なかったときの影響，つまりこのときの残存リスクを不正リスクの面から改めて考えて必要な対応策を検討することが重要となります。

■ J-SOX からは見えていない不正リスク

上場企業であれば J-SOX による統制の評価作業は，もう十分やったという思いがあるかもしれません。しかしそれだけではビジネス情報から会計情報に転換される前段階の不正がもれる可能性があります。例えば購買において発注プロセスの前の段階で業者選定プロセスに不正（業者との癒着，利益相反開示違反等）があれば，不当に高い買付がなされても契約・会計記録からは発見が難しいでしょう。ですから，J-SOX の内部統制作業を実施していても安心せず，会計データの前工程の業務の不正にも十分に注意する必要があります。

■ 重要リスクの不正スキームの検討と優先順位づけ

不正リスク要因の特定までは一般的な情報の収集や分析の手法でうまくいきます。しかしそこから不正のスキームを検討するとなると，業務の実務感覚を持ちながら特定の状況における不正の可能性をイメージして不正のストーリーを考える必要があり，これは一人の知識や経験では限界もあるので何人かでブレーンストーミングをしながらまとめる方法が効果的です。

こうした作業では，特定の事業や業務，地域特性など固有の状況を想定して，どこに不正の機会があるか，内部統制の無効化の原因となるプレッシャーはどの程度か，管理者が目標を達成できないとどうなるかなどの不正の基本特性（動機・プレッシャー，機会および正当化）と共に，不正は単独で可能か，共謀が必要か，それは従業員か外部者かなども考慮します。

また個人や組織の状況からレッド・フラグと呼ばれる不正の徴候が現れていないかを検討することもあります。以下の不正の徴候の例を参照。

【典型的な不正の徴候（レッド・フラグ）の例】
○不正の誘引・圧力のレッド・フラグ（徴候）
 ● 深夜残業・休日出勤が常態化している

- 現実に達成がかなり困難な仕事上の目標を与えられている
- 住宅ローンなどで個人的に財政難にある
- 収入に不相応な生活スタイルをしている

○不正の原因となる弱い統制環境のレッド・フラグ
- 経理基準が軽視され，放置されている
- 横領者，違反者に対して告発や処罰をしようとしない経営者
- 利益相反行為に明確な立場を示さない経営者
- 出張旅費，交際費，事務所設備，訪問者や重役への贈答品などの支出について，地位の高い重役に節度がなく慎重さに欠ける
- 重役の高額の経費支出などで内部監査に聖域を設けてチェックされていない領域がある
- 強力な内部統制が果たす役割を強調しない経営者

6）リスク評価後のリスク対応

　リスクへの対応とは，リスクの評価を受けて，当該リスクへの適切な対応（回避，移転，低減および受容）を選択するプロセスのことです。不正リスクについては次の戦略が考えられます。大事なことはどの戦略を選択するかは一般に費用対効果で決めますから，3のように内部統制の整備をするとは限らないし，4のようにリスクを取ってなにもしない戦略もあるわけです。

●リスク戦略
1. 回避：リスクを回避すること。
　例えば，投機目的の為替予約の禁止や証券取引のうち証券会社から資金を借りて株式を売買する信用取引の禁止。
2. 移転：リスクを移転させること。
　典型的には資産の盗難などに備えて保険をかけること。給与計算をアウトソースすることも含む。
3. 低減：新たな内部統制の整備によって不正リスクに対応すること。
　上場会社はJ-SOXによる内部統制を不正対策の面から見直しと重点強化を図ることが現実的な方法。
4. 受容：リスクを受け入れてあえて対応策をとらないこと。

すでに**図表 10-1** で見たようにスキームごとの個別のリスク対応まで決定した場合には個別のリスク対応によることになりますが，そこまでの重要性がない場合には一般に重要性と発生可能性からリスク評価をした段階でグルーピングして重要性に応じたリスク戦略を検討することも考えられます。

　例えば**図表 10-3** のようにリスクの発生可能性と重要性の4通りの組み合わせに応じてリスク対応策を決めるような方法です。ここでは第1象限に該当するリスクには集中的に予防対策をとり，第2象限のリスクは可能性が高くないので発見統制やモニタリングによる抑制と管理だけとし，第3象限のリスクは重要性が低いので主に保険でカバーし，第4象限のリスクには基本的に何もしないというような方法です。

　なお，この4象限方式はシンプルですが，表中の R1，R2，R3 のように境界線の近くに位置するリスクの取り扱いが悩ましいということもあります。

図表 10-3 ◆ 不正リスクの評価結果への対応の例
――4象限方式（Quad Method）――

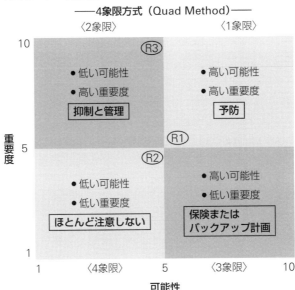

出所：Michael Cangemi and Tommie Singleton, *Managing the Audit Function*, 3rd ed., John Wiley & Sons, 2003, p.71 より一部加工して訳出

2. 内部監査における不正対応

(1) 内部監査人がすべきこと

果たして内部監査は不正と，どのように関わるのでしょうか。この点を確認するためにIIAのプラクティスガイドの指針を見てみましょう。

【不正関連で内部監査がすべきこと——IIA 指針】

内部監査人には，通常，不正の摘発・調査を主たる任務とする者と同等の知識は期待されないし，また監査手続は不正の摘発を保証するものではない。しかし，以下は必要。

1. 内部統制のデザインの評価と監査ステップの決定に際して不正リスクを検討
   ⇒内部監査人には不正の発見は求められないが，事業目的が達成され，重要な内部統制の欠陥がないという合理的な保証を得ることが期待される。
   ⇒不正リスクの検討は特定の監査作業に関連づけられるとともに，調書に記載される。
2. 不正発生の徴候を示すレッド・フラグを特定するために，不正の知識を習得
   ⇒この知識には，不正の特徴，不正のテクニック，監査対象事業に関係する不正のスキームやシナリオが含まれる。
3. 不正を許す機会（例えば内部統制の欠陥）に注意
   ⇒もし重要な内部統制の欠陥が発見されたら，追加して実施されるテストは不正発生の有無の確認にも利用される。
4. 経営者が前向きに不正リスク管理プログラムの監督責任を取っているかを評価
   ⇒認知された統制の欠陥や弱点に適時に十分な是正措置が採られたか。
   ⇒プログラムのモニタリングの計画はプログラムの継続的な成功を導くのに十分か。
5. 不正の徴候を評価し，さらに必要なアクションないし調査を推奨すべきかの決定
6. 適当であれば調査を推奨する

（出所：IIA-IPPF-PG "Internal Auditing and Fraud", December 2009, p.13 より要約）

内部監査は不正の摘発や調査を本来の目的としていないので摘発・調査の専門的なスキルは必ずしも求められてはいませんが，それでもかなり広い範囲で不正への取り組みが期待されています。この項目の5と6で調査に触れて，6は適当であれば調査を推奨するとありますが，このような表現から調査自体は監査の範囲外だからという前提で書かれているのがわかります。

談話室9　海外監査では不正ぐらいは見てきてほしいという社長

　ある企業の内部監査部長さんがぼやいていました。初めて海外監査に出かけることになって，行く前に社長にあいさつに行ったら，「最初から高度なことはできないだろうけど，まぁ，不正がないかぐらいは，見てくるように」と言われて，「不正ぐらい」と言われても，不正が一番難しいのにと……気が収まらない様子。

　一方で，監査部長が外注先に頼むときには，やっぱり不正も気になるので，海外では支払い関係を監査してほしいと言われます。支払いを見るのはいいですが，不正は，どこからでも起こるので，支払いからそれがわかるとは限りませんし，お金の流れは取引のあった結果ですから，そこから取引の不正が見えるとは限りません，などと海外監査を支援する立場で念を押すこともありました。

　支払いは監査するとしても，万一に備えて，まず見ておきたいのはBank reconciliation（銀行残高の調整）です。これは預金の銀行残高と帳簿残高の差額が毎月きちんと調整されているか確かめるためですが，日本ではあまり問題になりません。というのは差額は小切手を発行する当座預金で起こりますが，日本では月末に1回の支払いにまとめて各支払先に銀行振り込みすることが多く，また差異の出ない普通預金の利用もあって，差異があまり発生しません。しかし業者への支払いのたびに小切手を切る習慣のある国では小切手発行件数が膨大に上ることもあり，差異の調整も複雑でリスクも高くなります。

　それに，粉飾決算などの本格的な不正では帳簿外の隠れた取引や隠し預金口座などもあったりして，それが説明がつかない未調整の差異となって調整表に現れることがあります。ですから，まず足元を固める意味で，最低限，お金の現物と帳場は合っていることを確かめるのは，特に海外の不正対応の出発点だと思います。これは国内の不正調査で苦労した経験からも感じることです。

(2) 不正監査の進め方

1) 作業の4つのステップ

　内部監査においては，リスクの中でも特に不正リスクに重点を置いて監査計画を行うことがあります。その中でも不正対応を直接の目的として監査手続を設計して行う監査をここでは不正監査と呼んでいます。あくまでも内部監査の一貫です。その時の作業ステップは例えば以下のように示されます。

【不正監査の4つのステップ】
1. 不正リスクの特定
   - 固有の不正スキームの特定
   - 不正スキームを不正シナリオにカスタマイズする
     ※不正シナリオとは，不正スキームが監査対象についてどのように起こるか具体的に示したもの。
2. 不正リスク評価
   - 内部統制を不正シナリオにつなげる作業
     ※データマイニングの活用（不正シナリオを裏づける取引やデータの存在の捜索など）も選択肢
3. 不正監査手続
   - 不正シナリオの発見を目指して監査手続を策定
4. 不正の結論づけ
   - 結論は，その案件について不正調査を推奨するか，または，関連するレッド・フラグが存在しないという決定。

　上記の流れを図示すると**図表10-4**のようになります。この最初のプロセスの不正リスク評価は，すでにリスク評価を実施していればその結果を利用するし，やっていなければこの監査の中での実施を検討します。次に実施範囲の決定には**図表10-5**のPwCの資料が参考になります。

2) 領域またはスキームから実施範囲を決める

　図表10-5の左側の領域による決定としては，例えば，企業グループ内で

図表 10-4 ◆ 不正監査の設計

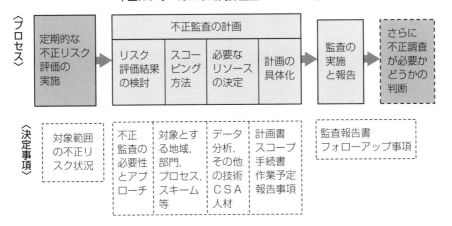

図表 10-5 ◆ 不正監査の切り出し方（スコーピング）例

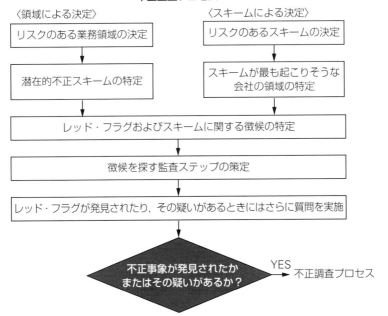

出所：PricewaterhouseCoopers, "The Emerging Role of Internal Audit in Mitigating Fraud and Reputation Risks", 2004, p.32 より訳出

目の届きにくいアジア圏の海外子会社を領域として決定します。次にそこに共通して予想される不正スキーム，例えば雇用や業者選定における利益相反関係の不開示（親族関係を会社に言わずに身内を優先するなど）などを特定し，その存在を表すレッド・フラグや徴候を検討して特定し，それらを発見する監査手続を考案して監査を実施します。一方，スキームの決定から始める場合には，例えば，現金売上による売上代金の横領というスキームをターゲットとして決めます。次にそのような現金販売を行う事業や会社を特定し，そこを対象に具体的なレッド・フラグや徴候を探す監査手続を決めて監査を実施します。

いずれも監査の結論としては，不正事象やその疑いが発見された場合には，不正調査プロセスに進むということになります。これは監査の延長ではなくて，別の業務として提案するということです。

（3）不正監査と不正調査――両者は似て非なるもの

ここで気になってくる，監査と不正調査との違いを整理しておきます。会計不正の事件をめぐって，会計士による外部監査を第三者委員会による調査と比べて，不正摘発能力がどうだったかと比較して議論する向きがありますが，これは誤解を招くものです。一般に監査と調査は混同されやすいですが，実は似て非なるものだからです。

1）リスクの事前対応と事後対応の違い

一般的に，監査は対象の適性性・有効性などが目的です。不正対応の監査は不正リスクに事前に積極対応（proactive）する活動です。これに対して，不正調査は不正案件の証拠固めが目的です。不正調査は不正事故・通報の事後に受け身対応（reactive）する活動なのです。

2）組織の仕組みか個人の行動かの違い

内部監査のターゲットは，誰がどうしたという個人の行為ではなく，組織内のプロセスや仕組みを問題とします。一方，不正調査は不当な意図をもっ

て行なった個人の行為に軸足を置き，その実行がどのように組織のルールや統制とぶつかり，それを突破したかという，不正と統制とのインターフェイスを問題とします。そのため内部監査ではあえて個人の名前は報告書に書かないようにしますが，不正調査ではまさに特定した個人の行為が主題となります。不正監査と不正調査の特徴をまとめると以下のようになります。

●**不正監査と不正調査の特徴**

○**不正監査**…不正リスクが監査の重要課題に挙げられ，不正およびその徴候の発見あるいは不正防止体制の確認の作業に重点的に配分をした内部監査。
- 内部監査の枠内での対応。
- 監査対象全体として不正リスクからみて問題ないことの確認を目的とする。
- 状況により不正摘発監査に重点を置く。

○**不正調査**…不正行為の疑惑の裏づけまたは反証の入手が目的。それに続く，実行者の人事処分，訴訟における証拠として利用されることもある。（監査とは求める証拠が違う）
一般に，次の作業から構成される。：
- 特定の不正に疑義のある案件についての詳細情報の入手。
- 不正が起こっていたかどうか，不正による損失および影響額，誰が不正に関与したか，どのようにそれが起こったかの検討・分析。

3）求めている証拠が違う

この中で不正調査は，不正対応のいろいろな場面や段階でなされます。不正があったという情報があって最初は，事実関係はどうなっているかという事実の洗い出し（ファクト・ファインディング）から始まって，ではどれくらいの範囲でいつごろから行われて損失はいくらかという計算になります。また本人を訴訟するということになるとそのためにどのような証拠が法定で必要となるかを法律専門家の助言や指示のもとに捜索するという調査になることもあります。その目的や作業内容はケースバイケースです。一般に監査と不正調査との違いは求めている証拠の違いからくるものです。

(4) データ分析の活用

　データ分析の利用については第4部の海外監査のところでも触れましたが，不正の領域やスキームが予想される場合には有効な手法として利用されます。内部統制の問題の中でも，不正の原因となりやすい職務分離の欠陥やアクセス制限の不備などがシステム権限のユーザーIDの発行状況の分析などから発見されることがあります。中には，過去に一時的な作業のために付与された他部門のスタッフへのアクセス権や他部門への異動者や退職者のアクセス権が消去されずに残っていることにシステム管理者も気づいていないことがデータ分析から判明することもあります。

　また同じ請求書や同じ購入品項目への二重支払や業者への毎月の支払口座に従業員の銀行口座が混じっていたりとか，退職後の従業員への給与の支払い，幽霊社員などデータ分析からしか発見しにくい異常点を認識することがあり，また，それがないことが確認できます。

　これらは不正対応の内部監査だけでなく，不正調査や不正リスク評価においても必要に応じて利用される方法です。

　一般に，購買や販売プロセスにおいてデータ分析を利用して洗い出す異常点としては次のような項目があります（**図表 10-6，10-7**）。

　また特に不正の徴候を発見するためのデータ分析によるテストとしては，次のような例（**図表 10-8**）が紹介されています。

図表 10-6 ◆ 購買から支払プロセスのデータ分析の例

プロセス	確認項目の例
購入業者の登録	架空または無効な業者の登録,二重に登録された業者 登録の変更・変更の戻し,登録業務に関する職務分離
購買申請	架空または無効な業者への発注,二重の発注 使われていない業者への発注,無効な発注 発注と業者登録の職務分離
発注	発注と現品受領の職務分離
受領・請求証憑	業者とは違う支払先への支払,架空業者への支払 従業員への支払,証憑なしの支払,金額ゼロの支払 発注と支払の職務分離 発注がない証憑,発注と証憑との職務分離
支払	二重の支払,二重の証憑への支払,証憑超過する支払 支払と証憑の不一致 支払と証憑の職務分離

図表 10-7 ◆ 受注から入金プロセスのデータ分析の例

プロセス	確認項目の例
顧客管理	顧客の二重登録 連絡先の詳細不明な顧客,最近登録・更新された顧客
与信管理	与信限度額のない顧客,貸方残高,動きのない顧客残高 残高はあるが3か月以上入金のない顧客残高
請求	請求の取り消し 無料提供品テスト――金額ゼロで数量記載の請求書のリスト 異常な請求書表示――金額があるが,数量がゼロかマイナス 請求書のリスト 一般顧客マスター・データと請求書を作成したユーザー名
返品	請求に対する貸方伝票の比率 請求書と貸方伝票を作成したユーザー名 取引種類別の入力記録の要約
モニタリング	総請求額に対する顧客別請求額の要約 入金額が請求額より少ない状態でクローズされた請求書のリスクと要約

図表 10-8 ◆ データ分析による不正摘発テストの例

不正の種類	不正発見のためのテスト
架空の取引業者	● 業者と従業員の住所および電話番号の一致をチェック ● 同一住所・電話番号で複数の業者がないかチェック
請求書の改ざん	● 二重の請求書がないかチェック ● 請求金額と契約書ないし注文書金額との不一致の確認
仕組まれた入札	● 業者別契約額を集計し，過去数年間の傾向を探り，同じ業者がほとんどの入札を受注していないかを確認 ● 入札締切日と業者からの契約提示日を比較し，最後の入札者が常に契約を獲得していないかを確認
受領していない商品	● 契約数量に一致しない購買数量がないかを調べる ● 在庫水準が想定される納品に応じて変化しているか確認
二重請求	● 二重の請求書番号，二重の日付，二重の請求金額を探る
水増し価格	● 業者間の価格を比較し，特定の業者が不当に高くないか確認
過大数量購入	● 不明な在庫の増加をレビュー ● 原材料の購入量が生産水準に見合って適切かを調べる ● 注文量を類似の過去の契約や過年度，他の工場と比較する
二重支払	● 同一の請求番号や支払額がないかを調べる ● 2回支払われた請求書の返金依頼が繰り返しなされていないかをチェック
カーボン・コピー	● 現金化された会社のすべての小切手の中にカーボン・コピーがないか確認 ● 小切手番号の違いがないか，さらに調査
連番の重複	● 企業が所有している高額備品が再購入されていないか連番に重複がないかを調べて確認，また同一人物が購入および出荷プロセスに関与していないか確認
給与不正	● 退職した従業員がまだ給与の対象になっていないか退職日と支払小切手の支給対象期間を比べて確認，また退職日が支給期間の日付よりも早い給与につき抜き取りチェック
買掛金	● 買掛金ファイルを契約および在庫ファイルとリンクさせて，契約日，価格，注文数量，在庫受領数量，請求書数量，契約上の支払額を調べることにより契約額に合わない取引をチェックする

出所：Coderre, David G., *Computer Aided Fraud Prevention and Detection : A Step-by-Step Guide*, John Wiley & Sons, 2009

(5) 贈収賄への対応

1) 米英の巨額な罰金

贈収賄関連で企業に影響が大きいのは巨額な罰金につながる米国の海外腐敗行為防止法（FCPA）や英国の贈収賄禁止法の違反です（図表10-9）。海外の法律とはいえ，日本国内でもどの国にいても米国の公務員に接すれば

図表10-9 ◆ 米・英・日における海外贈収賄防止法の比較

	米国海外腐敗行為防止法（FCPA）（1977年に制定）	英国贈収賄禁止法（2011年7月1日施行）	日本不正競争防止法（1999年2月施行）
概要	● 主要な条項は以下の通り： ❶ 外国公務員に対する賄賂の支払いを禁止する規定「賄賂禁止条項」 ❷ 証券取引法に基づく会計の透明性を要求する規定「会計処理・内部統制条項」 ❸ 主に贈賄禁止を規定。ただし，贈賄行為に関連して不正会計や内部統制上の問題点も合わせて適用されることが多い	● FCPAと重複するが，FCPAよりも適用対象が広範囲におよぶ点に注意が必要 ● FCPAとの主な相違点は以下の通り： ○ 贈賄側だけでなく収賄側も適用対象 ○ 外国公務員に限らず民間人への賄賂も禁止 ○ 罰金の金額や時効は無制限 ○ 贈賄行為が発生した場合，企業は「十分な手続」を備えていなければ刑事責任を負う	●「外国公務員贈賄罪」はFCPAの贈賄禁止条項に類する規定
適用対象	● 公式定義 ❶ 米国上場企業 ❷ 米国企業および米国人 ❸ 外国企業および外国人（贈賄行為の一部が米国内で行われた場合に限る）	●（外国企業でも）①英国で設立，②英国に拠点を持つ，③英国市民および英国居住者を雇用，または仲介者として使用している場合 ● 違反行為を行った企業の上級役員	● 何人（行為の一部が国内で行われる以上国籍問わず）
適用場所	米国内外（日本も含まれる）	英国内外（贈賄行為実行者が，英国籍もしくは英国居住者である場合も適用）	日本国内
罰金（法人の場合）	贈賄禁止条項で最高200万ドル，会計処理・内部統制条項で最高2500万ドルの罰金かつ（または）利得／損害の2倍までの罰金	上限はない。	3億円以下の罰金

FCPAに触れる可能性がありますから，グローバルな視点で本社主導のコンプライアンス策が必要と考えられます。

2) 海外の法令遵守への対応方針を

　賄賂については，例えばファシリテーション・ペイメント（政府関係業務を円滑に受けるための小額の金銭）には監査部としてはどう対処したらよいか聞かれることがあります。これはアジア圏の国によっては，お役所などの窓口で何かしてもらうのに，ちょっとしたお金を払わないとスムーズに処理してもらえないことがあります。その際の支払のことです。上記FCPAはこのような支払には免責規定がありますが，英国の贈収賄禁止法では規制の対象になります。これは性格上は賄賂に当たる可能性もあるため，少額であっても厳格に対応すべきだという考えもあるでしょう。しかし贈収賄に関するIIAのプラクティスガイド「贈収賄対策及び汚職対策制度の監査」などに書いてあるのは（以下参照），むしろコンプライアンス部門とよく相談して慎重に対応するようにという内容です。これは一見，消極的に見えますが，リスクマネジメントの視点からは合理的に思えます。

　というのはこうした賄賂などの不正にどれくらい厳しく対応するかというのは，その会社の経営層が本来決めるリスクアペタイトで決まってきます。その程度に応じて一般にコンプライアンス部門がその会社の賄賂対応の厳しさを決めるわけです。そして，そのルールに従って監査をするわけですから，監査が先走ることはできないのです。ですから，状況によってはコンプライアンス担当部署に贈収賄やカルテルなどの海外法令遵守へのグローバル対応の方針を明らかにするようにアドバイスするのがよいかもしれません。

【贈収賄防止法への内部監査の対応】
　贈収賄行為防止の取り組みが世界的に進み，米国FCPA違反で巨額の罰金が企業に科されている。（これまでドイツ総合電機メーカー16億ドル，日本は総合商社8,800万ドルなど）
　日本を含む経済協力開発機構（OECD）加盟国が，外国公務員贈賄防止条約を

批准し国内法を整備している。各国で法整備が進んでいる：
1. 米国における海外腐敗行為防止法（FCPA：Foreign Corrupt PracticesAct）
2. 英国における贈収賄禁止法（The Bribery Act）
3. 日本における不正競争防止法（法第18条）

なお，不正競争防止法の指針である「外国公務員贈賄防止指針」が平成27年7月30日付けで改訂され，企業における体制強化として以下の項目などが挙げられている（経産省 News Release「『外国公務員贈賄防止指針』を改訂しました」より抜粋）。

- 会社法，不正競争防止法および海外法令上，海外事業を行う企業は，外国公務員贈賄防止体制の構築および運用が必要であることを明記。
- 現地エージェントの利用，現地企業の取得，接待など高リスク行為については，適切な決裁ルートの構築や記録，監査といった社内検討体制の整備を要求（虚偽記録や正規でない承認手続は不正を推認させる要素である旨明記）。

IIAは2014年6月に「贈収賄対策及び汚職対策制度の監査」(IIA-IPPF-PG, "Auditing Anti-bribery and Anti-corruption Programs", June 2014)」を発行した。（以下は同PG要約より一部訳出）

- 贈収賄および汚職防止プログラムの構成要素（経営トップの姿勢，ガバナンス構造，リスク評価，方針および手続，伝達および研修，モニタリングおよび監査，報告および調査，他）が整備される中，正式なプログラムを持つ企業の内部監査人には，個々の要素および全体としての防止の有効性を評価する機会がある。

またそのようなプログラムを正式に持っていない企業の内部監査人には，第三者関係，贈答，接待，政治献金，調達等の高リスク分野のレッド・フラグの特定や調査によって企業がプログラムのベースを作る支援をする機会がある。

これらプログラムの監査には規制コンプライアンス，外部監査，調査官，取締役会等の他のガバナンス組織との様々なレベルの協働と情報共有が必要となり，CAEは事前に法務・顧問弁護士と協議して監査範囲の潜在的法務リスク等について十分な理解を得るべきである。

(6) 内部監査としての不正リスク管理体制の点検

まとめとして，IIAの指針にある内部監査の不正対応のチェックリストを次に紹介しておきます。特に6の内部監査規程の記載などは非常時に備えて

確認しておきたい項目です。これらは内部監査向けの検討事項ですが，多くは会社全体で不正対応に関与する管理職全員で共有したい内容です。

> **【内部監査として不正リスク管理プログラムにつき検討すべき事項】**
> 1. 社内に不正調査の責任を割り当てる不正のガバナンス機構があるか
> 2. 社内に不正対応の方針があるか
> 3. 事業を行う地域における不正に関連する法律や規制を会社として特定しているか
> 4. 社内の不正管理プログラムには内部監査との連携が含まれているか
> 5. 社内に通報制度があるか
> 6. 内部監査規程には不正に関する内部監査の役割と責任が記載されているか
> 7. 不正の発見，予防，対応および認識に関する責任が社内で割り当てられているか
> 8. 経営者および内部監査責任者は監査委員会に不正についてアップデートしているか
> 9. 経営者は社内で不正の認識およびトレーニングを促進しているか
> 10. 経営者は不正リスク評価を指揮し，その評価プロセスに内部監査を入れているか
> 11. 不正リスク評価の結果は監査計画のプロセスで考慮されているか
> 12. 不正の認識およびトレーニングプログラムはすべての従業員に定期的に提供されているか
> 13. 不正の予防，発見および調査に責任ある人たちには自動化ツールが利用できるか
> 14. 経営者は責任領域における潜在的不正のタイプを特定しているか
> 15. 経営者および内部監査責任者は専門的機関のどこから不正に関するガイダンスを入手するか知っているか
> 16. 経営者および内部監査人は不正に関する彼らの専門家としての責任を知っているか
> 17. 経営者は不正の予防，発見および調査に関する適切なコントロールを取り入れているか
> 18. 経営者には不正調査の実施に必要な適切なスキルセットがあるか
> 19. 経営者および内部監査活動は不正コントロールの有効性および効率性を定期的に評価しているか
> 20. 不正調査の調書および裏づけ資料は適切に保護され保管されているか

注意：上記は特定の組織の不正リスク評価に必要となるすべての質問を網羅したチェックリストのツールを作る際のまたは議論の出発点として利用できる。

(出所：IIA-IPPF-PG, "Internal Auditing and Fraud", December 2009,

'Appendix B Questions to consider' を訳出)

3. 不正調査の体制と実施活動

(1) 不正調査の体制の整備

1) 不正対応の方針・手順を文書にしておく

　すでに第9章で取り上げたように，不正調査のプロセスについては，誰が調査を実施するか，証拠・書類の取り扱い，ガバナンス，規制関係，法務等責任者への報告，従業員の調査への協力等につき方針・手順をあらかじめ不正対応の方針を文書で決めておくというのが本来あるべき姿です。

　こういうことが事前にルール化されていないと，いざというときに慌てることになり，調査を手際よく進められず，知らないところで法的な問題が起きたりします。経営者はこのような方針を設定して，誰が不正調査すべき状況を判断して，調査官はどのような権限と責任を持ってどんな調査をして，誰にどういう様式で報告するかなどを明らかにしておきます。例えば，調査チームは法務責任者とどのような関係で調査を進めるか，調査の秘密保持にどのように対処するか，あるいは外部の機関団体への通知はどうするか，なども事前に対応の仕方が決めてあればスムーズに行きます。

2) 誰が実施するか―内部監査の関わり方

　不正調査を誰が実施するかは，不正調査に関する会社の方針や個々の調査に必要となる能力などで決まりますが，一般に，内部監査人，法律専門家，調査担当官，セキュリティ担当などが参加することが多いでしょう。

　特に，不正調査に関する内部監査の関わりは，本来，企業としての不正の

方針文書並びに内部監査規程において決めておくべきことです。内部監査の関わり方には次のパターンがあります。

●内部監査の不正調査への関わり方のパターン
1. 不正調査の主たる責任部署として内部監査が関与する場合
   - 遅滞ないチーム編成が通常求められる⇒日ごろからリソース計画を検討
   - 内部監査部員，他部署から動員または外部委託，ないしこれらの組み合わせ
   - 外部委託の場合，CAEは外部リソースが必要なときに直ちに利用可能かを検討しておく
2. 不正調査へのリソースを内部監査が提供する場合
   - 内部監査以外の社内チームが調査にあたるときには，内部監査は情報収集や内部統制の改善についての支援が求められる
3. 不正調査への関与を控える場合
   - 不正調査の有効性を第三者的に評価する責任があるため，関与できない場合，または適任者がいないため関与を控える場合
---

(2) 不正調査の計画と実施

1) 調査活動

不正調査は，あらかじめ取締役会など経営層の承認を受けた不正調査の標準手続（記録，報告書式等も含む）や報告方式に従って，計画を策定し実施します。一般にその計画には次の調査活動を考慮に入れます。

---
1. 証拠の収集：面談，サーベイ，書面陳述，データ分析などによる
   - 面談は相手1名に面談者2名で行う。特に容疑者の場合
   - 経験のある調査官が会話を進め，もう1名が筆記役（立会人の意味も）
   - 面談記録を作成し，面談者に確認のサインをもらうことが望ましい
   - 適当な場合にはデータ分析の活用も検討する
2. 証拠の記録と保全：証拠に関する法的規制および証拠の業務における利用を検討
   - コンピュータ・フォレンジック用にフォレンジック・コピーを作成する場合
   - プライバシー保護規制に注意
   - 必要に応じて，外部専門家の利用を検討
---

3. 不正の範囲の決定，不正の実行に利用された技術
 4. 不正の原因の評価，実行者の特定

　上記1については，状況によって必要な証拠が判断されますが，事実関係の把握に必要な証拠あるいは結論を裏づける証拠には以下が含まれます。

2) 証拠の例
- 書簡，メモ，Eメール文書（文書と電子データの両方）
- コンピュータファイル，総勘定元帳などの財務情報，電子記録
- ITやシステムへのアクセス記録
- セキュリティ記録（防犯ビデオカメラ，IDカード受渡記録）
- 内線電話記録
- 社内外の顧客・取引業者情報（契約，請求書，支払情報）
- 公の記録（事業に関する監督官庁等への登記，不動産記録）
- ニュース記事，社内外のウェブサイト

　収集した証拠資料は日付順に記録するなどして保全に配慮し，資料受領記録などによって管理します。

3) 電子データの調査にはくれぐれも注意
■証拠の保全を考える
　上記2については，電子データが調査の対象になるときには，調査のIT技術的な側面だけでなく，証拠の保全も忘れないことです。例えば，請求書や領収書を偽造して不正を働いた実行者が使っていたPCを取り上げて，いきなりコンピュータの中のファイルを開いて偽造書類を捜索するということは原則やってはいけません。それでは調査官の作業がコンピュータ上，実行者の作業に上書きされてどこまでが実行者の行為かわからなくなります。これでは証拠として適切な保全ができません。そういう場合は，本来，押収したコンピュータのファイルをそのまま別のPCにコピーして，そのコピーのファイルを使って調査をすることにして，オリジナルのPCはそのまま触らずに

証拠として保全します。いずれ裁判で証拠として使われるかもしれません。

そのとき作るPCデータのコピーをフォレンジック・コピーなどと呼びますが，これは通常，社内ではそういうコピーはやっていないので，外部のIT関連の調査専門家に作成を依頼することも考えられます。コピーができれば，そこから先は外部の専門家に頼まなくても調査自体は社内でできます。

■個人情報を考える

この件でもう1つ大事なことは，会社支給のPCであってもEメール・データなどには個人情報がそこに含まれていると想定されるため，不正調査のためだからといって無断でアクセスしてよいかということです。この点は，状況次第では法律専門家のアドバイスを受けるのが安全です。

この場合，調査が海外まで及ぶとさらに複雑です。社内関係者のEメールの情報を入手して，ある問題となるテーマで相談していないかとか，テーマに関係する特別の言葉がメール文に含まれていないかなどを捜索することがあります。海外のサーバーにあるデータにもIT技術的には難なくアクセスして調査することができそうです。しかし国によって法制度が違いますから，国内の個人情報の保護の観点から弁護士さんに調査のためアクセスしても問題なしと言われても，海外の情報となると話は別で，特に欧州などプライバシー保護の規制の強いところではそのままOKになるとは限りません。

■社内のガバナンスを考える

そこで不正調査の最中に，知らないとはいえ法に触れることのないように注意が必要になってきます。しかしこれは調査官が注意すれば済むという問題ではないので，対応のプロセスを制度として決めておくのがよいでしょう。

そのためには，不正調査のためにPCやメール・データベースにある個人情報にアクセスする場合には，例えば，情報管理に責任を持つ情報セキュリティとか，調査活動に責任を持つコンプライアンスや内部監査とか，または法務部門とか，あるいはそのすべての部署など，社内で責任を持つべきしかるべき部署の事前承認を必要とするというルールを定めておくことです。あ

るいはIT技術を必要とする消去データの復元とか，フォレンジック・コピーの作成などは，仮に個人的に能力がある人がいるとしても，必要なときはどこの部署に依頼するかということも明らかにしておきたいところです。

　これは不正調査というよりもその前提となる社内の責任・権限に関するガバナンスの問題ですから，その不明確さから問題があるようであれば，内部監査の立場で指摘や改善指導の対象となる可能性もあります。

　また調査活動は調査チームだけで実施するというのではなく，調査の内容によって，経営層や法務（状況によって外部弁護士も入れる），内部監査，人事その他調査に関連する部署などと必要な連絡や協議をしながら進めます。例えば調査の進捗に応じて，関係者で集まって，それまでの作業報告とその後の調査手続につき合意を得ながら進めていくというような方法です。

(3) 調査の終了と後処理

1) 組織としての所定の手順を踏む

　不正調査はどの段階でも終了することが可能ですが，一般には問題とされた申立てや疑惑が根拠がないものと調査官が結論づけたり，一定の証拠が入手されて調査の目的が達成されたときに終了されます。その後の処理は社内手続（例えば懲罰委員会の開催等）に従うことになります。調査から判明した結果だけでなく，組織として所定の手順を踏んだことが大事です。

2) 調査報告とその後のアクション

　調査報告は，正式な文書の場合だけでなく，口頭の場合も含めて，一般に経営層に報告されます。その標準書式や報告先についてのルールは方針として，あらかじめ決めておきます。また，法務部門やコンプライアンス部門が報告書のドラフトを事前にレビューするということも考えられます。

　不正スキームや容疑者への調査および証拠のレビューが終了したら，企業として採るべきアクションを決定します。これは経営者・取締役会の責任で行われると考えられますが，一般に以下の事柄を含みます。

【不正案件の後処理】
- 企業の方針，労働法または雇用契約に従った従業員の懲罰
- 従業員，顧客，業者から自発的な経済的返還の要請
- 業者との契約解消
- 案件の警察，監督官庁その他の規制団体への報告
- 経済的回復のための民事訴訟等の法的手続の執行
- 保険金の請求
- 内部統制強化の勧告※
- 不正案件の対外的および社内での通知

(出所：IPPF-PG, "Internal Auditing and Fraud", December 2009, p.26 よりを訳出)

※不正調査に加えて，必要な範囲でレビューして勧告をする作業です。一般には内部監査部門が適任と考えられます。これについては（5）で取り上げます。

（4）内部通報への対応

1）内部通報への対応方針として決めておくこと

不正は内部通報で発覚したケースが最も多いことは本章でも触れました。この通報への対応方針として重要なポイントは，次のことです。

①誰もが報復の恐れなく通報することができ，適切に調査されることを方針に明記して社内の全員に周知させること。

⇒従業員が会社を信頼して安心して通報できる環境を整えることはこの制度に実効性与える不可欠な要素です。制度はあるが通報の実績がほとんどない会社はその原因を調べたほうがよいかもしれません。

なお通報制度は社内の人員だけでなく，顧客・取引業者など社外関係者に適用されることもあります。ちなみに 2018 年 ACFE レポートによると少なくとも 32％の通報は社外からでした。

②通報者の名前は機密で公表しないこと。また，匿名の通報も認められること。その場合，通報者を調査しない。

⇒匿名を認める以上は，通報者が誰かを調べたり，名前などの通知を通報者に促してプレッシャーをかけるのもいけません。

図表 10-10 ◆ 通報があった際の対応部署の例

対応部署	問題のタイプ
上司の管理者，または人事，あるいは内部監査部門	人事関連問題，デリケートな問題
セキュリティ部門	盗難
コンプライアンス部門	贈収賄，腐敗
内部監査部門	会計，内部統制関連，利益相反
外部専門家	特に複雑なケース，十分な人材やスキルが利用できない場合

③通報があった際に，採るべき手順（調査や通報者へのフィードバック等），対応部署とそれを誰が決定するかをあらかじめ決めておく。

⇒通報者へのフィードバックを適切にしないと，対応に不満を感じて外部の機関等への内部告発に発展する危険もあります。

④通報に備えて，通報の問題領域に応じて優先的に対応すべき担当部門についてガイドラインを決めておくことが望ましい（**図表10-10**）。

⇒通報の受付部署（コンプライアンスや内部監査など）で調査活動を担当するのは人員数や案件ごとに異なる専門性のため難しさがある。

⑤所定のルールに従って企業として調査の必要性を慎重に検討した上で，必要な調査・報告を行う。

⇒一般に，法令等に違反の可能性があるか，企業倫理・行動規範に抵触しないか等を検討。

⇒通報に名を借りた隠された目的が通報者にないか注意。通報者への適切なフィードバックに留意。

2）通報制度の重要な要素と内部監査の役割

また有効な通報制度の重要な要素として，IIAの文献では次のような点が挙げられています。とりわけ最初の総合的なリスク評価についての最初のステップは，法務やコンプライアンスの担当に企業として最もトラブルに巻き込まれやすいのは，どの分野かを発見するために調べさせることだとしてい

ます。例えば，売上や収益の改ざん，金融取引，海外の贈収賄，技術，通貨問題，インサイダー取引，セクシャルハラスメント，雇用問題などです。たいていはそれらの組み合わせになるでしょうが，通報制度は，そのすべての報告の方法を含んだものでなければならないとしています。

【内部通報制度の重要な要素】
- 総合的なリスク評価：企業は自分たちのどこに弱みがあるかを知って，コンプライアンスおよび倫理環境全体に特別な注意を払う必要がある。
- 匿名の電話ホットライン：従業員が懸念を報告できる他の手段と併せて，いつでもどの拠点からでもアクセスできなければならない。
- 制度についての強力な研修および社内の推進：これによって明確な倫理規程を伝え，違反を報告するのにどこに行けばよいか従業員に知らしめなければならない。
- 通報者とのオープンなコミュニケーション：あらゆる通報の申立てに対応して通報者に逐次報告することが，通報者が外部報告ルートを求めることを防ぐことにもなる。

(出所：Audit Executive Center "Corporate Whistleblower Programs：What CAEs Must Know," IIA, April 2013, p.9 より訳出)

3) 通報の検証ポイント

社内通報への対応として行う調査は，一般に通報によって示された申立てが証拠に裏づけられるものか，あるいは逆に反証されるかの証拠を入手するために行います。しかし多くの場合，申立てられた不正等が本当にあったか，それによる事故や損害が存在するかが不確かな中で調査することによる難しさがあります。通報者の個人的な思いを遂げるためとか嫌がらせのための通報など個人的な思惑で通報していることもあるので要注意です。その場合，主張された不正等が行動規範などの社内ルールのどれに違反しているか，あるいはどんな法律違反があるか，それによって会社が不利益を受けるかどうかを客観的に判断することになります。一般に，通報による申し立ての内容を検証する際に確認すべき質問項目として以下の例が挙げられます。

> 【通報内容を検証する質問項目】
> 1. 申立ては詳細で具体的なものか，または会社で不正が起こっているといった大まかな話か
> 2. 申立ては合理的なものかまたは事実無根のとっぴな話か
> 3. 申立ての中に誰かが名指しされているか
> 4. 匿名通報で誰かの名前が挙がったとすると，その人が不正を働いた可能性はあるか
> 5. 名前の挙がった人には，申立てのあった不正を働くことのできる立場や機会があるか
> 6. 申立てを立証するような証拠が提供されたか，あるいは証拠を見つけるための情報が提供されたか
> 7. 通報者は隠された思惑を持っているように見えるか
> 8. 申立ての予備的な裏づけ作業ができるか
> 9. 通報者は再びホットラインに連絡して追加の情報を提供するか
>
> （出所：Martin T. Biegelman and Joel T. Bartow, *Executive Roadmap to Fraud Prevention and Internal Control*, 2006, John Wiley & Sons, p.275 より訳出）

(5) 不正調査後の内部統制のレビュー

1) 不正調査の責任部署は企業によって異なる

　上記の不正の後処理の中にもあったように，不正調査をした後にさらに内部統制の観点から，仕組みや手続を改善すべきかどうか調査したり，それを受けて改善を勧告することがあります。これは内部統制が主題ですから，一般に内部監査部門の業務と考えられます。また，内部監査人が自ら不正調査を実施した場合には，すでに内部統制の観点からの問題を洗い出している場合もあり，そのときは必要な改善提案をすればよいわけです。

　しかし，不正調査とこの場合の内部統制のレビューは話がつながっているとはいえ，目的が異なるため，改めて調査をする必要がある場合も多いと考えられます。内部監査人であれば，不正調査よりもむしろこのような不正処理後の内部統制のレビューに関わった経験のある人は多いかもしれません。

図表 10-11 ◆ 不正調査後の内部監査の留意点

1. 企業によって、不正調査に関する責任部署は異なる。
2. 不正調査への内部監査部門の関与の仕方とその程度は企業により異なる。
3. しかし事後の内部統制レビューは内部監査が行うのがよい。

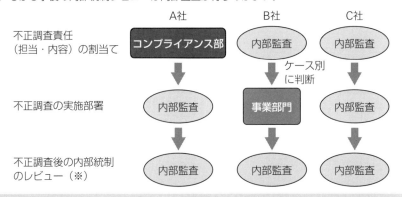

※内部監査の事後対応
不正発生に対応して、再発防止策の策定や統制強化方針の関係部署への周知や同種のリスクを抱える関連グループへの横展開が必要。そのために内部監査が調査結果（内部監査が調査に関与しない場合も含む）を踏まえて内部統制をレビューし、勧告書を作成するか、所管部署による対応策の妥当性を確認することが適当と考えられる。

　一般に、不正調査の実施を決定し、適当な部署に調査を依頼する部署とそれを受けて調査を実施する部署とは企業により異なります。**図表10-11**のA社、B社はそのような状況を表していますが、不正調査後の内部統制のレビューはすべて内部監査が責任を持つという状況を示しています。

2) 不正後の再発防止策のレビュー

　また、例えば、**図表10-12**は不正が京都支店で発生し、不正調査が同支店で行われた後に社長からの指示もあって再発防止策を策定し、そういう中で再発防止策の妥当性も含めて内部統制をレビューするという例です。このときありがちな実務は、東京本社の統括本部長は再発防止策の草案を管轄の関西支部に指示し、関西支部は現地の京都支店に指示して、事実上、ほとんど京都支店だけで防止策を作ってしまうというパターンです。京都支店は不正の発生現場ですからそれでカバーできるのは京都支店としてやるべき改善で

図表 10-12 ◆ 不正調査後の内部統制のレビューの留意点

1. 不正発生後に内部監査部門による内部統制のレビューが行われることがある。
2. この場合、不正調査とは異なり、不正リスクを念頭に置いた内部統制のレビューおよび、その結果としての改善勧告となるため、不正調査と混同せずに、これと一線を画した対応をする。

留意点（不正調査と事後の内部統制レビューは目的が違う）

- 事実確認のための不正調査は事故が発生した拠点を中心に作業しても、その後の再発防止のための内部統制のレビューは目的の違いから事業所を統括する支店や本社のモニタリング機能も重要となる。
  ⇒ 事業所で不正が発生しても、事後の内部統制レビューや内部監査は同じ事業所に行くとは限らない。

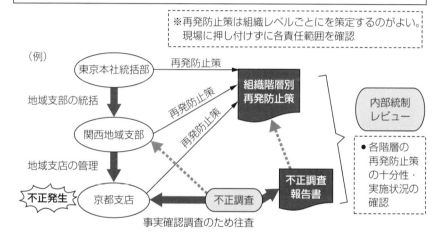

す。しかし関西地域の各支店に共通の統制上の問題や地域支部として管轄下の支店への支援や指導・モニタリングの強化は、関西支部の視点で考える必要があります。さらに東京本社ではその統括機能や全国の地域支部のモニタリングという点で反省すべきことがあるかもしれません。つまり大企業ほどこのように組織と機能が階層化していますから、それぞれの立場に応じて反省して改善すべき点も異なるため、この場合にはこの3つの組織レベルのそれぞれの責任者に責任に応じた防止策を作ってもらうことが重要です。

3）不正調査とは違う内部統制のレビュー

　不正調査は事件が起こった京都支店に足を運んで誰がどうしたという事実関係を中心に調べて報告することに重点がありました。一方，その後の内部統制のレビューでは，京都への往査はおそらく不要ですが，企業全体の視点から内部統制を捉えて防止策や統制の改善を考える必要があります。それは不正調査とはかなり違った作業になると思います。例えば，京都支店で不正が起こったのは，この統制が足らないからだと不正調査官がいっても，その統制は支店のような少人数の組織では対応しきれないため，それを管理する関西支部のモニタリング機能によって補うという仕組みになっていることはよくあることです。ですから，不正の話から企業としての統制の改善につなげるときは，全社としての統制のデザイン（この場合は支店，支部および本社の3階層）を踏まえた議論が必要になってきます。

　また一般に不正調査報告書は配布先も限られており，具体的に個人の行動を書きますが，内部統制のレビューは不正に関与した当事者の名前は書かないのは当然ですが，場合によっては不正の事実さえも報告書には書かずに，客観的に不正リスク対応の統制や仕組みの問題として指摘し，なるべく多くの関係者に読んでもらえるものとして作成します。

4）不正後の内部統制のレビューの事例検討

　それでは内部統制のレビューについて事例を見てみましょう。以下の事例は外部委託として不正処理後の内部統制をレビューした事例です。

事例⓰

銀行預金横領の事例

1. 政府外郭団体の経理担当者が退職したら長期にわたる銀行預金の横領が判明。銀行預金の残高証明を偽造していたが，同銀行出身の幹事も毎月のチェックで偽造を発見できなかった。
2. 同組織は，内部統制の不備の状況を関係者の責任関係を含めて確認し，再発防

止の参考にするため会計に関する内部統制全般の整備状況のレビューを外部委託した。
3. レビュー範囲

　　ガバナンス（役職者の役割，幹事監査，経理機能の独立等），経理規程の整備，職務分離，経理担当者の配置換え（ローテーション），月次決算・予算管理，会計記録の立証性の確保，証拠書および帳簿関連の関連性，会計記録の整理保存，印章の保管および押印の管理

4. レビューにより判明した主な問題の所在と対応

①定期的な経理担当者の「ローテーション」は不正防止の効果があるが，なされていない。

②経理担当職員は1名で，「職務分離」ができていない。しかし組織の規模から増員は難しい。

③経理職員に「定期的な休暇制度」はあるが，それが不正防止の観点から整備・運用されていない。

④押印は金庫管理伺いと公印規程を設け，金庫のカギは部長と経理担当で管理していたが，事実上，経理担当が自由に押印でき，押印簿も作成されていない。部長一人のカギの管理を提案。

⑤役職者の役割・責任

　　前例のない精巧な偽造で，発見したり，事前に予見して内部統制を整備することは難しい状況であった。改善措置の後，内部監査ないし外部監査による内部統制の確認が望ましい。

■レビュー結果の利用目的の確認

　これを引き受ける際に何度も確認したのはレビュー結果の利用目的でした。内部統制の改善の目的だけか，それ以上にそれを関係者の処分の判断材料に使うかということでしたが，やはり後者の目的も含むということなので，その分慎重に進めました。特に不正後のレビューでは目的の確認が重要です。

■定期的な休暇制度とローテーション

　事例文の4の①②および③の3つは業務レベルの内部統制の不備が不正につながりやすく，不正後は真っ先に改善を検討すべき典型的な統制です。

①ローテーション（＝定期的な職場の配置転換）

②職務分離（＝統制上，兼務すべきでない業務の担当を分離）

③定期的な休暇制度（＝有給休暇の義務づけ）

このうち日本では不正防止の観点からあまり考えられていないのが③です。経理部員が休暇中に同僚などに負担がかからないように前倒しで仕事をこなし，休み中は机にもカギをかけて誰も触れないようにして休みを取るというやり方はよくないのです。休み中に何か必要なことがあるといけないので，上司は，その職員の担当する帳簿等をいつでもチェックできる状態にしたり，別の担当者が代わりに作業できるように机のカギを預けたり，経理システムにアクセスするユーザーIDを臨時に与えて中を見られるようにすることが，不正防止には必要なのです。これは組織内の定期的な人事異動やローテーションが不正防止の効果があるのと原理は同じです。

この組織でも休暇制度やローテーションの不正対応策としての意味を理解して管理していれば，不正は防止されるか早期に発見されたかもしれません。

■**偽造書類への対応**

例えば書類の偽造が原因で損害が生じたような場合には，その管理者や経営者の管理責任が問題となります。本件のように偽造が巧妙であれば最初は仕方ないと考えられても同じことが再発すれば予測可能だっただろうということで，責任を問われることがあります。米国の場合，内部統制をきちんとやっていれば，罪に問われた経営者の禁固刑や罰金等を軽減する連邦量刑ガイドラインという制度があります。日本には同様の法律はないのですが，裁判所における判例法理として経営判断の原則が働き，内部統制についても以下に示した第一と第二の原則によって判断されると考えられます。

【**経営判断の原則（事故発生後の取締役の法的責任）**】

※従来の判例では，個別具体的に取締役の監視・監督義務が問われてきた。大会社については，取締役の部下の作為・不作為に対する責任を監視・監督義務という面から説明するのが難しいため，善管注意義務の1つとして内部統制構築義務を課した。

※経営判断の原則とは，
①経営判断の前提となる事実認識の過程（情報収集とその分析・検討）における不注意な誤りに起因する不合理さの有無，②事実認識に基づく意思決定の推論過程および内容の著しい不合理さの存否の2点を審査し，2点とも認められなければ，その経営判断に起因して会社に損失が生じたとしても，その経営判断を下した取締役は善管注意義務または忠実義務違反に問われないという判例法理。
⇒内部統制の構築・運用によって取締役の責任が軽減される可能性
《第一原則》　経営判断のプロセスが不合理でなければ免責
《第二原則》　経営判断の内容が著しく不合理でなければ免責
※事故が起こった場合，事前の予測可能性（例えば書類の偽造）が問われる。
⇒最初は予測不可能でも2回目は予測可能，また他社の例からも予測可能
⇒事故発生後，企業は類似案件の調査，同種事故への対策が必要

そう考えると他社で起こった偽造事件で経営者の管理責任が問われなかったとしても，それが世の中に周知されれば同様の事故に対する防止対策はしておくのが当然（経営判断のプロセスが不合理でない）ということになりそうです。

4. 企業の不正リスク対策のまとめ

企業として主な不正防止方針と一般に考えられるのは以下の通りです。

（1）不正防止方針

①人事（採用および昇進等）
- 採用前のスクリーニング⇒上級管理職や財務管理者候補などに対するバックグラウンド・チェック（米国など現地慣行から適当な場合）
- 定期の人事考課⇒組織の価値に忠実な人の昇進
- 有給休暇の強制消化（経理関係など）
- その他（従業員意識調査，退職時の面談，行動規範研修など）

②職務分離
- 両立しない業務の除去（承認，記録，統制活動の分離等）
- 職務のローテーション

③セキュリティ
- 両立しない業務を容認することになる使用者のアクセスの廃止
- 物理的アクセスの制限
- 資料・データへのアクセス，場所・スペースへの立入，保管の方針

④経理・支払規程

この中で①のバックグラウンド・チェックというのは，日本の慣行では一般的ではありませんが，ACFEのレポートや第9章で挙げた米国の不正対応ガイドなどでは推奨される実務として扱われています。米国やアジアでもシンガポールなどでは一般的なので，内部監査の改善提案にも上がってきます。人を採用する際の身元調査のようなもので犯罪歴の有無などがポイントになります。合法的に人の犯罪歴情報を買うことができないのは米国も日本と同じようですが，人種のるつぼといわれた米国では，バッド・アップル（悪い人間）を採らないという意識が強くて，こうしたチェックが一般化しているものと理解しています。コントロールのベストプラクティスも文化や環境によって異なるという例でしょう。

(2) 企業の不正リスク対策の検討課題

第5部の議論を振り返って，一般に，不正リスク対策のために企業が検討すべきと考えられる課題を以下に挙げてみました。参考にしてください。

●**企業の不正リスク対策の検討課題**
1）コーポレート・ガバナンス──役職別の機能の確立と協調：
- 不正管理プログラムの方向性を決めるべき取締役会がなすべきこと，それを実行する経営者，その執行を監視する監査役および監査委員会等の機関や役職者が担う役割の確認，特に不正リスク管理をとりまとめる管理責任者の任命。
- 特に不正リスク対応に関する経営層からの方針の明確化（コミットメント）
- 方針文書の検討，関連規程の整備，関係部署の役割の明確化，緊急時対応

- 執行部門においても，コンプライアンス，企業倫理あるいは労務や各事業部の担当部署が不正について果たすべき職務および内部監査の関わり方と守備範囲の確認と相互連携の確立

2) 定期的不正リスク評価：
　　責任者，所管部署，チーム編成や評価プロセス・評価結果の扱い

3) 通報制度対応：
　　所管部署，調査のアレンジ方法，内部監査の関与程度。人事・コンプライアンス・法務との調整・連携

4) コンプライアンス対応：
　　コンプライアンスリスク対応活動のためPDCAの整備と各部署（法務，コンプライアンス，内部監査等）の役割の明確化。腐敗ないし汚職，米国海外腐敗行為防止法（FCPA）や英国贈収賄禁止法等の贈収賄等への対応を含む。

5) 不正対応技術：
- 企業として，不正に対する予防，抑止および発見の手法にどのように取り組み，リスクマネジメントおよびコンプライアンスとの関係で不正リスクをどのように扱い，そこに内部監査はどうか関わるか。
- グループ企業の内部監査の計画に際してどのように不正リスクを評価し，不正監査をデザインするか，さらにデータ分析等のテクノロジーの利用をどこまで手がけるかという課題

6) 不正対応チームの人材面の検討：
　　不正調査・通報対応，内部監査，不正リスク評価等の不正リスク対応活動を担う活動チームおよび人材の手当て。内部監査が不正調査や通報対応をどこまで手がけるか等の調整。専門性の育成，専門家の確保。とりわけ不正リスク管理責任者による内部・外部の専門家の適材適所を考えた協調的アプローチによる不正対応コストの低減。

第6部

内部監査の高度化と経営監査

第11章 経営インフラに着目する経営監査の指摘・提案
- 業務監査とは違う経営監査の指摘・提案の捉え方
- 経営監査の指摘・改善提案のケーススタディ

第12章 ガバナンスとリスクマネジメントの監査
- コンプライアンスからビジネス志向に向かう内部監査
- リスクマネジメントの内部監査
- ガバナンスへの監査対応

第13章 ビジネスモデル型経営監査
- 経営監査の捉え方
- 経営監査の進め方
- 経営監査のケーススタディ
- まとめ──経営監査の成功のポイント

◎業務監査からの守備範囲の拡大に向けて

　経営に貢献する内部監査という観点が最近重視されています。この方向で内部監査を高度化させるには次の2つの分野での取り組みが重要となります。

　1つは，内部監査のマネジメントです。様々な監査活動を経営に役立つ仕組みとして一体的に運営するマネジメント能力がここでは求められます。これは主に第6章で取り上げたところです。

　経営に資する内部監査の，もう1つの取り組みは，既存の業務監査に安住せずに，経営のニーズに対応してその守備範囲を広げ，付加価値を高めることです。その方向は，第3部で取り上げたようなアシュアランスに対するコンサルティング分野での取り組みといった面もありますが，重要なのは，経営監査的な領域での経営をサポートするという貢献の仕方です。

　まず第11章では，経営監査を理論的にも実務的にも業務監査と区別する考え方として経営インフラに着目する経営監査のアプローチを解説します。これは実務上の必要から経験を踏まえて整理した考えですが，指摘や提案の具体的な事例と併せて紹介いたします。

　このうちガバナンスとリスクマネジメント対応の監査手法を第12章で取り上げます。従来の準拠性監査を高度化させるカギはガバナンスとリスクマネジメントにベクトルを合わせた内部監査の方法です。これはIIAの内部監査の定義が示すように，内部監査の対象をコントロールにとどめることなく，ガバナンスやリスクマネジメントを広くカバーすることにより経営に付加価値をもたらす監査を具体化するものです。

　この分野は最近の不祥事との関係でも注目される企業の経営環境や企業風土などもカバーする重要な監査領域です。また，事業部や子会社の経営監査においても付加価値を上げる重要な切り口となります。

　例えば，本社機能の内部監査は事業部や子会社の監査とは違ったやりにくさがあり，それだけしっかりした監査アプローチが求められるところですが，その1つの答えがガバナンスの監査やリスクマネジメントの監査です。

　それと合わせて第13章ではビジネスモデル型の経営監査を紹介します。最もポピュラーな経営監査といえば，この事業部がなぜいつまでも赤字から脱却できないのかとか，この子会社はどのようなビジネス構造で事業に失敗したのかといったように組織をビジネスモデルの観点から分析して解決の方策を探るというような監査です。これをビジネスモデル型経営監査と位置づけてその考え方やアプローチを解説し，具体的な方法を検討します。

第11章 経営インフラに着目する経営監査の指摘・提案

> 1. 業務監査とは違う経営監査の指摘・提案の捉え方
> 　経営領域に関するいわゆる経営監査は経営にインパクトが大きく貢献度の高い重要分野です。しかし，この領域での指摘や改善提案には業務監査とは違ったアプローチが必要です。ここではコントロールにとどまらず，経営インフラに着目した切り口が重要となります。その考え方・整理の仕方を取り上げます。
> 2. 経営監査の指摘・改善提案のケーススタディ
> 　考え方を整理した上で，具体的なケーススタディを通して経営監査の指摘や提案を実践的な感覚で，解説いたします。経営監査領域の問題の着眼点や指摘や提案のアプローチの面でコントロール中心の業務監査とは違った展開を見ていきましょう。

1. 業務監査とは違う経営監査の指摘・提案の捉え方

(1) 企業活動レベルから見た3つの内部監査アプローチ

　ここでは内部監査を企業活動のレベルに応じて次の3段階に分類します。
　①法令等の準拠性や残高の異常性などを対象とする**準拠性監査**
　②その背後にある業務プロセスの改善に着目する**業務プロセス監査**
　③さらに上流において，経営領域のプロセスをテーマとする**経営監査**
　これら3つは監査の目的や重点，つまりミッションが少しずつ異なり，し

たがって改善提案の重みも異なってきます。事業部や子会社の監査をするとき，どの視点から監査するかを明確にすることが，メリハリのきいた説得力のある監査結果を導くことになります。

1) 準拠性監査

図表11-1に例示したように所定の手続が法規や内規に準拠して実施されているかという監査が典型的な例ですが，在庫水準が正常値内にあるかを確認して，各倉庫の在庫量に異常値や滞留がないかを評価するといった監査も含まれます。これは残高および所定の手続の実施の有無といった現象面を捉えて異常点を把握し，不正の徴候の発見などにも役立ちます。

ただし，在庫水準や滞留在庫の例をとっても，その異常点を発見しただけでは問題の解決にはなりません。そこでその背後にある業務プロセス，例えば倉庫の在庫管理の業務プロセスを調べることによって，より前向きにこの問題の解決に対応できるわけです。これは次の業務プロセス監査の主題です。

図表 11-1 ◆ 経営活動レベルから見た内部監査の焦点

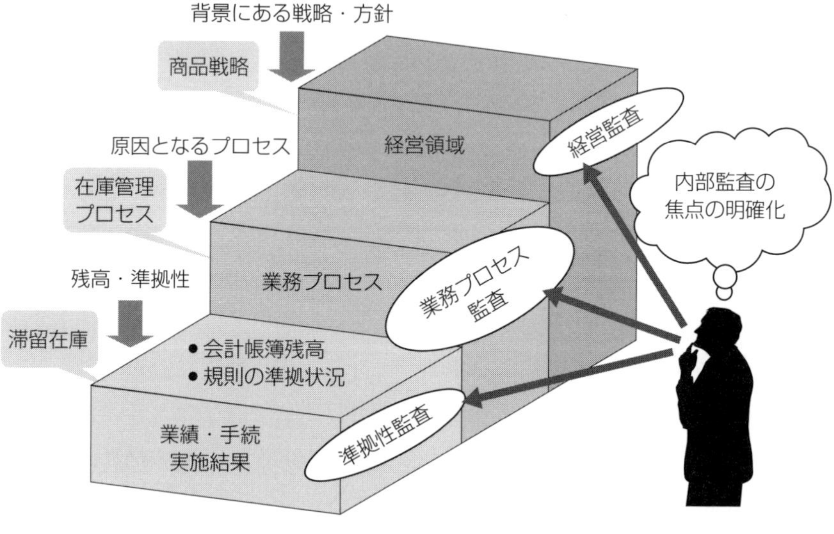

2）業務プロセス監査

　業務プロセスの中に問題の根本原因を求めて改善策を提示することに監査のミッションを置くのは業務プロセス監査です。ここでは業務プロセスに着目して，アシュアランスだけでなく，コンサルティング的付加価値をも追及する監査活動と考えられます。

　世の中の主流はこれら1）と2）を含めた広い意味の業務監査，あるいはオペレーショナル・オーディットと言われる領域ではないかと考えます。

　ところが，滞留在庫の問題をとっても在庫回りの業務プロセスにだけ起因するとは限らず，例えば経営企画部による商品戦略に問題があるため，マーケットではもう売れない商品を大量に購入したというのが，その本当の原因かもしれません。この場合，業務というよりは戦略面を対象にした経営監査が有効と考えられます。これは次の経営プロセス監査のテーマです。

3）経営監査

　経営監査というのは，経営領域を対象とした監査ですが，内部監査として，どこまで客観性を維持できるか，または被監査部署の経営判断にどこまで介入すべきか，介入すべきでないかという問題があります。

　ここでは，経営監査をプロセス監査として客観的に捉え，リスクを明確に抑えることにより，監査が経営判断に関与することなく，客観性を持った評価として構成することにします。

　経営監査に力を入れる企業が多いというのも業務監査に比べて経営に対するインパクトも大きく，貢献度も高いということの表れだと思います。それでは，そのような企業の内部監査の指摘・提案の事例を次に見てみましょう。

事例 ⑰

経営監査部の改善提案

　大手事業会社X社の経営監査部では，内部監査報告書において改善提案を業務監査にかかる項目と経営監査にかかる項目とに分けて報告しています。

以下は関西地区にある地域子会社の経営監査における改善提案の一例です。

【発見事項】
　関西子会社では，地域内の自動車メーカー向けの自動車関連素材の売上が堅調な伸びを示し，他の工業品が横ばいの中，自動車関連だけは増産の見込みであり，事業部長はこの分野への設備投資・商品開発を今年度の戦略的重点分野としている。

【改善提案】
　当面の事業展開としては，自動車関連分野への注力は地域の需要を反映したものと考えられ，設備投資と商品開発のそれぞれのプロジェクトのマイルストーンが引き続き達成できるように尽力されたい。

【着眼点】
1. 経営監査のミッションはどう考えるか。業務監査との切り分けは？
2. 経営監査における指摘・提案事項は何を対象に考えるか。

　事例⑰の改善提案を読んでみてどう感じるでしょうか。実際に目にすることのある書き方ですが，内部監査の提案としては何かが抜けていますね。

　確かに，これは経営戦略を課題とした指摘・提案の様式にはなっています。しかし一番の問題は指摘する理由（リスク）がどこにあるか不明であり，提案の中身がないことです。経営監査領域で時々見かけるスタイルです。

　内部監査部としてどのような場合に，経営監査において指摘事項とすべきかという方針の検討が不十分な状況，あるいは内部監査人にその判断能力や経験が不足している状況がうかがわれる内容です。

　まともに経営監査ができなくても，一応，報告書に挙げることはできます。

　例えば，事業責任者へのヒアリングで聞いた今後の目標領域などについて，「その方向に注力するよう」にという提案になっていない提案です。

　内部監査の指摘は数が多いほどよいわけではなく，むしろ指摘・提案を通して，どれだけ経営に貢献するかという監査の実効性が問題です。

　それでは，この状況を改善する2つの方向性を考えてみましょう。

■**マインドセット（心構え）の問題**
　指摘のための指摘で経営の邪魔をしない。監査は個人や監査部のためでな

く，組織全体のために行うというミッションの確認が重要です。

監査人は，指摘すべきことを指摘すべきで，指摘するまでもないこと指摘するのは監査の評判を落としその価値を損ないます。

毒にも薬にもならないのではなく，監査部にとって毒になるという認識が必要です。「内部監査シンドローム」（「談話室10」参照）のスパイラルに陥らないように注意が必要です。

談話室10　内部監査シンドロームの徴候がありませんか

大企業の内部監査部門と付き合っていると，ときとして内部監査に特有の問題を感じることがあります。それは1つには内部監査の指摘事項や改善提案に多少おかしなところや誤解があっても，よほどのことがない限り，被監査部門の誰も内部監査に正面切って文句を言わないということです。多分それは内部監査が怖いから，というよりその後ろに控える経営トップとの間でことを構えたくないからでしょう。その結果，内部監査の報告や活動のどこに問題があるかを客観的に教えたり，助言してくれる人が誰もいないという状況にもなります。そうなると，これは組織内の内部監査に見られる内部監査シンドロームの徴候ではないかと危惧するわけです。

内部監査人は前任者のやり方を踏襲して，周りから批判もなければこれでいいと思ってしまうし，何年もすれば時の経過だけで自信をつけていきます。

被監査部門の方は内部監査の扱いにも慣れてきて，表向きは内部監査の提案を尊重しながらも，所詮は内情を知らない監査人の考えることという認識で，自分たちのやり方は温存しながら形式的な対応で済まそうとします。

こうして，反省や改善を知らない内部監査とタテマエだけで監査を終わらせたい被監査部門とが連携するかのようにして，内部監査の形骸化の道に進むというパターンです。これは組織が意図した内部監査の在り方であるはずがなく，むしろ内部監査の存在意義をなくしてしまう負のスパイラルです。

そこで時には，被監査部門と侃々諤々の本音ベースの議論をして，監査の存在をアピールしたり，監査後には被監査部門からの監査に対する満足度調査をやって，こちらから客観的評価を求めて改善材料にすることも大事です。

■ **技術的に何をベースに指摘するかという指針が組織として必要**

　業務監査における内部統制の不備のように，指摘の根拠を客観的に説明しやすい領域と異なり，経営監査では指摘の根拠を定めにくいため，個人任せでいい加減になりやすいようです。

　例えば，以下のような方針の検討や明確化が望まれます。

- 経営判断は指摘の対象から除外するが，方針・戦略の展開のために作られる仕組みや体制等の不備は指摘するなどの方針。
- また，経営戦略をカバーするリスクモデルをあらかじめ準備してこれに照らして，指摘すべきリスクに該当すれば挙げるなどの方針。

(2) 経営に支持される経営監査の位置づけ

1) 経営を真ん中で支える経営監査

　1990年代後半以降，日本では内部監査部門の組織名を内部監査部から経営監査部などと変更して，経営監査に力を入れようとする企業が増えてきました。ですが，そういう企業に内部監査のミッションやアプローチがどのように変わったか尋ねても明確な答えを聞いたことはほとんどありません。むしろ意欲はあってもどうやって実務を進めてよいか試行錯誤の途中というのが大半のように感じていました。特に業務監査とは違う付加価値を経営監査によってどのようにして出していくかという課題が大きいと考えられます。

　一般に経営監査は経営に貢献するとか，経営を支える内部監査と言われますが，それではその醍醐味とは何でしょうか。それは要するに経営に近いところで直接に経営に役立つような監査活動をすることです。

　図表11-2はそのイメージを描いたものですが，経営者が運転する車が道路の端で路肩に乗り上げてルール違反をしていないかをチェックする，これが従来からの準拠性監査のイメージです。業務プロセス監査になるともっと道の内側に入ってきますが，管理的な業務が中心で，どうしても経営の本道から見ると道の端の方で活動します。これに対して経営監査は，ガバナンスとか経営管理やリスクマネジメントといった経営活動の道の真ん中で経営を支えるのが使命ですから，経営にインパクトが大きいのは当然と言えます。

図表 11-2 ◆ 経営の本道で経営者を支える経営監査のイメージ

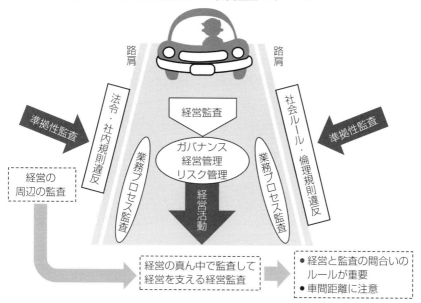

ただし道路の真ん中ですから経営者が走らせる車にひかれないように注意が必要です。これは車との車間距離、つまり経営との間合いをとるために監査の領域とかルールをきちんと決めておく必要があるということです。

事例⑰の例に見るように、経営監査に何らかのアプローチの整理がないと、かえって経営領域に手を出すことの弊害さえ考えられます。そこで、ここでは私の見解ですが、業務監査と経営監査を分ける考え方を紹介します。

内部監査では、業務上の問題の原因を探っていくと、それが経営層の対応の不備に起因する問題だとわかって、どう対応したらよいかと頭を悩ませてしまう、そんな経験をした内部監査人も多いかと思います。経営レベルの不手際がそもそもの問題を起こしたルートコース（根本原因）であっても、業務レベルの監査をするのがそこでの主題であれば、今まさに、火を噴いている現場の問題に議論は集中します。そうなると、現場の方に矛先が向かって現場管理者向けの改善事項ばかりが詳細にリストアップされて、その上の経営管理層はというと、「事業部長にも監督責任がある」といった程度の簡単な

コメントだけで幕引きとなるという展開も見られます。いつも反省を求められ汗を流すのは現場の方で，経営管理層はいつの間にかその陰に隠れて実質おとがめなしという情景は，何度も見てきたように感じます。

　ここで難しいのは，お互いにつながった業務と経営の問題を一緒にしないで，どのように切り分けてそれぞれ別の次元の問題として扱うかです。これは責任を現場に押し付けがちな管理者に対して，どのようにその責任を明確にして改善を求めるかという問いにつながります。

　これに対する1つの答えが，**図表11-3**にあるように，業務監査と経営監査を扱うテーマが戦略かコントロールかによって分けることです。業務監査の指摘・改善提案のターゲットは，コントロールがきいていない状態，コントロール不全だと説明しました。同様に経営レベルの問題は，コントロールでなく，戦略がきいていないと考えればよいわけです。リスクで言えば戦略リスクと業務管理上のリスクとして区別されます。ただし，図表にあるように経営領域にある経営戦略そのものは監査の対象とはならず，それを実施に移すために作成されるビジネスモデルおよび戦略を展開するための施策や方

図表11-3 ◆ 戦略とコントロールのブレークダウン

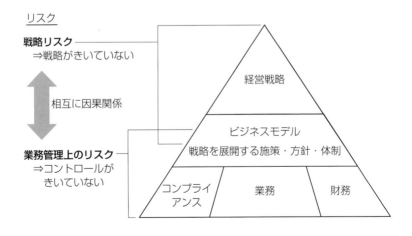

針あるいは体制などの経営インフラが経営監査の対象となるものです。

なお，念のために J-SOX などと呼ばれる金融庁の「財務報告に係る内部統制の評価および監査の基準」の内部統制との関係を補足しておきます。J-SOX の内部統制は COSO（米国トレッドウェイ委員会支援組織委員会）による立方体の概念図がよく知られていますが，私は企業活動の流れに沿って業務と内部統制との関係をわかりやすくするため**図表11-4**の図を作って説明してきました。この図で事業や業務がリスク評価されるところから，基準の内部統制の概念に入ってきますが，実務的に統制として実感されるのは③の統制活動と呼ばれるコントロールと2次コントロールとしての⑤のモニタリングです。

④や⑥は，その前提ないしサポート機能であり，①統制環境は内部統制全体の基盤としての働きです。そこで**図表11-3**のコントロールとは主には業務レベルのコントロールの意味で，承認や関連書類の照合，証憑による検証などの現場レベルの統制をイメージしています。J-SOX では統制活動を中心にせいぜいモニタリングまでに相当し，全社統制の統制環境など，ここに含

図表11-4 ◆ ビジネスの流れで考える J-SOX の内部統制

■内部統制は次の6つの基本的要素から構成される：
①**統制環境**，②**リスクの評価と対応**，③**統制活動**，
④**情報と伝達**，⑤**モニタリング**，⑥**ITへの対応**

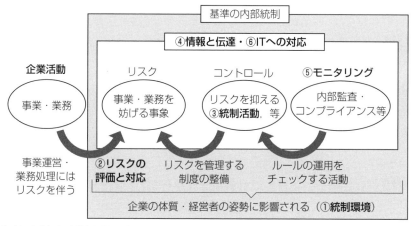

出所：新日本監査法人編『内部統制の実務 Q&A』東洋経済新報社，2007年，p.24

めるとまぎらわしいものはここは含めて考えていません。そうすると業務監査と経営監査の違いは以下のように説明ができます。

業務監査では，
- コントロールの機能不全を指摘し，改善を提案する。
- 問題とする主なリスクは，業務リスク，コンプライアンスリスクおよび財務リスクとなる。

経営監査では，
- 戦略の機能不全（戦略リスク）を問題とし，改善を提案する。
- 戦略リスクとは，ビジネスモデルやそれを展開するためのインフラが戦略と整合してないことから生じるリスクをいう。

例）
- 経営方針や戦略の実効性を支えるために，必要な組織や仕組み等の経営インフラが作られていないため，方針や戦略が実行できていない場合
  ⇒戦略をサポートするための経営インフラの不足や不備を指摘
- 現実にそぐわないビジネスモデルや施策を実施または計画している場合
  ⇒本来の経営方針や戦略とビジネスモデルや施策との不整合を指摘
  ⇒中長期計画や予算の策定プロセスに不備があれば指摘の可能性
- ビジネスモデルが陳腐化して環境に合わない
  ⇒経営トップの判断で採用されたビジネスモデルの妥当性は，通常は監査の範囲外
  ⇒ただし，ビジネスモデルの環境への不適合が客観的に確認される場合にはモデルの策定や見直しのプロセスとして指摘の可能性がある

こうして経営監査を経営レベルのプロセス監査として位置づけて，本来，経営戦略と整合性を持って整備されるところの経営インフラの不備を監査領域として設定します。これで経営に貢献することを目的とした客観的な監査として経営監査が構成され，経営層からも受け入れやすい監査活動となります。その主な守備範囲はガバナンス，経営管理体制および中期経営計画や年

次予算の策定に見られ，とりわけ子会社監査やテーマ監査において，効果が高いと考えられます（以下参照）。

● " 経営に支持される " 経営監査の捉え方
○経営監査とは：一般には，自社とグループ企業の経営領域における内部監査の意味で日本では使われており，IIA などの概念ではない。
　● 内部監査のオーナーたる経営の責任領域に不当に踏み込んでいるように考えて敬遠されることも⇒監査対象について一定の整理が必要。
※「経営監査を経営の仕組みやプロセスの監査として捉え，リスクを明確に設定することにより，経営監査が経営判断に直接関与することなく客観性を持った評価として構成することができます（藤井範彰『内部監査の課題解決法20』税務経理協会，2012年，p.155）」
○経営監査の捉え方
　監査の種類：経営領域のプロセス監査
　監査対象：経営トップの経営方針・戦略の実行を支える体制（組織，人材，プロセス等）の整備・運用
　対象とするリスク：戦略リスク──上記体制やインフラの不備や経営方針との不整合
○監査領域
　● ガバナンス（意思決定構造，責任権限，指揮命令系統，情報伝達）
　● 経営管理体制（組織，プロセス，人材，モニタリング）
　● 中期経営計画・年度計画予算の策定および実施，他
○経営監査の実施形態
　● グループ企業監査　● 本部機能監査　● テーマ監査

---

2) 経営監査の守備範囲の整理

　これで経営監査アプローチの骨子がつかめたと思いますが，実務上，重要となる監査の守備範囲は以下のようになります。大事なことは実は内部監査部門の主たるステークホルダー，つまり所属先は誰かということです。ここでの経営トップというのは，企業グループの親会社のトップであって，そこに内部監査が所属している前提です。日本の大企業の内部監査部門は8割方は社長直属ですから，このパターンになります。この場合，経営トップの経

営方針や戦略が与件で監査の対象外となりますが，グループ子会社の経営者の経営判断は監査の対象に含まれるという意味です。もちろん子会社の社長に直属の内部監査部門にとっては，その社長の経営判断が与件になります。

ちなみに子会社の監査であっても，業務監査に限定した監査しか行わず，経営領域は監査の対象外にしているという大企業も中にはあります。これは企業集団としての内部監査の価値とか存在意義をよく考えてのことでしょうか。せっかく企業グループに貢献して内部監査の認知度を高める機会があるのに，それを見過ごしているだけでなく，内部監査の役割について企業としてよく検討されてないのではないかと危惧されるところです。

●経営監査の考え方の整理

A. 経営トップの経営方針・戦略の妥当性⇒これは監査しない（監査の与件と考える）。
B. 経営方針・戦略を実施するために展開された体制⇒これは監査する。
　⇒具体的には，組織・プロセス・活動・人員，方針伝達の展開の仕組み。
C. 経営方針・戦略を実施した活動結果・業績⇒Bの不備を見つける視点から見る。
D. グループ企業トップからの経営方針がグループ内で展開された結果，グループ子会社の経営方針がトップの方針と矛盾や不整合があれば監査の指摘事項となる。

※上記Bを監査対象外と考える企業はAとBを混同してAにBも含めていないか。しかし，Bは経営者の活動を支援する極めて重要なインフラ。企業内で，このインフラの有効性の確認が必要。経営監査はこのインフラに着目し，必要な改善を提案する。インフラが適当かどうかが主たる問題であって，経営のオペレーション・業績管理自体は内部監査というよりも経営執行ラインによるモニタリング機能。

---

2. 経営監査の指摘・改善提案のケーススタディ

では経営監査の改善提案が実際どんなものか感じ取っていただくために,事例をいくつか紹介します。

(1) マーケット情報の収集と活用

事例 ⑱

マーケット情報の収集と活用

【指摘事項】

自社製品に関するマーケット情報や競合他社の状況などのマクロ情報は,営業部門や製造部門など,各部署でバラバラに収集され,断片的に保有されており,企業としての経営戦略や予算の策定のために体系的に分析・活用されていない。

【リスク】

経営計画や予算の策定に必要な基本情報が適時に利用できず,経営戦略の意思決定が遅れたり,誤った価格戦略などにより,売上やマーケットシェアに悪影響を及ぼしたり,その修正が遅れる可能性がある。

【改善提案】

市場や競合他社の情報の収集と分析を組織的に行い,リスクが顕在化する前に対策を講じる体制を整備するべきである。そのためは次の①,②の対応が望ましい。

①情報収集の目的となる戦略を明確にし,戦略策定に必要な情報を定義する。例えば,外部経済(為替,金利等),社会文化,市場,同業他社,自社等の情報。

②情報収集の仕組みを決定し管理する担当部署を設置して例えば以下の活動を展開する。

- マクロ情報の分析用のフォーマットを作成し,定期的に更新する。
- 各種情報の必要頻度や入手後の展開方法をあらかじめ定める(例えば,中期計画の策定や改定の前には必ず分析し,経営会議資料として提出するなど)。
- 入手された重要なマクロ情報の営業部門担当者全員などに対する情報共有および情報を分析・要約して製販調整会議や経営会議等に提出することを制度化する。

この事例は，大手メーカー企業の国内グループ子会社（製造販売会社）に経営監査を実施した際の指摘および提案のケースです。

ここで問題としているのは，マーケット情報の収集・分析が企業として組織的・体系的に行われていないということです。親会社のような大手企業であれば経営企画室や予算管理部など会社全体の視点で企画機能を担当して情報を収集管理する部署があると思われますが，この子会社はそこまでの規模がないため，組織として情報の収集を分析し，経営活動に役立てる仕組みがないことにつき問題提起して改善を求めている事例です。

こういう事例をみると，業務プロセスの不備を考える業務監査とは趣の異なった，経営インフラの不備という視点が意識されてくると思います。

(2) 中期経営計画の策定プロセス

事例 ⑲

中期経営計画の策定プロセス

指摘事項

中期経営計画は，明確な経営ビジョンがないまま，労務費アップ・生産量見込みなどから現場主導で作成されている。当社の将来を担う戦略商品については，競合他社からより安い単価での販売が見込まれており，当社の苦戦が予想される。しかし中期計画には，この他社の動向は反映されておらず，計画数量および単価の達成は非常に厳しい状況となっている。

リスク

予算の策定プロセスに問題があり，マーケットの現状を踏まえた現実的な計画が作成されていない。

改善提案のポイント

中期計画の策定プロセスは，より現実的なビジョンに基づき見直すべきである。
例えば以下のプロセスを中期計画策定作業に織り込むことを検討したらどうか。
- 外部経営環境（産業，市場）と自社の弱み・強みを分析し，文書で整理する。
- 中期計画の基本目標（売上高，シェア，収益性，設備能力，他）を設定する。
- 現状のまま推移した場合の業績を予測する。この中で，自社の製品ライフサイクルや他社との競争による価格下落，為替や金利動向，人材の採用と定期昇給やベ

ア等が考慮される。
- 「望ましい姿」と自社の将来予想とのギャップ分析によって戦略課題を抽出する。
- 中期計画を策定する。必要な経営資源を数値化し，まとめる。

　この事例は中期経営計画や予算の策定プロセスを問題としています。計画や予算の策定に経営者のビジョンがなく，現場任せになっている結果，将来予測に重大な影響を持つ他社の動向が計画の立案に加味されないまま，従来通りの右肩あがりの非現実的な計画を作ってしまっているというものです。

　親会社の社長からすれば，ちゃんと計画を立てなさいと子会社の社長を叱りつけるところかもしれませんが，それは経営のラインの対応であって，内部監査の仕事ではありません。経営領域だからといって事業経営にはベテランの監査人が先輩風を吹かせて後輩の子会社経営陣に教えてあげるというのも監査とはちょっと違います。また，監査役の監査とも違っています。

　内部監査は客観的な分析に基づいて，中立的な立場で改善を提案する専門家なのです。ですからここでは，頭ごなしにダメ出しするわけでもなく，先輩風を吹かすわけでもなく，計画策定のためのプロセスの不備の問題として客観的に問題提起することで，説得力を持たせているわけです。

(3) 子会社から親会社への報告事項

事例⑳

子会社から親会社への報告事項

指摘事項

　企業集団の中で親会社とは事業の関連性が薄く，比較的自由な経営が容認されてきた。そのため親会社への報告は，取締役会向けの月次決算資料（簡単なB/SとP/Lおよびその月次増減の数値説明）の提出に限定され，生きた経営情報はあまり伝えられていない。今後の資金需要から親会社からの融資の増加も必要となる見通しである。しかし親会社から当社の経営状況について十分な理解を得られなければ，今後の資金調達ができなかったり，投資が引き揚げられる可能性もありうる。

> **リスク**
>
> 　親会社の当社への信頼が低下することで，効率的に資本調達ができなくなる。
>
> **改善提案**
>
> 　親会社との関係を改善し，追加融資が得られやすい環境作りのために，親会社が当社の企業価値を評価する際に有用となる経営情報を追加して提供するなど，親会社への報告内容の検討と見直しが望ましい。次の報告事項例を参考に，データが取れる情報は経営会議への月次報告にするとともに議事録を親会社に提供する，中長期では計画策定時の情報を中心に提供することが考えられる。以下は月次と予算策定時の報告事項の参考例。
>
> 【月次】
> - 有利子削減率，ROA，一人当経常利益・市場分析・各プロジェクトの進捗状況・組織人事状況・拡販状況・受注見込・品質関連状況・売掛金回収状況・在庫情報・資金繰りキャッシュフローの状況・詳細な PL・BS 要因分析など
>
> 【予算策定時】
> - 市場規模とシェア・価格動向・商品ポートフォリオ・コアコンピタンス・製造原価と量産効果の状況・競争相手情報・技術動向，研究開発戦略・営業戦略など

　事例⑳では，これまで親会社に経営情報の開示をあまりしてこなかった子会社に対して，株主である親会社との関係改善とそれによる親会社からの追加融資の環境整備のために，経営情報を月次や計画策定時に整理して，経営会議に提出するとともに親会社にも議事録の提供を提案したものです。

　この場合，子会社から見たリスクは親会社からの信頼低下によって資金調達に支障をきたすことです。一方，親会社から見ると投資先である子会社の経営情報が十分入手できないと，その企業価値を適切に評価できないというリスクがあるわけです。それが情報提供の充実によって改善に向かえば，子会社だけでなく親会社にとってもメリットがあると考えられます。

（4）販売グループ会社の経営監査

　上記3つの事例から経営監査の指摘や提案の視点や実践的な感覚は理解できると思いますが，自分でやるとなると多少難しく感じられるかもしれません。そこで次にもっと基本的な単純化したケースを使って解説をします。

事例㉑

販売グループ会社の経営監査

図表 11−5 ◆ 事例㉑ 販売グループ会社の経営監査

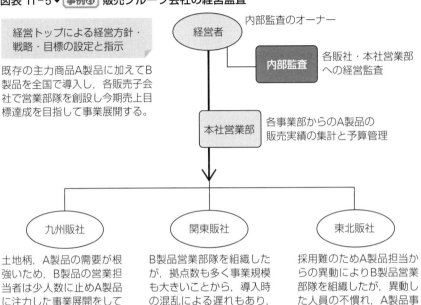

事例㉑（図表 11−5）は，3つの販売会社をもつ企業の内部監査部門が経営監査のために3つの子会社と本社営業部を監査するというケースです。

この事例では，経営者が新たに経営戦略を打ち出して，販売会社に事業展開を指示したという状況で，しばらくたって各社が新たな戦略に対応しているかという観点から，内部監査部門が経営監査をするというものです。このときの経営トップが出した新たな戦略とは以下のような内容です。

既存の主力商品A製品に加えてB製品を全国で導入し，各販売子会社で

営業部隊を創設し，今期売上目標達成を目指して事業展開する。

　内部監査部が3つの販社と本社営業部を監査するに先立って確認した現在の状況が図表にそれぞれ記載されています。それではこの条件でそれぞれの組織を監査するときに，何を確認すべきかと，改善提案の可能性としてはどのような内容や方向が考えられるかを検討してみましょう。

1）九州販社

九州販社からの聞き取りによると以下の現状が確認されています。

　土地柄，A製品の需要が根強いため，B製品の営業担当者は少人数に止めA製品に注力した事業展開をしている。

　この情報からは，新たな方針に従って，B製品に十分注力していない状況がうかがわれます。そのため，その理由や状況を確認し，目標売上の達成見込みなどを確認します。方針に沿った活動がなされてない場合には，活動の推進を奨励します。また，製品需要に九州地区に固有の事情があるのなら，その内容とそのことについて本社とどのように連絡したかを確認し，その際にコミュニケーションに問題がなかったか検討します。
　一般に新商品を全国展開する際には事前に本社から打診があったと考えられ，九州地区のマーケット状況の確認と本社への報告が十分なされていたかも聞きたいところです。そこで九州販社への確認事項と提案の可能性はこの段階で以下の事項が考えられます。

監査における確認事項：
- 今期売上予想と目標達成見込み
- 経営方針に反してB製品への注力が乏しい理由
- 経営方針と異なる展開に関する本社および経営者への報告および了承の取り付け
- 今後の対応に関する本部営業との協議の内容

改善提案の可能性：
- 経営方針に沿ってB製品の売上目標の達成に向けた経営施策の強化の奨励
- 経営方針との乖離につき十分な報告がなされず，本社の了解が得られていない場合には，本社への報告方法，承認伺いのプロセスの明確化，本社営業への相談・協議の促進について提案
- 九州のマーケットに特殊事情があれば，営業戦略設定時にそれに関する発信の必要性

2) 関東販社

次に関東販社については以下の状況が確認されています。

> B製品営業部隊を組織したが，拠点数も多く事業規模も大きいことから，導入時の混乱による遅れもあり，今期だけは売上目標の75％の達成見込み。

関東販社については，今期の売上目標未達の理由が今期だけの特別な状況に起因するかを確認し，もしそうでなくて他に要因があれば内容によっては，インフラ整備の必要性を確認して改善提案につながる可能性もあります。

下記の通り，監査は営業努力を奨励する経営ラインの仕事とは違います。

監査における確認事項：
- 今期売上目標未達が今期の特殊状況であることの確認
- 導入時の混乱以外の売上未達の要因の確認，あれば次年度の影響
- 来期売上予想の確認
- 売上未達要因について，インフラ整備等の対応の必要性の確認

改善提案の可能性：
- 売上目標の未達自体は，経営成績の問題であっても，そのまま監査上の問題になるわけではない。営業努力のプッシュは経営ラインの仕事
- しかし，導入期が過ぎた来期も売上目標未達の見込みだとすると営業体制・インフラに問題がある可能性があり，その分析・対応策の検討が必要
- それが社内の体制・インフラに起因する場合にその面から改善提案を行う。その場合，経営目標設定時に想定された体制整備に問題があったことになる。

3）東北販社

次の東北販社も以下の通り，売上未達の予想ですが，状況は異なります。

<u>採用難のためA製品担当からの異動によりB製品営業部隊を組織したが，異動した人員の不慣れ，A製品事業の縮小により，今期売上は目標の75％の見込み。</u>

ここではまず未達の原因分析を促して，必要であればインフラ整備の提案が考えられます。また人員配置についてはグループ企業として本社からの支援や協力の可能性も検討課題となります。以下を参考にしてください。

監査における確認事項：
- 今期売上目標未達の原因が販売体制・インフラの不備によるかどうか要因分析
- 体制・インフラに不備がある場合，経営方針決定時に考慮されなかった要因分析
- 要因が来期に向けて改善できるかの検討
- 来期の売上目標達成見通しの確認
- 人員配置について本社営業・他の販社からの支援の検討

改善提案の可能性：
- 今期売上目標の未達の原因として特定された販売体制・インフラについての改善提案の可能性
- それが特定されていなければ，その要因分析と来期に向けた改善施策の検討の提案
- 今後の改善に向けた本社営業部との連携・協議の強化の提案

4）本社営業部

本社営業部からの報告は，既存業務に関する以下の状況だけです。

<u>各事業部からのA製品の販売実績の集計と予算管理。</u>

しかし，一番大事なことは，新たな経営戦略が打ち出されたことに対して，

この組織がいかに経営をサポートして各販社に指示や連絡をしたり，必要なインフラ整備にイニシアティブをとるかということです。

とりわけ製品がAだけから，AとBの2種類に変わったことで，ポートフォリオの管理が必要になります。つまり，これまでは単一の製品の予算・実績の管理で済んでいたところが，今度からは，2つになった製品のどちらにどれくらい力を入れて市場で販売を進めて全体として最適化を図るかという課題が出てきて，そのための販売戦略が必要になってくると考えられます。

本社営業部としては，その戦略計画の策定にリーダーシップをとるとともに各社に指示をし，さらに各社の状況をモニタリングする必要性が現実的となります。また，各販社が販売に特化するのであれば，新製品のマーケティングを進めたり，B製品の内容によっては新たな設備投資や新たな営業ネットワークの構築や，それに伴う新規の取引先との関係構築なども，本社営業部の役割に入ってくることも考えられます。

これらの新規に必要となる経営インフラには何があって，それに対して本社営業部は，どのような役割を担っていくかがポイントになってきます。

監査における確認事項：
- 今期の販売体制の変更による本社営業部としての役割・業務の変更内容
- グループ全体および各社の販売戦略・予算の策定プロセスの確認
- 各販社からの報告体制，および経営戦略の実施のモニタリング状況の確認
- 各販社への指導・支援のニーズおよび，その活動状況の確認
- 経営層から販社へのガバナンス（意思決定・承認）体制の確認
- B製品のマーケティング活動の状況

改善提案の可能性：
- 経営方針の変更に伴い，販売戦略および各社の予算策定を含めて本社営業部が適切な機能を担うべく，必要な体制を整備する必要性
- 地域販社のモニタリングおよび指導・支援体制強化の可能性
- 新製品のマーケティング活動における役割の明確化・強化の可能性
- 経営戦略策定時の各地市場動向等の情報収集と戦略への反映プロセスの見直し

第12章 ガバナンスとリスクマネジメントの監査

　内部監査領域の中でもガバナンスとリスクマネジメントについては，いまだ監査手法を十分に検討していない内部監査部門が多く見られます。しかしこれらの領域の監査はコントロールの監査に比べて，経営に対するインパクトが大きく，成功すれば目に見える成果が期待できます。
　この分野の監査アプローチをよく検討して，企業の状況に合った監査方法や手続を確立することは，内部監査の付加価値を上げて経営に貢献するための重要課題になっています。

1. コンプライアンスからビジネス志向に向かう内部監査

(1) ガバナンス,リスク,戦略に向かう内部監査

1) 内部監査の守備範囲の拡大

　内部監査と言えば準拠性監査と言われるように昔からコンプライアンス分野での監査が実務の中心に置かれてきましたが，最近では日本でも内部監査の経営に対する貢献が問題とされるようになってきました。これは内部監査のチェック機能（あるいはアシュアランス機能）からコンサルティング機能（あるいはアドバイザリー機能）へと期待が広がっている面もありますが，それと同時に，監査の対象分野として，法令遵守や業務監査などの伝統的な監査からガバナンスやリスクマネジメント，あるいは経営戦略へとその守備範

図表 12-1 ◆ IIA の世界内部監査調査報告（2011 年）

〈今後 5 年間の内部監査の重点予想〉

1	コーポレート・ガバナンスレビュー	23.0%
2	ERM プロセスの監査	20.4%
3	戦略と業績の関連づけの検討（バランススコアカード等）	19.9%
4	倫理監査	19.3%
5	IFRS（国際財務報告基準）への移行	18.8%
6	社会的持続可能性の監査	18.6%

出所：Anderson, R.J. and J. Christopher Svare, "Imperatives for Change: The IIA's Global Internal Audit Survey in Action,"(THE IIA'S GLOBAL INTERNAL AUDIT SURVEY), The IIA Research Foundation, 2011, p.4 の表より一部加工して訳出

囲が広がってきていることが内部監査の調査結果にも明らかに表れています。

とりわけ 2011 年の IIA の世界調査では今後，力をいれるべき命題の一番目に「命題 1．リスクマネジメントとガバナンスへの注力」が挙げられ，さらに今後 5 年間に重点が置かれると予想される監査の分野として，コーポレート・ガバナンス，ERM（p.379 参照），戦略や倫理などが**図表 12-1** のように上位を占めています。

2）コンプライアンスからビジネス戦略に向かう内部監査へのニーズ

また，多くの企業にとって最も大きなリスクは，コンプライアンスの要請への対応の失敗よりも戦略目標の未達成になってきているとする調査レポート（2009 年 E & Y ビジネスリスク・レポート）もあり，それに応じて内部監査の守備範囲は拡大し，多くの企業の内部監査が戦略リスクや事業目標の達成に関するアシュアランスもカバーすべく，その重点を広げています。こうして近年の世界的な傾向として内部監査へのニーズがコンプライアンスからビジネス戦略の推進やサポートへと重点が変わってきており，内部監査はコストでなく投資と位置づけられるようになってきています。

（2）拠点別監査からプロセス監査への高度化の視点

それでは日本企業にとってみると，従来からの準拠性監査はどのように高

度化を考えるべきでしょうか。実際の事例を見ながら考えてみましょう。

1) 法令遵守の内部監査の事例をもとに考える

図表 12-2 はある大手企業が法令遵守の内部監査を行った事例です。ここでは廃棄物処理に関する法令がその監査対象です。ひところ廃棄物の不法投棄が問題となり，排出事業者の責任が徹底され，マニフェストの制度化などの規制強化がありました。この企業の内部監査部門はこの法令遵守の監査のために，まず法令に対して社内できちんと規程を作っているかどうかをこの課題の担当部門に出かけて監査をしました。それから，その規程がマニュアル化されてマニフェストの使用など実際に現場で運用されているかを確かめるために支店，事務所および子会社などに往査しました。

図表 12-2 ◆ 内部監査の見直しの視点
拠点別監査よりプロセス監査への高度化の視点
ある企業の法令遵守の内部監査の事例

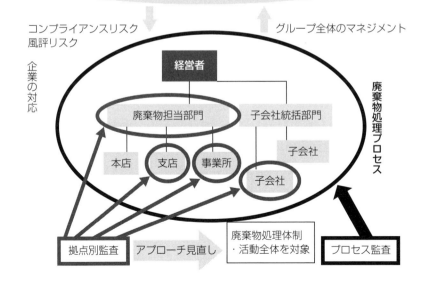

これは法令の求める規程の整備がなされているか、そしてそれが現場で正しく運用されているかという法令への準拠性を監査目的とした一般によく見られる監査手続であり、これ自体は悪くはありません。

2）拠点別監査だけでは不十分

ところがここに大きな弱点が見られます。それは担当部署や支店や事業所、子会社など拠点ごとの監査にとどまり、企業組織全体としてのプロセス監査という視点が見られないことです。例えば、この図表で廃棄物担当部門が作成する規程にその上に位置する経営者はどのように関わっているのでしょうか、あるいは子会社がマニフェストを使って現場で実務を回していることに、その上の子会社統括部門は何らかの指示とか運用結果のモニタリングをしているのでしょうか。企業にとっての廃棄物処理の法令遵守のプロセス、それは本来、企業全体として経営トップから現場までを1つの組織として有機的な活動としてなされるプロセスであって、その観点からの監査が必要となるのです。いくつかの部署だけを拠点別に監査する点と点の監査だけでは足りず、それらを全体として法令遵守という目的を持った大きなプロセスとしてみる考え方です。これがプロセス監査の視点であってグループ全体のマネジメントが監査の対象に入ってきます。

これはまた、子会社とか事業所とかの拠点や部門を監査の単位とした監査の仕方、つまり部門別ないし拠点別監査だけをしている監査部門にありがちな問題とも考えられます。それではこの場合のより望ましい監査のあり方を図表12-3を見ながら考えてみましょう。

（3）プロセス監査の視点

1）組織全体のミッションの達成が可能か

経営層から現場の担当者まで組織全体として組織のミッションを達成しているか、そのためのPDCAサイクルを設定して回しているか、これが全体としてのプロセス監査の視点です。ここでいうプロセスは購買プロセスとか支払プロセスのような業務レベルの細かい作業手順のことではなくて、組織全

体レベルでの大局的なプロセスを意味しています。

2) PDCA の設定

法令遵守については、例えば次のような PDCA が考えられます。

Plan（計画）：法令遵守の取り組みの方策・制度・規程等の整備
Do（実施）：制度の運用（法令の周知・研修、規程等の改廃を含む）
Check（チェック）：制度が適切に運用されているかのモニタリング
Action（改善）：モニタリングに基づく制度の改善作業

このようにその目的に対して企業全体の観点から PDCA の手順を決めて、これを実行して目的が達せられているかを見るわけです。しかし例えば、事業部の監査において一見したところ、事業目標も達成しているし、PDCA もできているとしたら、あと何を見たらよいでしょうか。そのときに見てほしいのが次に述べる組織のガバナンスです。

(4) ガバナンス監査の視点

1) 組織として適切な意思決定の仕組みがあるか

組織全体で PDCA を回し、事業目標を達成しているように見えても、その結果に至る過程では、大きな組織ほど様々な役職者がそれぞれの立場で機能し、またいろいろな会議体が意思決定に関わっています。これらの役職者とか会議体の機能、役職者の上下間の指示や報告などの情報伝達、これらが適切に整備運用されて、その結果、組織として適切な意思決定が導かれる仕組みになっているか、このあたりがガバナンス監査のポイントになってきます。

2) 役職者の役割が適切に機能しているか

例えば、**図表 12-3** の例でもその仕組みをよく見ると、取締役や経営者からなる経営層から現場の担当者まで上から下まで指示があり、その結果のモニターがあります。そして下から上に向かって報告やリスク情報のエスカレーションがあります。こういう仕組みで全体としての組織の目的を達成するように各役職者の役割や責任が設定され、正しく運用されているか、また

図表12-3 ◆ 経営監査を具体化する視点

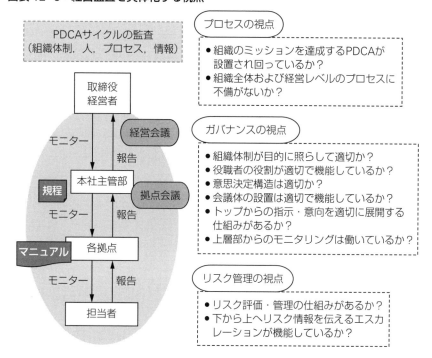

意思決定のための会議体が整備され、有効な意思決定を導いているか、などの視点から問題点を指摘し、改善を提案するのがガバナンスの監査です。

(5) リスクマネジメント監査の視点

1) リスク評価と管理の仕組みがあるか

ガバナンス上、適切にデザインされた仕組みは、そのままリスクマネジメントにも役立ちます。リスク管理の視点から大事なことは、まず組織内にリスクの評価と管理をする仕組みがあるかどうか、それが経営の意思決定に適時に提供され、役立っているかということです。

2) 情報伝達の仕組みが機能しているか

それから、そのような仕組みを支える上で特に重要なのが、下から上に対

するリスク情報の伝達の仕組み，エスカレーションができているかということです。上司が喜ぶようなよいニュースは，放っておいても誰かが上に報告しますが，上司に叱られるような悪いニュースはルールがないと，誰も自分から報告しないわけですね。みんなサラリーマンですから，そんなものです。そこにリスクマネジメントの仕組みがなぜ必要かという1つの理由があるわけです。例えば重要なリスク事象はすべて親会社に報告しますと，子会社が内規で決めていても，何をもって重要と考えるかとなると，あえて規定していないというケースがあります。それで本当に経営に必要なリスク情報が上がってくるかということが検討されるべきなのです。

（6）いざというときに経営者を守る経営監査
1）ガバナンスとリスクマネジメントの仕組みが経営者を守る

　例えば，一昔前ですが，大阪地区で乳製品の食中毒事件があり，世間を震撼させる事件として大きく報道されました。その会社の社長さんは報道陣の詰問に，「わたしは寝ていないんだよ」と対応したことが，かえってマスコミに叩かれました。大阪工場の製品から起こった事件がひとまず収まったころ，その社長さんが再びインタビューを受ける様子がテレビで放映されていたのを覚えています。「事故のあった大阪工場以外の工場は大丈夫ですか」と質問されて，社長さんはすかさず「大丈夫です」と答えられていたと記憶しています。そのとき大丈夫と答えられなければ，その会社のブランドはさらに低下した可能性さえあったかもしれません。では大丈夫と答えるために社長さんは全国の工場の状況をどのように知ったのでしょうか。

　普通に考えて，大企業ならば工場で事故があれば直ちにその原因究明をして同様の問題が他の工場にもないかどうか確かめ，重要なリスクがあれば上層部に報告される何らかの仕組みが働いているでしょう。そして，そのリスク情報をもとに上層部は必要な措置を取るはずです。これがまさに意思決定に必要なガバナンスであり，リスクマネジメントの機能です。こうした仕組みがあってはじめて社長はいつマイクを向けられても組織全体のリスクを視野に入れて経営トップとしての回答ができるわけですね。まさにこのような

仕組みが経営者を守っているわけです。

そのようなガバナンスやリスクマネジメントが働いているか，誰がチェックするのでしょうか。それが内部監査なのです。こういう経営者にとって極めて重要な仕組みがきちんと働いていることを確かめるための監査を経営者が嫌がるはずがないですよね。むしろいざというときに経営者を守ってくれる仕組みを内部監査が監査の守備範囲に入れるのは当然のように思われます。IIAの文献でも企業のガバナンスの第一のプレイヤーは内部監査だということが言われています。経営監査というものをなんとなく敬遠して遠ざけている企業も中にはありますが，こうした経営者の本当のニーズに向き合っていないのではないかと感じます。

先ほどの廃棄物処理の法令遵守の監査をした企業は，**図表12-4**でみると，

図表12-4 ◆ 準拠性中心の監査慣行の盲点

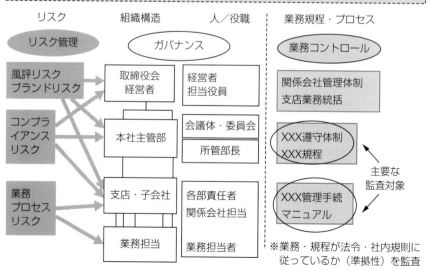

右端の業務コントロールの中でも，規程の整備と現場での規程・マニュアルの運用という2点にしぼった準拠性監査をしていました。しかし，法令遵守の内部監査の対象はコントロール分野だけでも他にも考えられますし，さらに重要なガバナンスやリスク管理の分野の監査が大きく抜けていることに気づいていただけると思います。

2) ガバナンスとリスクマネジメントの監査対応をどうするか

IIAの内部監査の定義をみると，内部監査の対象には，コントロール以外にガバナンスとリスクマネジメントがあげられています。このガバナンスとリスクマネジメントへの監査の対応をどうするか，というのが多くの企業が悩んでいるところです。

そこで意識されるのが，**図表12-5**に表現したような監査の高度化ではないかと思います。監査の対象を点と点を対象とするような拠点や部門別監査から，プロセス全体，さらには企業全体と対象を広げ，リスクの視点も業務，コンプライアンスだけでなくガバナンスやブランドリスクへと広げます。そこで行き着くのがガバナンスやリスクマネジメントの監査であって，これが経営監査と言われている監査の大きな部分を占めていると考えられます。

日本では業務監査に対して経営レベルのテーマを対象とした監査を経営監査などと言われていますが，特にIIAなどで正式に定義されたものではありません。ただ，これをIIAの定義と比較すると，ガバナンスやリスクマネジメントの監査領域がこれに近いと考えられます。これ以外に経営監査の中には事業のビジネスモデルに重点を置いた監査の仕方も想定することができ，これはビジネスモデル型経営監査として第13章で扱います。

図表 12-5 ◆ 準拠性監査からの監査視点の拡大

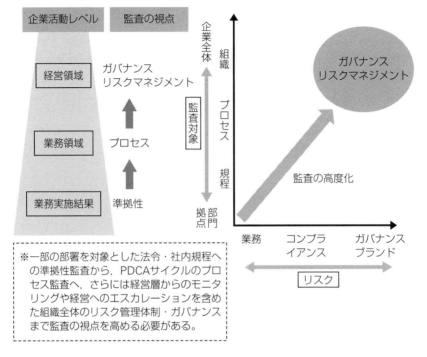

※一部の部署を対象とした法令・社内規程への準拠性監査から，PDCAサイクルのプロセス監査へ，さらには経営層からのモニタリングや経営へのエスカレーションを含めた組織全体のリスク管理体制・ガバナンスまで監査の視点を高める必要がある。

2. リスクマネジメントの内部監査

(1) 内部監査とリスクマネジメントとの関わり方

1) リスクマネジメントへの3つの対応

　内部監査とリスクマネジメント（RM）あるいはERM（p.379参照）の関わり方の1つは，第6章で触れたリスクベースの監査について，社内のリスクマネジメントの利用のような連携をやっていますかという点です。これは意外と大企業でも連携できていない場合が多いので要注意です。それ以外の内部監査とERMとの関わりは，すでにあの扇型のポジション・ペーパー（p.78 図表2-9参照）の絵で説明したように，独立性に問題がない範囲で支援するような場合と，ERM自体を監査する場合があります。整理すると以

下のようになります。このうち3のレビューがERMのアシュアランスとしての監査です。

【内部監査のリスクマネジメントへの3つの対応】
1. 内部監査のリスクマネジメントへの関わり──独立性
   a）ERMに関する主な内部監査の役割
   b）予防措置により正当化される内部監査の役割
   c）内部監査が引き受けるべきではない役割
   (出所：IIAポジションペーパー「ERMにおける内部監査の役割」2009年1月)
2. 内部監査計画におけるリスクマネジメントの利用
   a）内部監査ではリスクベースの監査計画の策定が求められており（IPPF実施基準2010──（内部監査部門の）計画の策定），その策定には，組織のリスクマネジメント・フレームワーク（リスクアペタイトを含む）を考慮する
   b）a）のようなフレームワークが組織にない場合には，内部監査部門長は取締役および経営者に諮った上で自らの判断を行使する（リスクの判断は内部監査の裁量に任されてはいない）
   c）リスクマネジメントの成熟度が組織，地域等により異なるため，内部監査部門はリスクマネジメント・プロセスのどの部分が内部監査において利用できるかを評価する
   (出所：IPPF実践要綱2010-2⑧)
3. 内部監査によるリスクマネジメントのレビュー
   a）リスクマネジメント・プロセス自体のアシュアランス
   b）重要リスクとマネジメント・アサーションに関するアシュアランス
   c）リスク対応計画の状況のフォローアップ
   (出所：IPPF-PG「ISO31000を利用したリスクマネジメントの十分性の評価」
   2010年12月)

2）リスク・ファンクション

これらの内部監査とリスクマネジメントとの関係の全体像はIIA指針による監査の仕方も含めて『内部監査の課題解決法20』（藤井範彰，税務経理協会，2012）で詳しく解説していますので，ここでは特に本社機能に含まれるリスク・ファンクション（RF）を取り上げて実務対応を説明します。リスク・ファンクションというのは，本社機能の中で特に全社リスク管理の機能

をしている部署のことで，**図表12-6**でリスク管理機能としてリスク管理部・品質管理，環境・安全部・コンプライアンス部・内部統制部などとして例示してある部門です。また，これらの部門は，図中にも第2の防衛ラインと書いたように，スリー・ライン・オブ・ディフェンス・モデル（**知っておきたいポイント①**，p.11参照）の考え方で2番目のラインに位置していると考えられます。

こうしたリスク・ファンクションについてはCOSO（米国トレッドウェイ委員会支援組織委員会）でも問題意識をもたれており，その調査結果からも次のようにその整理の必要性が求められています。

図表12-6 ◆ リスク管理機能（RF）の監査

- 組織全体におけるRFの役割・リスクの範囲，ERMとしての性格（経営層と各部署との関わり）
- そのためのPDCAを設定し回しているか
- 他のRFとの役割分担・連携，内部監査との関係

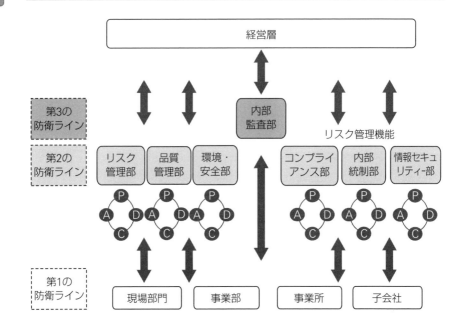

> 　組織のリーダーは企業全般にわたってより強固なリスクの監視を望んではいるが、組織内の既存のリスク・ファンクション（例えば、内部監査、法務、保険、財務等）を超えて特に何をすべきかを見定められずに苦しんでいる。概念的にはERMの利点を確信していても、概念を実務に適用し、ERMの根本原則を既存の諸機能のプロセスに導入する道筋を突き止めるのに苦心している。
> （調査対象：組織内でERM関連作業のリーダーまたはその種の組織内活動に詳しい人、回答数：46名の個人）
> 　　（出所：COSO's 2010 REPORT ON ERM-Current State of Enterprise Risk Oversight and Market Perceptions of COSO's ERM Framework から一部を訳出）

　このような課題意識に対する1つの答えが、図表9-13（p.295）に示されたリスク統合という考え方でもあるわけです。

(2) リスクマネジメントの監査（アシュアランス）

1) リスク・ファンクションの ERM としての機能

　さて、このような機能をどのように監査するかということですが、まずリスク・ファンクションの役割としては、全社を守備範囲としてリスクマネジメント活動をしていることが多く見られます。つまりERMとして機能しているわけです。ERMかどうかは、部門の名前ではなく実質的な機能を見て判断する必要があります。ではERMとは何かというと以下のように定義されています。

> ERM（全社的リスクマネジメント：Enterprise-wide risk management）とは組織目的の達成に影響する機会および脅威を特定し、評価し、対応を決定し、報告するための全社にわたる体系的な一貫した継続的なプロセス
> （出所：IIA Position Paper, The Role of Internal Auditing in Enterprise-wide Risk Management, January 2009, p.2 より訳出）

言葉だけでは抽象的で判断しにくいですが，**図表12-6**の絵でイメージがわかると思います。つまり，下は現場部門や事業部に直接にリスク管理業務を提供して全社あるいはグループ全体をカバーし，上は直接，経営層にレポートする，こういう活動をしている部門です。また，それぞれの組織はPDCAを回していますから，これらの部門もそのミッションに従ったPDCAを設定して活動していると考えられます。

2) リスク・ファンクションの監査の4つのポイント

そこで一般に，これらの本部機能の監査では，まずどの部署や委員会などがERM機能を持つリスク・ファンクションに該当するかを確認します。

リスク・ファンクションの監査のポイントは次の4つに整理しました。

---

①**ミッション**：リスク管理組織の目的・ミッションは明らかになっているか。
　※例えば，その業務がカバーする守備範囲はどこまでか，グループ企業全体か？　海外も含むか？　新規事業は？
②**体制**：それを達成するための組織構造・プロセス・陣容・意思決定の仕組みはどうなっているか。それで目的の達成に十分か。
③**活動**：RM活動が適切になされているか。
　※例えば，活動方針の設定，活動のPDCAの設定によるプロセスの見える化がなされているか？
　● 活動計画の策定と承認は？　活動の内容・範囲は十分か？
　● 下は現場へのフィードバックや改善活動の指導まで含み，上は経営層まで報告があるか？
④**説明責任**：上層部（ステークホルダー）への報告と活動方針の説明と承認による責任解除のルール・プロセスは明確か。
　※例えば，方針，計画，活動結果の報告書の形式と内容，報告頻度など適切か。

上記の項目を確認していけば，機能の一通りの監査ができると思います。さらに実務の参考として，関連資料も含めて**図表12-7**にまとめておきます。

図表 12-7 ◆ リスクマネジメントに対する監査のポイント

課題	監査における確認事項	関連資料
①ミッション	●組織や活動のミッションは明らかにされたか 　○守備範囲は？　他の部署・機能との連携・関係 ●その根拠規定は何か，正式に承認されているか ●法制度や規制の要請はあるか 　○該当するなら求められる要件は何か， 　○またそのモニタリング方法と遵守状況は	●リスク管理規程 ●ミッション・ステートメント ●取締役会等の承認記録 ●関連法規・ガイドライン ●組織図 ●規制監督当局の通達・指導
②体制	●組織目的を達成するための組織構造や人員（能力と規模）は適切か ●意思決定の仕組み・会議体・役職者の役割と権限・責任の設定は目的に照らして適当か ●他のRM機能などとの連携・役割分担 ●活動に必要なプロセス・設備等のインフラ投資	●役員会等で承認・報告済みの・体制図・組織体制説明資料 ●職務分掌／ジョブ・ディスクリプション ●業務活動マニュアル等 ●過去の監査結果・改善提案
③活動	●年次・中長期活動計画の内容と承認 ●活動方針（方向性，重点目標，守備範囲など） ●経営層からの活動の見える化・PDCA化など ●進捗管理の方法（KPIなど）と状況	●年次／中長期活動計画の承認 ●リスク情報の収集／対応プロセス ●経営戦略／経営計画との関係 ●活動計画表・PDCAサイクル ●時系列のKPIと分析資料
④説明責任	●ステークホルダーへの説明責任を果たしているか 　○活動状況の報告資料の作成と上層部への説明 ●責任解除のための承認プロセス ●継続的改善に向けたコミット	●定期的活動報告（KPIなどによる活動報告，問題案件の報告） ●年次活動結果報告と決裁文書

3. ガバナンスへの監査対応

(1) ガバナンスの要素の検討

1) ガバナンスと人材の監査のポイント

ガバナンスについては,不正対応との関連で第9章で説明しました(図表12-8参照)。これを監査するというと,ガバナンスと人材の層に含まれる,それぞれの要素が組織に備わっているかを監査することになります。これは次のような要素です。これらはできているか,できていないかというより,程度の問題なので成熟度モデルを使った評価が適しているかもしれません。

■ガバナンス
- 経営者の姿勢⇒ビジネスは組織の価値と信念に整合して行われている。
- 戦略と目標⇒組織の目標が適切に定義され,理解され実行されている。
- 方針および手続⇒方針や手続が組織活動を有効にサポートしている。
- 組織構造⇒強固なガバナンス・フレームワークに基づいている。
- コンプライアンス⇒有効なコンプライアンス体制を維持し,規制・監督当局と適切な関係を維持している。

図表 12-8 ◆ リスクマネジメント構造

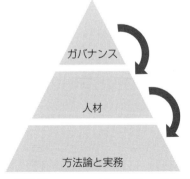

出所:Ernst & Young, "The Future of Risk Management and Internal Control", EYGM Limited, 2008, p.3 'The Risk and control Framework mode' を参考に作図

■**人材**
- 風土と業績⇒リスクとコントロールについて適切な価値・信念により行動している。
- 整合性と協調⇒経営および管理は組織の目標に整合して行われている。
- 役割と責任⇒リスクおよびコントロールの責任を認識し,一貫した行動をしている

　上記のうち,ガバナンスに挙げた要素は経営層に関わるものであるため,本体というよりは子会社を監査するときにむしろ必要性が高い視点です。他方,人材として挙げた項目は,経営から見ると人材という位置づけにもなりますが,事業部門や子会社のガバナンス見るときに重要なポイントです。例えば,各部署の中の職責が適切に割り振られているかとか,それらの役割・責任が組織の目標に照らして整合性があるかといった視点です。

　それから,方針・手続とか,組織構造あるいはコンプライアンス体制などは,いわゆるコントロールのハード面であって,監査のベテランの人ならなじみがあるでしょう。一方,経営者の姿勢(Tone at the Top)や企業風土は不正対応の点からも重要視されるところですが,ソフト・コントロールの色合いが強く,その意味はわかるが,どのように把握して監査するかとなるとイメージしにくいと思います。そこで,この2つについて内容を詳しくみると,例えば次のような内容から構成されていると考えることができます。

2) 経営者の姿勢と風土と業績の監査のポイント
　以下,それぞれの監査のポイントについて要素の例を参考にしてください。

■**経営者の姿勢の要素の例**
- 取締役会は企業および役員の責任と倫理的義務の制定に指導的役割を果たしている。
- 倫理およびコンプライアンスの原則は組織全体に明確に伝達され,方針および手続に反映されている。

- 取締役会および役員は正直，誠実，忠誠心，責任感および公正さをもって業務の執行に臨んでいる。
- 管理職は組織の価値についてガイダンスを受け，方針からの逸脱を予防し，摘発する統制を用いて，その遵守が積極的に監視されている。
- 組織の価値観が組織とそのステークホルダーの長期的な利益に最もかなう行動と決定を推進している。

■**風土と業績の要素の例**
- 取締役会と役員は組織の価値と従業員の行動を規定する方針を定めている。業績管理プロセスは人員の採用，研修，動機づけ，昇進，報酬，異動，免職のための組織の標準や手続を支援している。
- 取締役会と役員は人材投資（研修／人材開発等），オープンドア方針の促進，職場のフレキシビリティの推奨を通して組織風土を開発している。業績管理プロセスは組織風土を助長するように設定されている。
- 取締役会と役員は従業員がいかに組織風土を理解し，いかにそれが実務に適用されているかを判断するために定期的に従業員調査を行っている。
- 取締役会と役員は従業員に不正行為の報告を公然と奨励し，通報の方針を確立している。
- 個人の目標と報酬制度は組織風土に整合させており，従業員が不適切な，不正な，違法なまたは非倫理的な行為に関与する誘惑を軽減ないし除去するようにデザインされている。

(2) ガバナンスに関するIIAの指針

1) ガバナンスの範囲

ガバナンスといってもいろいろな意味があるので，これもIIAの定義を見ておきましょう。これは国際基準の用語一覧に掲載されています。

【2017年1月改定後の日本内部監査協会による翻訳】
「Governance〈ガバナンス〉：取締役会が，組織体の目標達成に向けて，組織体の

活動について，情報を提供し，指揮し，管理し，および監視するために，プロセスと組織構造を併用して実施すること。」

出所：内部監査人協会（IIA）「内部監査の専門職的実施の国際基準」
2017年1月適用，用語一覧

上記は2017年1月に改定後（IIAの原文の定義は改定されていない）の協会の翻訳ですが，この訳は原文にある次の点が明確に訳出されてないようです。
- 原文の定義では，プロセスと構造の組み合わせ自体がガバナンスであると明記されている。
- 後述のIIA-PGが，ガバナンスを取締役会レベルとそれ以外の組織レベルに分けていることからもわかるようにガバナンス活動をする主体は，取締役会だけではなく，事業部なども主体となる。つまり訳文の「情報を提供し，指揮し，管理し」の主語は取締役会に限定されない。これは原文のimplementを（取締役会が）「実施する」ではなく，「導入する」と訳することで表現できる。

そこでこの点を明確に伝えるための改定案として次の筆者訳を参考として記載しておきます。

「Governance〈ガバナンス〉：組織体の目標達成に向けて，組織体の活動について，情報を提供し，指揮し，管理し，および監視するために，取締役会が導入したプロセスおよび構造の組合せ。」（筆者訳）

取締役会は企業の最高意思決定機関ですから，正式に企業として導入したという意味で，自分たちで実施しているという意味ではないですね。確かに日本でガバナンスというと取締役会などの経営層の法的な機関の機能というイメージが強いですが，内部監査では，おそらく取締役会を監査する機会はむしろ少なく，その下のいろいろ事業部や組織のガバナンスが監査の対象になることが多いでしょう。

なお，ここで取締役会は，組織体の活動と管理を指揮ないしは監督する責任がある最上位の統治機関を意味するBoardの代表例として挙げてあるので，

Boardの本来の意味では非営利組織の理事会や審議会なども含みます。

参考に，民間組織のガバナンスの監査に関するIIAの指針（IIA-IPPF-PG，"Assessing Organizational Governance in The Private Sector", July 2012）を見ると，組織に中に見られるガバナンスの実務をボード・レベル（ないし取締役会レベル）とそれ以外の組織レベルに分けて，それぞれに該当する実務を列挙しています。取締役会の方は法的に決まってくる部分も多く，イメージがつきやすいので割愛して，それ以外のガバナンスに該当する実務を以下に訳出しておきました。これは包括的なリストであって，すべてをいつも監査するという意味ではなく，状況に応じてこの中から適当な実務を監査で問題にするということになります。

2）取締役会以外の組織のガバナンスの実務

【IIA指針：組織のガバナンスの実務（non-board level）】
※ガバナンスのプロセス・実務は，取締役会に関わるBoard levelと，それ以外の組織に関わるNon-Board levelがある。以下はnon-boardのプロセスを例示したもの。
- 目標の設定
- 戦略，事業計画，予算，組織構造および経営委員会の策定
- 組織を通した権限と責任の割り当て
- 利益相反，公正な取引，資産の保護と適切な利用，インサイダー取引，違反行為の報告（ホットライン）および懲戒処分を含む行動および倫理規程並びに行動規範を規定すること。
- 内部統制，不正リスクマネジメントおよびITガバナンスを含むERM
- 法規および規約への遵守（強制的および任意採択の両方を含む）
- モニタリングおよび業績測定
- 組織内のアシュアランス提供者の有効性の確保（とりわけ健全な内部統制システムのための第1の防衛ラインとして働く業務のマネジメントおよび第2の防衛ラインとして働くリスクマネジメントやコンプライアンスのような全社的な活動）
- 組織内の上下および組織全般にわたるコミュニケーション
- 株主およびステークホルダーとの効果的なコミュニケーションを担保するプロ

セス
- 資本取得および分配
- 能力――人選，人材開発，保持および後継者育成
- 変革的な取引
- 組織横断的な課題
- 組織の責任および維持可能性
- 評価および報酬（給与およびインセンティブ報酬の両方）
- 提供された非監査業務の性質および程度を含む外部監査人の業績および独立性の評価のための組織のプロセス

　　　　　　　　　（出所：IIA-IPPF-PG, "Assessing Organizational Governance
　　　　　　　　　　　　in the Private Sector", July 2012, pp.6-7 より訳出）

　ちなみに上記の指針は，ガバナンス評価の概論や留意点が中心で，監査のフレームワークや手続書については，組織や環境によって個々に異なるから，この指針では提供しないと明記しています。また，ガバナンスの個々の活動に関する検討事項として，取締役会，戦略，ERM，倫理，コンプライアンス，組織の説明責任，モニタリングおよびITガバナンスについて簡単に解説していますが，全体としては期待したような実務に踏み込んだ解説はみられません。むしろ後述する「統制環境の監査」の方が，いわゆる全社統制レベルの監査のアプローチとしては実務の参考になるかもしれません。

(3) 親会社による子会社のモニタリングに対する監査

　このガバナンス領域における監査の課題として，モニタリングをどのように監査するかということを説明します。これは第7章の海外監査でも触れたように，海外は言葉や法制度や文化の違いからなかなか様子がわかりにくくリスクが高いと言われます。これは親会社として海外子会社のモニタリングが適切にできていないことの表れとみることもできます。

1) モニタリング・プロセスの見方

　モニタリングとは，J-SOXの実施基準でも，「内部統制が有効に機能してい

ることを継続的に評価するプロセスをいう。」と定義され，日常的モニタリングと内部監査のような独立的モニタリングがあることは，J-SOXの内部統制業務の関係者には周知のことでしょう。しかし，その説明だけで統制の評価や監査のイメージをつかんで実務をするにはちょっと抽象的です。

そこでそれを実感する例としてモニタリングのプロセスを図解した**図表12-9**を見てください。ここでは，支店で債権管理の担当者がその債権管理の活動（＝統制活動）を毎月集計して，債権管理表を作って，それを本社管理部に提出し，管理部長はそれを見て支店の状況を把握して何か支店にフォローさせることがあれば，それを担当者に伝えるという一連のプロセスを表現しています。ここまでがモニタリングのプロセスです。これでわかるのは，このプロセスは，次の3つ作業から構成されることです。

図表12-9 ◆ モニタリング・プロセスとは

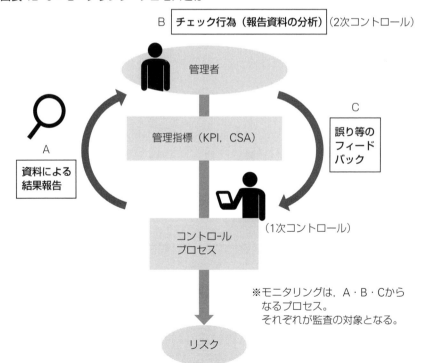

A. まず，1次コントロール（貸倒れリスクに対する債権管理）の担当者がその活動状況を集計した結果の報告をする
B. 次に本社管理者が1次コントロールができているかを確認するために資料をレビューする（2次コントロール）
C. 最後にレビュー結果を担当者にフィードバックして改善を促す

そしてモニタリングを監査するときはこの3つを次の点から確かめます。Aは，集計表が元資料から正しく作成され，またその集計方法や報告の様式・内容が本部管理者の指示や管理指標に従っているか，また適時に報告されているか，Bは，管理者は，リスクを管理するための適当な指標や質問項目を事前に担当者に与えるとともに，報告された資料を適切な方法でレビューし分析しているか，Cは，管理者は，内容のフィードバックを適時に担当者に与えているか，また必要に応じて管理指標や報告内容を更新しているかなどです。

このようにプロセスを細分化して見ると，どこかに指摘・改善提案の対象となる不備が見つかることがあります。

2）CSAによる海外監査のモニタリング

上記のようなモニタリングの監査手法を海外子会社が作成しているCSA（統制自己評価）に適用しようというのがここでの提案です。海外のリスクが管理されていない状況では，本来，グローバルな視点でERMの仕組みを作ることが考えられますが，そこまで本格的な全社リスク管理をしている企業は少ないし，やっていても実は本社レベルだけで子会社までつながっていなかったりします。また企業統治という面からも子会社に対して適切な指示をどれほど正式に与えているかというと不安なところがありそうです。

ですが，海外展開している日本企業である程度の事業規模（例えば売上3千億円以上）のところであれば，CSAを作って海外子会社に回答させているところは多くみられます。もちろん新たに導入してもよいわけです。ただし，一方で，そのCSAの質問項目の内容自体が十分でなかったり，その回答結果を事業部門とか，または内部監査がうまく活用できていないというのも，

経験上,感じるところです。おそらく何のために作ってどう使うかという目的が整理されていないこともあるようです。

いずれにせよ,正式にERMを作っていない日本企業でもCSAを使っているところはたくさんあるわけですから,既存のCSAの仕組みを改善させて,親会社としての子会社へのモニタリングが十分できるように内部監査が支援するわけです。**図表12-10**のようなイメージです。

これはテーマ監査のような方法でも,単なるアドバイザリー業務としても可能です。現地往査を作業に入れることも考えられますが,監査の報告先は海外CSAの管理部署となる親会社の本部機能になると考えられます。

監査の視点としては,**図表12-9**のA,B,Cに関して以下の方法が考えられます。

A. については,海外子会社がCSAに正確に回答しているか,統制上の問題があれば改善を講じているかを,これは回答書をレビューして,また必要に応じて現地に出かけて現地面談・資料閲覧等によって確認します。

B. については本社のCSAの質問項目が子会社のモニタリングのために十分か,業務プロセスだけの質問に限定せずに,子会社の全社統制の質問も含めているか,また,結果のレビューについては,分析方法の適切性や分析結果の社内での報告および活用が適当かなどを確認します。

C. については親会社から子会社へのフィードバックや指導が適切に適時になされているか,あるいは質問項目が適宜適当な内容に更新されているかなどを確認します。

図表12-10 ◆ CSAによる親会社の子会社業務のモニタリングを監査する

こうして親会社によるCSAを使った子会社業務のモニタリングの妥当性を監査するわけです。ちなみに上記IIAの指針は、「定義上、モニタリングの目的は、取締役会や経営者に組織目標の達成に向けた進捗状況に関する指標を早期に提供することにある。モニタリングは取締役会や経営者のタイムリーな意思決定を助ける。モニタリングはまた、人々に責任を課し、組織が継続的に業績を改善させるための手段を提供する。」としています。

　図表12-10のCSAの例はこのような「手段（means）」として、海外子会社向けのCSAが親会社のマネジメントがモニタリング機能を十分に発揮できるように整備・運用されているかという観点からの取り組みです。

(4) 全社統制の領域の内部監査

1) 全社統制の領域とは

　内部監査には一般に業務レベルの業務監査と会社や事業部の組織レベルの監査の2つに分けて考えることができます。後者は、ガバナンスや統制環境などJ-SOXで全社統制と言われる領域の監査と見ることもできますし、また経営監査という内容も含んでいます。企業によってそのニーズは違ってきますが、この組織レベルあるいは全社統制の監査は、一般的には海外関係会社の監査の方が本社や事業部を含めた国内監査よりも単体として監査する際に必要となることが多いかもしれません。海外子会社の監査でガバナンス関連のテーマを監査する際には、上場企業でJ-SOXの全社統制の質問書などをJ-SOX対象外の子会社にも利用するという方法もあります。

　以下の事例は、会社の基本的な業務方針・手続書の整備を求める改善提案ですが、一般に、人手が少なく業務に余裕がない海外事業では、こうした全社統制領域で組織全般にわたる課題の指摘・提案が比較的多く見られます。

事例㉒

正式な社内方針・手続書(社内規程・マニュアル)の作成

指摘事項

　正式な社内の方針・手続が確立されておらず，監査対象であった売上および売掛金，物流管理，購買および買掛金，在庫管理，固定資産管理，契約書管理の各分野で，書面による包括的なガイドラインが作成されていない。

　親会社から提供された日常業務関連の方針・手続書は日本語であるため現地のスタッフが理解することができない。この結果，正式な方針・手続書が周知されないため，社内で業務が統一されず，業務が有効性・効率性を欠くリスクがある。

改善提案

　従業員の日常業務の遂行・管理のため，正式な社内方針・手続書を作成すべきである。これらは全従業員が理解できる言語で作成すべきである。

■海外子会社の全社統制の指摘・改善提案

　海外子会社の内部監査における全社統制の指摘・改善提案の例としては一般に以下の事項が見られます。

- 会社の方針と手続の明文化
- 監査委員会および内部監査機能の設置
- リスクマネジメントの強化
- 通報ホットラインの設置や改善

※なお最後の通報制度については，一般に，数百名程度の人員規模がないと，通報者が周りに知られやすい面があり，小規模の組織の単独の制度としては，通報者の機密保持という面から設置しにくいことがあり，その際には，近隣のグループ会社をまとめて統括する地域統括会社あるいは親会社に通報窓口を設置することが考えられます。また，日本には公益通報者保護法によって通報者が守られますが，海外の場合は国や，米国などでは州によって，同様の法律の有無や法律上の扱いが異なることがあるので現地での法的な取り扱いを考慮する必要があります。

2) 統制環境の監査

統制環境（Control Environment）[1]について，IIA の国際基準は，以下のように定義して6つの要素を挙げています[2]。

【Control Environment（コントロール環境）】

組織体における，コントロールの重要さに関する取締役会および最高経営者（management）の態度および行動。コントロール環境は，インターナル・コントロール（内部統制）・システムの主要な目標を達成するための規律や構造を提供する。コントロール環境には以下の要素が含まれる。

- 誠実性および倫理的価値観
- マネジメントの哲学と行動様式
- 組織体の構造
- 権限および責任の割り当て
- 人事の方針および実践
- 要員の能力

(出所：内部監査人協会（IIA）「内部監査の専門職的実施の国際基準」
2013年1月1日適用，用語一覧より)

統制環境の監査については，IIA から「統制環境の監査」（IIA-IPPF-PG, "Auditing The Control Environment", April 2011）という指針が出ています。この中では，統制環境の監査を計画する際の検討事項として統制環境の評価基準を挙げ，以下の基準があるとしています。

【統制環境を評価するための評価基準】

- 組織の標準的な評定制度を利用してコントロールを評価し，改善の提案をする
- 評定制度と改善提案に加えて，コントロールの成熟度モデルを使って評価する
- 特定の目的のための法務担当の指示によってコントロールを評価する
- ベンチマーキング（企業間，企業内の部署・部門間など）

---

(1) Control Environment は日本内部監査協会によって「コントロール環境」と和訳されているが，すでに J-SOX によって「統制環境」という訳語が定着しているため本書では，IIA からの引用文を除いて，これを「統制環境」と呼んでいる。
(2) 統制環境の要素として COSO ではさらに取締役会および監査委員会を挙げている。後述のIIA 指針ではこれを含んだ7つの要素を統制テストの対象に含めている。

ちなみにJ-SOXによる内部統制の評価は，上記の最初の基準に該当し，その次はさらに成熟度モデルを加味した方法と考えられます。

3) 既成概念にとらわれない対応を

ところで上記の統制環境の定義に含まれる6つの要素のうち，例えば「誠実性および倫理的価値観」，「マネジメントの哲学と行動様式」それに「要員の能力」は，ソフト・コントロールの性質を帯びていると考えられ，それ以外のいわゆるハードなコントロールとは異なります。上記指針は「統制環境の監査は，ソフト・コントロールの監査を含むため，伝統的な監査手法では有効な運用の直接的な証拠の収集が十分できないことがある。」とし，これに対して，既成概念にとらわれない（Think outside-the-box）対応が期待されるとしています。これに該当する対応としては，おそらく成熟度モデルによる評価やサーベイ方式による調査（いわゆる従業員意識調査など）あるいはワークショップ型CSA（統制自己評価）の利用などが，企業風土などソフト・コントロールの評価にはより有効な手法といえると考えられます。

例えば，J-SOXによる評価作業では，行動規範の社内の浸透を確認するために，行動規範の研修の開催や出席状況に関する情報を入手して，統制の評価の証拠とすることが考えられます。確かにこれで研修に関する客観的な証拠は得られますが，どれくらい行動規範が従業員に浸透したかという本質的な情報は得られません。こういう伝統的な方法に対して，例えば，サーベイ方式で行動規範に関する従業員の感心や習熟度合などを調査すれば，ジャッジメンタルな要素はありますが，かなり本質にせまる確認ができたりします。これがソフト・コントロール対応を意識した監査手法の強みでしょう。

例として**図表12-11**に指針の付録から，1.誠実性および倫理的価値観に関する統制テストの最初のページを訳出しましたが，この右側のテストの内容にも従業員意識調査が入っています。これを見てもかなり詳細に手続が記載されていることがわかります。この付録では，統制環境の監査手続の例として，COSOの内容に合わせて，IIAによる統制環境の6つの要素に「取締役会の重要性」を加えた7つの統制要素について監査手続を21ページにわたっ

て記載しています。この図の左に「要素および属性」という欄がありますが，次の**図表 12-12** は参考のためにその要素および属性だけをいくつか拾ったものです。この表の最初の要素，1.誠実性および倫理的価値観に関する統制について，示された5つの属性の最初の「策定されている」ということを担保するための統制のデザインとそれに対する統制テストの検討事項が**図表 12-11** に書かれており，他の4つの属性にも同様の記載があります。またそれ以外の6つの統制要素についても，2.に取締役会の重要性について項目があり，続いて3.のマネジメントの哲学と行動様式について，経営姿勢（Tone）の設定を扱うなど，それぞれ項目ごとに**図表 12-11** のような詳細なチェックリストのような記載となっており，監査のツールとして参考になるところです。

図表 12-11 ◆ 統制環境のテストの検討の例

要素および属性	統制のデザイン（統制環境，原則，要素および属性を達成する方法）	統制テストの検討事項
1. 誠実性および倫理的価値観：基本原則——健全な誠実性と倫理的価値観は，とりわけ上級経営者に対して，策定され，ビジネスを行うための行動基準が設定されている		
策定されている：上級経営者は主要幹部や取締役会に理解される価値や倫理的な行動を明確に述べた声明を作る。	上級経営者は，誠実性と倫理的価値観については譲歩できないというメッセージを言葉と行動の両方で伝えている。 上級経営者は，従業員は雇用の範囲内のすべての行為について誠実に行動するという組織の期待を強調する倫理規程を作っている。 上級経営者は，顧客，仕入先その他外部関係者に公正かつ正直に対処するという組織の約束を強調するビジネス行動規範を作っている。 業績期待とインセンティブは，法律規則，規制および組織の方針手続に違反する不当な誘惑を生み出すことのないようにデザインされている。	上級経営者によって伝達される倫理的態度について従業員の意識調査を匿名で定期的に実施する。 組織の行動規範の存在と内容をレビューし，その規範を定期的に改定するためのプロセスがあることを確かめる。 組織のビジネス行動規範の存在と内容をレビューし，その規範を定期的に改定するためのプロセスがあることを確かめる。 従業員の給与制度における固定的要素と変動的要素との調和，および短期的財務業績の制度における相対的な重みづけをレビューする。 上級経営者の報酬制度をレビューして行き過ぎたリスク・テイキングや組織の内部統制の無効化の誘因になっていないかを理解する

出所：IIA-IPPF-PG, "Auditing the Control Environment", April 2011, 'Appendix' p.13 より訳出

図表 12−12 ◆ 監査対象となる統制環境の要素の例

	要素および属性
1	誠実性および倫理的価値観：基本原則——健全な誠実性と倫理的価値観は，とりわけ上級経営者に対して，策定され，ビジネスを行うための行動基準が設定されている ● **策定されている**： 　上級経営者は主要幹部や取締役会に理解される価値や倫理的な行動を明確に述べた声明を作る ● **伝達されている**： 　上級経営者は倫理的価値観に対するコミットメントを言葉や行動で伝達している ● **強化されている**： 　誠実性や倫理的価値観の重要性はすべての従業員に組織にふさわしい方法で伝達され強化されている ● **モニターされている**： 　健全な誠実性および倫理的価値観の原則への準拠性をモニターするプロセスが設置されている ● **逸脱は対処されている**： 　健全な誠実性および倫理的価値観からの逸脱は組織の適切なレベルで適時に認識され対処されている
2	取締役会の重要性：基本原則——取締役会は財務報告，該当する関連法規，業務の有効性と効率性および関連する内部統制に関する監視の責任を理解し遂行している ● **リスクの評価とモニター**： 　・内部統制の無効化によるマネジメント不正のリスク 　・内部統制目的の達成に影響するリスク
3	マネジメントの哲学と行動様式：基本原則——マネジメントの哲学と行動様式は有効な内部統制の達成をサポートしている ● **経営姿勢（Tone）の設定**： 　マネジメントの哲学と行動様式は高品質で透明性のある内部外部の報告および有効な内部統制とリスクマネジメントの重要性を重視している

出所：IIA-IPPF-PG, "Auditing the Control Environment", April 2011, 'Appendix' より抜粋して訳出

談話室 11　内部監査を進化させる経営監査の視点

準拠性監査から改善提案に向かう内部監査

　最近，企業の不祥事が報道される中で内部監査の必要性が見直されています。日本監査役協会も内部監査との連携に関する指針を出すなど緊密な連携を模索しています。しかし，そもそも内部監査とはどんなことをする仕事でしょうか，その本質の検討や議論は意外と見られません。

　内部監査と言うと，伝票をチェックしたり，業務がルール通りになされているかを調べて間違いがあれば指摘するという，あまり付加価値を生まない後ろ向きの作業と思われがちです。これは昔ながらの準拠性監査のイメージです。

　しかし最近では，監査を実施した結果よりもむしろ内部監査の指摘事項や改善提案にその価値が求められています。中には不景気でも経営のサポート機能である内部監査だけは予算を付けて人員も増やしている企業もあります。

　内部監査の進化に伴って経営層からの期待も高くなります。間違いを見つけてダメ出しをする従来型の監査でも，特に規律意識の低い組織には一定の牽制効果はあるでしょう。しかし合理化が進んだ現代の企業ではすでに人員に余裕もなく，ルール違反の指摘だけでは効果が薄く統制の仕組みを見直さないと問題の解決に至らないことがよくあります。そこでは内部統制やガバナンスの仕組みの改善に向けた知見の提供が内部監査に求められてきます。また業務監査の枠を超えて組織のガバナンスやリスクマネジメントへと，監査対象も組織運営や経営インフラといった経営監査へと広がりを見せています。

　企業の不正経理も会計監査人ばかりがやり玉に挙げられがちですが，その根本原因である企業風土はむしろ内部監査の守備範囲であるわけです。

第13章 ビジネスモデル型経営監査

業務プロセスを中心とした業務監査に比べると，経営に近い領域で問題を提起し改善を促す経営監査は，経営へのインパクトが大きく，貢献度も格段に高いのは当然です。ところがその実務は日本ではいまだ根づいていません。むしろ内部監査の守備範囲を逸脱するとみなして遠ざけたり，経験・ノウハウ不足でうまくできていないケースが見られます。こうして経営監査の捉え方・進め方が実務のネックになっている状況を踏まえて，第13章では経営監査が理論的にも内部監査の枠内できちんと説明でき，かつ実務的にも十分展開可能だということを実際の進め方を紹介しながら解説いたします。

1. 経営監査の捉え方

(1) 業務監査とは異なる経営監査の捉え方

1) コントロールの問題ではない

経営領域を対象とする内部監査では，業務プロセス・レベルの監査とは違って，単にコントロールという面から捉えにくい課題がたくさんあります。例えば，企業がその事業目的を達成するために，目的に合った組織構造を作っているかとか，市場の動向をみて現実的な販売計画を立て，将来の業績を予測できているかとか，必要な人材を集めて育てるような計画があるかとか，これらは経営の問題ではあってもコントロールとはあまり考えないで

しょう。この中には，経営トップのリーダーシップとか取締役会とか経営会議の遂行能力とか，組織構造など前章で扱ったガバナンスの範疇に入るものもあります。例えば組織構造と言えば，ガバナンス上望ましい意思決定の構造になっているかということもありますが，組織として事業目的に必要なマーケティングの機能を担う部署がないとか，経営の視点で各部署の活動をとりまとめて経営企画機能を果たす部署がないといった問題はガバナンスとは違った側面からの経営課題になります。

これらの問題は業務監査における内部統制上の問題のようには白黒つけにくい面もあると同時に，原理的にコントロールがきいているかどうかという視点から問題を提起して改善提案を導けない課題を含んでいます。

そこで，第11章では図表11-3のようなイメージで経営監査を業務監査と切り分けて次のように整理しました。

2) 業務監査と経営監査の違い

> 業務監査では，コントロールの機能不全（Control breakdown）を指摘し，改善を提案する。対象とする主なリスクは，業務リスク，コンプライアンスリスクおよび財務リスクとなる。
>
> 経営監査では，戦略の機能不全（戦略リスク※）を問題とし，改善を提案する。
> ※戦略リスクとは，ビジネスモデルやそれを展開するためのインフラが戦略と整合してないことから生じるリスクをいう。ここでは経営トップによる戦略や方針は与件として，それを実務に展開するためのインフラを監査の対象とする。

経営監査の一般的な捉え方は第11章ですでに説明しましたが，その実務対応は以下のように3つの実施形態ごとに特徴があります。

(2) 経営監査の3つの実施形態

1) グループ企業監査

経営監査を実施する場合の形態には，グループ企業監査，本部機能監査およびテーマ監査があります。この中でも実務の中心はグループ企業監査です。

以下にそのポイントを整理しています。子会社や本体の事業部門を独立した事業ユニットとして監査する場合に適した監査モデルです。

●経営監査の主要分野——①グループ企業監査

監査領域：
　子会社・事業部門等のガバナンス・経営管理を中心に監査。
　※業務プロセス監査とは重点が異なる。

監査対象：
　対象組織全体を視野に入れた組織，人員，プロセス，情報。

監査の課題：
- 経営管理領域⇒ビジネスモデルの把握分析からリスクを認識して「なぜこの子会社は赤字続きなのか」等の経営課題の解決の方向を探る。
　※ビジネスに軸足を置いた「ビジネスアプローチ」を採用。いきなりリスクやコントロールの話に持っていかない。
- ガバナンス領域⇒組織の意思決定構造，権限と責任，モニタリングが主な内容。
　⇒オペレーションの問題と混同しないこと。
　⇒ J-SOX 全社統制結果情報の活用の可能性。

留意点：
- 監査では経営方針について出された経営判断に踏み込まない。
- 内部監査のオーナーたる経営者が設定した経営方針・戦略・目標は監査の与件として監査対象外。ただし下位の経営判断は監査対象。
- ステークホルダー（経営トップなど）に代わって子会社の経営を監査して改善のための客観的材料を提供するが，直接指示はしない。

---

2) 本部機能監査

　本部機能監査のポイントも以下に挙げていますが，現実的には使い勝手がいいのは，子会社監査の場合で，親会社の本社機能の監査については，より経営層に近い分，やりにくい面もあるかもしれません。むしろ前章で挙げたような，ERM としての監査として適用できれば，まず，そちらを優先してもよいでしょう。それ以外では，経営上層部と現業部門との間にあって，経営トップの方針や戦略をどのような仕組みで下位の組織に正しくつないで伝

達するかといった意思決定構造に関するガバナンスも重要と考えられます。

●経営監査の主要分野──②本部機能監査

監査領域：
- 経営方針・戦略の指示（カスケード）・伝達の在り方。
- 経営意思決定を受けて準備された組織，人員体制，プロセス，規程等の仕組み。
  ※規程等に従った業務展開は業務監査の領域。

監査対象：
- 経営判断自体は監査対象から除く（監査役監査では対象）。
- 経営の執行に関する戦略リスクを生じさせるプロセス・仕組みを対象。

監査の課題：
- 方針・戦略の明確化，その伝達経路，モニタリングの仕組みの確認。
- リスクの切り出し。
  ※監査の客観性を担保する基準・判断の根拠。

3）テーマ監査

　テーマ監査は，個別の監査ではテーマに挙がらなくても，各部門や子会社に共通した重要テーマを取り上げて行う監査です。以下にポイントを示したように，個別の業務監査では問題に挙がらなかった各部門に共通の経営的課題を扱うのに向いています。一方，テーマ監査に固有の課題もあります。また，法令遵守や人事関連などテーマの専門性に合わせて専門性を持ったスタッフが集中的に専門的課題に対応できる点でも適当な方法です。例えば以下のような例があります。

■グループ子会社の人材不足・活性化の対応

　子会社だけでは人員的に対応が難しい，内部統制関連の専門性のある人材の不足が各子会社に共通して見られる中で，グループ経営という観点から，各組織の人材不足に対してグループ全体の課題として対応し，人材の共有・育成および活性化を図るために，各組織の問題を洗い出し，親会社の経理部門や人事部門の協力体制のもとに課題対応の提案をしたケースです。

■**子会社の適正在庫の管理指導**

各子会社の在庫水準の最適化の問題に対して,在庫管理プロセスやリスク管理だけでなく経営戦略との整合性や人材・組織・テクノロジーの適合性など経営戦略的な視点も取り入れて,適正在庫のチェックリストを作成し,これを使って各社の在庫管理の在り方を点検し,各社にコンサル的な要素も含めた改善提案を行ったケースです。

●**経営監査の主要分野――③テーマ監査**

監査領域:
- 企業グループの全体か一定の事業部門等のグループ。
- 経営意思決定を受けて準備された組織,人員体制,プロセス,規程等の仕組み。
    ※規程等に従った業務展開は業務監査の領域。

監査対象:
- 部門横断的な経営レベルのテーマに関する状況。
- 経営層からの特命の課題。
- 部門別監査では扱えなかった各部に共通の課題(業務領域も含む)。

監査の課題:
- 監査を成り立たせる監査テーマに関する十分なナレッジ。
- 問題を浮き彫りにする監査対象部署からの情報の収集方法,まとめ方。
- サーベイ方式等による客観情報と監査判断との整合性。
- コンサル的なバリューの出し方,その源泉となる方法論・ナレッジ。
- インテリジェンスのあるレポートのまとめ方。
    ※客観情報による説得性,テーマの本質に関する洞察力,価値のある提案。

---

2. 経営監査の進め方

次に,グループ企業監査を例にとって,ビジネスモデル型の経営監査の進め方を紹介します。監査プロセスは,**図表13-1**に示したように,一般的な指摘・改善提案型の監査モデルと基本的には同じです。ただこの中で,ビジネス分析を丁寧に行って,ここから問題点の指摘や改善提案の対象となる事

図表13-1 ◆ グループ企業経営監査モデル

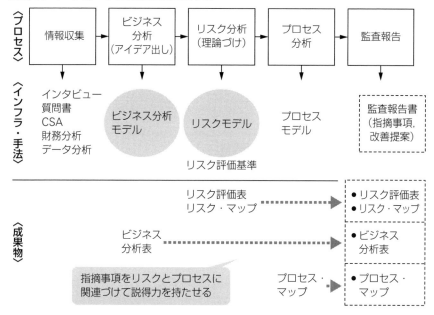

項を洗い出すことに特徴があります。

(1) ビジネスアプローチの経営監査

1) ビジネスモデルの棚卸

　これは，被監査組織のビジネスモデルの問題点を洗い出すための分析です。通常，子会社や事業部門の内部監査では事業や営業の状況については必ず聞くと思います。しかし，意外とベテランの内部監査人でもビジネスモデルを把握しようという目的意識を持って体系的に聞いているかというとそうでもなく，いろいろな企業の内部監査部門の支援をした経験からすると，自分の得意分野とか興味のある業務を中心に聞いている場合も多く見られます。これは業務監査に軸足を置いて，経営的な状況は，その業務の周辺の参考情報として聞くという位置づけならばそれでもあまり問題ないかもしれません。しかし，経営の仕組み自体を問題とするのであれば，それでは足りません。

　この背景として，日本の内部監査人は，通常，社内でいくつかの業務を経

験して内部監査に配属されたというケースが多く見られますが，ビジネスをいつどのように理解したかというとおそらく自然に仕事に慣れるうちに習得したということだと思います。しかし，初めての会社で初めてのビジネスに触れて監査するには，それなりの方法論を使って短時間で過不足なくビジネスを体系的に理解するためのノウハウが必要となります。

■経営情報分析表の活用

そこで，ここでは図表 13-2 のような経営情報分析表を使って，情報を収集することを考えます。この表にあるそれぞれの経営環境要因について，利用できる資料などから事前に情報を収集しておいて，足らないところを実際に経営者や管理職に面談して聞き取るわけです。

項目は事業の外部環境，市場動向，競合他社の状況などごく常識的なトピックですが，これらを集めて全体としてビジネスモデルが理解できるようになっています。このような書式でヒアリング項目をあらかじめ決めていないと，この全部を短時間の面談でもれなく確認するのは，なかなか難しいです。特に相手が社長とか事業部門長とか上位の人ほど時間は長くとれませんから，計画的に手際よく質問することが期待されます。

図表 13-2 ◆ ビジネス分析モデル（経営情報分析表）

経営環境要因	状況	リスク要因	コメント
外部環境			
市場動向			
競合他社			
顧客			
サプライヤー			
情報			
人材			
業務プロセス			
企業価値			

※内部監査人の多くは初めての事業に出会う機会が少なく，自己流で新規事業を把握している。
⇒ゼロベースで体系的に事業を把握するモデルを使う
⇒これがリスク把握のベースになる

ビジネスアプローチの流れ
1. ビジネスモデルの棚卸
2. 成功要因分析
3. リスクへの転換
4. 被監査組織経営者との確認
   ● リスク認識
   ● 重点プロセス
5. 往査（プロセスの詳細分析）

このようにビジネス分析に軸足を置いて監査するアプローチをここではビジネスアプローチと呼びます。その作業の流れは，**図表13-2**の右側に示した通りです。ビジネスモデルの棚卸ができたら次は成功要因を見ます。

2) 成功要因分析

　それぞれの項目について状況を確認したら，表にあるように，リスク要因をそこから考えて洗い出します。さらにどのような対応をするかというコメントを書くこともあります。リスクベースなので最後はリスクを問題とします。例えば，外部環境については，事業に規制当局からの規制がどのくらいあるかとか，この産業に固有の問題はあるかなどを知りたいのですが，経営者等との面談では最初からリスクの話に集中すると，話題になった特定のリスクの話に終始しがちで得策ではありません。逆説的ですが，リスクを知りたかったら，リスクのことはあまり聞かないことです。

　事業のリスクは何ですかと聞くよりも，むしろビジネスの成功要因はどういうところにありますかと尋ねます。すると，普段から，いかにしてマーケットを拡大して売上を増やすかに苦心を重ねている経営者は，ここぞとばかり思いのたけを語ってくれるかもしれないですね。一方，直接にリスクは何かと聞かれた社長は口ごもったり，話の歯切れが悪くなることもあるでしょう。これは話にくいということもあるでしょうが，それと同時に何を持ってリスクと考えるかは人それぞれで，業績を伸ばすのに忙しい社長はリスクといった後ろ向きの思考回路では，あまり考えてないこともあるかもしれません。リスクを考えているとしても監査人の考えるリスクとはカテゴリーの幅が違うはずです。例えば経営のビジョンがないとか，リーダーシップが足らないとか，経営者自身に直結するリスクがあったとしても，それを本人の口から聞き出すのは普通，期待できないでしょう。

3) ビジネス情報のリスクへの転換

　そこでこのビジネス分析は，成功要因分析を中心にしてビジネスの成り立ちとか事業継続のポイントを客観的に聞き出します。そこからリスクを導く

のは監査プロフェッショナルの仕事です。例えば，うちの会社はサプライヤー（仕入先）に恵まれて他社にはない良質の材料が手に入るのが成功の理由だと聞けば，それはサプライヤーとの取引が途絶えれば，ビジネスが立ち行かない大きなリスクになることがわかります。また，うちの会社は技術力で他社より進んでいるのが成功要因だとすれば，他社に技術で負ければ事業における比較優位性を失うということにもなります。このように成功とは裏腹の関係でリスクは見えてきます。その周辺を中心に監査人は自分の頭の中でビジネス情報をリスク情報に変換処理を行ってリスク状況を考えます。

その際には，収集した経営情報を組み合わせて，その企業の事業のストーリーを**図表 13-3** のように考えてみます。この横矢印を左から見て，この企業はどういうサプライヤーからどんな原料を仕入れて，どういう技術を使って，どんな製品を作って，どんな顧客に提供しているかというのが基幹プロ

図表 13-3 ◆ ビジネス分析モデルの考え方

▶次のビジネス分析モデルに基づき対象会社におけるビジネスを理解する。

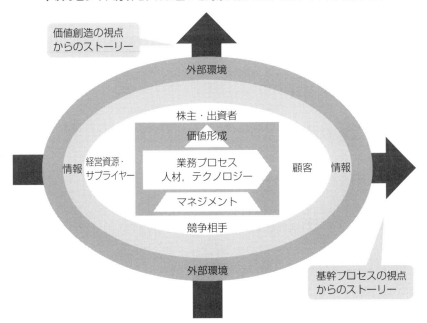

セスの流れです。一方，縦軸は，この企業はどんな外部環境の中で，どんな競合他社と競争して，どんなマネジメントスタイルのもとで，どういう人材がどんな業務プロセスを通して，株主やステークホルダーにどんな価値を提供しているかという価値軸の流れです。

こうしてストーリーを考えながら，ビジネスのストーリーをリスクにコンバージョン（変換）するわけです。その際の作業を助けるツールとして，リスクの分類や個々のリスク名やその定義を含んだリスクモデルがあると心強いです。こうしたモデルやリスク一覧表など用意して，どんなリスク分類でどんな個別のリスクがあるかというリスクの体系をあらかじめ持っておくことが望ましいです。それがないと特に経営戦略リスクなどは業務リスクに比べて，リスクの内容が難しく想像しにくいところがあるので，リスクのイメージを持ちにくいのです。

4）被監査組織の経営者との確認──コンセンサス・ミーティング

また内部監査人が自分でリスク評価したといっても客観性が薄いのでそれを補うために，後日，被監査組織の責任者に再度，面談して監査人が作成したリスク評価表を見せて，これに同意を求めます。同意されればそれで一定の客観性が担保されたということです。このような同意を求める会議をコンセンサス・ミーティングと呼んでいます。

5）プロセスの詳細分析

重要なリスク領域がわかれば，それに関するプロセスを深掘りして詳細な分析をします。その対象となるプロセスをあらかじめ決めておいて，これもできれば責任者の同意を得て，そこに重点を置いて分析を進めます。

例えば，中期経営計画の作成や活用方法に問題がありそうだとわかれば，その作成の手順を聞きながらプロセス・マップとして図解して確認するといったやり方です。業務レベルのフローについては業務文書やフローチャートがすでに社内で利用できることがありますが，経営管理レベルのプロセスは文書になっていないことも多いため，実際にプロセスを書きながら問題点を確

認しつつ，改善の方向を担当者と話し合うということが現実的となります。

(2) 有用な経営情報を提供するための監査報告とは

1) ビジネスとプロセス分析に重点を

このような方法では，監査報告における指摘や改善提案のアイデアの多くは，ビジネス分析とその後のプロセスの分析から材料が得られます。リスク分析は，どのような視点から問題を捉えたらよいかというヒントを得るのに役立つとともに，見えてきた問題をどのようなリスク概念として説明して，改善提案に説得力をつけるかというときの理論づけの参考になります。そのため深みのある改善提案項目の洗い出しには，リスク分析というよりも，むしろビジネスとプロセスの分析に重点を置くことになります。

2) 分析に使用した資料も提出

また上記の作業において作成される，経営情報の分析表やリスクを評価した結果としてのリスク評価表やリスク・マップあるいはプロセス・マップなどは，なるべく監査報告書につけて最終成果物に含めるのが望ましいでしょう。これらは監査の指摘や改善提案に説得力を与えるだけでなく，監査報告書の読者に有用となる経営情報を提供することになります。

3. 経営監査のケーススタディ

(1) 想定リスクの検討事例

1) 経営的な視点と業務プロセス・レベルの視点を分ける

このアプローチでおそらく難しく感じられるのはリスクをどのように見ていくかということです。それを事例㉓のA社の例で見ていきます。この企業の内部監査部は最近，業績の芳しくない子会社A社の経営監査を企画しています。このA社は小さな子会社が全国の各地域にあって地域のコンビニエンス・ストアに食品の製品を販売しています。原価管理がうまくいっていない

ようです。限られた情報から，以下に示した視点から監査のアプローチを全社レベルの経営的な視点と業務プロセス・レベルの視点に分けて考えています。

> 事例㉓

A社の経営監査アプローチ

コンビニエンスストア・グループ企業のグループ子会社（食品メーカーA社）に対する経営監査において，以下の2つの視点から見ていく。

①全社レベルにおける経営的視点からのアプローチ
- 経営資源の配分
- 新規事業展開における経営層の意思決定
- 人員構成，組織構成
- 中期計画・事業計画の立案プロセス　など

②各事業部門における業務プロセス・レベルの視点からのアプローチ
- 原価管理，在庫管理，物流の製造管理
- 品質管理
- 人事，労務管理
- 商品企画，価格設定　など

準備段階でA社より入手した資料からある程度の情報が得られました。これをベースに，監査の準備としてリスクのシナリオを想定していきます。

■**経営的視点からのアプローチ**

まず，経営全般のリスクとしては，図表13-4にあるように，事業部や工場の数も多く，製品種類もたくさんあって多角的な経営がなされています。そこから，各製品や事業ごとの「ポートフォリオ」の管理ができているかが懸念されます。また拠点数が多いことから間接費の増加など「経営資源の配分」の効率性も見る必要がありそうです。また小さいながら子会社がいくつもあるので，その「企業価値の評価」という面も一応課題になります。

図表13-4 ◆ A社の経営監査アプローチ（経営的視点）

想定されるリスク（その1：経営全般に関する項目）

- 前述のビジネス分析モデルに基づき，これまでの入手資料並びにヒアリング結果を踏まえると，下記のリスク項目が想定され，監査によって課題を明確にする必要があると考えられる。

現在の状況		想定されるリスク
企業価値創造：経営的視点からのアプローチ		
経営資源の配分および事業展開	事業部・工場など会社規模に比して多角的な経営が実施されている	●多くの事業を抱えることによる集中管理の複雑化（購買・原価管理）⇒**ビジネス・ポートフォリオ** ●多くの工場を抱えることによる間接費の増加（設備投資等）⇒**経営資源の配分** ●資源投入先選定への影響 ⇒**企業価値の評価** ●選択と集中の対応への影響
人員構成	会社規模に比して多数の従業員を抱えている	●間接コストの増加（管理部門）⇒**経営資源の配分** ●余剰人員によるプロセスの無駄に対し，対処をしていない ⇒**戦略目標に基づく実績測定**
組織構成	会社規模に比して多数の関係子会社を抱えている	●購買や物流など各種コストの流れに関する不透明さの助長 ⇒**組織構造の有効性** ●子会社管理コストの増加

　人員構成については，「経営資源の配分」がどうかという点と余剰人員の対応や人員の評価という点で「業績目標に基づく実績測定」ができているかという懸念もあります。

　組織構成の面では，規模の割に子会社が多く，組織構造の有効性とか子会社管理のコスト増加が気になるところです。

■業務プロセスの視点からのアプローチ

　同じく，製造原価についても，**図表13-5**で想定リスクについて検討しています。この中で「価格設定」のリスクは大手企業の子会社で親会社がメインの得意先である場合によく見られる事象です。

　例えば，ある大手メーカーの子会社で製品の輸出入を手掛ける企業はほとんどがグループ企業からの受注であるため，親会社からはグループ外のビジネスも取り込んで事業拡大を図るようにと言われています。ところが実際に

図表 13-5 ◆ A 社の経営監査アプローチ(業務プロセス視点)
想定されるリスク(その 2:製造原価に関する項目)

要確認項目		想定されるリスク
基幹プロセス:業務プロセスの視点からのアプローチ		
製造管理(原価管理,在庫管理,物流含む)	事業部体制による原価管理体制の留意項目	● 多くの事業部を抱えることによる原価の集中管理の複雑化 ⇒**ビジネス・ポートフォリオ** ● 管理会計用数値の正確な把握への弊害(間接費の配賦等) ⇒**〈業務〉原価計算** ● 廃棄率や歩留率に対する管理部門の把握体制の検証(事業部任せになっていないか) ⇒**戦略目標に基づく実績測定** ● 在庫リスク(在庫管理コストの増加)
商品企画,価格設定	販売先がコンビニ社に絞られていることによる留意項目	● 顧客コンビニ社の販売計画の未達の影響 ● 返品リスク ● 値段設定に関する影響 ⇒**〈業務〉価格設定**

受注状況を見ると多くが赤字受注になっており,親会社向け取引であることから採算は検討せずに受注することになっていました。こういう状況で価格設定は戦略的にどうあるべきかという問題が出てきます。このときは例外を除いて原則,赤字受注はしないように受注プロセスを見直す方向の提案となりました。このように価格設定といっても業務だけにとどまらず,戦略リスクとしての性格を帯びているわけです。

2) 想定されるリスクの検討

　このA社に想定されるリスクは,準備段階の仮のリスク認識ですから,実際はどうかという点を往査に行った際の面談等で確かめることになります。

　また,これらの表に書き出した想定リスクの定義については,**図表 13-6**に記載しています。一般に戦略リスクに分類されるリスクですが,これらの材料となる体系的なリスクモデルを用意してどのようなリスクが戦略リスクとして考えられるかということが前もって頭にあれば企業活動から戦略リスクを認識することが容易になってきます。

図表 13-6 ◆ A社のリスクを説明するリスク・カテゴリー

リスクの種類	リスクの内容
ビジネス・ポートフォリオ	複数の製品・商品間のビジネスの優先順位づけやバランスをとっていないため事業パフォーマンスを最大化できないリスク
経営資源の配分	経営資源配分のプロセスとそれをサポートする情報が不適切なために競争上の優位性の確立および維持ができず,あるいは株主利益を最大化することができないリスク
企業価値の評価	適切で信頼できる評価情報がないため,オーナーにとって,戦略的な意味において,会社あるいは重要なセグメントの企業価値を評価することができないリスク
戦略目標に基づく実績測定	確立した経営戦略と一致していない,実在しない,的外れな,あるいは信頼できない実績評価の測定方法（測定値）は,長期的戦略を達成するための会社の能力を脅威にさらすというリスク
組織構造の有効性	組織構造の有効性の評価に必要な情報を有していないため,会社の長期的戦略を変更あるいは達成することができないリスク
価格設定	価格設定に関する適切で信頼できる情報がないため,価格やレートを顧客が支払ってもよいと考える以上の水準や,開発コストおよびその他のコストを回収できない水準,あるいは引き受けているリスクをカバーしていない水準に設定するリスク
原価計算	不適切な原価計算方法の適用により,あまり意味のない不正確な情報が提供されるリスク

（2）経営監査の事例検討

次の経営監査の事例を見てみましょう。**図表 13-7** は B 子会社のリスク状況を表した,リスクモデルの一部を示したものです。

事例 ㉔

B社の新規事業

大手事業会社のグループ子会社 B 社は社長の主導する新規事業に進出し,大型案件の請負事業の受注にも成功した。しかし経験値の低い新たな事業分野で始めた事業プロジェクトはうまく進まず,事業損失を出している。親会社の立場から,問題点を明らかにし改善するために,B 社の経営監査を行い改善提案を提出したケース。

図表 13-7 ◆ B 社リスク一覧表の例（Ernst &Young Risk Universe®）

〈主に経営監査の対象リスク〉　　〈主に業務監査の対象リスク〉

戦略	業務	コンプライアンス	財務
ガバナンス： ■ 取締役の遂行能力 ■ トップの姿勢 ● 統制環境 ………… ………… 計画および リソース配分： ■ 組織体制 ■ 第三者（部外者）との ■ 関係構築業績予測……… 経営方針の中核となる取り組み： ● 企業理念と方向性 ■ 計画および実行……… ■ 数値化とモニタリング M&A： ● バリュエーション 　および価格設定 ● ………… ● ………… 市場動向： ● 競合状況 ● ………… ● ………… コミュニケーション およびIR対策 ● メディア対応 ● ………… ● ………… 経営上のリスク	販売および営業： ● マーケティング ● 広告 ● ………… ● ………… サプライチェーン： ■ 計画立案および予想 ■ 調達と在庫管理 ■ 第三者との関係維持 人材： ● 社風 ● ………… ● ………… IT： ● IT投資 ● ………… ● ………… 災害対策： ● 自然災害， 　テロおよび犯罪対策 ● ………… 現物管理： ● 不動産 ■ 在庫管理 課税対策： ● 税金対策（節税対策） 業務上のリスク	行動規範： ● 倫理規程 ● 不正行為対策 ● ………… ● ………… 法務： ■ 契約関係 ● ………… 規制関係： ● 取引・貿易関係 ● ………… ● …………	市場関係： ● 金利 ● 外国為替 ● ………… ● ………… 流動性および与信： ● 資金繰り ● ………… 経理および報告： ● 会計，報告および 　情報開示 ● ………… 資金： ● 有利子負債 ● ………… ■ 高リスク ■ 中リスク ■ 低リスク ※同じ事象に対しても業務レベルと経営レベルとでは異なるリスクが問題となる

1）業務レベルの問題点

　B 社の社長の肝いりで新たな請負事業を始めたのですが，新規事業としての事業計画やインフラの整備が乏しく，事業の実務に詳しい人もいない中で，顧客や下請け業者との間で契約上の問題が起こりました。この種の契約の経験に乏しく契約リスクを管理できていなかった B 社が不利な状況に立たされます。また業者との連携がうまくできないなど，慣れないプロジェクト管理

の不手際もあって多額の在庫がだぶついてしまいます。これらは業務レベルの問題として，法務リスクや在庫関連の業務リスクあるいは事業プロジェクト管理の不備として取り上げ，プロジェクト・レベルの課題として問題を指摘し改善提案を出しました。

2) 全社レベルの問題

しかし，ことの本質は，目の前でリスクとして表面化している在庫や契約やプロジェクト管理の問題よりも，その根本原因として，新規事業の立ち上げに際して，十分なインフラ整備や事業計画の策定をしてこなかったこと，および新規の大型受注に際して，事業経験もなく，フィージビリティ・スタディ（実行可能性調査）なども不十分な中で受注のリスク認識も十分しないままに，会社として対応能力を超える受注をした経営意思決定の仕組みの問題がありました。そこで，上記の業務レベルの問題とは分ける形で全社レベルの問題として，これらを指摘して改善提案としました。そこで引き合いに出した戦略リスクは，新規事業に関する，業績予測，計画および実行，および数値化およびモニタリングの不備，第三者との関係構築，それに取締役会の遂行能力やトップの姿勢・リーダーシップの不足などが指摘・改善提案の根拠として挙げられました。

次に，事例㉕では別の経営監査のレポートの事例を紹介しています。よく見かける残念な例として参考になればと思います。

事例 ㉕

経営監査の失敗例――残念な経営監査報告書

報告書の書き方として，指摘事項に書く内容があまりなかったせいか，被監査部署の組織・業績等の説明や分析に相当のスペースを割いているが，本題の指摘や改善提案はむしろ舌足らずであったり，その内容と前段の分析・説明と整合性がない場合または監査手続・作業の説明が一切ない場合。

修正案としては,以下が考えられます。

■**報告書の記載にメリハリをつける(合目的性)**
- 被監査部署について,最低限の組織や業績の紹介はあってもよいが,長すぎないこと。経営層には経営ラインを通して営業概況などの情報はすでに報告されているのが普通。
- 監査の本題にすぐに入る。本題に関係しない記述は削除。分析資料など残す場合は関連性を明確にする。それでも枝葉の情報は添付資料扱いが適当。報告書のスペースを埋めるにはむしろ次の情報を入れる。

■**監査の前提の説明**
(監査の目的・実施内容を誤解させないための監査人の説明責任)
- 監査作業について,日程,日数,人員等の監査の規模,監査の目的・作業概要・手続等を簡潔に記載することが望ましい。これがないとその報告がどの程度の,どの方面での作業結果かが不明で,監査報告のベースがはっきりしない。

■**報告書に付加価値をつける資料(経営層にリスク情報等の提供)**
- リスクモデルによる被監査組織のリスク評価やプロセス分析の過程でリスクモデル評価表やプロセス・マップなどを作成した場合には指摘事項に関連づけてその根拠にリスク評価表やプロセス・マップを添付することで報告書の説得力が高まる。また被監査部署の経営の理解に役立つリスク情報の提供になる。

4. まとめ——経営監査の成功のポイント

　第13章の最後に,経営監査を成功させるための留意点を以下にまとめておきました。参考にしてください。

●経営監査の成功の留意点——まとめ
1. 経営監査の深みをつける
1) 経営管理レベルと現場レベルの組織階層を区別して，リスク・問題点を扱う。
   ⇒経営上の問題を現場の責任・問題と混同させずに経営面の課題を浮き彫りにする。
2) そのため，できればリスクモデルを準備して特に戦略リスクを分類・定義しておく。
   ⇒これで経営監査の核となる戦略リスクと業務監査のターゲットになるコントロール・ブレークダウンを使い分けて経営監査の改善提案に説得力をもたせる。
3) 経営トップの方針自体は監査対象とせず，その展開に必要なインフラ（組織，プロセス人材，伝達ルートなど）の不備や下位の活動に方針との不整合がないかを問題とする。
   ⇒課題抽出には，経営目標→戦略・施策→リスク認識→プロセスの改善の流れを意識。

2. ビジネスアプローチが改善提案を導き出す
4) 体系的な情報収集によってビジネスモデルの分析（成功要因分析など）に重点を置く。ビジネスの弱点が戦略リスクにつながる。
   ⇒浅いビジネス分析からは薄い提案しか出てこない。リスクよりビジネス分析重視。
   ⇒問題事象のリスクへの転換は監査人が頭で考えて行う。
5) リスク分析結果は早い段階で被監査部署の経営陣から同意を取り付ける。
   ⇒経営の視点で客観的に問題を指摘する。
6) 経営レベルの重要案件については関連するプロセスを選んで掘り下げる。

3. 監査レポートの見せ方
7) 監査報告書では，指摘事項をその原因となるリスクとプロセスに関連づけて説明することで説得力をつける。またリスクやプロセス関連の資料を添付して経営に価値のある情報を提供する。
8) 改善提案の根拠として，リスクの説明と併せて客観数値やデータ分析結果でサポートすると報告書の説得力が高まり，監査のインテリジェンスを表現できる。
9) 報告書には監査手続の概要を簡潔に記載して，報告書の前提条件を明らかにするとともに監査人の責任を限定する。

索　引

【A～Z】

CSA	220, 389
CSA 質問書	184
ERM	379
ERMにおける内部監査の役割	78
FCPA	257, 321
J-SOX	280
J-SOXの内部統制	353
SODコンフリクト	240
Tone at the Top	260, 265

【あ】

アシュアランス	141
アシュアランス型の監査報告書	20
アシュアランスとコンサルティングの違い	141
アシュアランスの意見表明	97
オーバーライド（override）	276
汚職（Corruption）	308

【か】

海外監査現地化推進段階	207
海外監査成功のポイント	227
海外監査チーム	232
海外監査チーム主導段階	198
海外監査の試行段階	193
海外監査の成熟度	190, 191
海外監査発展段階	214
海外子会社のガバナンス	219
海外コンプライアンス	221
海外で見られる利益相反	249
海外腐敗行為防止法〔米国〕（FCPA）	257, 321
会計監査	184
改善提案	4, 72
改善提案のチェックポイント	90
改善提案のパターン	39
改善提案のパターン別留意点	79
格付け方式の監査意見	111
ガバナンス監査	371
ガバナンス志向	9
ガバナンスの構造	272
ガバナンスの実務	386
監査アプローチのグランドデザイン	184
監査委員会設置型	272
監査意見の報告形式	125
監査対応パターン	182
監査報告会	236
監査役設置型	273
企業風土	258, 270
企業風土型不正	258
企業不正のパターン	253
協調的アプローチ	293, 296
共同監査	208
業務監査と経営監査の違い	400
業務プロセス監査	183, 347
銀行残高の調整	13
グループ企業監査	400
グローバル監査推進段階	209

419

経営監査 …………………………………… 182, 347, 400
経営監査の捉え方 ………………………………… 355
経営志向 …………………………………………………… 9
経営者の姿勢（Tone at the Top）……… 260, 265
経営に資する内部監査 ………………………… 123
経営判断の原則 ………………………………… 338

合否判定 …………………………………………… 13
合理的保証（アシュアランス）……………… 118
コンサルティング ………………………………… 141
コントロール不全 ………………………………… 49
コントロール不全の徴候 ………………………… 54
コンプライアンス型不正 ……………………… 257
コンプライアンス監査 ………………………… 222

【さ】

財務諸表不正 ……………………………………… 308
サンプリング ………………………………………… 63
サンプルテスト ………………………………… 64, 65
試査の仕組みづくり …………………………… 107
資産の不正流用 …………………………………… 308
事実検出型 ………………………………………… 13
事前訪問 ……………………………………… 202, 228
指摘事項 …………………………………………… 49
指摘事項・改善提案を書くための一般的心得
 …………………………………………………………… 35
指摘事項のチェックポイント …………………… 90
指摘事項の要約 …………………………………… 22
指摘事項のレビューポイント …………………… 70
準拠性監査 ……………………………… 184, 346
準拠性監査から改善提案に向かう内部監査
 ………………………………………………………… 397
消極的アシュアランス ………………………… 102
消極的アシュアランスの監査意見 ………… 125
職務分掌 …………………………………………… 241

職務分離（SOD）…………………………… 239-241
職務分離（SOD）コンフリクト …………… 240
所見（observations）……………………………… 16
スリー・ライン・オブ・ディフェンス・モデル
 …………………………………………………………… 11

成熟度モデル ………………………………… 111, 113
成熟度モデルの監査報告 ……………………… 115
成功要因分析 ……………………………………… 406
積極的アシュアランス ……………………… 102, 104
積極的アシュアランスの監査意見 ………… 126
全社的リスクマネジメント（ERM）……… 379
全社レベルの不正防止プログラム ………… 289
戦略とコントロールのブレークダウン …… 352
贈収賄 ………………………………………………… 321
ソフトコントロール ……………………… 260, 272

【た】

大和銀行ニューヨーク支店の事件 ………… 243
知見（Insight）……………………………………… 14
知見の捉え方 ……………………………………… 14
通報の検証 ………………………………………… 332
データ分析 ……………………………… 202, 227
データ分析（の）活用 ………………………… 318
データ分析活用のメリット …………………… 203
テーマ監査 ……………………………… 182, 402
統制環境 ……………………………………………… 265
統制環境の監査 …………………………………… 393
統制自己評価（CSA）………………… 220, 389

【な】

- 内部監査活動の PDCA ………………………… 160
- 内部監査戦略計画 ……………………………… 164
- 内部監査（の）戦略計画の策定ステップ …… 167
- 内部監査に必要な専門性 ……………………… 147
- 内部監査の意見差し控え ………………………… 99
- 内部監査のガバナンス文書 …………………… 162
- 内部監査の定義 ………………………………… 140
- 内部監査の品質概念 …………………………… 121
- 内部監査のミッション・フレームワーク …… 157
- 内部監査のミッション・ポートフォリオ …… 129
- 内部監査のリスクマネジメントへの３つの
  対応 ……………………………………………… 377
- 内部通報 ………………………………………… 330
- 内部統制と改善提案の関係 ……………………… 40
- 内部統制報告制度（J-SOX） ………………… 280

- 認識バイアス …………………………………… 62

- 年次監査計画 …………………………… 182, 187

【は】

- 発見事項サマリー ………………………… 151, 155
- 発見・摘発（Detection） ……………………… 282
- パワーハラスメント …………………………… 271

- ヒートマップ ……………………………… 178, 180
- ビジネスアドバイザー …………………………… 5
- ビジネスアプローチ …………………………… 404
- ビジネス分析モデル …………………………… 405
- 非難文化 ………………………………………… 270

- 風土と業績 ……………………………………… 384
- 不正案件の後処理 ……………………………… 330
- 不正監査 …………………………………… 314, 316
- 不正後の再発防止策のレビュー ……………… 334

- 不正対応の役割分担 …………………………… 288
- 不正対策の考え方 ……………………………… 282
- 不正対策を担う専門職 ………………………… 296
- 不正調査 ………………………………………… 316
- 不正調査後の内部統制のレビュー …………… 333
- 不正調査の責任部署 …………………………… 333
- 不正調査の体制 ………………………………… 325
- 不正とコントロールとのインターフェイス
  ………………………………………………… 275
- 不正の徴候 ……………………………………… 309
- 不正の定義と分類 ……………………………… 307
- 不正のトライアングル ………………………… 263
- 不正発生時の対応手順 ………………………… 287
- 不正リスク評価 ………………………………… 299
- 不正リスク評価のフレームワーク …………… 303
- フルーツ型不正 ………………………………… 255
- プロセス監査 …………………………………… 370
- 分析数値の利用 ………………………………… 59

- 法定監査制度 …………………………………… 280
- ポテトチップ型不正 …………………………… 254
- 本部機能監査 …………………………………… 401

【ま】

- マネジメントからの回答 ………………………… 80

- モニタリング・プロセス ……………………… 387

【や】

- 抑制（Deterrence） …………………………… 284
- 予防（Prevention） …………………………… 282

【ら】

- 利益相反 ………………………………………… 246
- リスクアペタイト（選好） ………… 13, 50, 77, 109
- リスク戦略 ……………………………………… 310

リスクトレランス ……………………………… 50	リスクベース ……………………………… 105, 173
リスクの記載 ………………………………… 50	リスクベースの監査 ……………………………… 175
リスク・ヒート・マップ …………………… 180	リスクマップ ……………………………… 178, 180
リスク評価の手順 …………………………… 176	リスクマネジメント監査 ……………………………… 372
リスク・ファンクション …………………… 377	リスクマネジメントの内部監査 …………… 376
リスク・ファンクションの監査の４つの　ポイント ……………………………… 380	

【著者紹介】
藤井　範彰（ふじい　のりあき）
公認内部監査人，公認会計士，米国公認会計士（現在 inactive）

公認会計士として，監査法人で最初の約20年間を会計監査に従事し，E&Yから移ったアンダーセンで米国式の会計監査アプローチの日本での研修・普及活動を行う。日本公認会計士協会の活動（国際委員会副委員長，会計制度委員会副委員長，監査基準委員会委員他）に専念した後，1999年以降は，アンダーセン・パートナーとして内部監査，内部統制，リスクマネジメント，不正調査等のアドバイザリー業務に特化。アンダーセン消滅時に朝日監査法人代表社員を辞してPwC（中央青山監査法人）に移り代表社員も務めるが，その後，内部統制報告制度の制度化を前に新日本監査法人（E&Y）の招聘に応じて同法人に復帰し，内部統制支援本部統括部長，ビジネスリスクサービス部長，FIDS（不正対策・係争サポート）部長等を歴任し，2012年，シニアパートナーを早期退任して，ボルボ・グループで日本の内部監査統括を務め，同グループ子会社UDトラックス㈱の監査役を2019年まで務める。
現在は藤井範彰公認会計士事務所として内部監査や不正対応・ガバナンス関連の講演や研修・執筆活動およびアドバイザリー業務に従事。

〈主要著書〉
『内部監査のプロが書く監査報告書の指摘事項と改善提案』同文舘出版，2016年
〔本書の初版で，日本内部監査協会2017年度青木賞受賞〕
『内部監査の課題解決法20』税務経理協会，2012年，ほか著書論文多数。

2016年11月25日	初版発行
2017年10月25日	初版3刷発行
2019年9月30日	第2版発行
2024年11月15日	第2版6刷発行

略称：内部監査報告書(2)

内部監査のプロが書く
監査報告書の指摘事項と改善提案（第2版）

著　者　ⓒ藤　井　範　彰
発行者　　中　島　豊　彦

発行所　同文舘出版株式会社
東京都千代田区神田神保町1-41　〒101-0051
営業（03）3294-1801　編集（03）3294-1803
振替 00100-8-42935　https://www.dobunkan.co.jp

Printed in Japan 2019

DTP：マーリンクレイン
印刷・製本：萩原印刷

ISBN978-4-495-20512-6

JCOPY〈出版者著作権管理機構 委託出版物〉
本書の無断複製は著作権法上での例外を除き禁じられています。複製される場合は，そのつど事前に，出版者著作権管理機構（電話 03-5244-5088，FAX 03-5244-5089，e-mail: info@jcopy.or.jp）の許諾を得てください。